Georg P

Die Geheimniss

Georg Bremer

DIE GEHEIMNISSE DER KOKOSINSEL

Abenteurer auf der Suche nach den größten Piratenschätzen der Welt – auf Stevensons wahrer »Schatzinsel«

Mit den Lebensgeschichten
von Robert Louis Stevenson
und des deutschen Inselgouverneurs
August Gissler
sowie einem Erlebnisbericht
des Schatzsuchers Hans-Gerd Brandes

Die Deutsche Bibliothek – CIP-Einheitsaufnahme
Bremer, Georg
Die Geheimnisse der Kokosinsel
Abenteurer auf der Suche nach den größten Piratenschätzen
der Welt – auf Stevensons wahrer »Schatzinsel«

Books on Demand (BoD), 2009

Herstellung und Verlag: Books on Demand GmbH, Norderstedt
Printed in Germany
ISBN 978-3-8370-9655-2

Inhalt

1. Teil

Der Dichter und der Herr der Insel
Robert Louis Stevenson und August Gissler

2. Teil

Allein auf Schatzsuche
Ein Erlebnisbericht von Hans-Gerd Brandes

3. Anhang

Vorwort

Im Mittelpunkt dieses Buchs steht die Kokosinsel, die 532 Kilometer vor der Pazifikküste Costa Ricas liegt und wohl nicht vielen Menschen ein Begriff ist. Oder doch? Wer Robert Louis Stevensons Jugendklassiker *Die Schatzinsel* gelesen hat – und wer hat das nicht? –, bewahrt zumindest eine vage Vorstellung von dieser einsamen Tropeninsel mit den reichsten Piratenschätzen der Welt. Die Fama der Kokosinsel hatte Stevenson zu seiner großartigen Abenteuergeschichte inspiriert.

Erinnern wir uns an den Anfang. Der junge Romanheld Jim Hawkins erzählt: »Baron Trelawney, Dr. Livesey und meine anderen Freunde haben mich gebeten, die Geschichte der Schatzinsel von Anfang bis Ende niederzuschreiben und nichts als die geographische Lage der Insel, auf der sich noch immer ungehobene Schätze befinden, zu verschweigen.«

Stevenson brachte *Die Schatzinsel* im Herbst 1881 innerhalb weniger Wochen zu Papier – ein Geniestreich des damals 31jährigen, noch weithin unbekannten schottischen Schriftstellers. Seitdem haben Generationen von Jugendlichen die Seeräubergeschichte über Jim Hawkins und seinen gerissenen Widersacher, den einbeinigen Schiffskoch und Piratenführer John Silver, lustvoll verschlungen.

Es ist ein sonderbarer Zufall, daß Robert Louis Stevenson mehrmals den Lebensweg des deutschen Seemanns August Gissler kreuzte, der fast zwanzig Jahre lang die Schätze der Kokosinsel suchte. Gissler gründete auf der damals unbewohnten Urwaldinsel mit deutschen

Auswanderern eine Kolonie und avancierte zu ihrem ersten Gouverneur. Deshalb spielen Gisslers Abenteuer in diesem Buch eine Hauptrolle. Mit seinem Inselleben verknüpfen sich aufregende Geschichten über die Schatzverstecke und verschiedene Expeditionen.

Aber was wäre die historische Spurensuche ohne den Reiz eines Erlebnisberichts! Im Frühjahr 1986 suchte der Münchner Fotograf Hans-Gerd Brandes heimlich und auf eigene Faust nach dem Piratengold der Kokosinsel. Er lebte vier Wochen lang völlig allein an einer schwer zugänglichen Dschungelküste im Süden, durchstöberte Höhlen, schaufelte Gruben und durchquerte die unberührte Bergwildnis im Inselinnern. Von Stevensons *Schatzinsel* inspiriert, erfüllte er sich damit einen langgehegten Jugendtraum.

Seit die Kokosinsel im Juli 1978 zum Nationalpark erklärt wurde, erteilt die costaricanische Regierung keine Schatzsucherkonzessionen mehr. Und da die Isla del Coco seit 1997 zum Weltnaturerbe der UNESCO gehört, sind die Schutzbestimmungen, die auch die Küstengewässer im Umkreis von 12 Seemeilen umfassen, noch strenger geworden. Dadurch bleibt der Urzustand dieser wildromantischen Pazifikinsel weitgehend gewahrt.

So ist es nicht verwunderlich, daß die urtümliche Landschaft der Kokosinsel dem Bestellerautor Michael Crichton als Kulisse für seinen Roman *Jurassic Parc* (1990) vor Augen stand, der 1993 von Steven Spielberg verfilmt wurde. Crichton hatte einmal die Kokosinsel besucht.

Die Recherchen zu dem hier vorliegenden Buch zogen sich über 26 Jahre hin, freilich immer nur phasenweise. Sie begannen 1982, als mir der Münchner Journalist und Dokumentarfilmer Thomas Wartmann anläßlich einer Reportage in Costa Rica von dort erste Ergebnisse seiner Nachforschungen zu den Kokosinsel-Geschichten mitbrachte.

Eine Urfassung dieses Buchs sollte im Herbst 1996 im Berliner Argon Verlag unter dem Titel *Kolonie der Schatzsucher* erscheinen, kam aber nicht mehr auf den Markt, weil der Argon Verlag damals verkauft und dessen schon im Buchhandel angekündigtes Programm daraufhin um einige Titel reduziert wurde.

Vorab sei darauf hingewiesen, daß die umfangreiche Sekundärliteratur über die Piratenschätze der Kokosinsel bei bestimmten Themenbereichen oft unterschiedliche Versionen aufweist. Da gibt es unzweifelhaft authentische Berichte, aber auch aufgrund unsicherer Quellen und unzureichender Nachforschungen früherer Chronisten allerlei nachweisbare Irrtümer, erfundene oder miteinander verschmolzene Geschichten, Zeitungsenten, Verzerrungen, Verwechslungen von Personen und Daten, Fehlschlüsse und etliche Mythen, die Autoren ungeprüft voneinander abschrieben und vom Leser für Tatsachen gehalten werden.

Mir lag indes daran, das Hauptaugenmerk auf jene Versionen zu legen, die mir am stimmigsten und realistischsten erscheinen und wenigstens halbwegs belegbar sind. Und dort wo Ungereimtheiten vorkommen, sind sie mit kritischen Anmerkungen versehen.

Dessenungeachtet bitte ich den Leser um Nachsicht, wenn mir hie und da ein Schnitzer unterlaufen sein sollte – dies ist trotz sorgfältiger Recherchen wie bei so vielen von Geheimnissen umrankten Geschichten kaum vermeidbar.

Georg Bremer München, im Januar 2009

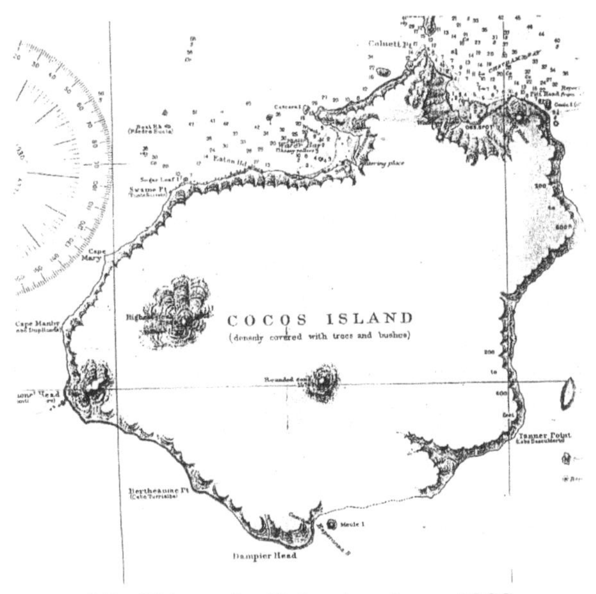

Alte Skizze der Kokosinsel von 1838
erstellt von Sir Edward Belcher bei seiner Küstenvermessungsfahrt mit der *H.M.S. Sulphur*,
mit Ergänzungen aus den Jahren 1889 und 1891
{PD-old}

1. Teil
Der Dichter und der Herr der Insel
Robert Louis Stevenson und August Gissler

Robert Louis Stevenson
(1850 – 1894)

August Gissler

(1857 – 1935)

Leuchttürme – Robert Louis Stevensons Herkunft

Der Schriftsteller Robert Louis Stevenson wurde am 13. November 1850 in Edinburgh als einziges Kind von Thomas Stevenson (1818-1887) und seiner Frau Margaret geboren. Ursprünglich lautete sein zweiter Vorname Lewis, aber weil sein frankophiler Vater einen damaligen Politiker namens Lewis nicht leiden konnte, änderte er ihn später in Louis um. Nennen wir ihn in den ersten Kapiteln also Louis, damit der Leser ihn nicht mit den vielen anderen Mitgliedern der Familie Stevenson verwechselt, von denen gleich die Rede sein wird.

Louis entstammte väterlicherseits einer seinerzeit schon weltbekannten schottischen Ingenieurs- und Erfinderfamilie, die sich auf den Bau von Leuchttürmen und die Konstruktion neuartiger Seesignalapparaturen spezialisiert hatte.

Darüber schrieb Louis später einmal in einem Brief an seinen amerikanischen Verleger: »Mein Urgroßvater, mein Großvater, mein Vater und zwei meiner Onkel waren nacheinander Ingenieure der schottischen Leuchtturm-Behörde. Alle Leuchttürme in Schottland wurden von unserer Familie geschaffen, und besonders verdient machte sich mein Vater um die Verbesserung der Optik.«

Louis, der eine Zeitlang Ahnenforschung betrieb, schrieb über die bewegte Geschichte der *Leuchtturm-Stevensons*, wie man ihr Familienunternehmen nannte, die unvollendet gebliebene Biographie *Records of a Family of Engineers.* Ebenso aufschlußreich ist das empfehlenswerte, 1999 erschienene Buch der englischen Journalistin Bella Bathurst (geb. 1969): *Leuchtfeuer – Die* nalistin Bella Bathurst (geb. 1969): *Leuchtfeuer – Die außergewöhnliche Geschichte von der Erbauung sagenumwobener Leuchttürme durch die Vorfahren von Robert Louis Stevenson.*

Dem Aufstieg des Familienunternehmens der Stevensons ging eine exotische Schauergeschichte voraus.

Louis' leiblicher Urgroßvater Alan Stevenson war Malzhersteller in Glasgow und hatte 1771 Jean Lillie, die Tochter eines Bauunternehmers, geheiratet, die am 8. Juni 1772 ihr einziges Kind gebar – Robert Stevenson.

Nicht lange danach witterten Alan und sein Bruder Hugh im Karibik-Handel ein dickes Geschäft und segelten zu der Antilleninsel St. Kitts. Kaum angekommen, wurde ihr Haus ausgeraubt, vermutlich von Geschäftskonkurrenten aus St. Kitts. Aber es kam noch schlimmer. Die beiden jungen Männer erlagen binnen fünf Wochen Tropenkrankheiten. Hugh starb am 16. April 1774 auf Tobago und Alan am 26. Mai 1774 auf der Insel St. Christopher.

1778 zog die junge Witwe Jean Stevenson mit ihrem sechsjährigen Sohn Robert in die schottische Hauptstadt Edinburgh und schickte ihn auf eine gute, von Stiftungsgeldern finanzierte Schule. Danach ließ sie ihn an der Universität Glasgow bei Professor John Anderson das Ingenieurswesen studieren. Als Robert 18 Jahre alt wurde, holte sie ihn nach Edinburgh zurück und gab ihn 1790 in die Lehre von Thomas Smith (1752-1815).

Thomas Smith und sein Meisterschüler

Smith, ein großer, kräftiger Mann, stammte aus einfachen Verhältnissen und hatte sich als gelernter Metallarbeiter zum Besitzer einer florierenden Manufaktur hochgearbeitet, die insbesondere Lampen, kunstvolle schmiedeeiserne Gitter und Messingwaren herstellte. Louis hielt ihn für »strebsam, leidenschaftlich, praktisch, gemacht fürs Geschäft und darin ungewöhlich erfolgreich«. Technisch versiert und einfallsreich, experimentierte Thomas Smith gerne in seiner Werkstatt in der Bristo Street in Edinburghs verwinkelter Altstadt.

Dabei erprobte er auch die in Schottland noch unbekannten Reflektorlampen. Er verwendete dafür zuerst konkave Kupferscheiben, später lötete er Spiegelglas auf konkave Bleischeiben, was eine Bündelung des Lichtstrahls bewirkt; an den Reflektoren waren die mit Öl betriebenen Lampenkörper angebracht.

Mit seinen neuartigen Parabolspiegel-Lampen führte er in Edinburghs New Town, der noch jungen, seit 1767 stetig wachsenden Neustadt, eine vielbestaunte Straßenbeleuchtung ein, die viermal stärker strahlte als die vorherigen trüben Straßenlaternen. Infolgedessen kam die Idee auf, Reflektorlampen als effektive Leuchtfeuer an den schottischen Küsten einzusetzen und Thomas Smith mit ihrer Konstruktion zu beauftragen.

Sein hochintelligenter Gehilfe Robert Stevenson (1772-1850) besaß den gleichen Erfindergeist, war genauso ehrgeizig und geschäftstüchtig. Überdies verband sie ein gemeinsames Kindheitsschicksal. Der Vater von Thomas Smith war als Seemann im Hafen von Dundee ertrunken, und der Vater von Robert war, wie gesagt, als junger

Mann auf der Karibikinsel St. Christopher an einem Tropenfieber gestorben. Der Meister und sein Zauberschüler waren also beide als vaterlose Halbwaisen aufgewachsen, und daß sie sich obendrein in ihrer Wesensart ähnelten und sich gegenseitig bei ihren technischen Tüfteleien inspirierten, schmiedete sie eng zusammen – lebenslang.

Familiär hatte Thomas Smith bisher viel Leid ertragen müssen. Seine erste Frau war an Keuchhusten gestorben und hatte ihm die Kinder Jean und James hinterlassen. Von seiner zweiten Frau, die an Schwindsucht starb, hatte er die Tochter Mary Anne.

Doch mit Roberts verwitweter Mutter Jean Lillie Stevenson fand der 40jährige Witwer Thomas Smith ein neues Glück. Sie heirateten 1792 und bekamen dann die Tochter Betsey, wodurch ein Haushalt mit fünf Kindern zustandekam. Das Ehepaar verstand sich zeitlebens bestens. Louis charakterisierte seine charakterstarke, fromme Urgroßmutter Jean mit den Worten: »Sie las eifrig ihre Bibel, war ihren Kindern eine zärtliche Mutter und hatte einen dezenten Sinn für Humor.«

Noch größer wurde die Patchwork-Familie, als Robert Stevenson 1797 Jean Smith heiratete, die älteste Tochter seines Meisters. Louis beschrieb das Verhältnis seiner Großeltern so: »Was den Glauben und die Gepflogenheiten angeht, war Robert ein altmodischer Mann und Jean eine altmodische Frau. Trotzdem, und vielleicht gerade deshalb, führten beide eine gute Ehe.« Aus dieser Ehe gingen zwischen 1801 und 1818 fünf Kinder hervor: Jane, Alan, Bob, David und (Louis' Vater) Thomas Stevenson.

Thomas Smith machte Robert, der nun sowohl sein Stiefsohn als auch sein Schwiegersohn war, anno 1800 zum gleichberechtigten Firmenpartner.

Im Jahre 1803 bezog die wohlhabend gewordene Großfamilie ein stattliches neues Haus an der Baxter's Place, am Fuße des imposanten, vom Nationalmonument und Nelson-Denkmal gekrönten 100 Meter hohen Calton Hill. Das weitläufige Anwesen, zu dem ein langer Garten, Büroräume, Werkstatt, Lagerräume, Kellergewölbe, Dachstuben und Apfelspeicher gehörten, blieb dann jahrzehntelang Wohnsitz und Firmenzentrale der *Leuchtturm-Stevensons*.

Doch zurück in die Anfangsphase von Meister Thomas Smith und seinem kongenialen Assistenten Robert Stevenson. Nachdem Smith in Edinburgh die ersten Straßenlaternen mit Reflektorlampen eingeführt hatte, stieß sein Vorschlag, Parabolspiegel auch in der Leuchtfeuertechnik zu verwenden, auf offene Ohren. Dafür gab es zwingende Gründe.

Die Seepassagen an der wild zerklüfteten, 4467 Seemeilen langen schottischen Küste gehörten zu den gefährlichsten Wasserwegen Europas. Seit Menschengedenken waren in schottischen Gewässern unzählige Schiffe gesunken. Sie verloren in Nebelbänken die Orientierung, zerschellten an tückischen, teils unter Wasser liegenden Riffen, wurden von starken Meeresströmungen und heftigen Seitenwinden gegen Klippen und an Land geworfen oder liefen auf Sandbänke auf. Und häufig brachten schwere Stürme Schiffe zum Kentern. So hatte beispielsweise im Dezember 1799 ein drei Tage lang tobender Orkan 70 Schiffe in der schottischen Nordsee zerstört. Allein in den 1790er Jahren gingen an den Küsten des Vereinigten Königreichs (England, Schottland und Irland) alljährlich durchschnittlich 550 Schiffe unter, die meisten davon vor Schottland.

In Anbetracht der ungeheuren Verluste von Frachtgütern forderten vor allem Handelsherren, Schiffseigner und Kapitäne ein effektives Warnsystem durch den Bau neuer und besserer Leuchttürme. Den Forderungen schloß sich auch die Royal Navy an, die an den eigenen Küsten zahlreiche Kriegsschiffe verlor – was sich in verstärktem Maße mit den seit 1792 geführten Koalitionskriegen gegen Frankreich fortsetzte. Die hohen Verluste an Mannschaften glich die Kriegsmarine durch den Einsatz von Presspatrouillen aus, speziellen Greiftrupps, die überall im Land minderbemittelte und zwielichtig wirkende Männer aufgriffen und zum Dienst auf Kriegsschiffen zwangsverpflichteten. Ein Gesetz aus dem Jahr 1704 erlaubte solche Pressungen. Erst 1815, nach dem Ende der Napoleonischen Kriege, wurden die Presspatrouillen in Großbritannien abgeschafft.

Aber die Forderung nach mehr Leuchttürmen und verbesserten Seesignalapparaturen fand nicht überall Anklang. Die Finanzbehörden monierten die hohen Kosten. Immerhin veranschlagte man für den Bau eines modernen Leuchtturms mindestens 40.000 Pfund Sterling, und eine Reflektorlampe von Thomas Smith kostete 600 £ – viel Geld, wenn man bedenkt, daß damals ein Ingenieur etwa 200 £ im Jahr verdiente. Zudem fürchteten manche Kapitäne Irreführungen durch stärkere Leuchtfeuer, und nicht wenige Geistliche und fromme Leute hielten Schiffsunglücke für eine Fügung Gottes, gegen die ohnehin nichts zu machen sei.

Vor allem bedrohten effiziente neue Leuchtfeuer die Existenzgrundlage von Strandräubern, die an den Küsten Großbritanniens bis zur Mitte des 19. Jahrhunderts zuhauf ihr Unwesen trieben – und aufgrund einer Gesetzeslücke weitgehend unbehelligt blieben. An besonders gefährlichen Gestaden lebten viele arme Dorfbewohner von der Plünderung gestrandeter Schiffe, die unter bestimmten Voraussetzungen als herrenloses Gut galten. Dabei unterschied man die Kategorien Wrackgut, Strandgut, Treibgut und Seewurfgut.

Nicht selten führten Strandräuber Havarien selbst herbei, indem sie Schiffe durch Täuschungsfeuer auf Klippen, Riffe, Sandbänke und auf den Strand lockten, wo sie zerbarsten. Es kam sogar vor, daß Schiffbrüchige, die sich an Land retten wollten, von beutegierigen Strandräubern ertränkt oder erschlagen wurden. Allenthalben wurden Strandräuber von ihren adeligen Grundherren und Ortspfarrern gedeckt, weil sie ihnen Beuteanteile abgaben. Erst ein 1852 verabschiedetes Gesetz, das amtliche Treuhänder für Strandgut berief, dämmte das geduldete kriminelle Treiben der Strandräuber ein.

Allen Bedenken zum Trotz wurde durch ein vom Parlament erlassenes Gesetz 1786 in Schottland eine nationale Leuchtturmbehörde eingesetzt, der *Northern Lighthouse Board,* kurz NLB genannt. In Edinburgh in der George Street Nr. 48 ansässig, ist der NLB heute noch aktiv und unterhält derzeit u. a. 209 Leuchttürme, 162 Fahrwassertonnen, 37 Baken, 4 GPS-Stationen und die Behördenschiffe *NLV Pharos* und *NLV Pole Star*.

Ein Verwaltungskomitee des NLB vergab die – anfangs recht knapp bemessenen – Gelder und Aufträge für den Bau und die Wartung von Leuchttürmen an gefährlichen Stellen der schottischen Küste. Mangels anderer Spezialisten berief das Komitee Thomas Smith zum Chefingenieur des Northern Lighthouse Board. Er sollte zunächst vier neue schottische Leuchttürme errichten und sie auch mit Wärtern bemannen.

Das Projekt erforderte völlig neue Verfahren, denn die bisherigen Leuchtfeueranlagen waren hoffnungslos veraltet, marode und wenig wirksam. In Europa weit verbreitet und vereinzelt noch bis 1830 in Gebrauch waren sogen. Blüsen, an Landmarken brennende offene Signalfeuer für die Schiffahrt. Dabei wurden nachts in Eisenpfannen oder eisernen Gitterkörben Steinkohlebrocken entzündet, die von Feuerwächtern mit Seilwinden auf die Plattformen von Küstentürmen oder belehmten Holzgerüsten gehievt wurden. Als Nachtsichtzeichen verwendete man auch Öllampen und Kerzen-Laternen. Solch simple Signallichter erloschen leicht und taugten nicht für lange Sichtweiten.

Bis Ende des 18. Jahrhunderts gab es allgemein nur wenige richtige Leuchttürme in der Art, wie wir sie kennen. Stattdessen behalf man sich mit verschiedenen Küstengebäuden, wie Kirch- und Burgtürmen, an deren flakkernden Leuchtfeuern sich die Schiffe notdürftig orientieren konnten. Die Leuchtfeuerwärter waren meist arme Teufel, die man mit ein paar Schillingen und Weiderechten für eine Kuh oder ein paar Schafe abspeiste und die ihren Dienst oft vernachlässigten.

Mit dem 1786 an Thomas Smith erteilten NLB-Auftrag endete die Ära der primitiven Leuchtfeuermethoden. Er führte richtungsweisende Neuerungen ein. Für seine Leuchttürme baute er dicke Mauern aus Granitsteinen, die Stürmen und schweren Seen standhielten. Und oben im Laternenhaus der Leuchttürme installierte er mittels eiserner Streben seine verspiegelten, mit Öl betriebenen Reflektorlampen, die weithin strahlten.

Für den dauerhaften Betrieb stellte er zuverlässige Leuchtturmwärter ein, die tagtäglich die Reflektorlampen vom Einbruch der Abenddämmerung bis zum nächsten Sonnenaufgang brennen lassen und sie samt der Fensterscheiben ständig reinigen mußten. Wo möglich, durften die Keeper auf Weideflächen im Bereich der Leuchttürme Vieh halten und Fischereirechte ausüben.

Auf diese Weise baute Thomas Smith an der schottischen Küste zunächst die von dem NLB gebilligten vier Leuchttürme von Kinnaird Head (1787), Mull of Kintyre an der Einfahrt in den Firth of Clyde (1788, bekannt durch Paul McCartneys Song *Mull of Kintyre* von 1977), Eilean Glass vor der Insel Harris (1789) und North Ronaldsay am Nordrand der stürmischen, nebligen Orkney-Inseln.

Nachdem Thomas Smith seinen Meisterschüler Robert Stevenson in seine Fabrik aufgenommen hatte, bauten sie gemeinsam im Auftrag des NLB von 1790 bis 1806 noch sechs weitere schottische Leuchttürme.

Ihren baulichen Zustand und die Arbeit der Leuchtturmwärter kontrollierten die beiden auf regelmäßigen Inspektionsreisen.

Seine Verdienste um die Neugestaltung des schottischen Leuchtturmwesens, durch die sich die Zahl der Schiffsunglücke merklich verminderte, brachten Thomas Smith in Edinburgh hohes gesellschaftliches Ansehen ein. Er wurde Mitglied im Stadtrat und Hauptmann der *Edinburgh Spearman*, einer Freiwilligen-Miliz, und gab in seinem vornehmen Haus an der Baxter's Place feine Dinner-Partys.

Doch die anstrengende Pionierarbeit forderte ihren Tribut. Gesundheitlich angeschlagen, setzte sich Thomas Smith anno 1800 mit 48 Jahren zur Ruhe und übertrug seinem Stief- und Schwiegersohn Robert Stevenson die Firmengeschäfte. Im Alter wurde er senil, echauffierte sich ständig in seinem Hass auf Napoleon und schlug Schlachten mit Zinnsoldaten. 1815 starb Thomas Smith in Edinburgh.

Robert Stevenson und Bell Rock

Robert Stevenson wurde nun Oberhaupt des elfköpfigen Clans der miteinander verschmolzenen Familien Smith und Stevenson, die (abgesehen von James Smith) im Haus an der Baxter's Place wohnen blieben. Und als Firmenchef entwickelte er sich wahrhaft zu einem Titanen. Louis sagte über seinen Großvater, er sei »ein Mann von allergrößtem Fleiß, geradezu versessen auf Betätigung und Wissen.«

Robert Stevenson arbeitete rastlos, sowohl im Büro, wo er alljährlich rund 3000 Geschäftsbriefe schrieb und unzählige technische Zeichnungen anfertigte, als auch draußen auf seinen vielen Baustellen, ohne Wind und Wetter zu scheuen. Er verlangte von seinen Mitarbeitern das äußerste und ging stets selbst mit gutem Beispiel voran, indem er kräftig mitanpackte. Robert bezahlte ihnen anständige Löhne, fast alle standen lebenslang loyal zu ihm. Eigentlich fielen bei ihm nur zwei Schwächen auf: seine ausgeprägte Ungeduld und seine verquaste Grammatik in Briefen und Notizen.

Nachdem Robert um 1800 zum Nachfolger seines in den Ruhestand getretenen Schwiegervaters zum Chefingenieur des Northern Lighthouse Board berufen worden war, tüftelte er an wesentlichen Verbesserungen der Leuchtfeuertechnik und setzte sie wirkungsvoll um.

Indem er die Reflektoren mit Silberschichten versah und die Reflektorlampen übereinander montierte, erzielte er ein viel helleres und weitreichendes Licht.

Robert Stevenson (1772-1850),
der Großvater von Robert Louis Stevenson
und Erbauer des Leuchtturms *Bell Rock*
Porträt von 1814

Von dem schweizerischen Naturwissenschaftler Aimé Argand (1755-1803) übernahm er den 1782 erfundenen Argand-Brenner, einen Brenner für Öllampen mit rundem Hohldocht und doppeltem Luftzug in einem aufgesetzten Glaszylinder. Der Argandbrenner war der Prototyp der späteren Petroleumlampe und wurde von Robert Stevenson als Novum in seinen Leuchttürmen eingesetzt.

Nach Experimenten mit verschiedenen Lampenölen, darunter Rüböl und Olivenöl, entschied sich Robert für das am klarsten brennende Pottwalöl, das fortan jahrzehntelang die schottischen Leuchttürme befeuerte.

Und schließlich entwickelte Robert das Drehfeuer, bei dem sich die Reflektorlampen um eine Mittelachse drehen, so daß ein gleichmäßiges Blinken in verschiedene Richtungen entsteht.

Solche charakteristischen Lichtsignale ermöglichten den Steuerleuten draußen auf See, nicht nur ihre Position zu bestimmen und Gefahrenstellen zu umschiffen, sondern verrieten ihnen auch, daß es sich nicht um täuschende Landfeuer handelte – was den Strandräubern ihr übles Geschäft verdarb.

Auf Studienreisen (1801, 1813 und 1821) besichtigte Robert die englischen Leuchttürme, die dem *Trinity House* unterstanden, einer recht behäbigen, seit 1514 tätigen Seezeichenbehörde, die den Bau und die Wartung von Leuchtfeueranlagen gebührenkassierenden Privatleuten überließ. Beeindruckt zeigte sich Robert bloß von dem vielgerühmten, 25 Meter hohen Leuchtturm auf dem Edystone Rock, der seit 1759 auf einem Riff bei Plymouth am Ärmelkanal in Betrieb war. Dieses höchst elegante, von John Smeaton in Form eines Eichenstamms konstruierte Bauwerk diente Robert als Vorbild für den Bau künftiger schottischer Leuchttürme.

Die gefährlichste Stelle im gesamten schottischen Küstenbereich war Bell Rock, ein 130 Meter langes und 80 Meter breites Riff aus flachem, zerschorftem Sandstein. Es ragte nur bei Ebbe drei, vier Stunden lang über die Wasseroberfläche hinaus und war ansonsten überflutet, so daß es von den Seeleuten nicht erkannt werden konnte. Fatalerweise lag Bell Rock etwa 20 Meilen vor der Einfahrt der großen Hafenstadt Dundee isoliert in der Nordsee und gefährdete somit nicht nur den Seeweg nach Dundee, sondern tangierte auch in bedrohlicher Weise die traditionelle Handelsroute von Edinburgh nach Skandinavien.

Einst hatten Mönche dem Felskoloß den Namen Bell Rock gegeben, weil sie mit einer Glocke herannahende Schiffe warnen wollten. Versuche, auf dem Riff Holzgerüste mit Leuchtfeuern zu errichten, scheiterten stets kläglich, sie wurden nach kurzer Zeit von Stürmen und Brechern zertrümmert.

Seeleute fürchteten den flachen Glockenfelsen, als sei er Charybdis, das alles verschlingende Meeresungeheuer der griechischen Mythologie. Das überspülte Riff schlitzte den Schiffen buchstäblich die Bäuche auf, sei es, weil unberechenbare Strömungen und Sturmböen sie dagegentrieben, sie an den Felsrändern in den Strudelsog gerieten oder Nebel die Sicht trübte. Louis schrieb dazu: »Kein Schiff befuhr bei Nacht diesen Teil der Nordsee, ohne daß nicht alle Ohren an Bord angestrengt lauschten, um rechtzeitig das Donnern der Wellen am Bell Rock zu hören.« Natürlich war das Teufelsriff eine Fundgrube für die an dem elf Meilen entfernten Küstenstrich um Arbroath lauernden Strandräuber, die mit Booten zu den Wracks hinausfuhren und sie plünderten.

Im 18. Jahrhundert sanken am Bell Rock alljährlich Dutzende von Schiffen, und als auch noch das englische Kriegsschiff *HMS York* am Dezember 1799 am Bell Rock zerschellte und mit Mann und Maus unterging, empörte sich die Öffentlichkeit derart, daß der NLB dringend auf Abhilfe sann. Aber auf dem einsamen, meist überfluteten Nordseeriff einen stabilien Leuchtturm zu bauen, schien technisch äußerst schwierig, ja unmöglich. Erschwerend hinzu kamen extrem hohe Kostenvoranschläge, dafür reichte das Kapital der NLB nicht. So zögerte sich die Entscheidung noch jahrelang hinaus, bis ein im Juli 1806 verabschiedetes Gesetz den Bau eines Leuchtturms auf Bell Rock erzwang und die Finanzierung garantierte.

Als Bauleiter wurde der erfolgreiche schottische Wasserbauingenieur und Brückenbauer John Rennie (1761-1821) berufen, doch seinem ehrgeizigen Assistenzingenieur Robert Stevenson gelang es durch Überzeugungskraft und Tricks, Rennie auszubooten und das Projekt in eigener Regie durchzuführen.

Es erwies sich als Herkulesarbeit. Sie begann am 16. August 1807. Robert stellte zunächst über hundert Arbeiter ein – Maurer, Steinmetze, Mörtelmischer, Schmiede und Zimmerleute. Alle Mitarbeiter und das Baumaterial mußten tagtäglich mit einem gecharterten Versorgungsschiff namens *Smeaton* von dem Hafenort Arbroath zum Bell Rock gefahren werden. Auf einem nicht allzu stark überspülten Teil des harten Sandsteinriffs meißelte man mühsam eine kreisrunde, 12 Meter breite und 60 cm tiefe Baugrube aus, in die man die dicken Fundamentmauern setzte.

Bei der Turmkonstruktion richtete sich Robert nach Smeatons eichenstammförmigen Eddystone-Leuchtturm.

Die ineinander verzapften Granitquader mit einem Gewicht von jeweils etwa einer Tonne wurden zuerst im Bauhof von Arbroath schichtweise zusammengefügt, dann auseinandergenommen, mit dem Schiff zur Anlegestelle von Bell Rock transportiert, auf Schienen zur Baustelle gefahren, dort wieder zusammengesetzt und mit einem Turmkran und Flaschenzug hochgehievt.

Die Arbeit auf dem glitschigen, von Algen bewachsenen Riff war ungemein strapaziös und vom Wetter abhängig. Die Männer froren in der nassen Kälte und mußten oft Unwetter und gischtig schäumende Brecher über sich ergehen lassen. Als einmal anno 1807 ihr Versorgungsschiff weit abtrieb und die Flut am Riff unaufhörlich stieg, wäre eine zurückgebliebene Schar von 32 Männern fast ertrunken. Zum Glück tauchte im letzten Moment ein Nachschubboot auf, das Post brachte und die vor Todesangst zitternden Männer rettete.

Es dauert noch drei Jahre, bis am 30. Juli 1810 der letzte Stein des 35 Meter hohen und sich nach oben hin verjüngenden Leuchtturms eingepaßt wurde. Das Bauwerk war 2000 Tonnen schwer. Die sechs Stockwerke waren durch Wendeltreppen miteinander verbunden und enthielten Wohnräume für die Wärter, Gästezimmer, Bibliothek, den Lagerraum für Wasser- und Öltanks und ganz oben die Leuchtkuppel mit dem Galeriegang.

Zuletzt bestückte Robert das Laternenhaus mit neuartigen Seesignalapparaturen. Der Leuchtturm von Bell Rock war der erste, der einen rotierenden Reflektorenapparat besaß, und zu seiner besonderen Kennung ließ er vor den Reflektoren weiße und rote Scheiben anbringen, so daß der Lichtstrahl abwechselnd rot und weiß leuchtete. Die je fünf in vier Reihen angebrachten silberbeschichteten Reflektoren waren an einer senkrechten Achse montiert und wurden von einem Räderwerk mit Bleigewicht zum Drehen gebracht.

Zur Wartung stellte Robert aus bestimmten Gründen drei Männer an, die abwechselnd Schichtdienst machten und genau Buch führen mußten. Damit begründete Robert die Tradition, daß auf allen Leuchttürmen des NLB immer drei Wärter dienten, was erst durch die Automatisierung in den 1990er Jahren überflüssig wurde. Bemerkenswerterweise ist Bell Rock der älteste noch existierende Leuchtturm, der auf einem Felsriff in der Nordsee steht.

Als der Leuchtturm von Bell Rock am 1. Februar 1811 in Betrieb ging, hatte das mörderische Riff seinen jahrhundertelang währenden Schrecken verloren – und Robert Stevenson die größte Aufgabe seines Lebens bewältigt.

Gleichsam über Nacht wurde er, nun 40 Jahre alt, einer der berühmtesten Bürger Schottlands. Die Presse überschlug sich vor Begeisterung über sein Wunderwerk der Technik, Adelige und Politiker hofierten ihn, prominente Künstler und Wissenschaftler suchten seine Bekanntschaft. Der große englische Maler William Turner (1775-1851) schuf ein populäres Gemälde, das den Leuchtturm von Bell Rock sturmumtost in wild wogender See zeigt.

Und der gefeierte, aus Edinburgh stammende schottische Nationaldichter Sir Walter Scott (1771-1832) begleitete Robert Stevenson 1814 auf einer vielbeachteten Schiffsreise rund um die schottischen Küsten, auf der er alle NLB-Leuchttürme inspizierte. Scott hatte infolge einer Kinderlähmung ein lahmes Bein und war Anwalt, bevor er sich der Literatur verschrieb und mit seinen romantischen Balladen, Gedichten und historischen, meist in Schottland spielenden Romanen Weltruhm erlangte.

Als sie Bell Rock erreichten, schrieb Scott zu Robert Stevensons Freude spontan ein Gedicht über seinen Leuchtturm. Aus den Notizen, die sich Scott auf dieser Schottlandrundfahrt machte, darunter über Strandräubergeschichten, entwickelte er später seinen (1821 erschienenen) Roman *Der Pirat*.

Auch im Ausland wurde Robert Stevenson bekannt. So verlieh ihm der niederländische König eine goldene Verdienstmedaille.

Insbesondere sonnten sich die hohen Herren vom Northern Lighthouse Board im Glanz ihres ausgezeichneten Chefingenieurs – und erhöhten sein Jahresgehalt auf 400 £. Von 1812 bis 1833 baute Robert Stevenson an den schottischen Küsten noch 17 weitere Leuchttürme, die jedoch leichter zu errichten waren als sein Meisterwerk von Bell Rock.

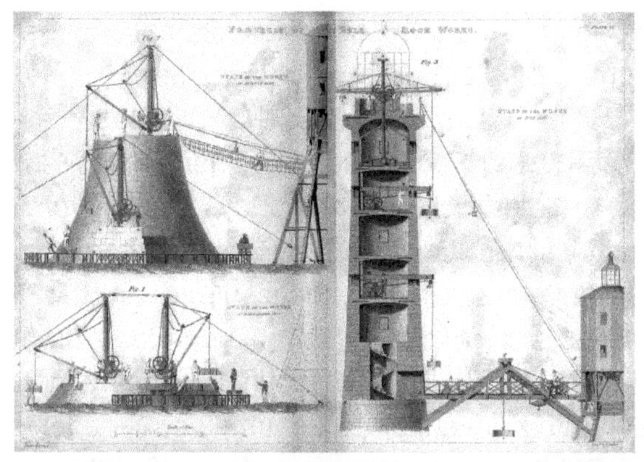

Die Konstruktion von Robert Stevensons Leuchtturm Bell Rock.
Zeichnungen von William Miller, 1824

Quelle: Wikipedia Commons {PD-old}

Neben den Aufgaben für den NLB erledigte er Aufträge für sein eigenes Familienunternehmen, das aufgrund seines plötzlichen Ruhms derart expandierte, daß er etliche Angebote ablehnen mußte. Um sein enormes Pensum schaffen zu können, stellte Robert immer mehr gut geschulte Jungingenieure als Assistenten ein, darunter Alan Brebner, der später zum Geschäftsführer aufstieg.

Da sich überdies massenhaft Lehrlinge in Stevensons Firma bewarben und er den nach strengen Kriterien ausgewählten Kandidaten eine gründliche Ausbildung angedeihen ließ, zog er eine Elite von Technikern heran. Kurioserweise erhielten die – meist aus gutem Hause stammenden – Azubis jedoch keinen Lohn, sondern mußten jährlich 100 Guineen Lehrgeld zahlen.

Die technischen Fachgebiete, auf denen sich Robert betätigte, weiteten sich beträchtlich aus, als ihn von 1813 an der schottische Städtetag mit Bauaufträgen jeglicher Art eindeckte. Von seiner Firmenzentrale an der Baxter's Place aus organisierte er fortan den Bau von Straßen, Brücken, Kanälen, Hafenanlagen, Wellenbrechern, Drainagen und Kommunalbauten in verschiedenen schottischen Städten und unternahm dann pflichtbewußt auch Inspektionsreisen zu den Baustellen.

Besonders am Herzen lag ihm seine 1814 einsetzende Beratertätigkeit bei der Stadtentwicklung Edinburghs. Sie betraf vor allem die New Town, die 1767 von dem Architekten James Craig (1740-1795) entworfen und dann jahrzehntelang weiterkonzipiert wurde. Die 1805 fertiggestellte Princes Street, Edinburghs eleganteste Haupteinkaufsstrasse, trennte die schachbrettartig angelegte Neustadt von der zu eng gewordenen Altstadt mit der Royal Mile zwischen dem Schloßberg des Edinburgh Castle und Holyrood Palace, der königlichen Residenz. Als besonderes Ärgernis in Armenvierteln der Old Town galten die *lands,* baufällige, oft zehn Stockwerke hohe Mietskasernen, in denen bis zu 24 Familien hausten.

Als Stadtplaner konnte Robert Stevenson auch bei den Ehrungen mitbestimmen, die seinem Freund Sir Walter Scott nach dessen Tod in der New Town zuteil wurden. Bei der Princess Street errichtete man 1844 das Scott Monument mit der Marmorfigur des Dichters, und nach seinem populären Bestseller-Roman *Waverley* benannte man die Waverley Station (den Hauptbahnhof), die Waverley Street, den Waverley Market und die Waverley Bridge.

Um stets auf dem neuesten Stand zu sein, korrespondierte Robert lebhaft mit Technik-Koryphäen. Dazu gehörten der schottische Dampfmaschinen-Erfinder James Watt (1736-1819), der große Physiker und Chemiker Michael Faraday (1791-1867) und der Eisenbahn-Erfinder George Stephenson (1781-1848), für dessen Lokomotiven Robert eifrig warb. Stephenson bescheinigte ihm 1821: »Ich weiß, daß Sie sich mehr als jedere andere Mann, den ich kenne, bemüht haben, die Nützlichkeit der Eisenbahnen zu ergründen.«

Robert Stevenson durfte sich glücklich schätzen. Er war reich, berühmt, lenkte ein lukratives Großunternehmen und hatte eine relativ intakte Großfamilie, in der seine fromme Frau Jean Lillie umsichtig waltete. Seine Tochter Jane wiederum, die 1828 den Arzt Dr. Adam Warden heiratete, diente ihm als Sekretärin. Ihr diktierte er u. a. das Buch über die Baugeschichte des Leuchtturms von Bell Rock, das der Londoner Verleger John Murray 1824 veröffentlichte und ein Standardwerk für künftige Leuchtturmbauer wurde.

Das Erreichte bedurfte der Erhaltung und Fortführung, und so war Robert sehr darauf bedacht, seine Söhne als Nachfolger aufzubauen.

Alan Stevenson und Skerryvore

Seinen Sohn Bob vermochte Robert nicht zum Eintritt in die Firma zu bewegen, er zog den Arztberuf vor.

Als Favoriten für seine Nachfolge erachtete Robert seinen ältesten Sohn Alan Stevenson (1807-1865). Er war der klügste und einfallsreichste Kopf in der Familie, aber auch ein feinsinniger, humanistisch gebildeter Intellektueller, der sechs Sprachen sprach, von frühauf für Literatur und die Antike schwärmte und sich zum Dichter berufen fühlte – was Robert aufs äußerste mißfiel. Da der zarte Knabe zudem oft kränkelte und neurotische Züge aufwies, schien er kaum geschaffen für den Beruf des Bauingenieurs und das harte Familiengeschäft.

Nachdem Alan in Edinburgh das königliche Gymnasium absolviert und auf der Universität die akademischen Grade *Master of Arts* und *Bachelor of Laws* erworben hatte, trat er widerwillig in seines Vaters Firma ein und kümmerte sich zunächst um die Büroarbeit. Doch auf den Inspektionsreisen zu den Baustellen fand er allmählich

Gefallen an Konstruktionsaufgaben und entfaltete eine verblüffende technische Kreativität. Vor allem seine Studienreisen ins Ausland beflügelten ihn, er besichtigte Bauwerke in Stockholm, Moskau und Frankreich.

In Paris freundete sich Alan mit Augustin Fresnel (1788-1827) und seinem kongenialen Bruder Leonor an. Die beiden galten als führende Physiker auf dem Gebiet der Optik. Augustin Fresnel stellte die mathematische Wellentheorie des Lichts auf und erfand 1820 die nach ihm benannte Fresnel-Linse. Diese dioptrische, in ringförmige Bereiche aufgeteilte Stufenlinse fand später bei Spiegelreflexkameras und Projektoren Anwendung. Nach Augustin Fresnels frühem Tod beteiligte sich Alan 1834 an Leonors Forschungsarbeiten in Paris und brachte von dort die ersten segmentierten Fresnel-Linsen nach Edinburgh mit, deren außerordentlichen Vorteile für die Leuchtfeueroptik die Stevensons begeisterte. Im Laufe der nächsten Jahre wechselten sie auf ihren Leuchttürmen die herkömmlichen Reflektoren gegen Fresnel-Linsen aus, die aufgrund ihrer starken Lichtbündelung dreimal heller strahlten und eine weitaus größere Sichtweite, nämlich über dreißig Seemeilen, erzielten und auch die Kennung vereinfachten.

Alan war 29 Jahre alt und hatte unter der Oberaufsicht seines Vaters und als dessen Juniorpartner schon sieben Leuchttürme gebaut, als ihm der Northern Lighthouse Board im Herbst 1836 ein gewaltiges Projekt aufbürdete – den Bau des Leuchtturms auf Skerryvore Rock.

Dieses gefährliche, wild umbrandete Riff an der schottischen Südostküste lag acht Seemeilen südlich der Insel Tiree einsam im Meer und auf der von Handels- und Kriegsschiffen vielbefahrenen Route vom Nordirischen Kanal zur Hebridensee. Ein NLB-Gutachter ermittelte, daß zwischen 1804 und 1844 mindestens dreißig englische Schiffe am Skerryvore Rock verunglückten, nicht zu zählen die gestrandeten ausländischen Schiffe. Die schrundige, meist überspülte und 90 Meter lange Felsfläche ragte quasi als Buckel eines elf Kilometer langen Unterwassergebirges heraus.

Somit ergab sich bei Skerryvore Rock das gleiche bautechnische Riesenproblem wie einst bei Bell Rock – und für Alan die Chance, eine ähnliche Meisterleistung wie sein Vater zu vollbringen. Oder ihn gar zu übertreffen? Immerhin hatte schon Sir Walter Scott hier 1814 bei seinem Törn mit Robert Stevenson ahnungsvoll geurteilt, Skerryvore Rock sei ein schrecklich einsamer Ort für einen Leuchtturm und Bell Rock dagegen ein Kinderspiel.

Es wäre eine Geschichte für sich, die unsäglichen Mühen zu beschreiben, unter denen der Leuchtturm von Skerryvore entstand. Um es kurz zu machen: Alan Stevenson benötigte anderthalb Jahre für die Planung und Vorarbeiten, begann am 5. Mai 1838 mit dem Bau des Leuchtturms und vollendete ihn am 25. Juli 1842. Er hatte die Unsumme von 90.000 £ verschlungen.

Welche körperlichen Anstrengungen vonnöten waren, läßt sich allein schon an der Knochenarbeit der Steinmetzen ermessen. Sie brachen in Steinbrüchen 5000 Tonnen Granitsteine und brauchten für das Behauen eines einzigen Quaders der Außenmauer 120 Stunden und für einen

Stein der Innenwand 320 Stunden. Der Sockel war drei Meter dick, der Turm 42 Meter hoch. Auf der Baustelle schufteten durchschnittlich 150 Arbeiter, über die Jahre verteilt hatten 1500 Menschen daran mitgewirkt.

Auf einer Eisentreppe stieg man zehn Stockwerke zum Laternenhaus hinauf, das Alan mit den dioptrischen Fresnel-Linsen und einigen anderen Novitäten ausstattete. Das Drehfeuer, das jede Minute einen gebündelten Lichstrahl erzeugte, reichte 38 Seemeilen weit – ein Rekord!

Da die Nachlieferung wichtiger optischer Geräte noch einige Zeit dauerte, fand die Inbetriebnahme des Leuchtturms von Skerryvore erst im Februar 1844 statt.

Das NLB-Komitee würdigte Alans Bravourstück, indem es ihn zum Nachfolger seines 1842 im Alter von 70 Jahren zurückgetretenen Vaters Robert berief und sein Gehalt als Chefingenieur auf 900 £ aufstockte.

Aufgrund seiner Eleganz gilt der Leuchtturm von Skerryvore unter Experten längst als der schönste Leuchtturm der Welt. Nach der Einweihung stand in einem Artikel der *Quarterly Review*, die drei Leuchttürme Eddystone, Bell Rock und Skerryvore seien »vielleicht die vollendetesten Musterbeispiele moderner Architektur.«

Alans Neffe Robert Louis Stevenson pries Skerryvore als »das edelste aller Seefeuer«. Und an anderer Stelle schrieb Louis 1880: »Wann immer ich den Geruch von Salzwasser spüre, weiß ich, daß ich einem der Werke meiner Vorväter nahe bin. Bell Rock setzte meinem Großvater ein Denkmal, Skerryvore meinem Onkel Alan«.

Alan Stevenson konnte sich an den Lobeshymnen nicht recht freuen. Die jahrelangen Strapazen auf Skerryvore

Rock hatten ihn mental zermürbt und gesundheitlich angegriffen. Geistig zuhause fühlte er sich noch immer in der Literatur. So pflegte er seit seiner Zeit in Skerryvore einen regen brieflichen Gedankenaustausch mit dem bedeutenden englischen Dichter William Wordsworth (1770-1850), dessen Grundthema das Verhältnis des Menschen zur Natur war.

Emotional fühlte sich Alan innig einer Lady verbunden, die er 1833 auf einer Studienreise in Wales kennen- und liebengelernt hatte: der damals 21 Jahre alten Margaret Scott Jones. Aber weil Margarets Vater, ein dünkelhafter Landlord, die Liaison verbot, mußten sie sich stets heimlich treffen, und Alan schrieb ihr glühende Liebesgedichte. Nach einer elf Jahre dauernden Romanze erfüllte sich doch noch ihr Liebesglück. Alan und Margaret konnten 1844 endlich heiraten.

Zwei ihrer vier Kinder, nämlich Bob und Katherine Elizabeth, wurden später Louis' beste Kindheitsfreunde in Edinburgh, wo Onkel Alan mit seiner Familie in der Windsor Street beim Calton Hill wohnte.

Alan baute zwar für den NLB von 1843 bis 1853 noch elf Leuchttürme, aber von 1844 an plagten ihn ständig verschiedene Krankheiten, darunter Gelenkschmerzen und Lähmungserscheinungen. Es waren vermutlich Symptome von Multipler Sklerose, dem durch eine Rückenmarkserkrankung verursachten schweren Nervenleiden, das sich damals noch nicht identifizieren ließ.

Alan gab 1853 seinen hochdotierten Job als Chefingenieur der NLB auf, kümmerte sich auch nicht mehr recht um die Familiengeschäfte und suchte Linderung in Seebädern. Seltsamerweise sah er sein Leiden als Strafe Gottes dafür an, daß er seine Männer auf Skerryvore Rock auch sonntags hatte arbeiten lassen – und sandte jedem von ihnen einen Entschuldigungsbrief.

Als Alan Stevenson 1865 im Alter von 58 Jahren starb, war sein Neffe Louis gerade 15 Jahre alt und schrieb an seiner ersten Erzählung.

David Stevenson und Muckle Flugga

Ganz anders besaitet war Alans jüngerer Bruder David Stevenson (1815-1886). Er war ein stiller, gescheiter Musterknabe, der gerne in die Fußstapfen seines von ihm bewunderten Vaters Robert trat.

Seiner ausgeprägten Neigung zur Pedanterie folgend, notierte David akribisch alle möglichen Beobachtungen und technischen Vorgänge. Nach dem Schulabschluß studierte er an der Universität Edinburgh Physik, Chemie, Mathematik, technisches Zeichnen und Naturwissenschaften und trat dann in die Firma seines Vaters ein, der ihm zunächst die Organisation von Bauarbeiten für den schottischen Städtetag übertrug.

Im Alter von 22 Jahren unternahm David 1837 eine Studienreise in die USA, die acht Monate dauerte. Er fuhr von Liverpool nach New York und reiste dann nach Philadelphia, Washington, zum Mississippi, nach Ohio und zu den Großen Seen.

1840 heiratete er Elizabeth Mackay, mit der er sechs Kinder hatte, darunter die späteren Firmenchefs David Alan Stevenson (1854-1938) und Charles Stevenson (1855-1950). Erst mit 40 Jahren wandte sich David Stevenson dem Leuchtturmbau zu und wurde als Alans

Nachfolger NLB-Chefingenieur. Zusammen mit seinem Bruder Thomas errichtete er von 1854 bis 1880 in Schottland 28 Leuchttürme.

David Stevensons denkwürdigste Leistung war der Bau des Leuchtturms auf der winzigen Felsinsel Muckle Flugga (d. h. Große Klippe), die vor der Nordspitze der nördlichsten Shetland-Insel Unst liegt.

Normalerweise wäre kein Mensch auf die Idee gekommen, an diesem unwirtlichen äußersten Vorposten Schottlands nur einen Shilling zu investieren – aber bei der Royal Navy tickten die Uhren anders. Als der Krim-Krieg (1853-1856) zwischen Rußland und dem Osmanischen Reich ausbrach und England als Bündnispartner der Türkei mitzumischen gedachte, plante Westminister die Entsendung einer Flotte nach Nordrußland, und zwar auf der Route von der schottischen Nordsee über die Barents-See nach Murmansk und Archangelsk. Dabei fürchtete die britische Admiralität, der Konvoi könne schon beim Passieren der Shetland-Inseln durch gefährliche Riffe, Orkane und die rauhe See in Gefahr geraten – eingedenk der Katastrophe von 1811, als dort drei aus der Ostsee zurückkehrende britische Kriegsschiffe im Sturm sanken und 2000 Männer den Tod fanden.

Überhaupt erschien Seeleuten das ganze Gebiet der Shetlands seit jeher unheimlich. In der griechischen und römischen Antike lag dort Ultima Thule, der Nordrand der Welt. Und räuberische Wikinger hatten auf den Shetlands Küstensiedlungen gegründet, darunter den Hauptort Lerwick auf der Hauptinsel Mainland. Im Mittelalter hatten die Shetlands zu Norwegen gehört, 1469 gelangten sie durch eine königliche Heirat an die schottische Krone. Noch immer wirken die Shetlands mehr norwegisch als schottisch.

Als David Stevenson auf Anweisung der Admiralität im März 1854 per Schiff Muckle Flugga erkundete, packte ihn das Entsetzen: Gegen die 62 Meter hohe kegelförmige Felsinsel brandeten riesige Wogen, furchtbare Stürme tobten, Nebelschwaden waberten. Und die Bewohner der angrenzenden, dünn besiedelten Insel Unst (heute 720 Einwohner) zeigten sich fremdenfeindlich. Manche sprachen noch das *Old Norn*, die altnordische Sprache. Sie lebten vom Fischfang und hielten auf den Hügelwiesen Schafe und Shetland-Ponys, deren Urheimat Unst ist.

In seinem Bericht nach London erklärte David schlichtweg, daß das Projekt nicht realisierbar sei und riet zu einer Ausweichroute über die schon befeuerte Nordküste der Orkney-Inseln.

Aber die Admiralität beharrte hartnäckig auf dem Standort Muckle Flugga, wobei sekundär die Absicht mitspielen mochte, durch den Leuchtturm auf dem nördlichsten Landflecken Großbritanniens ein repräsentatives Hoheitszeichen zu etablieren. David gab schließlich widerstrebend nach. Abgesehen davon hatte er, mit 40 Jahren noch immer mehr Organisator als Tatmensch, noch keinen Ruhm wie sein Vater Robert oder sein Bruder Alan erworben. Also wollte er beweisen, daß auch ein stiller Managertyp wie er fähig war, mit einem einmaligen Bauwerk über die feindliche Natur zu triumphieren.

Das Unterfangen erwies sich so schwierig wie befürchtet. Am 31. Juli 1854 fuhr David mit einem voll beladenen Leuchtturmschiff von Edinburghs Hafen Leith nordwärts nach Muckle Flugga, um zunächst einen Behelfsleuchtturm zu errichten.

Da sich die eigenbrötlerischen Inselbewohner von Unst weigerten, an dem Projekt mitzuwirken, holte David seine Arbeiter vom schottischen Festland. Das gesamte Baumaterial und alle Vorräte, insgesamt eine Last von 120 Tonnen, mußten an der umbrandeten Felsinsel angelandet und von den Männern mühsam auf den Gipfel geschleppt werden. Die Mauersteine brachen sie aus dem splittrigen Riffgestein des Eilands. Aufgrund der ständigen Stürme krochen die Arbeiter im Freien oft auf allen Vieren, um nicht in die kochende See gefegt zu werden. Allen Widrigkeiten zum Trotz stand der Behelfsleuchtturm von Muckel Flugga schon nach drei Monaten, aber dann, im Dezember 1854, wurde er durch zwei Orkane mit gewaltigen Brechern schwer beschädigt.

Infolgedessen erhielt David von der unnachgiebigen Admiralität den Auftrag, einen dauerhaften, widerstandsfähigeren Leuchtturm zu bauen. Diesmal verwendet er anstelle des Riffgesteins, das sich als brüchig erwies, Ziegelsteine für das dicke Mauerwerk. Es dauerte drei Jahre, bis der Leuchtturm im Dezember 1857 endlich in Betrieb gehen konnte. Er steht samt seinem Schutzmauerring noch heute hoch droben auf der Felsinsel Muckle Flugga und läßt alle 20 Sekunden seinen Lichtstrahl 22 Seemeilen weit übers Meer blitzen.

Somit durfte sich David Stevenson rühmen, den nördlichsten Leuchtturm des Vereinigten Königreichs geschaffen zu haben – und das in einer der stürmischsten Ecken der Welt.

Erwähnt sei noch, daß wegen des Krim-Krieges zur gleichen Zeit unter der Leitung von David und seinem Bruder Thomas Stevenson auf den Shetlands ein weiterer Leuchtturm entstand. Auf der baumlosen Insel Bressay, die östlich des Haupthafens Lerwick liegt und damals ein Zentrum des Heringsfangs war, begannen sie 1856 mit den Bauarbeiten, die relativ problemlos verliefen. Am 1. August 1858 blinkten von dem 16 Meter hohen Bressay Lighthouse nun auch an der Ostküste der Shetland-Inseln Leuchtfeuer.

Thomas Stevenson und sein Kampf gegen die Wellen des Geschicks

Thomas Stevenson (1818-1887) war der jüngste Sohn des dynamischen Seniorchefs Robert Stevenson und dessen verwöhntes Sorgenkind.

Auf dem Gymnasium war Thomas faul, übermütig und aufsässig und bezog deswegen manchmal von den Lehrern Prügel. Am meisten interessierten ihn Naturgeschichte, Chemie und Literatur. Als ihn sein amusischer Vater einmal bei seinen ersten literarischen Versuchen ertappte, ermahnte er ihn schroff, »diesen Blödsinn zu lassen.« Nach dem Schulabschluß begann Thomas eine Buchhändlerlehre bei dem Edinburgher Verleger Patrick Neill. Als aber in der Druckerei direkt neben ihm ein Kamin einstürzte, sah er darin geschockt ein warnendes Omen und sein Berufsziel, Verleger zu werden, als Irrweg an. So beschloß Thomas reumütig, dem Beispiel seines Vaters und seiner beiden älteren Brüder Alan und David zu folgen und ebenfalls Bauingenieur zu werden.

Er immatrikulierte sich im Frühjahr 1836 an der Universität Edinburgh und absolvierte neben dem Studium sein fünfjähriges Praktikum im Familienbetrieb der Stevensons, in den er dann als Juniorpartner eintrat.

Seine ersten größeren Aufgaben waren die Nachrüstung des von Alan 1842 fertiggestellten Leuchtturms von Skerryvore mit den großen Fresnel-Linsen und der Bau des Hafens Hynish auf der benachbarten Insel Tiree um 1843/44.

Weil ihn diese Routinearbeiten langweilten und er auch kein rechtes Interesse an den dort tätigen Leuten aufbringen konnte, verfiel er auf die sonderbare Idee, das Verhalten von Meereswellen ausgiebig zu beobachten. Was anfangs wie eine Marotte erschien, entwickelte sich zu einer lebenslangen Passion. Fortan studierte er in seinen Musestunden an allen möglichen Küsten Wellen und machte sich exakte Notizen über Bewegungsabläufe, Größe, Druck, Gewicht, Form und die Typen der Wellen. Er erfand gar einen Dynamometer, mit dem sich die Intensität von Wellen beim Aufprall auf ein Hindernis messen ließ.

Sein Sohn Louis erinnert sich in seiner Familienchronik: »Er verbrachte Stunden am Strand, im Nachdenken über die Wellen versunken, zählte sie, notierte die geringsten Abweichungen und den Zeitpunkt ihres Brechens.«

War das nur ein typisch englischer Spleen? Keineswegs. Thomas Stevensons Forschungsergebnisse ermöglichten später die Konstruktion von Wasserbauwerken, die jedem Wellendruck standhielten, was vor allem für Wellenbrecher galt, den steinernen Schutzwällen vor Hafeneinfahrten. Das Fazit von 267 Versuchen, die er in zwei Jahren durchführte, veröffentlichte er in der Zeitschrift *Royal Society of Scotland.*

Allerdings kann man seine merkwürdige Obsession auch auf psychologischer Ebene deuten. Vielleicht symbolisierten Wellen für ihn unliebsame Eigenschaften, die er an sich selbst wahrnahm und die es zu bekämpfen galt. Wellen waren – nicht anders als er – launisch, sprunghaft, unberechenbar und konnten plötzlich eine gewaltige zerstörerische Wucht entfalten. Irgendwie erinnert Thomas Stevensons Fixierung auf Wellen an den in Hermann

Melvilles Roman *Moby Dick* geschilderten unerbittlichen Machtkampf zwischen Käpt'n Ahab und seinem Erzfeind, dem Riesenwal Moby Dick, den man sowohl als Sinnbild für die unbezähmbare feindliche Natur als auch für das Ausgeliefertsein des Menschen an ein übermächtiges Geschick interpretieren mag.

Louis charakterisierte seinen schwierigen Vater so: »Er war ein etwas altmodischer Mann mit einer Mischung aus Strenge und Weichheit, er war im Grunde schwermütig, in Gesellschaft hingegen sehr fröhlich und humorvoll, er war weise und kindisch, leidenschaftlich engagiert, leidenschaftlich voreingenommen, ein Mann vieler Extreme.«

Von seiner Gesinnung her war Thomas Stevenson, durch die Einsicht in das Fehlverhalten in seiner Jugend geläutert, strikt konservativ und gehörte als strenggläubiger Presbyterianer der Church of Scotland an. Gegen die Selbstzweifel, die ihn immer wieder plagten, baute er sich gleichsam einen aus Dogmen zusammengefügten inneren Schutzschild – nach dem gleichen Prinzip wie dicke Leuchtturmmauern, die den ungestüm anrollenden Wellen dauerhaft zu trotzen vermochten.

Am 28. August 1848 heiratete Thomas Stevenson die 19jährige Pastorentochter Margaret Isabella Balfour (1829-1897). Sie entstammte der vornehmen schottischen Familie Balfour, deren Stammbaum ins 15. Jahrhundert zurückreicht und viele hohe Offiziere und Geistliche aufweist. Margarets Urgroßvater James Balfour (1705-1790) hatte als Professor der Moralphilosophie die Erkenntnistheorie des Aufklärers David Hume (1711-1776) heftig bekämpft. Ihr Vater Lewis Balfour war Reverend der Gemeinde Colinton (heute ein Vorort von Edinburgh) und mit 13 Kindern gesegnet. Margaret, im Familienkreis Maggie genannt, war schlank, hochgewachsen und eine lebhafte Frohnatur, in der sich tiefe Frömmigkeit mit Nachsicht und Güte verbanden.

Der Vater Thomas Stevenson (1818-1887)
mit seinem siebenjährigen Sohn
Robert Louis Stevenson
{PD-old}

Margaret Isabella Stevenson geb. Balfour (1829-1897),
die Mutter von Robert Louis Stevenson

Jugend eines Dichters

Am 13. November 1850 kommt Robert Louis Stevenson in Edinburgh zur Welt. In seinem (noch erhaltenen) Geburtshaus in Howard Place 8 bleiben die Eltern nur bis zu seinem dritten Lebensjahr. Dann wohnt die Familie vorübergehend in Inverleith Terrace 1 und zieht 1856 schließlich in ein stattliches Haus in der Heriot Row 17, in dem Louis aufwächst und auch noch als junger Mann bis 1879 wohnen bleibt. Es liegt in der New Town bei den idyllischen Queen Street Gardens mit dem Rinderteich. Heute ist das sogen. *Robert Louis Stevenson House* eine elegante, teilweise noch mit viktorianischen Antiquitäten ausgestattete Pension, die sich im Besitz des bibliophilen Kaufmanns John MacFie und seiner Münchner Frau Felicitas befindet.

Von der Heriot Row hat es der Vater Thomas Stevenson nicht weit zu der Firmenzentrale an der Baxter's Place, wo er nun zusammen mit seinen Brüdern Alan und David Stevenson gleichberechtigter Geschäftspartner ist. Seinen patriarchalischen Großvater Robert Stevenson hat Louis nicht mehr zu Gesicht bekommen, er war vier Monate vor seiner Geburt am 12. Juli 1850 mit 78 Jahren gestorben. Und vier Jahre zuvor war schon seine Frau Jean – Louis' Großmutter – verschieden,

Thomas und Margaret lieben und verwöhnen ihren Jungen über alle Maßen.

Schon früh teilt Louis die Gewohnheit seines Vaters, sich vor dem Einschlafen abenteuerliche Geschichten auszudenken. Und mit seinem drei Jahre älteren, ungemein vielseitig interessierten Lieblingsvetter Bob (Robert Alan Mowbray) und seiner Kusine Katherine Elizabeth, den in der Windsor Street wohnenden Kindern von Onkel Alan, tobt sich Louis bei Abenteuer- und Piratenspielen aus. Zudem reiten alle drei Ponys, die auf die Namen *Himmel*, *Hölle* und *Fegefeuer* hören.

Manchmal gesellen sich auch die Kinder von Onkel David Stevenson hinzu, darunter David Alan und Charles, die Louis später etwas abschätzig als »liebe kleine Buben« bezeichnete, weil sie so geschniegelt und brav wirken. David Alan (1854-1938) und Charles Stevenson (1855-1950) sollten später die Traditionsfirma der *Leuchtturm-Stevensons* bis ins 20. Jahrhundert weiterführen.

Besonders gefallen Louis Besuche im Pfarrhaus seines Großvaters Lewis Balfour in Colinton, dessen lauschiger Garten ihn später, 1881, zu seinem Gedichtband *A Child's Garden of Verses* inspirieren wird. Ihn fasziniert, daß man im Kreis der Pastorenfamilie Balfour in Colinton aus Büchern vorzulesen pflegt.

Seine Mutter Maggie zeichnet vieles von dem, was ihr Junge treibt, in ihrem Tagebuch auf, das sie bis zu seinem 39. Lebensjahr fortführt. Da sie eine schwache Gesundheit und ein Bronchialeiden hat, stellt sie zu ihrer Entlastung 1852 als Kindermädchen Alison Cunningham (1822-1910) ein, eine strenggläubige calvinistische Fischerstochter. Sie wurde von Louis zeitlebens verehrt und mit liebevollen Briefen bedacht. »Cummy«, wie er seine Nanny nennt, beflügelt die Phantasie des Jungen, indem sie ihm aus ihrem unerschöpflichen Fundus Märchen, blutrünstige Märtyrerlegenden und schottische Balladen erzählt – aber ihn auch mit manchen Schauergeschichten erschreckt. Mit fünf Jahren schreibt Louis seinen ersten Fünfzeiler, mit sechs Jahren diktiert er seiner Mutter *Eine Geschichte von Moses.*

Im September 1857 wird er in der Henderson's Preparatory School eingeschult. Bald darauf befällt den Knaben eine lebensgefährliche Darmgrippe. Von da an kränkelt er, leidet ständig unter Bronchitis und Katarrhen, die keinen regelmäßigen Schulbesuch zulassen. Offenbar hat Louis die Atemwegserkrankungen und Lungenschwäche von seiner Mutter und ihrem Vater Lewis Balfour geerbt. Thomas Stevenson leidet mit Maggie und Louis derart mit, daß er sich, ohnehin hypochondrisch veranlagt, allerlei Krankheiten einbildet. In der Hoffnung auf Linderung in milderem Klima fährt die Familie per Schiff nach Frankreich (1863) und Italien.

Louis erhält wegen seiner Bronchialleiden und Fieber- und Hustenanfälle zwei Jahre lang Privatunterrricht. Als er sich mit elf Jahren einigermaßen erholt hat, besucht er von 1861 bis 1863 die Edinburgh Academy und nach einem kurzen Intermezzo auf einem Internat bei London vom 14. bis 17. Lebensjahr ein Privatgymnasium in Edinburgh.

Zu dieser Zeit gehört seine Liebe schon der Literatur, bringt er abenteuerliche Geschichten zu Papier. 1866 veröffentlicht der Sechzehnjährige das Bändchen *The Pentland rising*, eine Erzählung über den 1666 blutig niedergeschlagenen Aufstand radikaler Presbyterianer, sogen. Convenanter, in den Pentland Hills, einem Gebirgszug bei Edinburgh.

Just in dieser Gegend pachtet Thomas Stevenson 1867 ein Landhaus, das *Swanston Cottage*. Es liegt fünf Meilen südlich von Edinburgh am Fuße der Pentland Hills und dient der Familie als Sommersitz. Louis findet dort Muse zum Schreiben und genießt auf Wanderungen die romantische Hügellandschaft.

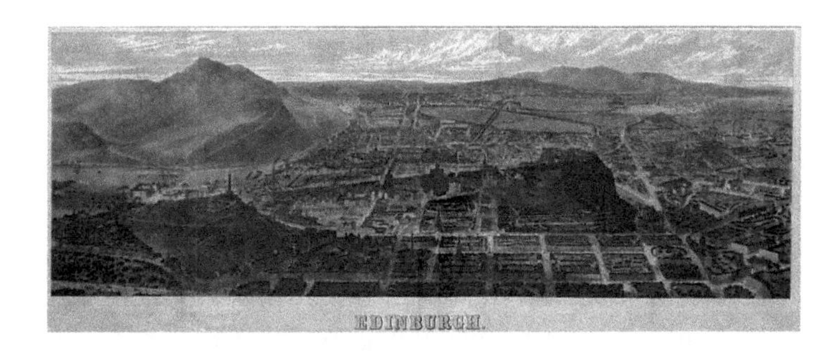

Stadtansicht von Edinburgh im Jahre 1868
aus *Illustrated London News*

Quelle: Wikipedia Commons {PD-old}

Ingenieur wider Willen

Sein Vater Thomas hat eingedenk seines gescheiterten eigenen Jugendtraums, Verleger zu werden, zwar Verständnis für die literarischen Ambitionen des Sohnes, sieht darin aber keinen Brotberuf. Er will, daß Louis ebenfalls Bauingenieur und sein Nachfolger im Familienunternehmen der *Leuchtturm-Stevensons* wird. Denn seit Alans Tod anno 1865 sind Thomas und sein Bruder David Stevenson alleinige Firmenchefs, und Louis soll zum Juniorpartner aufgebaut werden.

Thomas und David Stevenson arbeiten eng und optimal zusammen. Sie errichten von 1854 bis 1880 an den schottischen Küsten für den NBL sage und schreibe 28 Leuchttürme. Hinzu kommen ihre vielfältigen Bauprojekte für den schottischen Städtetag, profitabel sind vor allem der Bau von Hafenanlagen und Wellenbrechern.

Inzwischen sind die Stevenson-Brüder auch in das internationale Geschäft eingestiegen. Sie lassen von ihren Ingenieuren spezielle, an die Landesgegebenheiten angepaßte Leuchttürme in Indien, an der Malakkastraße und in Japan bauen und liefern Seesignalapparaturen bis hin nach China, Neuseeland und Peru.

Thomas Stevenson betätigt sich zudem erfolgreich als Erfinder. Er entwickelt eine neue Leuchtfeueroptik: die dioptrische, holophotische Lampe mit einem Prismenglaskörper und ausgeklügelten Regulierungsmechanismus. Louis rühmt 1880 seinen Erfindergeist mit den Worten: »Wenn bei Sonnenuntergang an den Küsten Schottlands die Lichter angehen, dann erfüllt mich der Gedanke mit

Stolz, daß sie dank der Kreatitvität meines Vaters strahlender leuchten.«

Außerdem erfindet Thomas Stevenson den nach ihm benannten *Stevenson screen*, auch Stevenson-Hütte oder Klimahütte genannt. Diese heute noch verwendeten Kästen schützen meteorologische Meßinstrumente (verschiedene Thermometer, Thermo-Hygro-Graph und Feuchtefühler) vor störenden Umwelt- und Wettereinflüssen wie Hitze, Wind und Niederschlägen.

Von seinem Vater dazu gedrängt, studiert Louis von 1867 bis 1871 an der Universität von Edinburgh bei Prof. Fleming Jenkin Ingenieurswissenschaften. Er tut sich jedoch von Anfang an schwer, technische Fächer und Mathematik liegen ihm nicht.

Zugleich muß er sein Praktikum im Familienbetrieb absolvieren. Dazu gehören jeweils in den Sommerferien Inspektionsfahrten zu den schottischen Leuchttürmen und die Aufsicht über Baustellen. Er haßt diese Aufgaben. Auf den Schiffsreisen setzt das rauhe nordische Klima seiner Gesundheit zu, und die Bauaufsichten öden ihn an. So klagt er schon bei seinem ersten Auftrag, als er 1868 den Bau eines bogenförmigen Wellenbrechers vor der nordschotttischen Hafenstadt Wick überwachen muß, in einem Brief an seine Mutter: »Ich bin dieses graue, trostlose, meerumspülte Loch unsagbar leid und kann gar nicht sagen, wie schrecklich krank ich bin und mich danach sehne, wieder zu Bäumen und Blumen zurückkehren zu können.« Das einzige, was ihm in Wick gefälllt, ist sein erster Tauchgang. In einem Taucheranzug läßt er sich abseilen und begutachtet den Schutzwall unter Wasser.

Im Sommer 1869 inspizieren Louis und sein Vater per Schiff die Leuchttürme an der schottischen Ostküste bis hinauf nach Muckle Flugga auf den Shetlands.

Zu dieser Zeit ist Thomas Stevenson bereits im Begriff, sich mit dem Bau des Leuchtturms von Dubh Artach ein ähnliches Denkmal zu setzten wie sein Vater Robert mit Bell Rock und sein Bruder Alan mit Skerryvore. Dubh Artach ist der Hauptfelsen des gefürchteten, zehn Meilen langen Torran-Riffs, das inmitten der vielbefahrenen südwestschottischen Wasserstraße zum Firth of Lorn und in der gleichen unheilvollen Ecke wie Skerryvore liegt. Am Torran-Riff waren zwischen zwischen 1800 und 1854 über dreißig Schiffe zerschellt – höchste Zeit, das Felsinselgewirr durch einen Leuchturm abzusichern.

Thomas hatte als Ausgangsbasis die benachbarte kleine Insel Erraid gewählt und im April 1867 mit dem äußerst schwierigen Bau des Leuchtturms auf dem zwölf Meter hohen und 75 Meter langen buckligen Basaltblock von Dubh Artach begonnen. Bis zur Einweihung im Februar 1872 sollten noch fünf Jahre vergehen. Louis fährt im Sommer 1870 dorthin, als der Basishafen auf Erraid mit der Pier, den Arbeiterhäusern, Kränen und dem Granitsteinbruch schon fertig ist. Es ist seine letzte Dienstreise für die Familienfirma.

Im März 1871 hält Louis in Edinburgh vor der *Royal Scottish Society of Arts* einen Vortrag mit dem – später auch als Abhandlung erschienenen – Titel »Über eine neue Form intermittierenden Lichts für Leuchttürme«, wofür ihm die Gesellschaft die Silbermedaille verleiht. Sein Vater ist stolz auf den scheinbar technisch begabten Sohn – bis ihm Louis eine Woche später, am 8. April

1871, auf einer Wanderung eröffnet, daß er sich definitiv gegen den Ingenieursberuf entschieden habe und Schriftsteller werden wolle. Sein Vater ist geschockt, aber eigentlich hätte er längst erkennen müssen, daß sich Louis allein schon aufgrund seiner kranken Atmungsorgane nicht zum Leuchtturmbauer eignet.

Nach erregten Auseinandersetzungen einigen sich die beiden auf einen Kompromiß. Louis soll auf Jura umsatteln, um wenigstens einen angesehenen Brotberuf vorweisen zu können.

Der kreative Rebell

Bevor sich Robert Louis Stevenson dem Jurastudium zuwendet, unternimmt er mit Sir Walter Simpson im Sommer 1872 eine Reise nach Deutschland und logiert einige Wochen in Frankfurt, zuerst im *Hotel Landsberg,* dann in einer Privatunterkunft in der Rosengasse 13. Es macht ihm Spaß, im Main zu schwimmen und in der Eckenheimer Wirtschaft mit alteingesessenen Hessen am Stammtisch zu plaudern. Über seine Erlebnisse berichtet er in amüsanten, mit deutschen Redewendungen gespickten Briefen, so über nächtliche Tumulte bei einem Brand in Sachsenhausen, über Flohbisse und seine Vorliebe für bayerisches Bier, Beethoven und Goethe.

Am 9. November 1872 besteht Stevenson die Aufnahmeprüfung für das *Scottish Bar*, die schottische Anwaltskammer. Aber es werden noch zweieinhalb Jahre bis zum juristischen Staatsexamen vergehen, und in dieser Zeit entwickelt er sich zu einem kreativen Rebellen.

Ausgelöst durch Dispute in der »Speculative Society«, dem elitären Universitäts-Debattierclub, dem er seit 1869 angehört, gerät Louis in eine Glaubenskrise und wendet sich gesellschaftspolitischen Themen zu. Unter den dreißig gewählten Mitgliedern des Clubs, dem einst Geistesgrößen wie Benjamin Constant und Sir Walter Scott angehörten, brilliert Stevenson durch scharfsinnige Reden. In dieser Phase bezeichnet er sich als »glühenden Sozialisten«. Zudem vertritt er die – seit 1859 alle Christenseelen aufwühlende – Evolutionstheorie von Charles Darwin, der übrigens 1825 an der Universität von Edinburgh Medizin und Meereszoologie zu studieren begann, bevor er in Cambridge von 1828 bis 1831 das Theologiestudium absolvierte.

Am 31. Januar 1873 kommt es zu einem erbitterten Streit mit seinem Vater, dem Louis gesteht, daß er mit der Kirche gebrochen habe. »Horrible atheist!« tobt der eingefleischte Presbyterianer. »Ich würde dich zehnmal lieber im Grab liegen sehen, als daß du den Glauben anderer junger Leute erschütterst und Unheil über andere Familien bringst so wie über unsere.«

Der Schock sitzt tief, Vater und Sohn leiden unter dem Zerwürfnis noch viele Jahre lang. Erst in reiferem Alter nähert sich Robert Louis Stevenson wieder dem Christentum, versteht es im Sinne der Nächstenliebe, bewahrt jedoch seine Abneigung gegen jegliches Dogma.

Auch von den allgemeinen Moralvorstellungen hält der Studiosus nicht viel. Oft treibt er sich in verrufenen Ecken der Altstadt von Edinburgh herum, verkehrt in Kneipen mit rauhbeinigen Seeleuten, Dieben und Dirnen, »sehr auf Sensationen erpicht«, wie er bekennt, und »von den Schwächen des Fleisches heimgesucht«, wie ein Freund anmerkt. Und er raucht nicht nur Zigaretten, sondern gelegentlich auch Haschisch.

Seine erste leidenschaftliche Liebe gilt Kate Drummond, der Tochter eines Hufschmieds. Er soll sie in einem Bordell kennengelernt haben und beabsichtigt, sie zu heiraten. Die Eltern bereiten der Affäre jedoch rigoros ein Ende.

Im Altstadtmilieu hält man den hageren, 1,78 Meter großen Burschen mit dem schulterlangen braunen Haar und dem schmalen Schnurrbartgesicht für einen liebenswürdigen Bohemien und nennt ihn »velvet coat«. Mit Vorliebe trägt Stevenson Mäntel und Jacken aus dunklem Samt, dazu meist ein schwarzes Hemd und eine rote Krawatte. Angeregt zu diesem Künstlerlook hat ihn sein weltgewandter Vetter und Kindheitsgefährte Bob Stevenson (Robert Alan Mowbray). Bob hatte Malstudien in der französischen Künstlerkolonie Barbizon nach der Manier der vorimpressionistischen Maler Corot und Millet betrieben und aus den Kreisen der *Schule von Barbizon* libertäre Ideen mitgebracht.

Bald gründen die beiden zusammen mit Louis' vertrautem Kommilitonen und späteren Rechtsanwalt Charles Baxter den privaten »L. J. R. Club«. Zu dessen Statuten gehören so provokante Forderungen wie die nach Abschaffung des britischen Oberhauses und »Mißachtung all dessen, was Eltern predigen«.

Die Freundschaft der drei hält lebenslang, so wie auch die Verbindung zu zwei weiteren Menschen, denen Stevenson im Juli 1873 begegnet: Im Pfarrhaus Cockfield (County Suffolk) macht ihn seine Cousine Maud mit Fanny Sitwell und Sidney Colvin bekannt.

Fanny Sitwell, eine kunstsinnige und bezaubernde, allseits verehrte Pastorengattin, wird auch von Stevenson angehimmelt. Zwischen dem Dreiundzwanzigjährigen und der neun Jahre älteren Mutter zweier Kinder entwickelt sich eine schöngeistige Romanze. Er nennt Mrs. Sitwell seine »Madonna« und schreibt ihr viele Briefe, die zuweilen an Goethes *Leiden des jungen Werther* erinnern.

Sidney Colvin (1845-1927, 1911 geadelt), der damals 28jährige Cambridge-Professor – natürlich auch er ein Verehrer Fannys – erkennt früh Stevensons schriftstellerische Begabung. Er wird einer seiner engsten Freunde und korrespondiert mit ihm bis zu dessen Tod.

1924 wird Sir Colvin die dreibändige Ausgabe von Stevensons gesammelten Briefen herausgeben. Und dreißig Jahre nach dem ersten Treffen im Pfarrhaus Cockfield wird der zum Kurator des Britischen Museums avancierte Kunstprofessor Colvin die 62jährige Witwe Fanny Sitwell heiraten.

Schon zu Beginn der Beziehung zu seiner »Madonna« ist Stevenson in einer schlechten Verfassung. Er leidet unter der unerfüllbaren Liebe zu ihr, ebenso unter dem weiterschwelenden Konflikt mit seinem Vater. Zu allem Übel diagnostiziert der Hausarzt im September 1873 erste Anzeichen einer Tuberkulose und verordnet dem Fiebernden eine Kur in milderem Klima an der Côte d'Azur.

Froh, dem Elternhaus entronnen zu sein, hält sich Stevenson bis zum nächsten Frühjahr in Frankreich auf, zuletzt in Fontainebleau. Diesen Ort südlich von Paris mit seiner königlichen Sommerresidenz, den idyllischen Parks und weiten Wäldern liebt er innig. In der Künstlerkolonie von Fontainebleau vervollkommnet er sein Französisch und wird von nun an unheilbar frankophil.

Wie schon im vergangenen Jahr nutzt er auch hier die Zeit, um sich durch Stil-Imitationen bewunderter Vorbilder wie Defoe, Wordsworth, Hazlitt, Hawthorne und Montaigne auf den Beruf des Schriftstellers vorzubereiten.

Zurück in Schottland, veröffentlicht Stevenson im August 1874 seine erste respektable Arbeit, einen Essay über die Romane Victor Hugos, im *Cornhill Magazine*. Der Herausgeber dieser bedeutendsten englischen Literaturzeitschrift ist Sir Leslie Stephen (1832-1904), ein passionierter Alpinist und Vater der Schriftstellerin Virginia Woolf.

Ein halbes Jahr später nimmt ihn Sir Stephen zu einem Krankenbesuch in ein Edinburgher Hospital mit, von dem aus ein armer, junger Lyriker namens William Ernest Henley beeindruckende Gedichte an das *Cornhill Magazine* geschickt hat. Sie treffen auf einen rotbärtigen, an Krükken humpelnden Hünen.

W. E. Henley (1849-1903) leidet seit seiner Kindheit an Knochentuberkulose. Mit zwölf Jahren wurde ihm ein Fuß amputiert. Nun wird der 26jährige Patient im Hospital von Dr. Joseph Lister, dem weltberühmten Pionier auf dem Gebiet der Wunddesinfektion, behandelt. Ihm gelingt die Rettung des anderen Beins. Trotz der Verkrüppelung hat Henley nichts von seiner Vitalität verloren. Er erweist sich als ein fröhlicher, wortgewaltiger und trinkfester Feuerkopf, der kein Blatt vor den Mund nimmt, voller origineller Ideen steckt und sich mit Stevenson auf Anhieb prächtig versteht. Sie sind im gleichen Alter, beide von Krankheiten gezeichnet, beide hoffnungsvolle Talente.

Von nun an spornen sie sich gegenseitig zu literarischen Projekten an, und Jahre später, zwischen 1879 und 1885, werden sie gemeinsam vier Schauspiele schreiben: *Deacon Brodie, Admiral Guinea, Beau Austin, Macaire.*

Danach wird Henley sich selbst einen Namen machen, als Herausgeber verschiedener Kulturjournale wie dem

Magazine of Art, und mit Gedichtbänden (*The Song of the Sword*, 1892). Wie in Stevensons Leben sollte sein kongenialer Freund auch für einen seiner Romane eine wichtige Rolle spielen – als Vorbild für John Silver in der *Schatzinsel*.

Am 16. Juli 1875 legt Stevenson sein juristisches Staatsexamen ab und darf sich nun *Advocate* nennen.

Einen Monat vor der Abschlußprüfung hört er auf einer Party von J. Seed, dem Sekretär des neuseeländischen Zoll- und Marinedepartements, erstmals von dem Südsee-Archipel Samoa – und wird bei der Schilderung der Insellandschaften »krank vor Sehnsucht« nach diesem tropischen Paradies.

William Ernest Henley (1849-1903),
das Vorbild für den Piratenführer John Silver

{PD-old}

Fanny

Von seinem gerade erworbenen Titel macht der frischgebackene Rechtsanwalt nach lustlos bearbeiteten vier Fällen nie mehr Gebrauch. Es zieht ihn gleich wieder nach Frankreich, wo er sich intensiv mit Dichtkunst, vor allem mit den Werken von Charles Baudelaire und François Villon, befaßt. Es entsteht seine erste Erzählung *Ein Nachtquartier*, die von einem Vagantenerlebnis des armen Poeten Villon handelt.

Im Sommer 1876 unternimmt Stevenson mit seinem Jugendfreund Sir Walter Simpson, einem Sohn des schottischen Gynäkologen von Queen Victoria, eine weite Kanufahrt auf belgischen und nordfranzösischen Flußläufen und schreibt darüber sein erstes, stilistisch durchgefeiltes Reisebuch: *An Inland Voyage* (*Eine Binnenreise*) erscheint im Mai 1878.

Am Ende der Tour begegnet Stevenson in der Ortschaft Grez-sur-Loigne bei Paris der Frau seines Lebens – der Amerikanerin Fanny Osbourne, geborene Vandegrift (1840-1914). Als er mit staubigem Rucksack den Landgasthof »Chevillon« betritt, fällt ihm unter einer dinierenden Reisegesellschaft eine 36jährige brünette Schönheit mit südländisch braunem Teint auf. Er blickt in dunkle Augen »full of sex and mystery«, und sie findet, er habe »ein Gesicht wie Raffael«. Wie seine geliebte Mrs. Sitwell ist Fanny Osbourne zehn Jahre älter als er und verheiratet, sie hat denselben Vornamen und ebenfalls zwei Kinder. Fannys hübsche siebzehnjährige Tochter Isobel (1858-1953) und ihr achtjähriger blonder Sohn Lloyd reisen mit.

Besonders der Junge gefällt ihm.

»Stevenson war fröhlich, voller Schwung und brachte jeden zum Lachen. In meiner Achtung nahm er sofort einen hohen Platz ein«, erinnert sich Lloyd Osbourne später an diese erste Begegnung. Und: »Er war leidenschaftlich das, was man heute einen Feministen nennt.« Also genau die richtige Ergänzung für die temperamentvolle, selbstbewußte Amerikanerin, in deren Adern ein gehöriger Schuß Abenteurerblut fließt.

Fanny stammt von holländischen und schwedischen Auswanderern ab, die sich schon im 17. Jahrhundert in der Nähe von Philadelphia ansiedelten. Unter ihren Vorfahren soll auch der englische Weltumsegler James Cook (1728-1779) gewesen sein.

Sie wurde am 10. März 1840 in Indianapolis geboren und wuchs mit fünf Geschwistern auf. Ihr Vater Jacob Vandegrift, ein Farmer, verlor sein Vermögen durch Spekulationen im Holz- und Immobilienhandel. Mit Siebzehn heiratete sie den drei Jahre älteren flotten Leutnant Samuel Osbourne, im Jahr darauf kam mit Isobel das erste ihrer drei Kinder zur Welt.

Nachdem es Sam Osbourne im amerikanischen Bürgerkrieg zum Captain gebracht hatte, versuchte er sein Glück als Goldsucher und zog mit der Familie von einem Minencamp zum anderen. Fanny entwickelte sich dabei zur Überlebenskünstlerin, schlug sich mit Indianern und Cowboys herum und lernte meisterhaft, mit dem Colt umzugehen. Aus diesen Pioniertagen behielt sie auch die Gewohnheit bei, sich Zigaretten selbst zu drehen was später in der Gesellschaft immer wieder Erstaunen hervorruft.

Nach 18 Ehejahren verließ Fanny ihren Mann, weil sie die ständigen Seitensprünge des Frauenhelden nicht länger ertrug, und schiffte sich 1875 samt Kindern nach Europa ein. Ihren künstlerischen Neigungen folgend, nahm sie in einem Pariser Maleratelier Zeichenunterricht. Ein halbes Jahr vor der Begegnung mit Stevenson starb in Paris ihr Jüngster, der fünfjährige Hervey, an skrufulöser Tuberkulose.

Nun reist sie mit Isobel und Lloyd weiter durch Frankreich und will so lange bleiben, wie es ihre bescheidenen Mittel erlauben.

Stevenson sieht in Fanny die ideale Gefährtin. In einem Liebesgedicht preist er sie als »trusty, dusky, vivid, true«, verläßlich, dunkel, lebhaft, aufrichtig. Sie genießen ihr erstes Glück bis zum Spätherbst 1876, dann muß er mangels Geld heimreisen.

In den nächsten zwei Jahren kehrt Stevenson jeweils für einige Monate nach Frankreich zurück und lebt mit Fanny zeitweise in Paris zusammen, wo sie malt und er schreibt. Im August 1878 kommt sie nach London, um Abschied von ihm zu nehmen - sie fährt wieder nach Amerika. Der Gedanke, die Geliebte vielleicht nie im Leben wiederzusehen, betrübt ihn tief.

Einen Monat später unternimmt er vom 22. September bis 4. Oktober 1878 mit einer Eselin, die auf den Namen *Modestine* hört, eine einsame Bergwanderung durch die südfranzösischen Cevennen. Seiner denkwürdigen, 220 km langen Reiseroute im karstigen Bergland der Kamisarden (hugenottische Bauern) folgen heute alljährlich ca. 5000 Stevenson-Fans in der gleichen Art wie damals. Die Touristen mieten bei Eselsverleihern der *Stevenson-Weg-Vereinigung* Packtiere, ziehen mit ihnen auf dem ausgeschilderten *Chemin de Robert Louis Stevenson* (GR70) durch die abgeschiedene Gegend und kehren in Auberges und Tavernen ein, an denen Gedenktafeln an den Schriftsteller erinnern. Sein sentimental-humorvolles Reisebuch *Travels with a Donkey in the Cévennes*, bringt Stevenson abermals gute Kritiken, aber wenig Geld ein.

Nach wie vor ist er von den Zuwendungen der Eltern abhängig.

Frontispiz des Buchs *Travel with a donkey in the Cevennes*,
Chatto & Windus, London, 1907
Quelle: Wikipedia Commons {PD-old}

Fanny Osbourne at about the time of her first meeting with Robert Louis Stevenson

Fanny Osbourne (1840-1914), geb. Vandegrift, in der Zeit ihrer ersten Begegnung mit Robert Louis Stevenson

Quelle: Wikipedia Commons {PD-old}
The Life of Mrs. Robert Louis Stevenson by Nellie Van de Grift Sanchez, Chatto & Windus, London, 1920

Robert Louis Stevenson als junger Schriftsteller

Quelle: Wikipedia Commons {PD}
Bishop Museum image of Robert Louis Stevenson

Abenteuer in Amerika

Als Stevenson 1879 von Fannys Absicht erfährt, die Scheidung einzureichen, macht er sich Hoffnung auf eine Heirat mit ihr. Und beschließt, ihr nach Amerika zu folgen. Der Vater verweigert ihm dafür jegliche Unterstützung. Obwohl sein Reisekapital denkbar gering und seine Gesundheit angegriffen ist, stürzt sich der Neunundzwanzigjährige in das ungewisse Abenteuer und überquert im August 1879 als Zwischendeckpassagier auf der *Devonia* den Atlantik.

Von New York geht die Fahrt in einem überfüllten Emigrantenzug via Chicago und Nebraska quer durch den Wilden Westen. Meist hockt Stevenson mit bettelarmen Auswanderern, darunter vielen Chinesen, auf dem Waggondach – und holt sich in der Gluthitze der Prärie prompt Fieber. Mit den letzten Dollars, nur Hemd und Hose am Leib, kommt er in Kalifornien an.

In den ersten Tagen kampiert er im Freien, bis ihn das Fieber überwältigt. Drei Tage liegt er todkrank und halb ohnmächtig darnieder. Ein alter Bärenjäger, Captain Smith, der schon 1846/47 im Krieg gegen Mexiko gekämpft hatte, päppelt ihn schließlich wieder auf. Dann nimmt ihn eine Rancherfamilie auf, die in den Santa Lucia Mountains, 18 Meilen von Monterey entfernt, eine Angoraziegen-Farm bewirtschaftet. Zum Dank unterrichtet er die Farmerskinder.

In Monterey

Im September 1879 zieht Stevenson nach Monterey, wo ihn Fanny empfängt und er fast vier Monate lang bleibt. In das Glück über das Wiedersehen nach einem Jahr mischt sich die Sorge über die gemeinsame Zukunft. Bis zum Scheidungsurteil muß Fanny weiter mit ihrem Mann zusammenleben, in einem windschiefen Holzhaus oben in Oakland, an der Ostseite der großen Bucht von San Francisco.

Bald lernt Stevenson Samuel Osbourne kennen. Rivalität, Eifersucht? Keine Spur. Der treulose Glücksritter mit dem Richelieu-Bart hat sich längst eine andere Frau angelacht, die er heiraten will: eine Schönheit namens Rebecca Paul, die Fanny auffallend ähnlich sieht.

Für Stevenson heißt es, geduldig zu warten. So bezieht er in Monterey ein karges Quartier, schläft nachts, nur in ein Laken gehüllt, auf dem Boden. Er ist fasziniert von der urtümlichen Küstenlandschaft, von den riesigen Koniferenwäldern der Berge, den gleißenden Wogen des Pazifiks.

Die Hafenstadt Monterey ist damals ein Zentrum der Walfänger und zugleich ein schäbiger Ort mit Wildwestatmosphäre, bevölkert von Mexikanern, Indianern und Gringos. Mittelpunkt ist die lehmige Main Street, in den Saloons prügeln sich Betrunkene, sprechen die Messer.

Durch sein offenherziges Wesen gewinnt Stevenson einige gute Freunde: den französischen Arzt Dr. J. P. E. Heintz, einen italienischen Fischer und den großzügigen Restaurantwirt Jules Simeneau, bei dem er speist, Schach spielt und mit Einheimischen diskutiert. Abends kippt er nach Westernart ein paar Drinks im Saloon von Adolfo Sanchez, dem spanischstämmigen Gatten von Fannys Schwester Nelly.

In der Hoffnung, sich von Honoraren über Wasser halten zu können, schreibt er sich die Finger wund – vergeblich. Der Erlebnisbericht *An Amateur Emigrant* mißrät ihm, die Novelle *A Vendetta in the West* gibt er nach Wochen auf. Vorübergehend versucht sich Stevenson als Reporter für den *Monterey Californian*, doch der Wochenlohn von zwei Dollar reicht gerade für eine tägliche Mahlzeit.
Anfang Dezember 1879 wirft ihn ein heftiger Schwindsuchtsanfall mit Fieberdelirien aufs Krankenlager, der Puls schnellt auf 150. Er glaube nicht, schreibt Stevenson schicksalsergeben an seinen Freund Edmund Gosse in England, daß er noch das dreißigste Lebensjahr erleben werde.

In San Francisco

Doch Stevenson erholt sich wieder und zieht gegen Weihnachten 1879 nach San Francisco. Dort haust er anfangs in einer Arbeiterbaracke. In den nächsten fünf Monaten wohnt er als Pensionsgast bei einer Mrs. Carson in der Bush Street 608, nicht weit vom Hafen entfernt. In dem noch stehenden mehrstöckigen Haus erinnert heute ein Messingsschild an Stevensons Aufenthalt.

In San Francisco macht er es sich zur Gewohnheit, jeden Morgen ein 10-Cent-Frühstück im *Pine Street Coffee House* und mittags einen Lunch für 50 Cents im *Restaurant Donadieu* einzunehmen. Wie sehr er knausern muß, zeigt sich in einem Brief, in dem er selbstironisch eine Nebensächlichkeit berichtet: Bei dem im Lunch inbegriffenen halben Liter Wein achte er jedesmal penibel darauf, daß kein Tropfen das Maß überschreitet, denn sonst müßte er die ganze Flasche zahlen.

Tag für Tag schreibt er bis tief in die Nacht hinein an Essays und Erzählungen. Bis ihn am 9. Januar 1880 Schüttelfrostanfälle martern. Der Arzt erkennt auf Malaria. Nichtsdestotrotz kündigt Stevenson noch im selben Monat seinen Freunden in England an, daß er bald die Frau heiraten werde, die er seit dreieinhalb Jahren liebe. Fanny ist nämlich inzwischen geschieden worden.

Doch dann bahnt sich ein Drama an.
Als im März Robbie Carson, der vierjährige Sohn seiner Hauswirtin, lebensgefährlich an einer Lungenentzündung erkrankt, wacht Stevenson tagelang an dessen Bett. Das Leiden des Kindes nimmt ihn so mit, daß er selbst todkrank wird. Jetzt bricht bei ihm voll die Tuberkulose aus, mit Blutauswürfen, quälendem Husten, hohem Fieber und kaltem Schweiß; zeitweilig verliert er die Sprache. Sechs Wochen schwebt er zwischen Leben und Tod, »war beinahe auf der anderen Seite des Jordans«, wie er nach Hause schreibt. Fanny und der Arzt Dr. Bamford pflegen ihn aufopfernd. Als das Schlimmste überstanden ist, schenkt er Dr. Bamford, dem er kein Honorar zahlen kann, sein Cevennen-Buch mit den Worten: »Ohne Sie wäre das mein letztes Buch gewesen. Nun hoffe ich, daß es weder mein letztes noch mein bestes sein wird. «

Noch geschwächt, heiratet Stevenson seine Fanny am 19. Mai 1880 in San Francisco. Zur gleichen Zeit trifft ein überraschendes Telegramm aus Edinburgh ein: »Rechne mit 250 Pfund jährlich!« Die Summe entspricht dem Jahresgehalt eines Ingenieurs. Sein Vater, der inzwischen erschüttert vom Leidensweg des Sohnes gehört hat, zeigt sich endlich versöhnlich. Stevenson atmet auf, das Schicksal scheint sich zu wenden.

Im Napa Valley

Die Flitterwochen verbringen die Neuvermählten zusammen mit Sohn Lloyd, der den Namen Osbourne behält, im grünen Napa Valley, 120 Kilometer nördlich von Francisco. Nicht dabei ist Fannys damals 21jährige Tochter Isobel – sie ist schon vor der zweiten Eheschließung ihrer Mutter mit dem jungen Künstler Joe Strong nach Hawaii durchgebrannt.

Im Nordtal des Napa Valley mieten sie zuerst ein Sommerhaus in dem kleinen, 1859 gegründeten Kurort Calistoga, wo Stevenson durch die heiße Heilquelle des Old Faithful-Geysirs Linderung seines Lungenleidens erhofft. Der Geysir, der im Abstand von 40 Minuten eine 20 Meter hohe Fontäne ausstößt, ist nach wie vor eine Sehenswürdigkeit.

Als ihnen der Aufenthalt in Calistoga zu teuer wird, ziehen die Stevensons einige Gehstunden weiter südlich in eine leerstehende Holzhütte, in der einst Minenarbeiter des Silberbergwerks *Silverado* gehaust hatten. Die Bruchbude, zu der ein Hangpfad führt, liegt einsam in einem Kiefern- und Lorbeerwald des Berges St. Helena. Hier richten sich die Stevensons häuslich ein und führen den Sommer 1880 über ein genügsames Leben in der Wildnis. Was sie dort erleben, schildert Stevenson in seinem 1884 veröffentlichten Reisebericht *Silverado Squatters*. Heute heißt dieses Waldgebiet *Robert Louis Stevenson Memorial Sta-*

te Park, und das *Silverado Museum* in dem Winzerort St. Helena ist ganz Robert Louis Stevenson gewidmet. Darin befindet sich sogar ein Modell seiner Holzhütte, die inzwischen im Wald verschwunden ist.

Damals schreibt er an Sidney Colvin: »Ich habe ständig das Gefühl, als müsse ich irgendwann ein geniales Werk schaffen.«

Schatzinsel-Storys in San Franciso

Seine Ahnung trog nicht: Im nächsten Jahr wird Stevenson *Die Schatzinsel* schreiben.

Interessante Informationen dazu erhält er offenbar schon 1879/1880 in Kalifornien.

Wie schon in den verruchten Kneipen Edinburghs treibt sich Stevenson auch in San Franciso gerne in Kaschemmen herum, insbesondere in den Hafenspelunken der Fisherman's Wharf, wo er allerlei Seemannsgeschichten aufschnappt.

Verschiedenen Quellen zufolge plaudert er in der Hafenkneipe *Harry White's Bar* mit Peg Leg Benton, einem schielenden, einbeinigen Seebär, der ein Holzbein trägt. Benton behauptet, einst auf einem Piratenschiff gefahren zu sein und erzählt von sagenhaften Seeräuberschätzen, die auf einer unbewohnten mittelamerikanischen Dschungelinsel vergraben seien – auf der Isla del Coco, 350 Meilen vor der Pazifikküste Costa Ricas.

Aber Stevenson erfuhr wohl auch aus der kalifornischen Presse von Schatzsucherfahrten zur Kokosinsel. So organisierte ein Schatzsuchersyndikat zwischen 1870 und 1880 etliche Expeditionen von San Francisco zur Kokosinsel. Vorher hatte selbst die renommierte *New York Times* in einem langen Artikel vom 12. Dezember 1854 schon von den Aktivititäten einer Schatzsucher-Company berichtet, die mit dem damals immensen Stammkapital von 550.000 US-Dollar gegründet worden war. Von der Company finanziert, segelte der Schoner *Pringle* im August 1854 zur Kokosinsel, um einen riesigen Schatz zu suchen, der dort um 1816 von Piraten versteckt worden war. Die in dem Artikel namentlich nicht genannten Seeräuber hatten vor Acapulco eine spanische Galeone geplündert, die im Auftrag des spanischen Vizekönigs Staatsschätze von Mexiko nach Manila verschiffen sollte.

Die in San Francisco erscheinende Zeitung *Daily Morning Call* veröffentlichte am 19. März 1872 gar ein Spottgedicht mit dem Titel *The Legend of Cocos Island.*

Sicher las Robert Louis Stevenson seinerzeit in der US-Presse auch von dem Schiffsunglück, das sich am 2. November 1879 vor Santa Barbara ereignete, dem Küstenort nördlich von Los Angeles. Dort sank der Schoner *Vanderbilt,* der etwa ein halbes Jahr zuvor, nämlich am 12. April 1879, zur Kokosinsel gefahren war. Die Besatzung war von der langen, erfolglosen Schatzsuche zermürbt, aber heilfroh, daß sie bei dem Schiffbruch gerettet wurde. Dramatische Berichte darüber standen nicht nur in der Zeitung *San Francisco Call*, sondern auch am 8. November 1879 in der *New York Times.*

Die Fama von den Piratenschätzen der Kokosinsel war also schon in Amerika mehr oder weniger bekannt. Sie kursierte erst recht unter Seeleuten, die von kalifornischen Hafenstädten oder von Acapulco (Mexiko) oder Puntarenas (Costa Rica) in den Pazifik ausfuhren. Vor allem amerikanische Walfänger liefen die Schatzinsel an, um sich dort mit frischem Wasser und Proviant zu versorgen. Und viele der Walfangschiffe machten in Monterey Station, wo Stevenson ja 1879 eine Zeitlang für den *Monterey Californian* Reportagen geschrieben hatte. Vielleicht hatte er sogar über die glücklosen Schatzsucher berichtet, die im Herbst 1879 mit dem amerikanischen Dampfschiff *Rescue* von der Kokosinsel zurückkehrten.

Vorab schon ein Hinweis auf einen zwielichtigen schottischen Tycoon, der in den Schatzgeschichten der Kokosinsel und in einem Kapitel dieses Buchs eine Hauptrolle spielt: James Alexander Forbes, der mutmaßliche Expirat und Rädelsführer beim Raub des Limaschatzes, verbrachte seine letzten Lebensjahre just zu jener Zeit in San Francisco, als Stevenson dort weilte.

Noch eine ironische Schlußbemerkung: Wenn Stevenson 60 Jahre später San Francisco besucht hätte, so hätte er dort ein Eiland namens *Treasure Island* erblicken können. Es ist eine künstlich aufgeschüttete, 2,3 qkm große Insel in der San Francisco Bay, die 1939 für die *Golden Gate International Exposition* erbaut wurde. Im Zweiten Weltkrieg fungierte *Treasure Island* als Marinebasis, in den ehemaligen Militärgebäuden wohnen heute 1500 Menschen.

Namensgerecht spielte sich dort eine Schatzjagd ab, und zwar nach dem größten aller Schätze, dem Heiligen Gral, dem Kelch, aus dem Jesus und seine Jünger beim Letzten Abendmahl tranken und der Christi Blut bei der Kreuzigung auffing. Das auf der Insel von Frisco befindliche *Treasure Island Museum* diente nämlich 1989 als Kulisse für Steven Spielbergs Abenteuerfilm *Indiana Jones und der letzte Kreuzzug* mit Harrison Ford und Sean Connery.

Das Stevenson-Denkmal am Portsmouth Square in San Francisco, wo der kranke Dichter vom Dezember 1879 bis Mai 1880 lebte

Skizze von Lateinamerika
und der Lage der Kokosinsel
im Pazifik vor Costa Rica

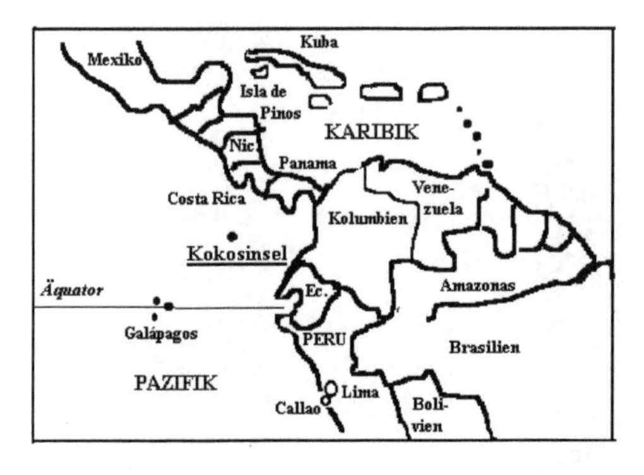

Skizze der Kokosinsel

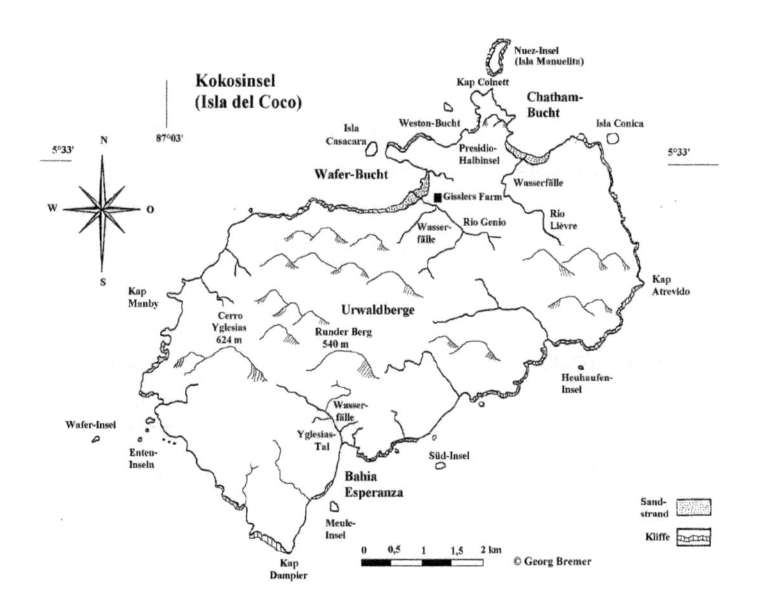

Ortsbezeichnungen der Kokosinsel

Spanische Namen	Herkömmliche Namen	Engliche und deutsche Namen
Bahia Chatham		Chatham Bay Chathambucht
Bahia Wafer		Wafer Bay Waferbucht
Bahia Weston	Bahia Drake	Drake Bay
Bahia Yglesias	Bahia Esperanza oder Bahia del Sur	Bay of Hope Esperanzabucht oder Bucht der Hoffnung
Cabo Atrevido		Dampier Head oder East Point
Cabo Descubierto		Cape Discovery oder Tanner Point oder South Point
Cabo Duplicado		Cape Manby
Cabo Lionel		Lionel Head
Cerro Yglesias		
Estrecho Challe		
Isla Cascara		Cascanata Island
Isla Conica		Conic Island
Isla Dos Amigos		Wafer Islands

Isla Juan Bautista		South Island oder Vancouver Island
Isla Montagne		Isle Heap of Hay oder Flathead Island
Isla Muela	Isla Muela	Meule Island oder Meule-Insel
Isla Nuez	Isla Manuelita	Breakfast Island
Isla Pan de Azucar		Sugar Loaf Island
Isla Roca Bote	Piedra Sucia	Boat Rock
Islas Wafer		Wafer Islands
Peninsula Presidio		Presidio-Halbinsel
Punta Agujas		Colnett Point oder Kap Colnett
Punta Barreto		Swaine Point oder North Point
Punta Dampier		Dampier Head
Punta Gissler		Eaton Point
Punta Maria		Cape Mary
Punta Montealegre	Cabo Turrialba	Bertheaume Point
Punta Pacheco		Pitt Point
Punta Peligro		Canards Rock
Punta Presidio		Morgan's Point
Roca Gissler		Faron Rock

Rio Genio		
Rio Lièvre		
Rio Pittier		Yglesias-Fluß
Quebrada Pittier		Yglesias-Tal
	The Canards	Enteninseln

Die Geschichte der Kokosinsel

Es hieß, schon in vorkolumbianischer Zeit seien Indianer mit Balsaflößen auf der Isla del Coco, der Kokosinsel, zwischengelandet, um sich mit Kokosnüssen und frischem Wasser zu versorgen. Man munkelte gar von Inkas, die hier während der Conquista im 16. Jahrhundert Zuflucht vor den Spaniern gesucht und einen Schatz in Sicherheit gebracht hätten.

Die erste schriftliche Kunde von der Kokosinsel stammt von dem spanischen Hofhistoriographen Gonzalo Fernández de Oviedo (1478-1557). Er kam 1513 nach Amerika und schrieb ein zwanzigbändiges Geschichtswerk über die Neue Welt: *La historia natural y general de las Indias, Islas e Tierra firme del Mar Oceano* (1535-1552). Darin schreibt Oviedo, der spanische Seefahrer Juan Cabeças habe die Kokosinsel irgendwann zwischen 1525 und 1529 auf einer Erkundungsfahrt im Golf von Panama entdeckt und von ihren vielen Kokospalmen, Wasserfällen und Bächen berichtet. Cabeças stand im Dienst Francisco Pizarros, der in jenen Jahren seine ersten räuberischen Expeditionen von Panama nach Ekuador unternahm, bevor er – von 1531 bis 1533 – mit seinen goldgierigen Konquistadoren das Inkareich in Peru eroberte.

Als nächster Spanier sichtete Panamas Bischof Tomás de Berlanga 1535 die Kokosinsel. Auf dieser Missionsfahrt nach Peru entdeckte er wenig später die 700 Kilometer südwestlich davon liegenden Galápagosinseln – einen öden, wasserarmen und vulkanreichen Archipel, den Riesenschildkröten, Meerechsen und Landleguane bevölkerten. Anders als auf der von dichtem Urwald bedeckten Kokosinsel sah es laut Berlanga auf Galápagos aus, als habe »Gott Steine herabregnen lassen«.

Auf einer Landkarte tauchte die Kokosinsel erstmals im Jahre 1542 auf, und zwar auf der berühmten *Mappemonde*, die der französische Kartograph Nicolas Desliens im Auftrag seines Königs Franz I. zeichnete. Unerfindlicherweise nannte er sie »Ile de Coques«, d. h. »Nußschaleninsel«. Gebräuchlich blieb jedoch der spanische Name Isla del Coco.

Nie verstummenden Gerüchten zufolge soll Sir Francis Drake während seiner denkwürdigen Kaperfahrt um die Welt mit der *Golden Hind* einen Teil seiner Beute auf der Kokosinsel versteckt haben. Er hatte im März 1579 vor Ekuador die spanische Schatzgaleone *Cacafuego* mit einer Ladung im Wert von 400000 Pesos geplündert: 13 Truhen Goldreals, 80 Pfund in Gold, 26 Tonnen ungemünztes Silber sowie Kisten voller Juwelen und Perlen. Noch im selben Monat kreuzte Drake in den Gewässern von Panama und Costa Rica, also unweit der Kokosinsel. Es gibt zwar keinen Beweis, wäre aber einleuchtend, daß er dort zumindest reichlich Silber versteckte. Denn die Last so vieler Tonnen Silber mußte einen höheren Tiefgang und eine geringere Geschwindigkeit seines Schiffs bewirken – ein Handicap für die riskante Weiterfahrt nach Kalifornien und die nachfolgende Überquerung des Pazifischen Ozeans. Wer weiß, ob nicht doch ein Scherflein von Drakes Riesenschatz, der sich noch um manch andere in Spanisch-Amerika geraubte Beute vermehrt hatte, auf der Kokosinsel zurückblieb!

Bezeichnenderweise hieß früher eine Bucht an der Nordküste *Bahia Drake*. Sie wurde 1958 zu Ehren des britischen Publizisten und Kokosinselexperten Julian A. Weston per Präsidialerlaß in *Bahia Weston* umbenannt. Julian A. Westons gemeinsam mit Ralph Hancock geschriebenes Buch *The Lost Treasure of Cocos Island* (1960) gilt aufgrund der akribischen Recherchen als ein Standardwerk über die Schätze der Kokosinsel.

Verständlicherweise sind zeitgenössische Berichte über Drakes Plünderungen auf seiner Kaperfahrt von 1577 bis 1580 lückenhaft, zumal Königin Elisabeth I. als Nutznießerin des mit ihm vereinbarten Kronanteils auf Geheimhaltung bedacht war.

Vielleicht von Drakes Reisebericht angeregt, erschien auf einem Holzschnitt von 1587 die erste bildliche Darstellung einer Kokosinsel-Landschaft. Der Druck zeigt die von Bergrücken flankierte Waferbucht mit dem vorgelagerten Felseiland Cáscara; vor der Küste liegt ein zweimastiges Segelschiff mit hohem Achterkastell, daneben lavieren mehrere stark bemannte Ruderboote. Das lebhafte Treiben erweckt den Anschein, als sei ein Besuch der Kokosinsel nichts Außergewöhnliches. Doch das Bild täuscht. Widrige Winde, tückische Strömungen und eine oft alles verhüllende Dunstglocke erschwerten das Auffinden dieses abgeschiedenen Fleckens ungemein – noch bis in die Zeit vor der Erfindung des Radars hinein.

So mißlang im Jahre 1600 der Versuch des holländische Weltumseglers Oliver van Noort, die Kokosinsel aufzufinden, und sein Landsmann Admiral Joris van Spilbergen verfehlte sie auf einer Kaperfahrt anno 1615 ebenfalls.

Mitte Juni 1684 näherte sich das legendäre englische Freibeuterschiff *Batchelor's Delight* der Kokosinsel.

Mit an Bord war William Dampier (1652-1715), der berühmte Reisechronist, mehrfache Weltumsegler und zeitweilige Gefährte von Alexander Selkirk – jenem schottischen Seemann, der von 1704 bis 1709 mutterseelenallein auf der chilenischen Pazifikinsel Más a Tierra hauste und Daniel Defoe zu seinem unsterblichen Roman *Robinson Crusoe* (1719) inspirierte.

Von Galápagos kommend, nahm die Mannschaft der *Batchelor's Delight* Kurs auf die Kokosinsel, um sich an frischen Früchten zu laben und Mehl als Proviantreserve dazulassen. Leider verhinderten heftige Gegenwinde ihre Landung, und sie driftete nach einer kurzen Sichtung nach Norden ab. Dampier konnte daher in seinem Reisebuch *New Voyage Round the World* (1697) nur eine allgemeine Beschreibung der Insel wiedergeben, die ihm andere englische Freibeuter zutrugen. So wußte er: »Die Kokosinsel erhielt ihren Namen von den Spaniern wegen der vielen Kokospalmen, die auf ihr in großen Hainen und am Ufer wachsen.« Eingedenk seiner Vorbeifahrt nannte man die markante Südspitze der Insel *Kap Dampier.*

Die gleiche Ehre wurde dem *Nicholas*-Kapitän Eaton teil, der gemeinsam mit der *Batchelor's Delight* und Kapitän Swans *Cygnet* die Pazifikküsten von Spanisch-Amerika heimsuchte. Eaton landete im Herbst 1684 auf der Kokosinsel, deponierte 200 Packen Mehl und ließ Wasser und Kokosnüsse bunkern. Nach ihm wurde eine nördliche Landspitze *Eaton Point* benannt; sie heißt heute auch *Punta Gissler*.

Ende 1685 gelangte die *Batchelor's Delight* doch noch zur Kokosinsel, allerdings ohne William Dampier, der inzwischen auf Swans *Cygnet* übergewechselt und zur Südsee aufgebrochen war. Kapitän war nun Edward Davis, der erfolgreichste Edelpirat seiner Zeit.

Davis hatte zuvor durch die Plünderung reich beladener spanischer Schiffe und der Hafenstadt Léon in Nicaragua enorme Beute gemacht und gönnte seiner Mannschaft nun eine Erholungswoche auf der Kokosinsel. Mit von der Partie war der gebildete Bordarzt Lionel Wafer (1660-1705), ebenfalls ein namhafter englischer Chronist. In seinem 1699 in London erschienenen Reisejournal *A New Voyage and Description of the Isthmus of America* schilderte er als erster ausführlich die Insellandschaft. Ein Auszug: »Der liebliche Anblick der sich aneinander schmiegenden Kokospalmen sowie die Frische, die herabstürzende Wasserfälle der Luft in diesem heißen Klima verleihen, machen diesen Ort köstlich und reizvoll für mehrere Sinne zugleich.«

Anschließend berichtet Wafer über ein merkwürdiges Gelage seiner Gefährten: »Aus gepflückten Kokosnüssen gewannen sie ungefähr 90 Liter Milch. Dann setzten sich alle nieder und tranken ungeheure Mengen, wurden aber nicht davon betrunken. Doch irgendwie hatte diese Art von Getränk ihre Nerven so gelähmt, daß sie weder gehen noch stehen konnten. Auch konnten sie nicht ohne Hilfe derjenigen, die nicht an der Lustbarkeit teilnahmen, an Bord zurückgelangen. Es dauerte vier oder fünf Tage, bis sie sich erholt hatten.«

Das Gelage fand in der großen, als Hauptankerplatz benutzten Nordbucht statt, die seitdem den Namen des gelehrten Doktors trägt: *Wafer Bay.*

Sein Bericht führte zu der Annahme, Edward Davis habe bei diesem Landgang einen Schatz vergraben, angeblich auf der gewölbten Landzunge zwischen der Waferbucht und der Chathambucht. Ferner heißt es, seine Leute hätten die übrige Beute untereinander aufgeteilt, und zwar solche Mengen Goldpiaster, daß man sie in Krügen zumaß, und die Orgie quasi als Abschlußfeier veranstaltet. Lionel Wafer schreibt zwar nichts über eine Schatzdeponie, aber er hätte sich als möglicher Mitwisser wohl auch gehütet, derlei in seinem Buch auszuposaunen.

Es ist auch denkbar, daß Edward Davis auf seinen bis 1687 andauernden Raubzügen in Spanisch-Amerika ab und zu seine mit Schätzen überladenen Schiffe auf der Kokosinsel leichterte. Gleichviel, in den Annalen der Insel wurde der Davis-Schatz als ein Haupthort zu einem festen Bestandteil.

Manchen Quellen zufolge soll auch der berühmte Freibeuter Sir Henry Morgan (1635-1688) mit seinen Bukanieren von Panama aus zur Kokosinsel gesegelt und dort Gold aus seinen Beutezügen versteckt haben. Doch dafür gibt es keinen Beleg. Die Fama beruht offenbar auf einem Mißverständnis, weil in der Chathambucht auf einem Felsen der Name Morgan eingemeißelt ist und früher eine Landspitze oberhalb der Waferbucht *Morgan's Point* hieß; sie heißt heute *Punta Presidio.* Beides bezieht sich aber nicht auf den englischen Freibeuter und späteren Gouverneuer von Jamaika, sondern auf das große Walfangschiff *Charles W. Morgan*, das im Juli 1843 vor der Kokosinsel ankerte. Es wurde, wie Christopher Weston glaubt, erst 1921 ausgemustert und verblieb danach auf dem Trockendock von Mystic Seaport in Connecticut.

Ein weiterer berühmter Besucher in der Blütezeit der Piraterie war der englische Freibeuterkapitän John Clipperton († 1722), nach dem eine einsame, öde Pazifikinsel weit westlich von Nicaragua benannt ist, die er als Basis benutzte. Clipperton hatte gerade ein spanisches Schiff gekapert und Panamas Gouverneur, den Marquis de Villa Roche, gefangengenommen, als er am 18. Dezember 1720 auf der Kokosinsel landete. Hier gönnte er seiner Besatzung einen Monat Ruhe. Viele waren krank und, von den Strapazen der langen Reise zermürbt, einer Meuterei nahe. Als ihr Schiff, die *Success*, am 17. Januar 1721 wieder die Anker lichtete, tauchten elf Matrosen im Dschungel unter: acht Neger und die Engländer Higgins, Caukler und Shingle. Clipperton fuhr ohne sie ab. Was aus den Deserteuren wurde, blieb im Dunkeln.

Im November 1764 entsandte der Marquis von Cruillas, der Vizekönig von Mexiko, eine Fregatte, die einen Kronanteil in Gold nach Spanien bringen sollte. Von Piraten verfolgt, verschlug es das Schiff durch einen Sturm zur Kokosinsel, wo der Kapitän den Schatz sicherheitshalber in aller Eile vergrub. Auf der Weiterfahrt wurde die Fregatte von den Piraten geentert und die Besatzung niedergemetzelt. Nur ein farbiger fünfzehnjähriger Sklave, der das Versteck kannte, aber nicht verriet, blieb verschont. Er lebte später in Costa Rica, brachte jedoch keine Expedition zur Bergung des Schatzes zustande. So jedenfalls lautet ein Bericht, der am 10. Mai 1896 in der Zeitung *El Heraldo de Costa Rica* erschien.

Im Sommer 1793 landete hier der britische Kapitän James Colnett, der als Seekadett auf der *Resolution* Captain Cooks epochale Südsee-Entdeckungsreise von 1772 bis 1775 miterlebt hatte. Nun erforschte Colnett mit der *Rattler* Fanggründe und Ankerplätze für die Pottwal-Jagd und leitete damit die Walfang-Ära im Südpazifik ein. Während seines viertägigen Aufenthalts auf der Kokosinsel setzte Colnett an der Nordküste einen Eber und eine Sau aus – die Stammeltern jener verwilderten Schweine, die sich zu Tausenden vermehren sollten. Einen Ziegenbock und eine Ziege setzte er ebenfalls aus, ihre Nachkommen scheinen aber später von jagenden Seeleuten beträchtlich dezimiert worden zu sein. Zum Wohl künftiger Walfänger säte er außerdem allerlei Gemüse aus. Seitdem trägt die Nordpitze der Kokosinsel seinen Namen: *Colnett Point*.

Zwei Jahre später landete Colnetts Ex-Kamerad George Vancouver (1757-1798), der als Vollmatrose ebenfalls auf Cooks *Resolution* gedient hatte, auf der Kokosinsel. Von 1791 bis 1794 hatte Kapitän Vancouver die Pazifikküsten Alaskas und Kanadas erforscht – die große kanadische Hafenstadt Vancouver ist nach ihm benannt. Und nun lief er auf der Rückfahrt über Hawaii mit der *Discovery* und der *Chatham* die Kokosinsel an. Die Bucht, in der er Wasser faßte, heißt seitdem *Chatham Bay*.

Zwischen 1819 und 1821 entstanden dann die großen Beuteverstecke des Piraten Benito Bonito alias Dom Pedro vom blutigen Schwert und der Meuterer der *Mary Dear*. Davon wird später ausführlich die Rede sein.

Anfang 1832 erlebten 13 Seeleute eine Robinsonade, als ihr Schiff, die chilenische Fregatte *Resolución*, im Sturm in der Waferbucht sank. Sie konnten sich an Land retten und wurden glücklicherweise am 17. April desselben Jahres von dem kolumbianischen Schoner *Carmen* aufgefunden. Das Wrack der *Resolución* entdeckten Taucher erst im Mai 1963.

1838 fertigte Sir Edward Belcher anläßlich einer Küstenvermessungsfahrt (zweieinhalb Jahre nach Charles Darwins Galápagos-Exkursion) die erste akkurate Karte von der Kokosinsel an. Bei seiner Landung mit der *H.M.S. Sulphur* am 3. April 1838 fand der Wissenschaftler zu seiner Überraschung eine Strandhütte vor, in der sieben Seeleute hausten: fünf Neger, ein Engländer und ein Portugiese. Sie hatten auf einem Walfänger gearbeitet und sich aus Haß auf den Skipper freiwillig aussetzen lassen. »Es waren üble Burschen, die sich von Schweinen, Seeschwalben, Tölpeln und Süßwasserfischen ernährten, die in den Bächen vorkommen«, schrieb Sir Belcher. Und: »Ziegen sollen sehr häufig sein, halten sich aber auf den Höhen auf.« Wie eine Generation vor ihm Colnett, pflanzte auch Belcher Gemüse an.

Als er ein Jahr später, am 7. April 1839, zurückkehrte, konnte er fünfzig prächtige Kürbisse ernten. Die Insulaner hatten sich inzwischen auf einem amerikanischen Walfänger abgesetzt, »aber durch ihr schlechtes Beispiel zwei andere Matrosen zu dem gleichen Abenteuer verleitet«. Dem »Hungertod nahe«, verließen auch diese beiden bald die Insel. Von ihrer Landschaft gewann Belcher zwiespältige Eindrücke: »Der Anblick der zwei Buchten mit den prächtigen Klippen und Wasserfällen, die sich wie Silberfäden von dem üppigsten, vielfältigsten Grün abheben, das man sich denken kann, würde einen Maler begeistern. Doch alle Dinge, die uns bei Sonnenschein entzücken, erscheinen bei düsterem Wetter traurig und langweilig.«

Seinerzeit war die Kokosinsel noch Niemandsland. Das änderte sich, als sie am 16. September 1869 von Costa Rica annektiert wurde – am 48. Jahrestag der Separation von Spanien. Eine Delegation unter Führung von Rafael Oreamuno fuhr auf dem Schoner *Petrei* von Puntarenas – der damals aufblühenden costaricanischen Hafenstadt am Pazifik – hinüber, hißte im Auftrag von Präsident Jesús Jiménez symbolisch die Staatsflagge – und ließ die Insel weiterschlummern.

***

Jiménez wurde am 27. April 1870 von dem liberalen Oppositionspolitiker Bruno Carranza Ramirez (1822-1891) gestürzt. Er konnte sich zwar nur drei Monate lang an der Macht halten, hat aber indirekt auf kuriose Weise mit der Kokosinsel zu tun. Deshalb sei hier eine kleine Abschweifung erlaubt.

Die Tochter von Präsident Ramirez heiratete den Sohn des eingewanderten deutschen Schiffsmaklers Christian

Ludewig Knöhr, der 1839 in Hamburg die (heute noch florierende) Reederei Knöhr & Burchard Nfl. mitbegründet hatte. Christian Ludewig Knöhr hatte auf der Fahrt von Hamburg nach Kalifornien in Costa Rica Schiffbruch erlitten und sich dort niedergelassen.

Knöhrs Tochter Sophie Christine Knöhr (1831-1912) wiederum heiratete 1852 in Hamburg den erfolgreichen Reeder Carl Laeisz (1828-1901), dessen berühmte Handels-Klipper über alle Weltmeere segelten. Weil seine Frau Sophie aufgrund ihrer krausen Haare und Pudelfrisur den Spitznamen »Pudel« trug, gab Carl Laeisz all seinen Schiffen einen mit »P« beginnenden Namen – wie *Pudel*, *Pamir* oder *Passat* – und begründete damit die Tradition der legendären Flying P-Liner. Um 1870 besaß Carl Laeisz schon 16 große Segelschiffe. Er war außerdem Großaktionär der Hapag und gründete die *Hamburg-Südamerikanische* und die *Deutsch-Australische Dampfschiffahrtsgesellschaft.*

Die hamburgischen Familien Knöhr und Laeisz waren somit eng mit der Familie des costaricanischen Präsidenten Ramirez verwandt.

Als Enkel des Ehepaars Ramirez-Knöhr wurde um 1922 Christian Köhr auf einer familieneigenen Kaffeeplantage bei San José geboren. Er war hellblond, blauäugig, sehr kräftig und hatte eine gewisse Ähnlichkeit mit Kirk Douglas. Mit seinem Vater, der die deutsche Staatsbürgerschaft besaß, kam Christian Knöhr in der Nazi-Zeit nach Deutschland und ließ sich mit 17 Jahren in Berlin in der Fallschirmjägertruppe ausbilden. Doch als herauskam, daß seine verstorbene Mutter Jüdin war, floh er 1939 vor der Gestapo über die Schweiz nach England. Für die Briten führte er im Zweiten Weltkrieg riskante Geheimdienstoperationen aus. So sprang er 1943 heimlich aus einem Wellington-Flugzeug mit dem Fallschirm bei Ulm ab, ließ sich mit falschen Papieren in eine Waffenfabrik einschleusen und entwendete die Konstruktionspläne für das 1942 in der Wehrmacht eingeführte Maschinengewehr MG 42. Auf abenteuerlichen Fluchtwegen gelang ihm die Rückkehr nach England.

Nach dem Zweiten Weltkrieg bummelten Christian Knöhr und seine Frau Dina per Segelboot und Fahrrad durch Europa. Von Portugal aus fuhren sie 1950 mit ihrer maroden kleinen Yacht *Tucha* in Christian Knöhrs Geburtsland Costa Rica und blieben dort für immer.

Sie ließen sich in Puntarenas nieder, wo sie recht komfortabel in einem Bungalow lebten. Christian Knöhr führte bis ins höhere Alter hinein sein Abenteurerleben fort. Er war Schiffsbauer, Hai- und Großfischfänger und als fabulierfreudiges Original bekannt. Vor allem aber genoß er einen legendären Ruf als Kokosinsel-Skipper. Mit einem seiner Fischkutter oder Motorsegler hatte er jahrzehntelang Schatzsuchergruppen und Chartergäste von Puntarenas zur Isla del Coco gefahren, darunter auch die deutschen Kokosinselkenner Peter Disch-Lauxmann und Reinhold Ostler. Er selbst pflegte auf der Kokosinsel keine Schätze zu suchen, sondern schoß Wildschweine, holte in Fallen Hummern aus dem Meer und fing mit Langleinen Haie, die er ausweidete und als Speisefleisch verkaufte.

Seine bewegte Lebensgeschichte erzählte Christian Knöhr dem Kokosinsel-Buchautor Julian A. Weston auf englisch und 1982 dem nach Puntarenas gereisten

Münchner Reporter Thomas Wartmann auf deutsch. Wenn Knöhr von den Piratenschätzen der Kokosinsel und von seinen Erlebnissen mit Schatzsuchern erzählte, spann er allerdings mitunter aus Jux Seemannsgarn, das leichtgläubige Zuhörer ernst nahmen. Und so kam es, daß seine Flunkereien von gewissen Schreiberlingen und Schatzsuchern vielfach weiterverbreitet und von Lesern bis heute geglaubt werden. Bezeichnenderweise leitete er solche Schilderungen oft verschmitzt schmunzelnd mit dem Spruch ein: »Diese Geschichte ist nicht nur wahr, sondern auch tatsächlich passiert.«

***

Zurück zu Christian Knöhrs Vorfahr Bruno Carranza Ramirez. Nach einer Amtszeit von nur drei Monaten wurde Ramirez als 16. Präsident Costa Ricas am 8. August 1870 durch einen Militärputsch entmachtet.

Sein Nachfolger, General Tomás Guardia (1831-1882), schwang sich zwar zunächst zum Diktator auf, schuf aber in seinen drei Amtsperioden von 1870 bis 1882 ein fortschrittliches und stabiles Staatswesen, das in Lateinamerika ungewöhnlich ist und auf Dauer bestehen blieb. Guardia brach die Macht der erzkonservativen »Kaffeebarone«, setzte einen Verfassungsrat ein, der 1871 eine liberale Verfassung etablierte, er führte die kostenlose Schulpflicht für Jungen und Mädchen ein, schaffte die Todesstrafe ab und förderte das Verkehrswesen und die Infrastrukturentwicklung. Zur Finanzierung seiner strikten Modernisierungspolitik und zum Abbau des Staatsdefizits von 20 Millionen Dollar mußte Guardia allerdings Zugeständnisse an amerikanische Investoren machen und bei ihnen Kredite aufnehmen. Er vergab an sie Konzessionen für den Eisenbahnbau und für den Erwerb riesiger Ländereien entlang der Bahnlinie. Auf den 300.000 Hektar großen Latifundien begannen der US-Tycoon Minor Cooper Keith und seine amerikanischen Geschäftspartner 1878 Bananenplantagen anzulegen und die geernteten Früchte per Bahn zu verfrachten. Bis zur Jahrhundertwende steigerten sie die Zahl ihrer Bananenstauden in Costa Rica auf 3,4 Millionen. Aus dem Zusammenschluss des Unternehmens von Keith und der Firma *Boston Fruit* entstand 1899 der Weltkonzern *United Fruit Company,* der durch seine skrupellose Interventionspolitik in lateinamerikanischen Ländern im 20. Jahrhundert viel Unheil anrichtete.

Für die Isla del Coco fand der reformfreudige Präsident Tomás Guardia endlich eine Verwendung. Er war der erste und auf fast hundert Jahre hinaus der einzige costaricanische Staatschef, der die Insel besuchte. Am 31. Januar 1880 lief er sie mit dem Dampfer *Alajuela* an und inspizierte die Chathambucht.

Danach deportierte er Regimegegner und Kriminelle auf das weltverlorene Eiland. Die Sträflinge vegetierten dort drei Jahre lang dahin, bauten sich notdürftig Hütten und kehrten nach Guardias Tod anno 1882 aufs Festland zurück.

Heimkehr und Kuren

Im Sommer 1880 verläßt Stevenson als jungvermählter Ehemann mit seiner Frau Fanny und seinem Stiefsohn Lloyd Kalifornien und bricht mit ihnen nach England auf. Von nun an werden die Drei zeitlebens unzertrennlich sein, gemeinsam reisen und selbst einige Geschichten zusammen schreiben.

Am 7. August 1880 kommen Stevenson, Fanny und Lloyd mit dem Schiff *City of Chester* in Liverpool an, wo sie von Stevensons Eltern freudig empfangen und zum Familienhaus in Edinburgh geleitet werden.

Wider Erwarten ist der streng konservative Vater Thomas Stevenson von seiner neuen Schwiegertochter entzückt und beeindruckt, obwohl sie geschieden ist und – oh Graus! – Zigaretten raucht. Aber wahrscheinlich ist es gerade Fannys emanzipiertes Wesen, die in Stevensons Vater die Zuversicht erweckt, sie werde seinem lungenkranken Sohn lebenslang pflegend zur Seite stehen und ihm auch eine intellektuell anregende Partnerin sein. Er sollte sich nicht täuschen. Und Mutter Maggie notiert zufrieden: »Fanny ist sehr unterhaltsam und paßte von Anfang an in unseren Haushalt.«

Zwei Monate nach der Rückkehr nach Edinburgh erleidet Robert Louis Stevenson einen schlimmen Tuberkulose-Rückfall. Die Ärzte raten ihm eindringlich zu einer Liegekur in Davos, dem aufstrebenden Luftkurort im schweizerischen Kanton Graubünden. Davos war erst 1853 aufgrund seiner außerordentlich reinen, erregerarmen Höhenluft in 1600 Metern Höhe als Kurort entdeckt und aufgrund spektakulärer Heilerfolge bei lungen- und asthmakranken Patienten weithin bekannt geworden.

Von seinem Vater finanziell abgesichert, reist Stevenson daher mit Fanny und Lloyd im November 1880 nach Davos, wo sie im *Kurhotel Belvedere* logieren. Bei der Liegekur auf der Terrasse muß Stevenson tagtäglich stundenlang auf seiner Liege in dicke Decken gehüllt allein zum Zweck des Einatmens gesunder Höhenluft ausharren. Er erholt sich dabei zwar einigermaßen, empfindet aber den ständigen Anblick von Leidensgenossen und der Alpengipfel deprimierend.

Stevenson war der erste in einer Reihe berühmter Schriftsteller und Künstler, die in Davos weilten und viel zum mondänen Ruf des Alpenorts beitrugen.

Sir Arthur Conan Doyle (1859-1930) machte Davos durch seine seit 1889 publizierten Berichte über Rodelrennen und das Skilaufen als Wintersportort bei seinen englischen Landsleuten populär. Der Sherlock-Holmes-Erfinder Doyle stammt wie Stevenson aus Edinburgh und wird sich später mit ihm anfreunden.

Und natürlich ist das Sanatoriumsmilieu von Davos insbesondere durch Thomas Manns 1924 erschienenen Gesellschaftsroman *Der Zauberberg* in die Weltliteratur eingegangen. Darin diente ihm als Schauplatz das Davoser *Waldsanatorium* (heute *Waldhotel Davos*), in dem seine Frau Katia 1912 aufgrund ihrer vermeintlichen Tuberkulose (was sich danach als Fehldiagnose erwies) behandelt wurde.

Die Entstehung des Romans »Die Schatzinsel«

Im April 1881 kehren Robert Louis Stevenson, Fanny und Lloyd von Davos nach Schottland zurück, bleiben jedoch nicht lange im Familienhaus in Edinburgh, sondern ziehen sich zum Sommerurlaub nach Braemar zurück.

Dieses altehrwürdige, heute 1200 Einwohner zählende Dorf liegt westlich von Aberdeen im schottischen Hochland am River Dee. Weithin bekannt wurde der Ort durch die *Braemar Highland Games*, originellen schottischen Sportwettkämpfen, die seit 900 Jahren alljährlich Anfang September stattfinden und viele Besucher anlocken – darunter auch königliche Gäste wie heute noch Queen Elizabeth II., die dann mit ihrer Familie aus dem benachbarten Balmoral Castle, der schottischen Sommerresidenz der Windsors, herüberzukommen pflegt.

Das 1628 erbaute Jagdschloß Braemar Castle war zeitweise Urlaubsdomizil von Queen Victoria und ihrem Prinzgemahl Albert, bis das königliche Paar in das 1858 auf eigene Kosten umgebaute Balmoral Castle übersiedelte. Damals sprachen noch die meisten Einwohner Braemars Gälisch, wie eine Statistik von 1891 ergab – es war also ein urschottischer Ort.

In Breamar bezieht Stevenon mit seiner Familie im Sommer 1881 das »Landhaus der seligen Miß Mac Gregor«. Hier schreibt er zusammen mit Fanny Kurzgeschichten und reimt nebenher Kinderverse, die 1885 in seinem Gedichtband *A Child's Garden of Verses* (deutsch: *Im Versgarten*) erscheinen; sie gehören bis heute zur beliebtesten englischen Kinderpoesie. In dieses Versgarten-Buch, das er seiner Nanny Alison Cunningham widmet, sind Erinnerungen an den idyllischen Garten des Pfarrhauses von Colinton eingeflossen, wo er als Kind oft seinen Großvater Lewis Balfour, den Pastor, besucht hatte.

An einem stürmischen Regentag im August 1881, als niemand das Landhaus verlassen mag, wetteifert Stevenson mit seinem nun 13jährigen Stiefsohn im Zeichnen mit Tinte, Feder und Wasserfarben.

»Der Junge war auf der Suche nach etwas Kniffligem zum Kopfzerbrechen ... Bei dieser Gelegenheit fertigte ich die Karte einer Insel an. Sie wurde sorgfältig und recht bunt ausgeführt. Die Gestalt dieser Insel befruchtete meine Phantasie außerordentlich. Da waren Ankerplätze, die mich entzückten wie Sonette, und im Bewußtsein einer Schicksalsbestimmung nannte ich mein Erzeugnis *Die Schatzinsel*«, erinnert sich Stevenson in seinem 1894 erschienenen Essay *My first Book* (gemeint im Sinne seines ersten Romans). Sogleich überkommt ihn die Idee, anhand der Kartenskizze »eine Geschichte für Buben zu machen«, denn »einen Knaben als Prüfstein hatte ich ja zur Verfügung«.

Mit Lloyd spinnt er den Anfang aus. Natürlich mußte der Ich-Erzähler der Geschichte ein Junge wie sein geliebter Stiefsohn sein, nur etwas älter, und so entsteht die Figur des gewitzten 15jährigen Jim Hawkins. Und natürlich mußte Jims Abenteuer in einem so einsamen Landhaus wie hier in Braemar anfangen, so kommt das abgelegene Gasthaus *Admiral Benbow* in der Black Hill Cove (Schwarzhügelbucht) zustande, in dem sich eines Tages der unheimliche Expirat Billy Bones einquartiert – mit der Schatzkarte des teuflischen, toten Käpt'n Flint in seiner Seemannskiste.

Daß Stevenson die Schenke in die Grafschaft Devon an der südwestenglischen Küste verlegte, hatte wohl dramaturgische Gründe. Denn er brauchte einen großen Überseehafen in der Nähe, in dem der vermögende Gutsherr Trelawney rasch ein Schiff für die Schatzsucherfahrt ausrüsten konnte; dazu bot sich am besten Bristol an.

Da es um Seeräuber geht, läßt Stevenson den Roman Mitte des 18. Jahrhunderts spielen, als das Piratentum noch kräftig blühte. Lloyd verlangt allerdings, daß darin keine zotigen Flüche vorkommen dürfen. Und bitte auch keine »Weibergeschichten«. Stevenson hält sich daran.

In einem Brief vom 25. August 1881 an seinen Dichterfreund W. E. Henley erwähnt er zum ersten Mal, daß er an einem Roman schreibe, an einer »awful fun boy's story« mit dem vorläufigen Titel *The Sea Cook or Treasure Island.* Voller Enthusiasmus berichtet Stevenson weiter, er habe die drei ersten Kapitel schon fertig, sie Lloyd, Fanny und seinen Eltern vorgelesen, »und alle lauschten mit großem Entzücken. Es ist ganz verrückt und ein Heidenspaß, und ich will das beste Buch über Bukaniere daraus machen«.

Jeden Tag schreibt er ein Kapitel und liest es jeweils nach dem Dinner der Familie vor. Sein Vater ist von dem Stoff so begeistert, daß »er allen Ernstes Mitarbeit leisten wollte.« Was der Sohn höflich zurückweist, »doch auf Vaters besonderen Wunsch hin wurde Flints altem Schiff der Name *Walroß* gegeben«. Und als Stevenson schildert, wie Jim Hawkins die Seemannskiste des vom Schlag getroffenen Billy Bones durchwühlt, verbringt sein alter Herr »den besseren Teil des Tages damit, auf einem Behördenumschlag eine Liste der Habseligkeiten zu erstellen, welcher ich genau folgte.« Auf diese Weise kommt der tote Pirat in den Besitz von einem Quadranten und Messingzirkel, einer alten spanischen Uhr, zwei Pistolen, Tabaksrollen, Münzen, Muscheln aus Westindien und dergleichen mehr.

Die Schatzkarte läßt sein Vater später, für die Buchausgabe, im eigenen Ingenieurbüro neu zeichnen, »wobei er mit großem Geschick die Unterschrift Kapitän Flints und die Schiffskurse des Billy Bones nachahmte.«

Als Stevenson einem in Braemar zu Besuch weilenden Bekannten, Dr. Alexander Japp, die ersten Kapitel vorliest, vermittelt dieser das Manuskript an seinen Freund James Henderson, den Herausgeber der Jugendzeitschrift *Young Folks*. Henderson kauft die Story sogleich als Fortsetzungsserie, jedoch zu einem so niedrigen Honorar, daß Stevenson klagt, das sei »nicht nobel«. Dafür darf der Autor das Copyright behalten. Nach Beendigung des 15. Kapitels schreibt er erfreut an Henley: »Je drei Kapitel sind 2 Pfund und 10 Shilling wert. Also haben wir schon 12 Pfund und 10 Shilling verdient.«

Als Stevenson mit dem 16. Kapitel anfängt, geht ihm unerklärlicherweise die Inspiration aus. »Mein Kopf war leer, nicht ein Wort der *Schatzinsel* bewegte mein Gemüt«, klagt er.

Hinzu kommt eine Verschlimmerung seines Lungenleidens. Notgedrungen reist Stevenson mit Fanny und Lloyd im Herbst 1881 erneut nach Davos und unterzieht sich einer zweiten Heilkur in dem schweizerischen Luftkurort. Diesmal mieten sie sich in dem Chalet *Haus am Stein* ein.

Bald lindert die Höhenluft sein Leiden, und seine Schreibhemmung löst sich. Nun »floß es mir wieder wie eine leichte Plauderei aus der Feder, und mit einem täglichen Pensum von einem Kapitel führte ich die *Schatzinsel* zu Ende«, schreibt er erleichtert.

Zweifellos war Stevenson die zündende Idee zu seinem Roman *Die Schatzinsel* beim Zeichnen der Inselskizze im Landhaus von Braemar gekommen. Aber vielleicht spielte dabei auch psychologisch das schaurige Schicksal seines Urgroßvaters Alan Stevenson und von dessen Bruder Hugh mit. Wie im ersten Kapitel geschildert, waren die beiden zu Handelsgeschäften von Schottland in die Karibik gefahren, auf St. Kitts ausgeraubt worden und 1774 auf zwei Antilleninseln an Tropenfiebern gestorben: Hugh auf Tobago und Alan auf St. Christopher.

Vielleicht hatte diese Familientragödie Stevensons Phantasie angeregt, enthielt sie doch schon wesentliche Elemente seines Romans: eine Tropeninsel, Räuber und die Piratenzeit des 18. Jahrhunderts.

Das Landhaus in Braemar,
in dem Robert Louis Stevenson im August 1881 mit
der Niederschrift seines Romans *Die Schatzinsel* begann

»*Die Schatzinsel*« wird ein Welterfolg

Wie mit James Henderson vereinbart, erschien Stevensons Schatzinsel-Roman unter dem Titel *Treasure Island or The Mutiny on the Hispaniola* vom 1. Oktober 1881 bis 28. Januar 1882 als Fortsetzungsserie in der Jugendzeitschrift *Young Folks*. Als Verfasser gab der Herausgeber einen Captain George North an, um den Anschein zu erwecken, es handle sich um den Erlebnisbericht eines alten Seefahrers.

Zu Stevensons Enttäuschung fand die schlecht aufgemachte, illustrationslose Story mit dem umständlichen Titel bei den jungen Lesern jedoch keinen rechten Anklang. Vom Mai 1882 an führte Stevensons Busenfreund W. E. Henley Verhandlungen mit Buchverlegern, und ein Jahr später konnte Stevenson in einem Brief an seinen Vater jubeln: »Stell dir vor, man hat mir 100 Pfund für *Treasure Island* geboten!« Von einem so stattlichen Honorar hatte er bisher nur träumen können.

Der Londoner Cassell-Verlag brachte den Roman in leicht veränderter Form und unter dem kurzen griffigen Titel *Treasure Island* im November 1883 heraus. Und siehe da: Als Buch wurde es auf Anhieb ein Riesenerfolg! Der damalige britische Premierminister William Ewart Gladstone (1809-1898) las es voller Begeisterung, und der Literaturkritiker Andrew Lang schwärmte: »Außer der *Odyssee* und *Tom Sawyer* hat mir kein Buch so gut gefallen.«

Von da an ging *Die Schatzinsel* um die Welt. In Deutschland erschien der Roman erstmals 1897, in der Übersetzung von E. A. Witte.

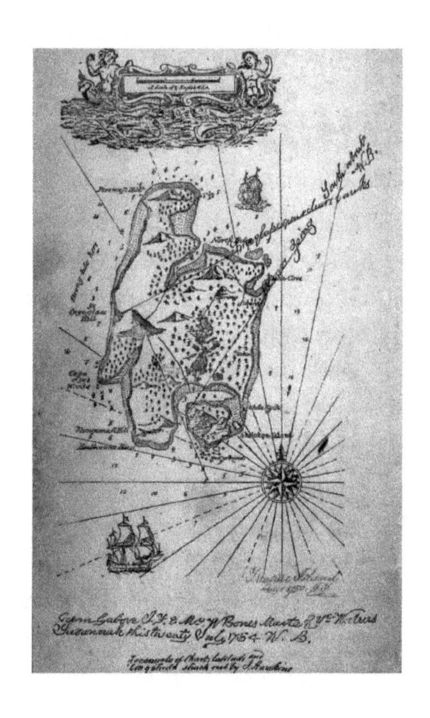

Originalskizze von Stevensons Schatzinsel

Für die im Londoner Cassell Verlag Verlag erschienene Erstausgabe von *Treasure Island* ließ Stevenson die Skizze von seiner Schatzinsel im Ingenieursbüro seines Vaters Thomas Stevenson nachzeichnen. Sein Vater gab mit verstellter Handschrift als Urheber der Karte den Piraten Billy (William) Bones an und fügte einen Vermerk von Jim Hawkins hinzu.

Quelle: Wikipedia Commons {PD-old},
wie veröffentlicht im Originalroman *Die Schatzinsel*

Wer war John Silver?

In seinem Überschwang macht sich Stevenson einen Spaß daraus, bestimmten Romanfiguren beziehungsreiche Namen zu geben.

Billy Bones zum Beispiel ist eine Verballhornung von Billy Bos'n, dem Titelhelden einer Erzählung des *Young-Folks*-Mitarbeiters Charles E. Pierce.

Den *Hispaniola*-Kapitän Smollett wiederum nennt er nach dem schottischen Schriftsteller Tobias George Smollett (1721-1771). Dessen Reiseberichte und pikareske Abenteuerromane wie *The Adventures of Peregrine Pickle* hatte Stevenson in seiner Jugend verschlungen. T. G. Smollett war als junger Schiffsarzt auf der *Chichester* in der Karibik gefahren, und 1741, im spanisch-britischen Kolonialkrieg, beim Angriff einer Royal-Navy-Flotte auf die kolumbianische Hafenstadt Cartagena dabeigewesen. Ein rechter Haudegen also, genau wie der Romankapitän Alexander Smollett, der sich auf der Schatzinsel wacker mit den Meuterern schlägt.

Und wie kam Jim Hawkins' Gönner, Squire Trelawney, zu seinem Namen? Dahinter stecke, deutet Stevenson in einem Brief an Henley an, »der echte 'Tre', gereinigt von Literatur und Sünde.« Damit ist offenkundig der im selben Jahr hochbetagt verstorbene Schriftsteller Edward John Trelawny (1792-1881) gemeint. Die »Sünde« mag bedeuten, daß dieser in seiner Jugend von einem britischen Schiff desertierte. Edward John Trelawny war ein enger Freund des großen englischen Dichters Lord George Byron (1788-1824) gewesen, hatte mit ihm 1824 am griechischen Freiheitskampf teilgenommen, eine Biographie über Lord Byron und den ebenfalls jung verstorbenen Dichter Percy Shelley (1792-1822) geschrieben. Außerdem stammte von Trelawny das Buch *The Adventures of a Younger Son* – ein Titel, der ironischerweise zu Jim Hawkins' Abenteuern paßt.

Wie in seinem vier Jahre später entstandenen Meisterwerk *Dr. Jekyll und Mr. Hyde*, jenem makabren Fall von Persönlichkeitsspaltung, zeichnet Stevenson auch in der *Schatzinsel* die tragende Figur, den einbeinigen Long John Silver, als eine schillernde Mischung aus Gut und Böse. Der Schiffskoch ist nicht nur ein skrupelloser, hinterhältiger Rädelsführer, sondern besitzt auch Eigenschaften, die dem Leser Bewunderung, ja Sympathie abnötigen. Nicht ohne Grund hat Stevenson den Galgenvogel am Ende augenzwinkernd mit einem Beutel Goldmünzen entkommen lassen. Bei der Charakterisierung dieser Gestalt hat hauptsächlich William Ernest Henley Pate gestanden. In einem Brief vom Mai 1883 eröffnet Stevenson seinem hünenhaften Busenfreund in Anspielung auf dessen amputierten Fuß: »Nun muß ich dir ein Geständnis machen. Als ich John Silver ersann, hatte ich das Bild von deiner gefesselten Kraft und beherrschenden Art vor Augen.«

In *My first book* äußert er sich dazu genauer: »Dann kam mir die Idee zu John Silver, von der ich mir guten Stoff zur Unterhaltung versprach: Einen verehrten Freund hinzustellen, ihn all seiner guten Eigenschaften und edlen Regungen zu berauben, ihm nichts zu lassen als seine Kraft, seinen Mut, seine Geistesgegenwart und seine Genialität, und zu versuchen, diesen unter kulturellen Bedingungen als ausgemachten Schurken darzustellen.«

Bei der Darstellung des äußeren Erscheinungsbildes und der Räubernatur John Silvers standen Stevenson jedoch noch zwei weitere reale Vorbilder vor Augen – beide Male stelzfüßige Piraten.

Der eine war offenkundig sein kalifornischer Informant Peg Leg (= Holzbein) Benton.

Bei dem anderen handelt es sich um eine historische Gestalt aus »Johnson's Seeräubern«, wie Stevenson dieses Werk nennt, das ihm als wichtige Quelle diente. Gemeint ist die 1724 und 1728 in zwei Teilen veröffentlichte *Umfassende Geschichte der Räubereien und Mordtaten der berüchtigtesten Piraten* von einem gewissen Captain Charles Johnson.

Daß sich hinter dem Pseudonym Johnson kein geringerer als der Robinson-Crusoe-Schöpfer Daniel Defoe verbarg, konnte Stevenson seinerzeit freilich nicht ahnen. Defoes Verfasserschaft an diesem Standardwerk über Piraten wurde erst 1939 von dem Defoe-Forscher John Robert Moore nachgewiesen.

In diesem Buch wird eine Episode geschildert, die sich 1720 in den Gewässern von Madagaskar zugetragen hatte. Zwei Piratenschiffe, die *Victory* und die *Fancy* unter den berüchtigten Kapitänen Edward England und John Taylor, enterten den britischen Ostindienfahrer *Cassandra.* Als die Bande den Handelskapitän Macrae umbringen wollte, sprang ein Seeräuber dazwischen, der früher als Matrose unter ihm gedient hatte – ein grimmig dreinblickender Mann mit dickem Backenbart, einem Holzbein und dem Gürtel voller Pistolen. »Zeigt mir den Burschen, der Macrae ein Haar krümmen will, und ich werde mich ihm stellen! Denn mit einem ehrlicheren Mann bin ich noch nie gefahren«, brüllte er. Und verhinderte damit den Mord an Macrae, der später zum englischen Gouverneur von Madras (Südindien) aufsteigen sollte. Dieser namentlich nicht genannte stelzfüßige Pistolenheld, ebenfalls ein Urbild des John Silver, dürfte auch mit von der Partie gewesen sein, als John Taylors Leute einen spektakulären Coup landeten.

Am 26. April 1721 kaperten sie vor der Insel Réunion das aus Ostindien heimsegelnde portugiesische Schiff *Nossa Senhora do Cabo* mit ungeheuren Mengen von Diamanten, Seide und feinstem Porzellan. Die Edelsteine im Wert von 500.000 Pfund Sterling wollte der an Bord befindliche Vizekönig von Goa, der Graf von Ericeira, dem portugiesischen Herrscher überbringen.

Nach dem einträglichen Beutezug setzte sich John Taylor mit seiner englischen Meute in die Karibik ab und trat, da ihm der britische Gouverneur von Jamaika die Begnadigung verweigerte, in spanische Dienste. Zuvor hatte Taylor seinen Spießgesellen Edward England auf einer Insel im Indischen Ozean ausgesetzt; von dort gelang es Edward England, nach Madagaskar zu kommen, wo er mittellos den Rest seines Lebens fristete.

Bezeichnenderweise brüstet sich John Silver nachts an Deck der *Hispaniola* vor den Meuterern damit, daß er, bevor ihn Käpt'n Flint als Quartiermeister übernahm, mit Edward England gefahren sei und »bei ihm 900 Pfund erspart« habe. Und sinniert dann: »Wo steckt England jetzt? Ich weiß es nicht.« In derselben Nacht spricht John Silver auch von der gekaperten *Cassandra* sowie von seiner Teilnahme am »Angriff auf das Schiff des Vizekönigs von Goa« – jener diamantenbeladenen *Cabo*. Silvers Hinweise auf diese beiden geschichtlichen Ereignisse legen den Schluß nahe, daß sich Stevenson als Vorbild für Käpt'n Flint den gefürchteten John Taylor vorstellte. Nach einer These kommt als Vorbild für Flint auch Captain Kidd in Frage, von dem später die Rede sein wird.

Im Apfelfaß versteckt, hört Jim Hawkins weiter mit an, wie der arglistige Schiffskoch noch von zwei anderen Piratenkapitänen erzählt: »Auch Davis war ein Mann, der sich sehen lassen konnte. Ich bin aber nie mit ihm gesegelt.« Sein zerschossenes Bein, fährt John Silver fort, sei von einem Medikus amputiert worden, der »später wie ein Hund gehängt wurde und wie die übrigen Männer in Corso Castle in der Sonne röstete. Das waren Käpt'n Roberts Männer, und ihr Unglück kam daher, daß sie ihre Schiffe immer umtauften, 'Royal Fortune' und so.«

Den Anspielungen auf Davis und Roberts liegen interessante historische Tatsachen zugrunde.

Bei besagtem Davis handelt es sich um den in Wales geborenen Howell Davis, der mit seinem Piratenschiff *Royal Rover* in der Karibik und zuletzt an der westafrikanischen Küste, vom Senegal bis Kamerun, sein Unwesen trieb. 1719 wurde der raffinierte Seeräuber, der sich oft als Kauffahrer ausgab, auf der vor Gabun gelegenen Insel Principe im Kampf mit Portugiesen getötet.

Als Nachfolger von Howell Davis wählte die Mannschaft den damals 37jährigen Bartholomew Roberts, der ebenfalls Waliser war. Innerhalb der nächsten drei Jahre avancierte der tollkühne Käpt'n Roberts, von dem John

Silver sprach, zum erfolgreichsten Piraten seiner Zeit. Nachdem er vor Brasilien, Nordamerika und in Westindien rund 400 Schiffe überfallen hatte, suchte er mit seinem Schiff *Royal Fortune* vom Frühjahr 1721 an plündernd die Küste von Guinea heim.

Daraufhin ließ die Royal African Company, um ihre dortigen Sklavenhandelsniederlassungen zu schützen, zwei britische Kriegsschiffe, die *Swallow* und die *Weymouth*, Jagd auf Bartholomew Roberts machen.

Auf der mit 60 Kanonen bestückten *H.M.S. Weymouth* diente zu dieser Zeit als Navigationsoffizier Leutnant Alexander Selkirk – jener Schotte, dessen Schicksal Daniel Defoe 1719 zu seinem Weltbestseller *Robinson Crusoe* inspirierte. Auf Selkirks Heimatort Largo konnte Stevenson gleichsam hinüberblicken – Largo liegt schräg gegenüber von Edinburgh am anderen Ufer des Firth of Forth.

Selkirk hatte über vier Jahre lang völlig allein auf Más a Tierra, einer Insel des Juan-Fernández-Archipels vor der Küste Chiles gelebt, bis Kapitän Woodes Rogers ihn 1709 entdeckte und als Offizier anheuerte. Nach einer erfolgreichen Kaperfahrt mit Woodes Rogers um die Welt kehrte Selkirk 1711 als reicher Mann in seinen schottischen Heimatort Largo zurück. Bald darauf machten ihn Publikationen über sein denkwürdiges Inselschicksal berühmt, und auch Daniel Defoe war davon fasziniert.

1721 nahm der Ur-Robinson Alexander Selkirk an der monatelangen Strafexpedition gegen Bartholomew Roberts teil. Doch der wich mit seiner aus drei Schiffen bestehenden Piratenflottille immer wieder geschickt aus, versteckte sich in Urwaldflüssen und Lagunen – oder fand Unterschlupf bei illegalen freien Händlern, die in Konkurrenz zur Royal African Company Feuerwaffen und Gin gegen Sklaven und Elfenbein tauschten.

Viele von ihnen waren ehemalige Freibeuter, so auch ein gewisser Benjamin Gun, der in Sierra Leone am Rio Pungo einen Handelsposten führte. Stevenson macht aus dieser Gestalt, die er aus der Piratenenzyklopädie von Defoe alias Johnson kannte, den kauzigen alten Ex-Piraten Ben Gunn (hier mit nn), der als Ausgesetzter auf der Schatzinsel verwilderte.

Es ist daher durchaus denkbar, daß sich zwei Originale berühmter Romanfiguren – der Händler Benjamin Gun und der Seemann Alexander Selkirk – im Juni 1721 an der Küste von Sierra Leone begegnet sind. Denn die Strafexpedition suchte eine Reihe europäischer Niederlassungen nach Roberts' Piratenschiffen ab.

Anfang Februar 1722 wurden sie endlich gestellt und Bartholomew Roberts im Seegefecht auf seiner *Royal Fortune* von einer Kartätschenkugel tödlich getroffen. Von den gefangenen Piraten wurden 52 Männer nach einem kurzen Prozeß in Cape Coast Castle (Ghana) am Galgen aufgeknüpft – »gehängt wie Hunde und in der Sonne geröstet«, wie John Silver sich ausdrückte.

Alexander Selkirk starb am 13. Dezember 1721 an Bord der *Weymouth* im Alter von 45 Jahren an Gelbfieber und fand im Golf von Guinea sein Seemannsgrab.

Der bei der Piratenjagd mitgefahrene Schiffsarzt John Atkins kehrte indessen nach England zurück und lieferte als Augenzeuge Daniel Defoe wesentliche Informationen zu dessen Werk über die berüchtigtesten zeitgenössischen Seeräuber. Noch manch andere Gestalt daraus mag auf Stevensons *Schatzinsel*-Figuren abgefärbt haben, auf den Schwarzen Hund, den bösen blinden Pew oder den mordlüsternen Israel Hands, der Jim Hawkins auf der abgedrifteten *Hispaniola* zu erdolchen versuchte.

Von Daniel Defoe, den Stevenson sehr verehrte, übernahm Stevenson noch ein anderes Requisit. Robinson Crusoes Papagei »Poll« begegnet dem Leser in John Silvers grüngefiedertem Papageien wieder, der immer »Goldene Eskudos! Goldene Eskudos!« krächzte. Auch der originelle Vogel war, wie Silver dem ihm zugeteilten Kajütenjungen Jim Hawkins erklärt, schon »mit Edward England, dem großen Seeräuber, gesegelt« und »Zeuge des Angriffs auf das Schiff des indischen Vizekönigs von Goa gewesen«.

Romanvorbilder

In seinem Essay *My first book* nennt Stevenson neben Johnsons »Seeräubern« als Quellen zur *Schatzinsel* an erster Stelle »einige Reminiszenzen an Poe, Defoe und Washington Irving«.

Mit Edgar Allan Poe (1809-1849) meint er unausgesprochen dessen Erzählung *Der Goldkäfer*, die von der Entdeckung eines von Captain Kidd vergrabenen Goldschatzes mit Hilfe eines mysteriösen Pergaments handelt.

Man vermutet, daß Captain Kidd auch als Romanfigur für den toten Käpt'n Flint diente. Der schottische Kapitän William Kidd (1645-1701) war in New York ansässig und ursprünglich Kauffahrer und dann Kaperfahrer mit einer Lizenz der britischen East India Company. Durch widrige Umstände wandelte er sich jedoch 1697 zu einem gewöhnlichen Seeräuber und machte durch Überfälle auf verschiedene Handelsschiffe reiche Beute. Eines davon war das mit Schätzen aus Ostindien beladene englische Schiff *Quedagh Merchant*, das Captain Kidd 1698 zu seinem eigenen Piratenschiff machte. Durch einen Zufall entdeckten Meeeresarchäologen im Dezember 2007 Wrackreste der *Quedagh Merchant* samt Kanonen und Ankern vor der Küste der zur Dominikanischen Republik gehörenden winzigen Karibikinsel Catalina. William Kidd wurde 1699 in New York verhaftet, nach London ins Newgate-Gefängnis überstellt und nach einem Aufsehen erregenden Gerichtsprozeß am 23. Mai 1701 gehenkt.

Die allseits bekannte Geschichte von Captain Kidd soll Stevenson schon als Kind gefesselt haben.

Über den amerikanischen Reiseschriftsteller Washington Irving (1783-1859), der unter dem Pseudonym Diedrich Knickerbocker mit einer Parodie auf die Geschichte New Yorks populär wurde, äußert sich Stevenson genauer. Von Irvings *Erzählungen eines Reisenden* habe er sich zu den Anfangskapiteln der *Schatzinsel*, insbesondere zu den Wirtshausszenen im *Admiral Benbow*, inspirieren lassen – das alles sei »geistiges Eigentum von Washington Irving«.

Der Gasthausname *Admiral Benbow* bezieht sich eindeutig auf den gleichnamigen englischen Admiral John Benbow (1653-1702), der im Gefecht seines Geschwaders mit vier französischen Schiffen vor Jamaika ein Bein verlor und am 4. November 1702 an seinen Verwundungen starb. Seinen Aufstieg verdankte John Benbow seiner Kühnheit, die er als junger Marineoffizier im Kampf gegen Piraten bewiesen hatte. Und genauso tapfer kämpfte der junge Jim Hawkins in dem Gasthaus wie auch im ganzen Roman gegen die bösen Seeräuber.

Im übrigen gibt es in der Hafenstadt Penzance in Cornwall tatsächlich ein altes Gasthaus namens *Admiral Benbow*. Noch kurioser: Im Jahre 1879 wurde Arthur Sullivans komische Oper *The Pirates of Penzance* uraufgehört, von der Stevenson gehört haben könnte.

Mehr beiläufig erwähnt Stevenson, woher er die Idee zu dem schaurigen Piratenlied »Fünfzehn Mann auf des Totenmanns Kiste/Jo-ho-ho, und 'ne Buddel voll Rum!« habe: aus der Karibikgeschichte *At last: A Christmas in the West Indies* von Charles Kingsley (1819-1875). Übersetzer und Leser haben oft gerätselt, wie »The Dead Man's Chest« zu verstehen sei; denn man kann sich schwer vorstellen, wie fünfzehn Personen auf einer Seemannskiste oder auf einem Sarg Platz finden sollen. Die Lösung: In der Nähe der kleinen Antilleninsel Tortola, auf 64° 32' W, liegt ein winziges, unfruchtbares Eiland, das unter alten Fahrensleuten »The Dead Man's Chest« hieß. Dort sollen Piraten einst mißliebige Kumpane ausgesetzt und ihrem trostlosen Schicksal überlassen haben. So gesehen ergibt die Liedzeile einen Sinn.

Die Kämpfe mit den Meuterern im umfriedeten Blockhaus der Schatzinsel erinnern wiederum an den Schluß eines Abenteuerromans von Frederick Marryat. Stevenson macht keinen Hehl daraus: »Die Verschanzung, glaube ich, stammt von *Masterman Ready*.« Dieses 1841 erschienene Buch wurde bei uns unter dem Titel *Sigismund Rüstig* zu einer beliebten Jugendlektüre. Es schildert das Los einer englischen Familie, die auf einer Insel bei Australien strandet und sich anschließend gegen anstürmende Eingeborene verteidigt – in einem Blockhaus hinter Palisaden und unter Führung des Steuermanns Sigismund Rüstig, einer ähnlichen Figur wie der *Hispaniola*-Kapitän Smollett.

Eingeflossen in sein Buch sind sicher auch persönliche Erlebnisse Stevensons. Als er die Fahrt der *Hispaniola* von Bristol zur Schatzinsel beschrieb, dachte er bestimmt an seine eigenen Atlantiküberquerungen. Er beruft sich auf »einige Fahrten auf hoher See und eine Kreuzfahrt mit einer 15-Tonnen-Schoneryacht«. Und wenn Jim Hawkins auf Ben Gunns selbstgefertigtem Ziegenfellboot, dem Korakel, vor der Inselküste manövriert, mögen dabei Erinnerungen an die lange Kanu-Binnenreise in Frankreich 1876 mitgespielt haben.

So sind es denn viele gehörte und gelesene Geschichten sowie eigene Erfahrungen, die in der *Schatzinsel* zu einem Meisterwerk voll mitreißendem Erzähltempo verschmolzen.

Die imaginäre Insel

Offen bleibt die Frage: Wo liegt die Schatzinsel, auf der sich der Ankündigung zufolge »noch immer ungehobene Schätze befinden«? Stevenson macht daraus ein Geheimnis und Ich-Erzähler Jim Hawkins nur eine vage Andeutung: »Wir waren gegen die Passate aufgekreuzt, um Wind nach unserer Insel zu gewinnen – mehr darf ich nicht sagen – und steuerten jetzt unter ständiger Ausschau auf sie zu.«

Eine geschickte Auskunft! Denn Passatwinde wehen in allen Tropenmeeren, und zwar in Zonen bis zu dreißig Breitengraden nördlich und südlich des Äquators. Da die *Hispaniola* auf der Heimfahrt einen ungenannten Hafen in »Spanisch-Amerika« anläuft, kann die imaginäre Insel ebensogut in der Karibik oder irgendwo vor der Pazifikküste Lateinamerikas liegen.

Immerhin verrät Stevenson dem Leser, sie sei ungefähr neun Meilen lang und fünf Meilen breit. Es gibt dort eine vorgelagerte Skelettinsel, je eine Ankerbucht im Süden und Norden, zwei morastige Flußläufe, eine Hochebene, nackte Felsspitzen, gewaltige Klippen und Ben Gunns idyllische Höhle mit einem Farnteich. Und hintereinander erheben sich drei Bergkegel, von denen der mittlere, der wolkenumhüllte ‚Fernrohrhügel', die anderen um hundert Meter überragt.

Erstaunlicherweise kommen auf der zerklüfteten Tropeninsel weder Palmen noch ein typischer Dschungel vor. Stattdessen bestimmen silbergraue Nadelwälder, vor allem Kiefern, das Landschaftsbild. Charakteristisch sind außerdem immergrüne Lebenseichen und einige Waldgiganten, von denen der siebzig Meter aufragende »Hohe Baum« als Orientierungsmerkmal die Schatzgrube markiert. Und auf der Hochebene blühen Stauden, gedeihen Azaleenbüsche und Ginster.

Paßt eine solche Vegetation nicht eher zu gemäßigten Breiten? Doch darunter mischt sich auch tropisches Lokalkolorit: übelriechende Mangroven, malariaverseuchte Sümpfe, Schilf- und Schlingpflanzen, Dickichte aus grünen Muskatnußbäumen. An Tieren finden sich verwilderte Ziegen, fischende Strandvögel, Wildenten. Nur komisch, daß Jim Hawkins auch Bekanntschaft mit brüllenden Seelöwen, ja sogar einer rasselnden Klapperschlange macht. Diese Vipernart existiert weder auf karibischen noch pazifischen Inseln.

Des Rätsels Lösung: Stevenson projizierte, wie er später einmal gesteht, in die Szenerie seiner Schatzinsel Eigentümlichkeiten der ihm und Lloyd vertrauten kalifornischen Küstengebirgslandschaft hinein. Daher die Koniferenwälder, die Seelöwen, die Klapperschlange. Doch was soll's! Schließlich entstand das Buch ja aus dem freien Spiel der Phantasie zwischen einem Dichter und einem dreizehnjährigen Jungen.

Bezeichnend dafür ist Stevensons Einstellung: »Ich glaube, in den meisten Fällen schreibt der Dichter viel lieber über das, was er gerne getan hätte, als über das, was er getan hat.«

In Bezug auf Kalifornien ist ein Kuriosum bemerkenswert. Während Stevenson 1879/80 dort weilte, hätte er eine echte Schatzinsel besuchen können: die Insel Santa Catalina, die 35 Kilometer südwestlich von Los Angeles liegt und 194 qkm groß ist.

Von 1919 bis 1975 gehörte Santa Catalina Island der amerikanischen Kaugummi-Dynastie Wrigley. Der Firmenerbe William Wrigley hatte dort seine mondäne Residenz errichtet und den heute 3000 Einwohner zählenden Hauptort Avalon zu einem High-Society-Paradies mit Yachthafen, Luxushotels und einer riesigen Tanzhalle mit Filmtheater, dem *Casino*, ausgebaut. 1975 überschrieb Philipp Wrigley die üppig grüne Insel der lokalen Naturschutzstifung *Catalina Island Conservancy*. Dennoch blieb sie weiterhin ein Tourismuszentrum, in das alljährlich eine Million Besucher mit Fähren gelangen.

Doch nicht erst seit Wrigleys Zeiten ist Santa Catalina Island ein Hort großer Reichtümer.

1542 von Juan Rodriguez Cabrillo entdeckt, wurde die Insel im 16. Jahrhundert häufig von spanischen Galeonen angelaufen, so auch von Manila-Schatzschiffen auf der Route von Acapulco zu den Philippinen. Man versorgte sich mit frischem Wasser und Wildbret und trieb Tauschhandel mit den dort ansässigen Indianern vom Stamm der Gabrielino. Einige Schiffe zerschellten an den Klippen vor Catalina. Und selbst die Überreste eines chinesischen Piratenschiffs, der *Ming-Po*, wurden später entdeckt.

Um 1598 strandete eine spanische Galeone an der Küste von Catalina, 1602 fanden andere Spanier ihre an den Strand gespülten Wrackteile. Der Überlieferung zufolge soll ihre kostbare Ladung, die man heute auf einen Wert von 200 Millionen Dollar taxiert, auf der Insel vergraben worden sein. Angeblich kannten die Gabrielino-

Indianer das Versteck, hielten es aber geheim, um nicht von goldgierigen Weißen bedroht zu werden. Ende des 18. Jahrhunderts ließen sich Schmuggler und Fischotterjäger auf Catalina nieder. Nach blutigen Kämpfen vertrieben sie die letzten Gabrielinos auf das gegenüberliegende Festland, wo sie in der Missionsstation von San Pedro Zuflucht fanden.

Als dort 1824 ein amerikanisches Schiff strandete, freundete sich einer der Überlebenden, der junge, aus Massachusetts stammende Seemann Samuel Prentice, mit dem Häuptling an und erfuhr von ihm unter dem Siegel der Verschwiegenheit, daß der spanische Galeonenschatz unter einem bestimmten Baum vergraben sei. Schon zwei Monate später segelte Prentice nach Catalina hinüber und begann in der dicht bewaldeten Smaragdbucht mit der Suche. Sie blieb erfolglos, was ihn aber nicht davon abhielt, unermüdlich weiterzuforschen – sage und schreibe dreißig Jahre lang! In einer Hütte hausend, grub Prentice wie besessen unter unzähligen Bäumen der von Bergwäldern bedeckten Insel, bis ihn eine Krankheit dahinraffte.

Vor seinem Tod bewog er einen alten Schiffskameraden zur Weitersuche. Dieser zwielichtige Bursche gründete eine Schatzsuchergesellschaft, betrog die Aktionäre um ihre Einlagen und buddelte zusammen mit seiner Freundin, einer französischen Saloontänzerin, nach dem Gold. Als auch sie nichts fanden, verließen sie 1876 klammheimlich Catalina und wurden nie wieder gesehen.

Robert Louis Stevenson hatte von dieser kalifornischen Schatzinsel offenbar keine Ahnung, in seinen Schriften findet sich nicht der geringste Hinweis darauf. Durch eigentümliche Umstände ergab sich dennoch eine Verbindung zu seinem Roman.

1911 entdeckte Hollywood die wilde, von einem 2125 Meter hohen Berggipfel gekrönte Landschaft Santa Catalinas als Filmkulisse, seitdem erschien sie in über 400 Filmen auf der Leinwand. Der Grund dafür liegt auf der Hand. Erstens konnte man von den Studios in wenigen Fährstunden hingelangen, zweitens eignete sich Santa Catalina Island besonders für Szenen, die auf einsamen Inseln spielen, wie z. B. bei der *Meuterei auf der Bounty.* 1912 drehte der große Stummfilmregisseur D. W. Griffith dort seinen Klassiker *Man's Genesis.* Und 1924 ließ der Drehbuchautor Zane Grey für Szenen seines Western-Stummfilms *The Vanishing American* auf Catalina Bisons aussetzen – aus der eine große Herde hervorging. Die heute verbliebenen 125 Bisons dienen als Touristenattraktion.

Der schönste Clou aber war, daß ausgerechnet diese goldträchtige Insel als Schauplatz für den ersten Tonfilm über Stevensons »Schatzinsel« diente. Metro-Goldwyn-Meyer produzierte ihn 1934 unter der Regie von Victor Fleming – jenem Regisseur, der fünf Jahre später mit dem Leinwandepos *Vom Winde verweht* Filmgeschichte schrieb.

Heute erheben zwei Inseln den Anspruch, Vorbild für *Die Schatzinsel* gewesen zu sein.

Die eine ist die vor der Südwestküste Kubas gelegene Isla de Pinos. Der Name leitet sich von Fichtenwäldern ab, von Koniferen der Arten Pinus tropicalis und Pinus caribaea, die einige Hügelketten bedecken – ein Panorama wie in Stevensons Roman. Den südlichen Teil nehmen hingegen dichte Urwälder ein, und die Küsten säumen Mangrovensümpfe, in denen zahlreiche Alligatoren hausen.

Vor allem aber wäre die Isla de Pinos als »Schatzinsel«-Schauplatz denkbar, weil sich hier von 1565 bis 1830 Piraten aus aller Herren Länder tummelten. Dazu gehörten die Engländer Sir Francis Drake, John Hawkins und Henry Morgan, die Franzosen Leclerc, Jean Latrobe und Jean Lafitte, der Kubaner Diabolito, der Holländer Augustin Jol und der Flame Alexandre Olivier Exequemelin, welcher in seiner bekannten Piratenchronik *Die amerikanischen Seeräuber* (1678 in Amsterdam gedruckt) auch deren Treiben auf der Isla de Pinos schildert. Als Schlupfwinkel bevorzugten sie die versteckten Buchten und großen Höhlen an der 50 Kilometer breiten Südküste. Noch heute zeugen Ortsbezeichnungen von ihrem Unwesen, so die *Lagune der Bukaniere*, die *Englische Quelle*, die *Punta Francés,* die *Leclerc-Höhle* und die *Bucht der holländischen Piraten*.

Von hier aus lauerten die Seeräuber zwischen 1565 und 1830 den reichen spanischen Schatzschiffen auf, die auf der *Route der Galeonen* von Mittel- und Südamerika nach Havanna segelten. Von den 1300 Schiffen, die als Wracks in den kubanischen Gewässern liegen, fiel sicher ein großer Teil den Piraten zum Opfer.

Noch am 8. März 1825 berichtete die *New York Gazette:* »Die Piratenpest um Kuba dauert an. Nach wie vor werden Schiffbrüchige bestialisch abgeschlachtet. Einem

Kapitän wurde der Nackenwirbel durchgehackt und dann sein Kopf mit der Machete vom Rumpf getrennt. Dem Schiffsjungen schnitten sie unter Gelächter die Kehle durch.«

Erst nach jahrelangen, 1821 einsetzenden Strafexpeditionen der US-Kriegsmarine kam die Seeräuberei in den kubanischen Gewässern zum Erliegen. Das Gold mancher Piraten aber wartet noch auf glückliche Finder. Auf der Isla de Pinos lassen sich Schatzverstecke von Franquesnay (um 1678), Charles Grant (um 1700) und des 1810 gehängten Jean Latrobe nachweisen. Überdies liegt noch viel Gold und Silber auf dem Meeresgrund. Bisher konnten Taucher der 1984 von Fidel Castro höchstpersönlich ins Leben gerufenen staatlichen Archaeonauten-Gesellschaft *Carisub* schon 13.000 kostbare alte spanische Münzen aus Schiffswracks bergen; sie werden in Panzersafes der streng bewachten *Carisub*-Zentrale aufbewahrt

In Anbetracht all dessen erscheint es verständlich, daß kubanische Gelehrte, allen voran der agile Meeresarchäologe Professor Alessandro López von der Universität Havanna, die Isla de Pinos als Stevensons Original-Schatzinsel betrachten und die kubanische Fremdenverkehrsbehörde inzwischen diesen Ruf nutzt, um mit Feriendörfern im Stil des Club Mediterrané devisenträchtige Touristen dorthin zu locken.

In zwei wichtigen Punkten stimmt die Isla de Pinos allerdings nicht mit Stevensons Darstellung überein: 1494 von Kolumbus entdeckt, ist sie seit Anfang des 16. Jahrhunderts ständig besiedelt (heute 100.000 Einwohner). Spanische Kolonisten betrieben im Norden Landwirtschaft und Viehzucht und gründeten den Hafenort Nueva Gerona. Im Inselinneren und an der Südküste hausten wiederum Bukaniere, die »Trapper« der Karibik, zu denen sich entlaufene Negersklaven und Indianer gesellten. Sie jagten im Busch verwilderte Rinder und Schweine, verkauften das geräucherte Fleisch an Piraten und unternahmen mit ihnen zeitweilig auch Raubfahrten. Nachfahren englischer Piraten des 19. Jahrhunderts leben noch heute in dem Inseldorf Jacksonville.

Stevensons fiktive Schatzinsel ist hingegen unbewohnt, sieht man einmal von dem schrulligen Einsiedler Ben Gunn ab.

Der zweite gravierende Unterschied: die Isla de Pinos ist mit einer Fläche von 2200 Quadratkilometern gut ein Dutzendmal größer als der Romanschauplatz.

Dem entspricht die einsame Kokosinsel vor der Pazifikküste Costa Ricas viel eher. Sie ist nur 24 Quadratkilometer groß und selten bewohnt gewesen. Und wie von Stevenson beschrieben, finden sich auf dieser gebirgigen Dschungelinsel im Süden und Norden Ankerbuchten, jeweils mit vorgelagerten Inseln und ins Meer mündenden Flüßchen. Und sowohl auf der Kokosinsel als auch auf der Romaninsel gibt es eine Hochebene, gigantische Bäume, mächtige Klippen, Höhlen und wilde Ziegen.

Der dunstverhangene Cerro Yglesias, mit 624 Meter der höchste Berg der Kokosinsel, ähnelt wiederum dem markanten *Fernrohrhügel*. Beide haben überdies im Englischen sinngemäß ähnliche Namen: Der Cerro Yglesias hieß, bevor er 1895 nach dem costaricanischen Präsidenten Rafael Yglesias Castro benannt wurde, auf englischen

Karten *Observation Hill*, und der Ausguckberg im Roman heißt *Spyglass Hill*.

Vor allem aber birgt die Isla del Coco unermeßliche Piratenschätze, darunter die großen Beuteverstecke von Edward Davis, Benito Bonito und den Meuterern der *Mary Dear*. Anhand von angeblich authentischen alten Schatzkarten haben im Laufe der letzten hundert Jahre über 450 Expeditionen danach gesucht, doch nur wenige Schatzjäger wurden fündig. Der bekannteste von ihnen war der deutsche Seemann August Gissler.

August Gissler
und das mysteriöse Manuskript

Zur selben Zeit, in der Stevenson mit seiner Familie aus den Vereinigten Staaten in seine englische Heimat zurückkehrte, fuhr auch der 23jährige deutsche Seemann August Gissler auf einem Vollmaster von den USA nach England und musterte in London ab.

Ob sie sich je begegnet sind, wissen wir nicht. Es ist jedoch erstaunlich daß sich die Wege der beiden sich fremden, aber mit dem Geheimnis der Schatzinsel untrennbar miteinander verbundenen Männer mehrmals kreuzten. Gissler hielt sich laut eigener Aussage 1879 zum ersten Mal in San Francisco auf, also im gleichen Jahr wie Robert Louis Stevenson. Und nun, in der zweiten Jahreshälfte 1880, waren beide über den Atlantik nach England gekommen. Stevenson war am 7. August 1880 mit der *City of Chester* in Liverpool und Gissler mit einem anderen Schiff in London gelandet.

August Gissler wurde 1857 in Remscheid, der nordrhein-westfälischen Industriestadt an der Wupper, geboren. Er entstammte einer wohlhabenden Familie, sein Vater war Kaufmann. Zwei seiner Schwestern, Alma Gissler und Emmy Meisel, wanderten später nach New York aus, zwei andere Schwestern, Anna Gissler und Johanna Kolthaus, blieben im Rheinland.

Verwandte von August Gissler besaßen eine Papierfabrik. Zwei seiner heutigen Nachfahren, Dr. Richard Gissler-Weber und sein Sohn Thomas Gissler-Weber, sind Geschäftsführer der bedeutenden, in Jülich ansässigen

Wellpappenfabrik Gissler & Pass. Das Familienunternemen wurde 1882 von Hermann Gissler und seinem Cousin Carl Wilhelm Pass gegründet und beschäftigt heute 470 Mitarbeiter.

August Gissler ist ein fast zwei Meter großer Hüne mit einem rötlichen Rauschebart, braunem Haar, scharf blikkenden blauen Adleraugen und Riesenfäusten und hat eine milde sonore Stimme. In einem Artikel der *New York Times* vom 20. November 1904 vergleicht ihn der Reporter gar mit »Michelangelos heroischer Statue von Moses.«

Gepackt vom Fernweh, entfloh der junge Gissler dem großbürgerlichen Milieu und ging zur See. Er befuhr auf mehreren Schiffen die Weltmeere und hält nun, im Herbst 1880, wie er in seinem Tagebuch schreibt, »eine Weile an Land für wohltuender als eine neue Atlantiküberquerung im öden Winter«.

Doch es kommt anders.

In London freundet er sich mit zwei Landsleuten an, einem Maat und einem Steward der deutschen Bark *Highflyer*, die ihn überreden, für die Fahrt nach Hawaii anzuheuern. Am 19. November 1880 setzt die mit Frachtgut beladene *Highflyer* unter Kapitän Schlieman in der Themse Segel.

Nach 26 Tagen läuft sie am 14. Dezember die Azoreninsel São Miguel an und nimmt 350 portugiesische Auswanderer an Bord – arme Fischer und Bauern samt ihrer Familien, die sich für fünf Jahre als Kontraktarbeiter auf den Zuckerrohr- und Ananasplantagen Hawaiis verpflichtet haben. Um sich mit ihnen verständigen zu können, lernt Gissler auf der Weiterfahrt die portugiesische Sprache. Manoel Cabral, ein netter 21jähriger Passagier, übt mit ihm. Nach zwei Monaten auf dem Atlantik können sie sich recht gut unterhalten und werden Freunde.

Bei der Umseglung von Kap Hoorn Ende Februar 1881 erschüttern schwere Stürme das Schiff, und als die Bark endlich die ruhigeren Gewässer des Südpazifik erreicht, stellt man fest, daß das Trinkwasser in den 45 Tanks nicht mehr ausreicht. Um sie aufzufüllen, müßte der Kapitän einen chilenischen Hafen anlaufen und einen großen Zeitverlust in Kauf nehmen, was ihm gar nicht behagt. Als Ausweg bietet sich die Inbetriebnahme der Kondensierungsanlage an, die Salzwasser in Süßwasser verwandeln kann. Doch der darauf spezialisierte Ingenieur wurde im Sturm schwer verletzt und ist für den Rest der Reise dienstuntauglich. Da kommt Gissler zu Hilfe. Technisch versiert, bringt er die komplizierte Destille nach einer schwierigen Entschlackung binnen zwei Tagen in Gang. Fortan schuftet er wie ein Braumeister, heizt den Dampfkessel, reguliert Ventile, zapft das kondensierte Trinkwasser ab. Sein Freund Manoel Cabral hilft ihm freiwillig dabei – im Gegensatz zu einigen dazu eingeteilten Matrosen, die sich lieber einen Landgang in Chile gegönnt hätten. Stattdessen müssen sie nun kübelweise Seewasser zum Boiler schleppen, ihn mit Kohle befeuern und wie am Fließband Unmengen von Wasserflaschen füllen. Ihr Murren hört jedoch bald auf, denn Gissler bekommt als Prämie für seine Mühe jeden Tag eine Flasche Rum, die er mit seinen Helfern teilt. Am gierigsten säuft Old Jack, ein streitbares Rauhbein, ein Kerl, der für Manoel wie ein Pirat aussieht. Gissler wundert sich über diesen Vergleich, denn Seeräuber gehören auf den Weltmeeren inzwischen der Vergangenheit an. Da erzählt ihm Manoel von Aufzeichnungen seines Großvaters, der zeitweise selber Pirat gewesen und einst in den gleichen Gewässern gefahren sei wie jetzt die *Highflyer*. Und Manoel verrät seinem Freund bei dieser Gelegenheit auch, daß er später unbedingt nach Guayaquil gelangern will. Von dieser Hafenstadt in Ekuador hofft er, eines Tages die von dort angeblich vier Segeltage entfernt liegende Insel La Palma zu erreichen.

Gissler hatte nie von einer südamerikanischen Pazifikinsel namens La Palma gehört und ihr Name findet sich auch auf keiner Seekarte (der richtige Name lautet Isla del Coco). Neugierig wird er, als ihm Manoel unter dem Siegel der Verschwiegenheit anvertraut, die Insel berge immense Piratenschätze. Sein Großvater habe beim Vergraben mitgeholfen und ihm einen ausführlichen Bericht darüber hinterlassen. Zum Beweis zeigt er Gissler das in Wachstuch eingenähte Manuskript, eine Autobiographie des 1870 verstorbenen Alten, dessen schwungvolle, akkurate Handschrift von Bildung und einem regen Geist zeugt. Da Gissler freilich nicht alles versteht, läßt er sich die Geschichte von Manoel erzählen und schreibt das Dokument mit seiner Erlaubnis in den nächsten Tagen Wort für Wort ab. Den Namen von Manoels Großvater überliefert er nicht, so daß wir ihn der Einfachheit halber ebenfalls Cabral nennen wollen. Und das sind seine Erlebnisse.

August Gissler,
aufgenommen in einem Fotoatelier in New York
{PD-old}

Benito Bonitos Piratenfahrten

Manoels Großvater wurde ungefähr um 1795 auf der Azoren-Insel Flores geboren und entstammte einer alteingesessenen, recht wohlhabenden Fischerfamilie, die ihm eine gute Erziehung angedeihen ließ. Seine Jugend fiel in die Zeit der Napoleonischen Kriege. 1807 besetzte der französische Marschall Junot Portugal, das lusitanische Königshaus floh von Lissabon nach Brasilien. Gleichzeitig eroberte Napoleon Nordspanien und machte seinen Bruder Joseph zum spanischen König. Die beiden iberischen Völker kämpften jedoch nach Guerillataktik zäh um ihre Unabhängigkeit und drängten die Okkupanten mit Hilfe britischer Truppen unter dem Herzog von Wellington in den nächsten Jahren kontinuierlich zurück. Der Krieg erfaßte auch die portugiesischen Azoren, französische Kaperschiffe suchten die Inselgewässer heim.

Inzwischen 17 Jahre alt, fuhr Cabral im Jahre 1812 im Kutter seines Vaters mit fünf jungen Freunden zum Fischen aus. Fern der Küste gerieten sie in einen Sturm, der Mast brach, das Segelboot driftete über Nacht weit ab. Am nächsten Morgen nahte zu ihrem Entsetzen die *Renard*, ein gefürchtetes französisches Freibeuterschiff, das die Azorenbewohner seit geraumer Zeit in Angst und Schrecken versetzte. Aus dem Meer gefischt, wurden die sechs Schiffbrüchigen auf dem mit 45 Mann unterbesetzten Schiff zu Borddiensten gezwungen. Verweigerung war zwecklos, sonst wäre es ihnen wie 25 anderen zuvor gefangenen portugiesischen Seeleuten ergangen, die sich nicht pressen lassen wollten und angekettet in einem stinkenden Laderaum schmachteten. Cabral mußte ihnen jeden Tag einen Suppenkessel bringen, dabei ließ er sich von ihrem energischen Wortführer Benito Bonito zum Spionieren anstiften. Er fand bald heraus, daß die Franzosen untereinander zerstritten waren und der Maat Cadouse mit neun Matrosen gegen den Kapitän konspirierte.

Mittels Kassibern, die Cabral im Suppentopf hin und her schmuggelte, heckten die Gefangenen und die Aufrührer einen Verschwörungsplan aus und schlugen eines Nachts auf ein Laternensignal hin los. Der im Schlaf überraschte Kapitän und seine Getreuen wurden überwältigt und einige Tage später in einer einsamen Bucht auf Madeira ausgesetzt.

Zum neuen Kapitän wählten die Meuterer Benito Bonito und zu seinem Stellvertreter Cadouse. Benito Bonito, ein hochgewachsener, skrupelloser und gerissener Draufgänger, erklärte den Neulingen, er habe vorher als zweiter Leutnant auf einem portugiesischen Kriegsschiff gedient, das vor Brasilien eine französische Bark aufbrachte. Während er die Prise mit seinen 25 Kameraden nach Rio de Janeiro steuerte, seien sie den Korsaren der *Renard* in die Hände gefallen. Und nun habe er den Spieß wieder umgedreht.

Anderen zeitgenössischen Quellen zufolge hatte Bonito früher als Kapitän eines Sklavenhandelsschiffs Schwarze von Afrika in die Karibik verfrachtet. Sie besagen ferner, er stamme aus der südostportugiesischen Grenzstadt Pomarão, käme aus einer guten Familie und spreche fließend Französisch und Englisch. Sein richtiger Name sei Dominico Pedro Benitez, und als Pirat habe er sich dann außer »Dom Pedro vom blutigen Schwert«

auch Benito Bonito genannt – was heute der geläufigere Name ist.

In einer flammenden Ansprache überredete Benito Bonito die 31 Portugiesen und zehn Franzosen, künftig nicht mehr als Kaperfahrer für ihre Nationen zu kämpfen, sondern Beutezüge auf eigene Rechnung zu unternehmen. Cabral und seine Freunde wären lieber zu den Azoren heimgekehrt, aber unter dem Druck der Mannschaft verschrieben auch sie sich der Piraterie.

Benito Bonitos Piraten räuberten mit der *Renard* »einige Jahre lang«, wie Cabral schrieb, in kleinerem Stil, und »wagten in dieser Zeit noch nicht, größere Schiffe anzugreifen, sondern beschränkten sich auf kleinere Schiffe und gelegentliche Überfälle an Küsten«. Dies mochte erklären, daß ihre Übeltaten vorerst noch kein großes Aufsehen erregten.

Das änderte sich, als Benito Bonito um 1817 ein weitaus besseres Schiff erbeutete: die *Lightning.*

Über dieses englische Handelsschiff liegen in Lloyd's Shipping Records, den genauesten Aufzeichnungen von Schiffahrten im 18. und 19. Jahrhundert, einige Angaben vor. Die *Lightning* wurde 1814 von der amerikanischen Firma *Carterit Company* in Liverpool gebaut, beförderte zunächst Kargo zwischen England und Neufundland und verschiffte zuletzt schwarze Sklaven von Afrika nach Amerika. Soweit Lloyd's. Und nun wieder weiter mit Cabrals Bericht.

Mit Sklaven auf der Fahrt nach Brasilien wurde die *Lightning* bei einem Zwischenaufenthalt in der kubanischen Hafenstadt Matanzas (bei Havanna) nachts von

Benito Bonito geentert. Er machte die schnelle, große und mit neun Kanonen bestückte Brigg zu seinem Flaggschiff und taufte sie in *Relampago* um, was ebenfalls »Blitz« bedeutet.

Cadouse behielt mit seinen Korsaren die *Renard.*

Nach der Erbeutung der *Lightning* schlossen sich auch zwei englische Schiffsoffiziere, die auf ihr gefahren und gefangengenommen worden waren, notgedrungen der Piratenbande an, andernfalls hätte Bonito sie ins Meer werfen lassen. Sie hießen Thompson und Chapelle, ihre Vornamen sind nicht überliefert. Von Chapelle nimmt man an, er habe bis 1813 als Marineoffizier in der Royal Navy in St. John's auf Neufundland gedient und sei 1814 auf die *Lightning* übergewechselt.

Thompson und Chapelle sollten später noch eine mysteriöse Rolle spielen.

Gemeinsam überfielen die Piraten der *Relampago* und der *Renard*, deren Zahl sich stetig erhöhte, laut Cabral noch eine Zeitlang »jedes Schiff, das in Sicht kam«. Sie waren überall an den Ostküsten von Spanisch-Amerika gefürchtet, »von St. Augustin bis Para (Brasilien), in der Karibischen See und im Golf von Mexiko«. Spitzel in den Häfen informierten sie über Schiffsbewegungen und Ladungen, Hehler kauften ihnen die erbeuteten Waren ab. Zwischendurch suchten sie Schlupfwinkel auf, um ihre Schiffe zu überholen.

Aufgrund der politischen Wirren hatten Bonitos Leute leichtes Spiel. Halb Lateinamerika befand sich seit 1810 im Aufruhr, von Mexiko bis Argentinien und Chile kämpften republikanische Separatisten – allen voran Simón Bolivar – um die Unabhängigkeit der spanischen Kolonien vom Mutterland. So waren die königstreuen Kräfte gebunden und konnten kaum Truppen zur Piratenabwehr erübrigen.

Doch dann machten zwei britische Fregatten und ein Kriegsschoner in der Karibik unerbittlich Jagd auf die zwei Piratenschiffe, so daß sie es vorzogen, sich zu trennen.

Während Cadouse mit der *Renard* zur mexikanischen Küste auswich, floh Benito Bonito mit der *Relampago* um Kap Hoorn in den Pazifik.

Nach drei Monaten auf See erreichte die *Relampago* irgendwann um 1818 Chile. Im chilenischen Befreiungskrieg hatten die Revolutionsführer José de San Martin und Bernardo O'Higgins auf ihrem Wintermarsch 1817/18 gerade Santiago und Valparaiso erobert und am 1. Januar 1818 Chile als unabhängige Republik proklamiert. Die Royalisten flohen und behaupteten vorläufig nur noch Stützpunkte in Südchile.

Dort ging die *Relampago* in der Bucht der Hafenstadt Talcahuano vor Anker.

Zur Erkundung ruderte Cabral mit ein paar Kumpanen im Beiboot an Land und kaufte in Talcahuano etwas Proviant. Da sprach ihn verstohlen ein spanischer Priester an. Ob sein Schiff dasjenige sei, das ihn und seine Mitbrüder abholen solle? Aus der Heimlichtuerei schloß Cabral, daß die Pfaffen auf der Flucht vor den Revolutionären waren und vermutlich wertvolles Kirchengut mitführten. Geistesgegenwärtig bejahte er die Frage und erklärte, wegen einer Flaute könne das Schiff leider nicht in den Hafen einlaufen, so daß man sie in Pinassen übersetzen müsse. Dann begleitete er Hochwürden in seine Herberge, wo noch drei andere Priester ungeduldig warteten, schon seit einer Woche, wie sie lamentierten. Cabrals Verdacht schien sich zu bestätigen: An der Zimmerwand stapelten sich Kisten bis zur Decke. Aus Angst, vom hiesigen Pöbel beraubt zu werden, drängten sie auf schnelle Einschiffung nach Spanien.

Zurück auf der *Relampago*, berichtete er Bonito davon, der ebenfalls reiche Beute witterte und sich über die listige Täuschung amüsierte.

Flugs schmiedeten sie einen raffinierten Plan, ohne die anderen einzuweihen. In der Abenddämmerung ruderte Cabral mit achtzehn Mann, die er zu frommem Gebaren ermahnte, wieder an Land und schleuste die vier Priester samt ihrem Gepäck in die drei Boote. An Bord der Brigg quartierte er sie in eine Kabine ein und vertröstete sie auf ein Treffen mit dem Kapitän am nächsten Morgen. Während sie arglos schliefen, packte er mit Bonito ihre Kisten aus. Zum Vorschein kamen goldenes und silbernes Kirchengerät, juwelenbesetzte Kruzifixe und vier große Beutel mit Golddublonen. Den Schatz tauschten sie gegen Ballast aus, so daß das Gewicht der Kisten gleich blieb. Als sich die Flüchtlinge morgens zur Begrüßung in der Kapitänskajüte einfanden, tat Bonito erstaunt. Nein, nicht nach Spanien, sondern nach Mexiko ginge seine Fahrt, polterte er. Und schimpfte – wie verabredet – Cabral einen Esel, daß er die ehrenwerten Passagiere auf das falsche Schiff gebracht habe. Zur Strafe werde er ihn auspeitschen und kielholen lassen! Cabral spielte den

Zerknirschten, so daß die Padres aus Mitleid um Milde für ihn baten. Er mußte sie wieder an Land setzen, samt ihrem Gepäck, dessen wundersame Wertminderung sie wohl erst merkten, als das Schiff längst weg war.

Unterwegs löste das Gerücht, Bonito habe sich ohne ihr Wissen an den Priestern bereichert, unter der Piratenbande erhebliche Unruhe aus. Um die lautstärksten Rebellen zu besänftigen, offerierte er ihnen hinterlistig einen vergnüglichen Landgang und ließ siebzehn von ihnen mit dem Versprechen, drei Tage auf sie zu warten, bei Valparaiso von Bord gehen. Natürlich hielt er es nicht ein, sondern segelte sofort weiter. Wie es den zurückgelassenen 17 Männern erging, sei hier vorweggenommen.

Sie enterten nachts im Hafen von Valparaiso eine kleine Brigg, ermordeten den einzigen wachhabenden Mann an Bord und segelten um Kap Hoorn herum in den Atlantik. Als sie die Karibische See erreichten, wollten sie einen Schatz bergen, den Bonito zuvor auf einer abgelegenen kleinen Insel versteckt hatte.

Aber dazu kam es nicht mehr. Ein britisches Kriegsschiff, die Slup *Challenger*, nahm die abtrünnige Piratenschar gefangen, die in Eisen gelegt nach England verschifft und dort hingerichtet wurde.

Nur einer von ihnen überlebte. Er blieb auf der *Challenger,* wo ihn der Kommandant vor der Todesstrafe bewahrte, weil er verriet, welche Schiffe Benito Bonito geplündert hatte und wo dessen Schatz auf der besagten kleinen Karibikinsel versteckt sei. Der Verräter wurde auf ein anderes englisches Kriegsschiff, die Fregatte *H.M.S.*

Magicienne, überstellt, die daraufhin Order erhielt, Jagd auf die *Relampago* zu machen.

Zurück zu Benito Bonito. Er stieß 16 Tage nach der Abfahrt von Valparaiso mit der *Relampago* an der Küste von Ekuador auf die spanische 250-Tonnen-Galeone *Rosario*, die von Guayaquil nach Cadiz ausgelaufen war. Sie hatte gegen Bonitos weit überlegene Bande keine Chance. In einem nur zehn Minuten dauernden Entergefecht fielen von den fünfzig Spaniern der Kapitän und zwanzig seiner Leute, der Rest wurde verwundet, und ein Dutzend Matrosen wechselte zu den Piraten über. Sie erbeuteten eine große Ladung Gold- und Silberbarren und versenkten dann die Galeone mit Mann und Maus.

Als nächstes Ziel gab Bonito Acapulco an, was seine Crew mit Jubelrufen quittierte, denn die mexikanische Hafenstadt war zu jener Zeit ein beliebter Tummelplatz für Seeleute aus aller Herren Länder.

Nach einigen Segeltagen sichteten sie unvermutet mitten im Meer eine kleine Insel, die auf ihren Seekarten nicht verzeichnet war – die äquatornahe Kokosinsel südwestlich von Costa Rica. Da ragten üppig grüne Urwaldberge auf, schimmerten Wasserfälle und Wildbäche, säumten Kokospalmen dunkle, von Felsblöcken übersäte Strände und Buchten. Manoels Großvater nannte die Insel, wie gesagt, La Palma. Er schrieb:

»Von ferne konnten wir einen riesigen Wasserfall mit hohen Bergen zu beiden Seiten erkennen. Wir fuhren näher heran, indem wir dauernd loteten. Schließlich ankerten wir in einer Tiefe von 14 Faden (26 Meter), nahe einem kleinen konischen Felsen, der die Form eines Heuhaufens hatte. Der Kapitän rief alle Mann an Deck und sagte, daß er ebenso überrascht wie jeder von uns sei, hier eine Insel vorzufinden.

Am selben Nachmittag segelte er mit mir und sechs weiteren Männern rund um die Insel. Wir fanden eine kleine Bucht am nordöstlichen Ende, aber nirgendwo ein Zeichen von Bewohnern. Wieder an Bord, kamen nach einer Beratung alle überein, unsere ganze Beute, auch die von der *Rosario*, auf dieser Insel zu vergraben.

Am nächsten Tag brachten drei Boote den Schatz in die Nähe eines Palmenhains und fuhren wieder zum Schiff zurück, um leere Wasserfässer zu holen. In einem Boot landeten der Kapitän, ich und fünf Männer. Ein breiter Bach mündete neben uns ins Meer, aber wir konnten den Wasserfall nicht mehr sehen, den wir vom Schiff aus erblickt hatten. Der Kapitän und ich ließen die fünf Männer beim Schatz zurück und folgten dem Bach. Ungefähr eine halbe Meile landeinwärts sahen wir einen Wasserfall aus einer Höhe von 300 Fuß (100 Meter) herabstürzen. Die Ufer des Baches waren steil und neigten sich etwas der See zu. Der Kapitän wollte den Schatz zuerst in der Nähe des Wasserfalls vergraben, aber als wir am anderen Bachufer zurückliefen, stießen wir auf einen kleinen Palmenwald und beschlossen, ihn doch lieber hier zu verstecken. Wir hatten einige Schaufeln dabei, und damit hob ich eine Grube aus. Der Boden bestand aus grauem Sand mit Steinchen. Wir hüllten den Schatz der *Rosario* in Segeltücher und versenkten ihn in der Grube, die sich etwa 600 Fuß (200 Meter) von der Bachmündung und 20 Fuß hinter dem Palmwäldchen befand.

Der Kapitän nahm eine exakte Peilung auf, verriet mir aber nicht das Ergebnis; darum nahm ich meine eigene Messung von der Bachmündung in einer Linie mit dem runden Felsen vor.

Wir kehrten dann alle zur Brigg zurück und holten noch aus der Kapitänskajüte die Bündel mit den Schätzen der Priester, die wir ebenfalls in dem Palmenwäldchen abluden. Von dort ging ich mit dem Kapitän ein Stück landeinwärts, wir folgten einem schmalen Bachlauf bis zu einem großen Baum. ›Das ist eine gute Stelle‹, sagte der Kapitän. ›Nun geh und hole die anderen Bündel.‹ Nachdem ich sie alle herbeigeschleppt und unter dem großen Baum abgelegt hatte, durchquerten wir den Bach und kamen nicht weit davon zu einem kleinen Hügel. ›Hier ist eine gute Markierung in der Nähe dieses Felsens‹, sagte er. ›Nun laß uns den Schatz direkt gegenüber dem Hügel vergraben und den Felsen darauflegen!‹ Ich grub ein Loch vor dem Hügel, direkt vor dem Felsen. Als es vier Fuß tief war (1,20 Meter), gingen der Kapitän und ich zurück zu dem Baum und holten die Bündel. Wir mußten mehrmals laufen. Als alles vergraben war, schaufelte ich noch etwas Erde unter dem Felsen weg, der letztlich durch sein Eigengewicht direkt auf die Grube fiel. Während ich den Schatz trug, zählte ich 85 Schritte von dem Baum zur Grube. Von dem Kokospalmenhain zu dem Baum habe ich die Schritte nicht gezählt, aber geschätzt, daß es ungefähr die doppelte Entfernung ist.

Das Boot wartete schon auf uns, als wir zum Ufer zurückkehrten. Aber wir blieben noch eine Stunde, um auf einem großen Felsblock neben der Bachmündung ein Zeichen zu hinterlassen. Der Kapitän meißelte darauf das

Kürzel ›D.P.I. 600 P.‹ (Anm. d. V.: D. P. I. bedeutet ›Deposito Pacifico Nr. 1‹).

Inzwischen war Ebbe eingetreten, und wir hatten Mühe, das Boot durch die heranrollende Brandung zu bringen. Am Strand gibt es fast nichts als Felsblöcke und nur bei Ebbe etwas Sand. Aber schließlich schafften wir es, wieder sicher an Bord zu kommen. Wir setzten Segel, umfuhren die Südspitze der Insel und nahmen Kurs auf Acapulco.«

Das war die letzte gemeinsame Aktion von Benito Bonito und Manoels Großvater.

Zehn Tage später griffen Bonitos Leute an der Pazifikküste Südmexikos zwei Mestizen in einem Fischerboot auf, die ihnen wertvolle Informationen lieferten: In Acapulco luden gerade zwei spanische Galeonen unermeßliche Schätze, vor allem Silber, die Maultierkarawanen von Mexico City heranschafften. Ein letzter Treck war noch unterwegs, danach sollten die zwei Galeonen nach Spanien auslaufen.

Offenbar beeilten sich die Kolonialherren, soviele Schätze wie möglich heimzuholen, denn der Sieg der mexikanischen Revolution war absehbar (1821 sollte Mexikos Unabhängigkeitserklärung erfolgen). Benito Bonito witterte den Coup seines Lebens. Und schickte sofort Cabral und dessen Freund Alonzo als Kundschafter aus. Sie sollten in den Hafenkneipen Acapulcos Genaueres über die Transaktion in Erfahrung bringen und wenn möglich Matrosen der Schatzgaleonen aushorchen.

Mit Spesen von je zehn Unzen Gold versehen, fuhren die beiden in der schäbigen Kluft der gefangenen Mestizen und deren Fischerboot zum Hafen und landeten gleich in einer Kaschemme, in der man zur Musik tanzte und der Wein in Strömen floß.

Der Lustbarkeiten entwöhnt, zechten und schlemmten Cabral und Alonzo munter mit und hielten zuerst zwei, dann immer mehr leichte Mädchen aus, bis schließlich acht an ihrem Tisch saßen. Das erregte die Eifersucht anderer Seeleute, es kam zu einer wüsten Schlägerei, bei der die beiden den kürzeren zogen. Von Messerstichen und Flaschenhieben übel zugerichtet, sanken sie bewußtlos zu Boden. Es dauerte Monate, bis sie, von ihren Chicas mitleidsvoll in einer Herberge gepflegt, wieder auf die Beine kamen.

Während der langen Genesungszeit vernahmen Cabral und Alonzo atemberaubende Nachrichten: Piraten hatten einen silberbeladenen Muli-Treck an der Küste ausgeraubt und anschließend die zwei ausgelaufenen spanischen Schatzschiffe geplündert. Bei dem Seegefecht vor Acapulco sank die zusammengeschossene kleinere spanische Galeone, und die größere Galeone, die *Esperanza.* war derart mit Schatzkisten und Gepäckstücken überladen, daß sie ihre Kanonen nicht recht zum Einsatz bringen konnte. Nur fünf Piraten starben beim Entern der *Esperanza.*

»Alonso und ich wußten sehr wohl, wessen Werk das war, aber die Vorsicht zwang uns zum Schweigen«, bekennt Manoels Großvater. Und fügt verbittert hinzu: »Wir schworen unserem Kapitän Rache, weil er uns im Stich ließ und offensichtlich nichts unternahm, um uns zu finden.«

Der Millionencoup vor Acapulco machte 1819 in den Zeitungen Schlagzeilen. Zeitgenössischen Berichten zufolge schaffte Bonito die Riesenbeute ebenfalls zur Kokosinsel und ließ sie mit Booten anlanden.

Zuerst versenkte er 175 Tonnen Silberdollar mit einem Flaschenzug in einer 6 Meter tiefen und 9 Meter breiten Grube. Eine Felsgravierung mit der Chiffre ›P.D.II.240 ENIPW‹ weist auf dieses Deposito Pacifico Nr. 2 hin. Dem Chronisten W. J. Woodly zufolge befand sich das Schatzdepot Nr. 2 bei einem großen Felsen am Südlauf eines Baches, der ins Meer mündet.

Die benachbarten Depositos Pacifico Nr. 3 und 4 wiederum bergen 273 edelsteinbesetzte Prunkschwerter mit goldenen Knaufen, 783 Goldbarren und andere Preziosen. Als Markierung wurde in die Rinden von zwei Kokospalmen ein »X« eingekerbt. Da Bonito seinen Leuten sechs Tage Zeit ließ, ihre eigenen Beuteanteile auf der Kokosinsel zu vergraben, kommen noch über hundert Einzelverstecke hinzu.

Nach der großen Vergrabungsaktion veranstalteten sie ein wüstes Gelage mit ein paar Fässern Rum. Dabei entspann sich ein mörderischer Streit, bei dem 34 Piraten getötet und 17 verwundet wurden. Einige Namen der Gemeuchelten sind bekannt, so Ramon und Silva und der von den Azoren stammende Portugiese Antonio Barrega.

Nach dem Gemetzel verließen die Überlebenden, knapp 90 Männer, mit der *Relampago* den Pazifik und segelten um Kap Hoorn zum Rio de la Plata und dann in die Karibik – ohne zu ahnen, daß ihnen dort englische Kriegsschiffe auflauerten.

Vor der Küste Kubas wurde die *Relampago* von der englischen Fregatte *H.M.S. Magicienne* nach einem mörderischen Gefecht aufgebracht. Benito Bonito beging Selbstmord, indem er sich sich vor der Übergabe eine Kugel durch den Kopf schoß. Von seiner nach Jamaika überführten gefangenen Mannschaft wurden 81 Piraten von einem britischen Gericht anno 1821 in Kingston zum Tode verurteilt. Das Gerichtsprotokoll befindet sich heute in einem Museum in Kingston.

Am Vorabend ihrer Hinrichtung erzählten sich die in Eisen gelegten Todeskandidaten allerlei Geschichten über ihr wildes Piratenleben unter Benito Bonito. Einer ihrer Bewacher, der englische Marinesoldat John Miles, der gut Portugiesisch verstand, hörte diese Unterhaltungen mit und schrieb sie danach detailliert auf. Seine Aufzeichnungen gerieten in die Hände von W. J. Woodly, der sie in seinem 1880 erschienenen Buch *History of Buried Treasure on Cocos Island* verwertete, und zwar in dem 22 Seiten langen Kapitel *Bekenntnisse der Piraten von der Relampago in der Nacht vor ihrer Hinrichtung in Kingston, Jamaika.*

Viele der Todgeweihten waren Portugiesen. So ist es auch nicht verwunderlich, daß einige von den Azoren stammten, wie etwa der auf der Insel Fayal beheimatete Pirat Pedro Martinez. Seine bei Woodly in Ich-Form erzählte Geschichte fing so ähnlich an wie die von Manoel Cabrals Großvater; die beiden mußten also gemeinsam auf der *Relampago* gefahren sein. Martinez wurde ebenfalls beim Fischen mit einem Segelboot vor der Azorenküste gekidnapped und zur Seeräuberei gezwungen. Bevor Martinez in Kingston gehenkt wurde, gestand er, daß Bonitos Doppel-Schatzversteck Depositio Pacifico 3+4 mit den Buchstaben XXZ markiert worden sei.

Ein anderer Portugiese aus Bonitos Bande war José Antonio Morillo. In Lissabon geboren, heuerte er mit 19 Jahren auf einem Sklavenschiff an, das von Handelsstationen im Golf von Guinea Negerskalven nach Brasilien und Westindien brachte. Auf seiner vierten Fahrt wurde seine Brigg *Treis Amagos* von der *Relampago* geentert und Morillo nur deshalb am Leben gelassen, weil Bonito einen neuen Schiffskoch brauchte. Er schildert auch das schreckliche Gemetzel der *Relampago*-Bande untereinander auf der Kokosinsel, bei dem 34 Piraten starben. Morillos Seeräuberlaufbahn währte nur kurz – bis zu seinem Tod am Strick im Alter von 21 Jahren.

Noch andere in Kingston verurteilte Mitglieder von Bonitos Bande werden in Woodlys *Piratenbekenntnissen* erwähnt, so ein Genuese, ein Algerier und der spitzzähnige westafrikanische Neger Tiberon.

Mit verbundenen Augen und Stricken um den Hals wurden 81 Piraten kurz nach Sonnenaufgang an den Rahen der Fregatte *H.M.S. Magicienne* gehenkt. Ihre Leichen verscharrte man in einem Massengrab an einem Sandstrand bei Kingston.

Nur zwei von Bonitos Männern blieben am Leben. Sie entkamen in der Nacht vor der Hinrichtung mit fremder Hilfe aus dem Kerker und schwammen zu einem amerikanischen Walfangschiff hinüber, dessen Kapitän sie in seine Crew aufnahm und mit ihnen davonsegelte. Es waren die Engländer Thompson und Chapelle, die einst auf dem Handelsschiff *Lightning* gefahren und von Bonito zur Piraterie gezwungen worden waren.

Es gibt verschiedene, teils widersprüchliche Berichte über das weitere Schicksal der beiden geflohenen Engländer. Woodly liefert in seinem Kokosinselbuch von 1880 folgende Version.

Thompson und Chapelle schworen sich, fortan ein redliches Seemannsleben zu führen. Sie fuhren zwei Jahrzehnte lang gemeinsam auf Schiffen und tauchten 1842 mittellos in Liverpool auf, wo sie sich trennten.

Thompson fuhr auf dem Paketschiff *Liberty* nach New York, begab sich dann nach New Bedford, der südlich von Boston gelegenen Hafenstadt von Massachusetts, und heuerte dort auf einem Walfangschiff unter einem Kapitän namens A. K. Fisher an, das im Pazifik kreuzte. Thompson hegte vermutlich die Absicht, eine Zwischenlandung auf der Kokosinsel zu arrangieren, um dort heimlich nach Bonitos versteckten Schätzen zu suchen. Als der Walfänger nach drei Jahren nach New Bedford zurückkehrte, ging Thompson todkrank von Bord und starb bald darauf. Es heißt, er habe eine Schatzkarte mit Bonitos Kokosinsel-Depots hinterlassen.

Chapelle fuhr zunächst in England als Kapitän eines Schleppdampfers auf dem Mersey River. Eines Tages gestand er seinem Reeder, daß er einst Pirat gewesen sei und Bonitos Schatzverstecke auf der Kokosinsel kenne. Der Reeder sandte ihn im Jahre 1846 nach London zu einem Lord der Admiralität, der die Angelegenheit zu seiner Zufriedenheit prüfte und sich mit 500 Pfund Sterling an einer geplanten Schatzsuche beteiligte. Mit einem Firmenagenten an seiner Seite fuhr Chapelle von Liverpool nach Panama, wo der in den Plan eingeweihte britische Konsul eine kleine Brigg mit einer einheimischen Mannschaft ausrüstete. Das Schatzsucherschiff verfehlte jedoch die Kokosinsel und kehrte in den Golf von Dulce zurück, wo es an einer Klippe zerschellte. Chapelle und der Agent konnten sich zwar an Land retten, aber bald darauf starb Chapelle in Panama an Gelbfieber. Laut Woodly gelangte Chapelles Schatzkarte von der Kokosinsel »in die Hände eines früher wohlbekannten Bürgers von San Francisco, der am Totenbett von Chapelle zugegen und Agent war«.

Woodlys Version wurde von manch anderen Autoren übernommen. Aber wie so viele Geschichten um die Kokosinsel liefern die mysteriösen Identitäten und Lebenswege von Thompson und Chapell Anlaß zu allerlei Spekulationen.

Die meisten Kokosinselkenner glauben, der entkommene *Relampago*-Pirat Thompson sei nicht mit jenem William Thompson identisch, der im Jahre 1821 als Kapitän des englischen Handelsschiffes *Mary Dear* in Peru am Raub des berühmten Limaschatzes beteiligt war. Der neufundländische Journalist Jack Fitzgerald vertritt hinhingegen in seinem 2005 erschienenen Buch *Treasure Island Revisited* die These, der *Relampago*-Pirat Thompson und der *Mary Dear*-Kapitän William Thompson seien ein und dieselbe Person. Hatte er etwa noch im Jahr seiner Flucht aus Jamaika auf der *Mary Dear* angeheuert? Klingt unwahrscheinlich.

Und Chapelle? War er vielleicht als Maat gemeinsam mit Thompson auf der *Mary Dear* gefahren und der Rädelsführer beim Raub des Limaschatzes gewesen?

Ob Chapelle wirklich um 1846 in Panama an Gelbfieber starb, bleibt ungeklärt. Manche Indizien sprechen für das in verschiedenen Berichten verbreitete Gerücht, Chapelle habe noch lange gelebt und auf der Kokosinsel Schätze geborgen, die ihn reich machten.

Doch nun zum Ende der Geschichte von Manoel Cabrals Großvater.

Nach ihrer Genesung von den schweren Schnitt- und Stichwunden in Acapulco arbeiteten Cabral und Alonzo zwei Jahre lang in einer mexikanischen Silbermine. Dann, 1821, schlugen sie sich über Mexico City nach Vera Cruz an der Golfküste durch, wo Alonzo einem Fieber erlag. Während sich Cabral nach einem Schiff in die Heimat umsah, hörte er die Nachricht vom tragischen Ende seiner Piratenbande in Jamaika.

Er konnte von Glück sagen, daß es ihn nach Mexiko verschlagen hatte, sonst hätte er sein Leben ebenfalls in Kingston am Strick beendet. Für ihn kam nun Seeräuberei nicht mehr in Frage, ihre letzte Blütezeit ging in diesen Jahren infolge großer Säuberungsaktionen der Royal Navy und der US-Marine ohnehin zu Ende.

Manoels Großvater segelte auf einem spanischen Schiff nach Cádiz und von Lissabon aus auf einem amerikanischen Schiff über den Atlantik zurück. Auf einem amerikanischen Walfänger fuhr er dann drei Jahre lang als Koch, zeitweise auch im Pazifik, wobei er hoffte, auf die Kokosinsel zu kommen, »um einige Schätze zu bergen«. Das Schiff lief das Eiland jedoch nie zum Wasserholen an.

Inzwischen fast dreißig Jahre alt, musterte er auf der Azoreninsel Fayal endgültig ab und heiratete wenig später auf der Hauptinsel São Miguel eine Portugiesin, die als Mitgift ein kleines Landgut einbrachte. Bald kam seine Tochter Antonina zur Welt, die blutjung im Jahre 1838 den begüterten Fischer Pedro Cabral von der Nordinsel Flores heiratete.

Manoels Großvater bedrängte seinen Schwiegersohn anfangs immer wieder, eine Schatzsucherfahrt zur Insel La Palma, wie er sie nannte, zu unternehmen.

Doch zu seiner Enttäuschung ließ sich Pedro Cabral nicht dazu überreden. Als frommer Katholik wollte er sich nicht an geraubtem Gut, erst recht nicht an Kirchengut vergreifen. Außerdem fürchtete er, das anrüchige Vorleben des Alten könne herauskommen und dem guten Ruf seiner Familie schaden. Abgesehen davon konnte Pedro ihn wegen seiner Rauhbeinigkeit und Religionsverachtung nicht leiden; daß der Querkopf in die Kirche ging, kam selten vor.

Im Jahre 1859 wurde Manoel Cabral in Flores geboren. Der Junge wuchs wohlbehütet in einer hübschen Casa mit einem Orangenhain auf und besuchte ein von Priestern geführtes Internat. Die Ferien verbrachte er stets bei seinem Großvater, mit dem er sich bestens verstand. Damals schrieb dieser seine Erinnerungen nieder und nahm Antonina das Versprechen ab, die Aufzeichnungen Manoel bei dessen Volljährigkeit auszuhändigen. Sie enden mit den Worten: »Und nun ist meine einzige Hoffnung, daß Manoel die Schätze auf der Insel sucht, wenn er erwachsen wird.«

1870 starb der Expirat im Alter von ungefähr 75 Jahren. Und 1876 bekam sein 17jähriger Enkel Manoel dessen denkwürdiges Manuskript.

Gisslers Leben auf Hawaii und Old Macs Schatzkarte

Als August Gissler diese Geschichte auf der *Highflyer* von Manoel hört und das Dokument wortgetreu kopiert, ahnt er noch nicht, wie schicksalsbestimmend sie für ihn sein würde. Bei aller Faszination bleibt er noch skeptisch. Er denkt: Manoel gibt sich gewiß einer Illusion hin, wenn er glaubt, einfach die Insel aufsuchen und die Schätze nach den Angaben seines Großvaters orten zu können. Das erfordert einiges Kapital, eine umfangreiche Ausrüstung und ein Segelfahrzeug für den Abtransport. Und wo liegt diese merkwürdige, nirgendwo verzeichnete Insel La Palma überhaupt?

Nach der Umrundung von Kap Hoorn nahm die *Highflyer* im Frühjahr 1881 direkt Kurs auf Hawaii – wohlgemerkt ohne Overstop in den USA. Dies ist insofern von Belang, als neuerdings die abwegige These auftaucht, bei einer Zwischenlandung der *Highflyer* in San Francisco seinen August Gissler und Manoel Cabral dort in einer Hafenkneipe dem Reisejournalisten Robert Louis Stevenson begegnet, der von den beiden die Geschichte vom Piratenleben von Manoels Großvater und dem Schatzversteck auf der Insel La Palma vernommen habe. – was Stevenson angeblich die Kernidee für seinen Schatzinsel-Roman lieferte.

Doch das ist völlig aus der Luft gegriffen und allein zeitlich unmöglich. Als die *Highflyer* laut Logbuch im April 1881 auf dem Pazifik den Äquator passierte und Hawaii ansteuerte, weilte Stevenson zu seiner ersten Heilkur im schweizerischen Davos, von wo er dann zur Rückkehr nach Schottland aufbrach. Abgesehen davon lief die *Highflyer* auf der Hinfahrt nach Hawaii gar nicht San Francisco an. Stevenson war zwar 1879/80 in Kalifornien, aber schon im August 1880 nach Schottland heimgefahren. Die genauen Angaben über Route, Passagiere und Frachtgüter der *Highflyer* lassen sich in *The Pacific Commercial Advertiser Weekly* vom 7. Mai 1881 nachlesen.

Am 30. April 1881 landet das Auswandererschiff im Hafen von Honolulu. Es war eine leidvolle Fahrt gewesen. Das Logbuch der *Highflyer* verzeichnet 14 Tote: Elf Kinder und zwei Erwachsene waren an Bord gestorben, und ein Portugiese namens Manuel de Frias war bei rauher See ins Meer gefallen und ertrunken.

In Honolulu trennen sich die Wege von August Gissler und Manoel Cabral. Die beiden sehen sich nie wieder.

Gissler mustert ab und erkundet zunächst auf wochenlangen Wanderungen die Insel Oahu. Von der grandiosen Tropenlandschaft und den heiteren Polynesiern verzaubert, beschließt er, längere Zeit hierzubleiben.

Der Archipel war seinerzeit noch ein unabhängiger, von König David Kalakaua (1836-1891) regierter Staat, aber die eigentliche Macht lag längst in den Händen der Amerikaner, von Zuckerbaronen, Ananaspflanzern, Händlern und einflußreichen Missionaren. Überdies unterhielt Washington seit 1875 mit Pearl Harbour eine Marinebasis auf Oahu.

Zu dieser Zeit lebt auf Hawaii schon Stevensons Stieftochter Isobel. Ihr Liebhaber Joe Strong avancierte hier zum Hofmaler des Königs Kalakaua. In Honolulu heirateten beide, und hier kam 1881 ihr Sohn Austin zur Welt. Acht Jahre später wird auch Stevenson Hawaii besuchen und sich wie Gissler für das Tropenparadies begeistern.

Nach dem Ausbruch einer Pockenepidemie weicht Gissler auf die Hauptinsel Hawaii aus und bewirtschaftet eine kleine Ananasplantage in Pahala, einem idyllischen Ort am Südhang des 4169 Meter hohen Vulkanmassivs Mount Loa. Hier hält es ihn sieben Jahre.

Oft reitet er mit seinem eigenen Pferd in den Nachbarort Waiohinu, um mit zwei Freunden beim Bier zu würfeln: dem Ladenbesitzer Charley Meincke und Old Mac, einem über achtzig Jahre alten ehemaligen Seemann, der nun vom Gemüseanbau und der Schweinezucht lebt. (Seinen Nachnamen verschweigt Gissler in seinen Aufzeichnungen). Old Macs Frau ist Hawaiianerin und seine reizende Mischlingstochter mit dem jungen Farmer Bartels, einem deutschen Auswanderer, verheiratet.

Eines Tages vertraut Bartels Gissler ein Geheimnis an, das ihn hellhörig macht. Old Mac hütet eine alte Schatzkarte, deren Herkunft er nicht verraten will. Er gibt lediglich an, daß er als junger Mann einem Piratenkapitän namens Benito (alias Dom Pedro) begegnet sei. Old Mac war einmal 1851 mit seiner Frau und seinen beiden Kinder zur Schatzsuche aufgebrochen, aber mangels Geld nur bis zu der mexikanischen Halbinsel Baja California gekommen.

Um eine interessante These vorwegzunehmen: Jahre später wird Gissler den Verdacht äußern, Old Mac sei in Wahrheit Chapelle, jener zu Benito Bonito Bande gehörende Pirat, dem kurz vor deren Hinrichtung in Jamaika zusammen mit Thompson die Flucht auf ein Walfängerschiff gelang. Dazu würde auch der bereits erwähnte Hinweis passen, Chapelle sei später nach San Francisco gekommen. Von dort könnte er sich dann nach Hawaii abgesetzt haben.

Doch derlei Vemutungen kommen Gissler derzeit freilich noch nicht in den Sinn. Er überredet Old Mac, der sich zuerst dagegen sträubt, ihm die Schatzkarte zu zeigen. Sie ist spanisch beschrift und verzeichnet eine Insel mit zwei Buchten im Nordosten und einigen Bergen in der Mitte. Da ihre Position mit 5° 27 Minuten nördlicher Breite und 87° westlicher Länge angegeben ist, erkennt Gissler nun, daß es sich um die Isla del Coco handelt – und die ist ja auf Landkarten eingezeichnet. Entsprechend leicht läßt sich herausfinden, daß sie zum Hoheitsgebiet Costa Ricas gehört, 350 Seemeilen südwestlich der pazifischen Hafenstadt Puntarenas liegt und unbewohnt ist.

Verblüfft stellt er fest, daß Old Macs Inselskizze mit den topographischen Angaben von Manoels Großvater übereinstimmt. In seinen Memoiren schreibt Gissler: »In all den Jahren hatte ich die Geschichte, die mir der junge Portugiese Manoel Cabral auf der Fahrt nach Honolulu erzählt und die ich aufgeschrieben hatte, nicht vergessen. Ich sah in meinem Notizbuch nach und las wieder die den Schatz betreffenden Stellen. Wir kamen bald zu dem Schluß, daß die Kokosinsel und La Palma ein und dieselbe Insel sind.«

Am meisten fasziniert Gissler aber, daß Old Macs Karte genaue Angaben über ein Beuteversteck enthält. Er liest: »Im Jahre 1821 haben wir hier einen Schatz von ungeheurem Wert vergraben. Hinterher pflanzten wir darüber eine Palme und nahmen Kompaßpeilungen, die diese Stelle mit Nordost bis Ost ½ Ost von dem östlichen Berg und 10° östlich von dem westlichen Berg zeigen.« Zwei sich kreuzende Peilungslinien markieren die Lagerstätte; daneben steht »tierra alta« (Hochland). Nach Old Macs Informationen liegt der Schatz unter einem hohen Felsvorsprung in einer Tiefe von zwei Metern.

Gissler wittert die Chance seines Lebens. Er will so schnell wie möglich zur Kokosinsel zu fahren und den Schatz bergen. Auch Bartels begeistert sich – von seinem greisen Schwiegervater darin bestärkt – für eine Expedition mit ihm. Um sie zu finanzieren, verkaufen die beiden Deutschen ihr Hab und Gut.

Am 18. Mai 1888 segeln sie zusammen mit Bartels elfjährigem Sohn von Honolulu auf der *Mary Winkelman* nach San Francisco, wo sie am 3. Juni ankommen.

Wie schon im Spätsommer 1880 bei der Landung in England, kreuzt hier Gissler abermals Robert Louis Stevensons Weg. Just einen Tag vor Gisslers Ankunft, nämlich am 2. Juni 1888, läuft Stevenson in San Francisco mit der Charteryacht *Casco* zu seiner ersten Südseekreuzfahrt aus. Doch werfen wir zuerst einen Blick zurück auf Stevensons vorangegangene Schriftstellerkarriere.

Stevensons Bestseller und Rückkehr in die USA

Nachdem Stevenson seinen Roman *Die Schatzinsel* in Davos beendet und er sich im April 1882 gesundheitlich einigermaßen erholt hatte, wollte er sich wieder in Schottland niederlassen. Aber da erleidet er einen Blutsturz und zieht auf ärztliche Empfehlung hin mit Fanny und Lloyd in wärmere Gefilde, an die Côte d' Azur, was ihrer frankophilen Ader ohnehin mehr zusagt. In Hyères wohnen sie vom Frühjahr 1883 an 16 Monate lang in dem gemieteten Haus *La Solitude,* bis in Südfrankreich eine Cholera-Epidemie ausbricht und sie infolgedessen nach England zurückkehren.

Von 1884 bis zum Juli 1887 wohnen sie in dem traditionsreichen Seebad Bournemouth, weil Stevenson hofft, das am Ärmelkanal herrschende milde Klima täte ihm gut. Dennoch plagen ihn weiterhin Lungenblutungen und schwerer Husten, so daß er die meiste Zeit ans Krankenbett gefesselt ist und in besonders schlimmen Phasen das ärztliche Sprechverbot befolgen muß. Entsprechend hoch sind die Ausgaben für Arzneien, so daß die väterlichen Zuwendungen kaum für den Unterhalt von Stevenson, Fanny und Lloyd ausreichen.

In Bournemouth wohnen sie in einem Haus, das ihnen Stevensons Eltern nachträglich als Hochzeitsgeschenk übereigneten. Das stattliche, von einem Waldmdach gedeckte Haus mit einem eingezäunten Garten hatte vorher einem Kapitän gehört und erhält von Stevenson den Namen *Skerryvore*, nach dem grandiosen Leuchtturm, den sein verblichener Onkel Alan Stevenson auf dem schottischen Skerryvore Rock erbaut hatte. Heute existiert das *Haus Skerryvore* nicht mehr, es wurde 1940 bei einem deutschen Luftangriff von Bomben zerstört.

In den zwei Jahren in Bournemouth durchlebt Stevenson trotz seiner Krankheit und Geldnot eine Phase ungeahnter Kreativität. Er ist zwar schon durch *Die Schatzinsel* weltbekannt, erhält aber weitere starke Impulse durch Schriftstellerkollegen, die sich bewundernd über seine Werke äußern. Darunter ist der große amerikanische, aber seit 1875 in England lebende Romancier Henry James (1843-1916), der Stevenson öfters in Bournemouth besucht und mit ihm vom Dezember 1884 an eine rege und gegenseitig inspirierende Korrespondenz führt.

In Bournemouth schreibt Stevenson den Schottlandroman *Die Entführung* (*Kidnapped*), der wie *Die Schatzinsel* Mitte des 18. Jahrhunderts spielt und in dem ebenfalls ein junger Held, der siebzehnjährige David Balfour, durch die Verstrickung in englisch-jakobitische Parteikämpfe aufregende Abenteuer erlebt. Einer der Schauplätze ist bezeichnenderweise die kleine schottische Insel Erraid, auf der David Balfour Schiffbruch erleidet. Stevenson kannte Erraid nur allzugut, hatte der dort doch im Sommer 1870 Arbeiten beim Bau des von seinem Vater konstruierten Leuchtturms von Dubh Artach beaufsichtigt. Der Roman erscheint 1886 bei Cassell in London und zugleich bei Scribner's in New York und wird wieder ein Bestseller (in unserer Zeit vielfach fürs Kino und Fernsehen verfilmt).

Ebenfalls 1886 erscheint die Novelle *Der seltsame Fall des Dr. Jekyll und Mr. Hyde*, die Stevensons Weltruhm noch vermehrt und ihm enorme Tantiemen einbringt. Diese 1886 in London spielende Schauergeschichte beruht auf einem wahren Kriminalfall, der sich in Stevensons Heimatstadt Edinburgh zutrug.

Vorbild für die Doppelgängerfigur in dem fesselnden Seelendrama war der schottische Kunsttischler, Stadtrat und Diakon William Brodie, der tagsüber das tugendhafte Leben eines Musterbürgers führte und nachts Verbrechen beging. Brodie wurde 1788 zum Tode verurteilt und gehenkt. Es heißt, in Stevensons Elternhaus hätten Möbel aus Brodies Tischlerwerkstatt gestanden.

Als im Frühjahr 1887 Robert Louis Stevensons Vater Thomas Stevenson in Edinburgh im Sterben liegt, reisen der Sohn und Fanny von Bournemouth sofort zu ihm, aber er hat hat schon das Gedächtnis und die Sprache verloren und erkennt sie nicht mehr. Am 8. Mai 1887 stirbt Thomas Stevenson im Alter von 69 Jahren in seinem Haus in der Heriot Row 17. Louis ist so schwer erkältet, daß er auf strikte Anweisung des Arztes nicht an der Beerdigung teilnehmen darf.

In einem riesigen Trauerzug trägt halb Edinburgh seinen Vater zu Grabe, so hoch war sein Ansehen. Er war gar zum Präsidenten der erlauchten Royal Society in Edinburg ernannt worden.

Ein Jahr vor Thomas war schon sein Bruder und kongenialer Geschäftspartner David Stevenson (1815-1886) verschieden. Davids Söhne David Alan Stevenson (1854-1938) und Charles Alexander Stevenson (1855-1950), beide Ingenieure und Cousins von Robert Louis, führten das erfolgreiche Familienunternehmen weiter.

Erst 1971 starb mit dem schottischen Leuchtturmbauer Alan Stevenson der letzte Familienangehörige der Firma. Über vier Generationen hinweg hatten die *Leuchtturm-Stevensons* allein an den schottischen Küsten ingesamt 97 Leuchttürme gebaut – mithin fast die Hälfte der 209 Leuchttürme, die der Northern Lighthouse Board heute unterhält.

Durch den Tod seines Vaters erbt Robert Louis Stevenson ein beachtliches Vermögen. Finanziell nun völlig unabhängig, entschließt sich Stevenson zu einer langen Überseereise und verpachtet derweil sein Haus in Bournemouth. Wenige Monate später reist er mit seiner 58jährigen Mutter Margaret, Fanny und Lloyd auf dem Passagierfrachter *Ludgate Hill* in die USA.

In New York bedrängen ihn Reporter mit Interviews, sitzt er Künstlern Modell, trifft er sich mit einem ebenso prominenten Autor, dem 53jährigen Mark Twain. Die amerikanischen Verleger überhäufen Stevenson mit lukrativen Angeboten. *McClure's Magazine* offeriert ihm gar 10.000 Dollar im Jahr für wöchentliche Beiträge. Das war eine Riesensumme, wenn man bedenkt, daß man damals schon für tausend Dollar eine gute Yacht kaufen konnte.

Stevenson zieht es jedoch vor, künftig hauptsächlich für das renommierte *Scribner's Magazine* Essays, Erzählungen und Reiseberichte zu schreiben. Daneben arbeitet er unermüdlich an Romanen weiter.

Am Saranac Lake, in den Adirondack Mountains nahe der kanadischen Grenze im Bundesstaat New York, unterzieht sich Stevenson bis zum Frühjahr 1888 einer Kur in dem von Dr. E. L. Trudeau gegründeten Sanatorium für

Lungenkranke und bleibt in der kalten Bergwelt von Blutstürzen verschont. Mit seiner Familie wohnt er einem Trapper-Holzhaus mit Veranda. Dort fängt er in diesem Winter 1887 mit dem Roman *The Master of Ballantrae* (*Der Erbe von Ballantrae)* an, der tragischen Geschichte zweier feindlicher Brüder.

Stevensons Haus *Skerryvore* in Bournemouth
{PD-old}

Stevensons Reise in die Südsee

Die Krankheit läßt ihm indessen keine Ruhe. Da wird wieder der alte Traum von der Südsee lebendig, jene Sehnsucht, die ihn vor dreizehn Jahren übermannte, als ihm J. Seed von Samoa erzählte. Und so bricht Stevenson samt Familientroß und dem blonden schweizerischen Dienstmädchen Valentine Roch am 2. Juni 1888 von San Francisco mit der Charterjacht *Casco* zu einer Kreuzfahrt durch den Pazifik auf.

Das war am Vortag vor August Gisslers Ankunft in San Francisco. Vielleicht segelten da gerade Stevenson auf der *Casco* und Gissler auf der *Mary Winkelman* aneinander vorbei – jeder auf dem Weg zu seiner eigenen Trauminsel.

Auf dem Pazifik trotzt Stevensons Yacht, die der bärbeißige Kapitän A. H. Otis steuert, schweren Stürmen und läuft zweimal beinahe vor Atollen auf Riffe auf. Als nach einer Sturzsee Fanny den Kapitän fragt, was er getan hätte, wenn jemand über Bord gespült worden wäre, entgegnet er trocken: »Ins Logbuch eingetragen.« Auf den dschungelbedeckten Vulkaninseln der Marquesas schreibt Stevenson die ersten Kapitel des Reisebuchs *In the South Seas*, und auf Tahiti verbrüdert er sich mit dem Großhäuptling Ori à Ori.

Die Südsee wirkt Wunder: Seine Krankheit ist wie weggeblasen, der Achtunddreißigjährige fühlt sich wie neugeboren. Braungebrannt schwimmt er in Lagunen, übt sich im Reiten und spielt beschwingt auf seinem Lieblingsinstrument, dem Flageolett.

Auch seine Mutter, die hier jeder Aunt Maggie nennt, lebt auf. Sie hat die enggeschnürte viktorianische Robe gegen den Holoku, das luftig-bunte Südseegewand, eingetauscht, lernt segeln und reiten und spricht bei Gastmählern mit tätowierten Ex-Kannibalen munter dem mitgeführten Champagner zu. Und Fanny verblüfft die Insulaner mit Schießkünsten, die sie im Wilden Westen gelernt hatte.

Von Polynesien zurück, nehmen Stevenson und seine Angehörigen in Honolulu Abschied von der *Casco* und verweilen auf Hawaii. Hier sehen sie Fannys Tochter Isobel wieder und erstmals den Enkelsohn Austin, der nun neun Jahre alt ist. Isobels Ehemann Joe Strong betätigt sich noch immer als Maler am Hof von König Kalakaua. Nicht mehr lange, dann werden Isobel, Joe und Austin Stevensons Ruf nach Samoa folgen.

Während der fünf Monate, die Stevensonson auf Hawaii verbrachte, freundet er sich mit dem seit 1874 regierenden König David Kalakaua an. Er war eine kluger, weltgewandter und westlich geprägter Herrscher, begeisterte sich für moderne Technik und war mit dem genialen Erfinder Thomas Alva Edison befreundet. 1881 hatte Kalakaua eine Weltreise unternommen, die ihn auch nach Österreich-Ungarn, Deutschland und Frankreich führte. Als großer Fan des Walzerkönigs Johann Strauß, dessen Musik er in Wien hörte, führte Kalakaua die Walzermusik auf Hawaii ein, wo sie heute noch beliebt ist.

Auf Hawaii schreibt Stevenson gemeinsam mit Lloyd, seinem nun zwanzigjährigen literarischen Zauberlehrling, die Novelle *The Wrong Box* (1966 mit Peter Sellers verfilmt).

Daneben besucht er die weltbekannte Lepra-Kolonie von Molokai und setzt sich für den Vater der Aussätzigen, Padre Damien, dem Kirchenkreise sittliche Verfehlungen vorwerfen, mit flammenden Verteidigungsschriften ein.

Im Juni 1889 fährt die Familie auf dem Handelsschoner *Equator* abermals nach Polynesien und landet am 7. Dezember auf Samoa.

Dort ist Stevenson von der exotischen Landschaft und den heiteren Naturmenschen so bezaubert, daß er schon bald darauf beschließt, sich auf Upolu niederzulassen, der zweitgrößten der acht gebirgigen, in herrlichem Tropengrün schimmernden Samoa-Inseln. Die einzige Stadt des Archipels ist der Haupt- und Hafenort Apia, ansonsten gibt es nur Dörfer.

Im Januar 1890 kauft Stevenson den 125 Hektar großen Landsitz *Vailima*, der vier Kilometer südlich von Apia und zu Füßen des Urwaldberges Mount Vaea liegt.

Bevor es an die Instandsetzung der verwilderten Plantage geht, vagabundiert Stevenson auf dem deutschen Dampfer *S.S. Lübeck*, und danach mit dem Frachter *Janet Nicholl* noch einmal monatelang durch die Südsee, teils mit Familie, teils alleine. Die Reise führt ihn zu den Tonga-Inseln, nach Neukaledonien, zu den Gilbert-Inseln und den Marshall-Inseln und zweimal nach Australien.

Kaum daß er in Sydney mit dem Großstadtleben in Berührung gekommen ist, bricht sein Lungenleiden wieder aus. Er wird todkrank und gelobt sich nach der Genesung, für immer in der Südsee zu bleiben.

Die gecharterte Yacht *Casco*, mit der Robert Louis Stevenson und seine Familie in die Südsee fuhr

{PD-old}

Auf Hawaii im Jahre 1888: Die Familie Stevenson und König David Kalakaua
V.l.n.r.: Lloyd Osbourne, Fanny Stevenson, Robert Louis Stevenson, König Kalakaua, Stevensons Mutter Margaret

Auf Hawaii im Jahre 1888: Robert Louis Stevenson
und König David Kalakaua

Gisslers Aufbruch zur Kokosinsel

August Gissler kommt indes von den geheimnisumwitterten Reichtümern auf der Kokosinsel nicht mehr los.

Von San Francisco aus, dort, wo er den Weg des *Schatzinsel*-Autors abermals kreuzte, fährt er im Juni 1888 mit seinem Freund Bartels und dessen Buben auf dem Dampfer *San Blas* hinunter nach Puntarenas, der (heute 90.000 Einwohner zählenden) pazifischen Hafenmetropole Costa Ricas.

Im 18. Jahrhundert auf einer Halbinsel im malerischen Golf von Nicoya gegründet und seit 1814 zu einem großen Exporthafen ausgebaut, floriert in Puntarenas (d.h. »Sandspitze«) die Ausfuhr von Bananen, Tabak – und insbesondere von Kaffee. Der Anbau des weltweit wegen seiner Spitzenqualität geschätzten costaricanischen Kaffees begann um 1835 und hatte bis 1860 zahlreiche arme Bauern aus Nordspanien in das bis dahin unterbesiedelte Land gelockt, die Kaffeehaciendas betrieben. Hauptanbaugebiet des Kaffees ist die Hochebene Meseta Central, in der auch die Hauptstadt San José liegt. Zwischen 1870 und 1900 verdoppelte sich die Einwohnerzahl Costa Ricas auf 300.000 Menschen.

Neben dem Kaffeearoma dominiert in Puntarenas der Geruch von Fisch, der von vielen Fischkuttern angelandet wird. Zugleich ist Puntarenas zu Gisslers Zeiten bereits ein beliebter Badeort, der mit noblen Hotels, Villen, Strandpromenaden und Parkanlagen aufwartet.

In Puntarenas steigen Gissler und seine zwei Gefährten im *Hotel MacAdams* ab.

Schon am ersten Morgen spielt der Zufall Gissler einen Streich. Beim Frühstück auf der Veranda kommt er mit drei saloppen Kanadiern aus Ottawa ins Gespräch, zwei davon sind junge Journalisten. Auf seine Frage nach dem Woher und Wohin erklären sie freimütig, sie seien gerade mit ihrem Schoner von einer Schatzsuche auf der Isla del Coco zurückgekehrt. Gissler ist so perplex, daß er vom Stuhl aufspringt. »Bisher«, schreibt er, »hatte ich geglaubt, daß außer uns niemand etwas darüber wußte, und nun das!«

Zu seiner Beruhigung bekennen die Kanadier, daß sie von dort mit leeren Händen zurückgekommen und nun pleite seien. Auf seine neugierigen Fragen hin erzählen sie ihm, wie ihre Expedition zustande gekommen war.

Ihr Kapitän, Mr. Carr, hatte eine angeblich authentische Schatzkarte aus dem Nachlaß von John Keating erworben, der 1882 in St. John's auf Neufundland/Kanada gestorben war. Kapitän Keating war 1841 mit seinem Partner William Boag in der Brigantine *Edgecombe* zur Kokosinsel gesegelt und hatte wahrscheinlich aus einer Höhle Piratenschätze geholt. Auf einer weiteren Schatzsucherfahrt im Jahre 1845 soll Keating erneut fündig geworden sein. Nachweislich verkaufte er in Kanada viele alte spanische Goldmünzen und wurde ein reicher Mann.

In diesem Zusammenhang ist es verwunderlich, wie wenig Gissler bisher über die Schatzgeschichten der Kokosinsel wußte. Wenn er vorher in Bibliotheken oder Buchhandlungen nach einschlägiger Literatur gesucht hätte,

hätte er aufschlußreiche Informationen gewonnen – Informationen, die sich Robert Louis Stevenson während seiner Zeit in San Francisco wohl schon angeeignet hatte. Selbst in Deutschland hätte er seinerzeit davon erfahren können. So hatte der Reiseschriftsteller Theodor Kirchhoff (1828-1899) in dem auflagenstarken Familienblatt *Die Gartenlaube* 1872 den Artikel »Der 65 Millionen Dollarschatz auf der Cocosinsel« veröffentlicht.

Aber mangels solcher Kenntnisse mußte sich August Gissler vorläufig allein auf Old Macs Schatzkarte und den Bericht von Manoels Großvater verlassen.

Gissler und Bartels wollen zuerst das Segelboot der Kanadier chartern, aber es erweist sich als halbes Wrack. Schließlich verspricht ihnen der Manager einer Perlenfischergesellschaft die Passage zur Kokosinsel mit einem Schoner, der in drei Wochen eintreffen soll. Unterdessen bummeln sie durch Costa Rica und die Hauptstadt San José. Zurück in Puntarenas, erkrankt Bartels Sohn an einem Tropenfieber, so daß sich der besorgte Vater mit seinem Kind zur Heimkehr nach Hawaii einschifft und Gissler Old Macs Schatzkarte überläßt. Sie hören nie wieder voneinander. »Bartels war überhaupt kein Kerl für ein solches Unternehmen, ein richtiger Hasenfuß«, schreibt Gissler an seine Eltern.

Unbeirrt entschließt er sich zum Alleingang. Auf den Perlenkutter wartet er vergebens. Stattdessen findet er eine unterbesetzte schwedische Bark, die Zedernholz von Puntarenas nach Chile befördert, und vereinbart mit dem Kapitän eine Zwischenlandung von einer Woche auf der

Kokosinsel; dafür will er bis Valparaiso unentgeltlich an Bord arbeiten.

Am 19. September 1888 stechen sie in See. Widrige Windverhältnisse erschweren die Fahrt, die Bark braucht volle vierzehn Tage für die 350-Meilen-Strecke. Dann endlich erblickt Gissler von ferne die Silhouette der Kokosinsel – ein erhebendes Gefühl!

Doch schon flaut der Wind wieder ab, und über Nacht ist die Insel verschwunden. Noch sieben Tage lang dümpeln sie umher, driften mit starken Strömungen immer wieder ab und können die Insel nicht mehr ausmachen. Da sie sich oft völlig in feuchte Dunstschwaden und Wolken hüllt, ist sie ohnehin schwer auffindbar.

So geben sie die Suche auf und nehmen Kurs auf Valparaiso, wo sie nach 73 Segeltagen Anfang Dezember 1888 landen.

Gisslers erste Schatzsucherexpeditionen 1889 und 1890

Durch den schwedischen Kapitän lernt Gissler in Valparaiso Captain Howland kennen, den Leiter einer amerikanischen Walfanggesellschaft in Chile. Und erfährt zu seinem Erstaunen, daß auch Howland schon auf der Kokosinsel gegraben hat – 1875, als Teilnehmer einer amerikanischen Schatzsucherexpedition mit einem Schiff der *Pacific Steam Navigation Company*.

Zutage gefördert hatten sie damals nichts. Aber der Matrose Bob Flower machte einen Zufallsfund, als er in einer Schlucht abrutschte und einen mit Goldmünzen gefüllten Lederbeutel entdeckte. Offenbar war der Glückspilz auf eines der vielen Einzelverstecke von Benito Bonitos Piraten gestoßen.

Captain Howlands Bericht feuert Gissler noch mehr an. Er gründet ein Schatzsuchersyndikat und verkauft in zwei Monaten für 3000 Dollar Aktien, meist an Geschäftsleute in Valparaiso; auch die deutsche Firma *Benaro* zeichnet mit 400 Dollar. »Für jede 100 Dollar kriegen die Leute 20 000 Dollar, falls wir das Gold finden, andernfalls verlieren sie das Geld«, schreibt er nach Hause.

Für die Expedition chartert er die 350-Tonnen-Brigg *Wilhelmina* und gewinnt dreizehn Teilnehmer. Dazu gehören u. a. Kapitän Olsen und fünf weitere Skandinavier, zwei Chilenen und ein deutscher Schiffskoch. Sie erhalten keinen Lohn, nur die Garantie auf einen stattlichen Anteil des Schatzes, falls man ihn findet. Auch zwei auf Schweinehatz abgerichtete Jagdhunde sind dabei.

Die Brigg *Wilhelmina*,
mit der August Gissler 1889 seine erste Expedition zur Kokosinsel unternahm

Am 30. Januar 1889 laufen sie aus, und nach einer flotten Fahrt von achtzehn Tagen erspähen sie in der Mittagsglut aus vier Meilen Entfernung die Kokosinsel. Doch wieder macht ihnen hier die Äquatorialströmung und das berüchtigte Flautengebiet zu schaffen. Die Insel entschwindet und taucht erst nach einer Woche zermürbenden Manövrierens wieder auf. Eine Landung ist noch nicht möglich, abgesehen davon kann sich wegen der Untiefen und Riffe ohnehin kein Schiff mit größerem Tiefgang auf mehr als 400 Meter der Küste nähern.

Gissler rudert mit sechs Männern im Beiboot auf die wildumbrandete Nordostküste zu, einen ganzen Tag und eine Nacht lang, wobei sie durch einen tückischen Brecher in der Finsternis beinahe kentern.

An einem feuchtheißen Nachmittag Ende Februar 1889 betritt er in der Chathambucht zum ersten Mal den Boden der geheimnisvollen Schatzinsel.

Nachdem der kleine Dreimaster in der Mitte der Bucht Anker geworfen hat und die Ausrüstung und Lebensmittel an Land gebracht worden sind, macht sich Gissler auf Streifzügen ein erstes Bild.

Die 24 Quadratkilometer große Kokosinsel ist zwar nur durchschnittlich fünf Kilometer breit, aber da sie größtenteils aus zerklüfteten Gebirgen besteht, müßte man zur Durchquerung die vierfache Entfernung zurücklegen und sich obendrein mühsam durchs Urwalddickicht schlagen.

Rings um die Küsten ragen zahlreiche vorgelagerte Felsinselchen und Klippen aus dem Meer. In Ufernähe schwimmen auffallend viele Delphine, Mantarochen, Riesenzackenbarsche, Makrelen, Kabeljauschwärme. Und vor allem gibt es hier Haie, so viele wie wohl nirgendwo sonst auf der Welt und in den verschiedensten Arten vertreten: Es sind Hammerhaie, Tigerhaie, Walhaie, Blauhaie, Silberhaie, Zitronenhaie, Galapagoshaie, Weißspitzen- und Schwarzspitzenriffhaie sowie Makos. Oft tauchen auch Wale und Thunfischschwärme auf. In den Korallenriffen wimmelt es von farbenprächtigen Papagei- und Kaiserfischen.

An den steilen, dicht bewachsenen Kliffs haben die hohen Brandungswellen überall Grotten und Höhlen ausgekehlt. Tausende von Kokospalmen säumen die von Geröll und Basaltblöcken übersäten Ufer; nur an wenigen Stellen gibt es schmale graue Sandstrände.

Dank ihres vulkanischen Ursprungs sind die Böden ungemein fruchtbar. Wohin man sieht, breitet sich Urwald aus. Er zieht sich über Berg und Tal, bis hinauf zum Cerro Yglesias im Südwesten. Es ist ein grünes Labyrinth von gespenstisch bemoosten und mit Bartflechten behangenen Laubbäumen, Zedern, Palmen, dickstämmigen Farnbäumen, Schlingpflanzen, Lianen und Riesenfarnen. Der Unterwuchs ist oft schwer durchdringbar. Aber es gibt auch einige Hänge, an denen übermannshohes, scharfkantiges Elefantengras vorherrscht. Die größten, zu einer Feigenart gehörenden Bäume sind bis zu 30 Meter hoch. An Steilflanken krallen sie sich in einem so spitzen Winkel fest, daß manche bei Stürmen und Erdrutschen ausreißen und herabpoltern.

In den Wipfeln lauern breitschwingige schwarze Fregattvögel mit aufgeblähten roten Kehlsäcken. Sie sind die Piraten der Lüfte, weil sie anderen Seevögeln die Fischbeute im Flug abjagen. In niedrigen Küstenbäumen beute im Flug abjagen. In niedrigen Küstenbäumen nisten Kolonien tolpatschiger Tölpel, die mangels Furcht neugierig Menschen bedrängen, so daß sie ihre buchstäbliche Tölpelhaftigkeit manchmal mit dem Leben bezahlen müssen. Ebenso zahlreich sind Seeschwalben, Möwen und Albatrosse. Ihr Geschrei mischt sich mit dem Gesang von Finken, untermalt von Zikadengezirpe und dem Rascheln kleiner Anolis-Eidechsen, Erdkrabben und Käfer. Lautlos schwirren Schmetterlinge, kriechen Spinnen umher.

Abgesehen von Skorpionen droht hier dem Menschen von Landtieren keine echte Gefahr. Es gibt auf der Insel keine Schlangen, keine Raubkatzen, keine großen Reptilien. Lästig sind nur die Quälgeister von bissigen Feuerameisen und Stechfliegen. Die vielen im Dickicht hausenden verwilderten Schweine sind wiederum aus Erfahrung menschenscheu und gehen gewöhnlich nur im Verteidigungsfall zum Angriff über. Als Nachkömmlinge des 1793 von Kapitän Colnett ausgesetzten Stammpaares sind sie Neulinge auf der Insel, ebenso wie Ratten, Katzen und Cougarachas (amerikanische Küchenschaben), die mit Seefahrern herkamen.

Paradiesisch erscheinen Gissler die 200 grandiosen Wasserfälle, die von den grün verfilzten Steilwänden herabschießen und und da und dort herrlich erfrischende Felsbecken füllen. Und vielenorts strömen kristallklare Bäche zum Meer, »das beste Trinkwasser der Welt«, wie er sagt. Zudem kommen darin schmackhafte Krebse und Garnelen vor. Teilweise ergießen sich die Bäche über Hänge, und wo Geröllmassen ihr Bett stauen, bilden sie in den Seitenarmen Tümpel.

Dennoch täuscht das traumhafte Bild. Es herrscht ein schwüles, nur von Seebrisen gelindertes Treibhausklima. Zehn Monate im Jahr regnet es, wechseln jähe Wolkenbrüche mit lauem Nieselregen. Daher ist der Boden meist matschig. Die üppige Vegetation schwitzt die ständige Feuchtigkeit dampfend aus und erzeugt so jene Dunstschwaden und Regenwolken, die die Insel bis zur Unsichtbarkeit einhüllen. Wegen dieser Tarnkappe hatten Piraten sie als Schlupfwinkel geschätzt. Hier konnten sie unbehelligt ihre Schiffe überholen, Beute verstecken und Trinkgelage veranstalten. Und sie konnten frisches Wasser und Proviant aufnehmen, es gab ja genug Kokosnüsse, Schweine, Fische, Krustentiere und Vogeleier.

Gissler wird bald klar, daß Benito Bonitos Schätze im Bereich der Waferbucht und der Chathambucht liegen müssen. Diese bergumwallten Buchten an der Nordküste, die eine breit vorspringende, 200 Meter hohe Landzunge trennt, sind die beiden einzigen sicheren Ankerplätze der Insel. Also müßte die *Relampago* hier gelandet sein.
Erst später wird Gissler erfahren, daß außer den vier Hauptdepots Benito Bonitos noch ein anderer großer Piratenschatz auf der Kokosinsel lagert: der 1821 von Captain William Thompson geraubte berühmte Schatz von Lima. Den Gesamtwert der Kokosinselschätze beziffert man heute auf mindestens 300 Millionen Euro, manche sprechen gar von drei Milliarden Euro.

Nachdem Gisslers Leute in der Chathambucht ein Basislager eingerichtet haben, erkunden sie die Umgebung. Und wundern sich über die zahlreichen Zeugnisse früherer Inselbesucher. Auf großen Felsblöcken, die den Geröllstand und die Ufer des hier röllstand und die Ufer des hier mündenden Flüßchens Rio Lièvre (auch Quebrada Lièvre genannt) säumen, haben sie Inschriften eingemeißelt. Die steinerne Gästeliste verzeichnet Namen und Aufenthaltsdaten von mindestens sechzig Schiffen, vom späten 18. Jahrhundert bis in die jüngste Gegenwart hinein. Sie rühren großenteils von Walfängern und britischen Kriegsschiffen her. Auch das namhafte französische Kriegsschiff *Le Genie* ist verzeichnet. Sein Kommandant, der Korvettenkapitän und spätere Admiral Comte de Gueydon, hatte auf einer Pazifikfahrt im November 1846 die Kokosinsel erkundet. Nach seiner Brigg wurde dann der Rio Genio benannt, der in die benachbarte Waferbucht mündet.

Bei der Untersuchung der teils verwitterten und bemoosten Felsinschriften findet Gissler indes keinen Hinweis auf Benito Bonitos Bande; sie hätte sich wohl auch gehütet, sich hier namentlich zu verewigen. Lediglich einige bildliche Felsgravuren deuten auf frühere Aufenthalte von Seeräubern hin, insbesondere ein eingemeißelter Totenschädel mit Knochen und eine Art Sombrero, den man »Benitos Hut« nennt.

Anhand der Anweisungen auf Old Macs Schatzkarte glaubt Gissler, »es würde leicht sein, den Flecken zu finden, wo der Schatz vergraben liegt.« Die auf der Skizze vermerkte *tierra alta* scheint das Bergland hinter der Chathambucht zu sein. Irgendwo in der Nähe müssen sich doch der bezeichnete hohe Felsvorsprung und die über der Schatzgrube gepflanzte Kokospalme finden lassen! Und gleicht die hiesige Landschaft nicht auch der Beschreibung von Manoels Großvater? Wie von ihm angegeben, mündet hier ein Bach mit Steilufern, dem die Piraten landeinwärts gefolgt waren, ins Meer – sieht der tiefeingeschnittene, durch eine Schlucht herabströmende Rio Lièvre nicht genauso aus? Desgleichen erblickt Gissler ringsum Wasserfälle und Palmhaine.

Anhand der Richtungsangaben auf der Schatzkarte peilt er mit dem Kompaß zwei markante Vorgebirgsgipfel im Osten und Westen an, und wo sich die Visierlinien schneiden, müßte das Schatzversteck sein. Zusammen mit vier Männern bahnt er sich mit der Machete durchs Urwalddickicht einen Weg zu dieser Stelle, wo sie auf einen kleinen Kokospalmenwald stoßen – ein wesentliches Merkmal. Doch sie jubeln zu früh: Der als Anhaltspunkt unerläßliche Westgipfel ist von hier aus nicht zu sehen.

Auf der anstrengenden Weitersuche finden sie andere im Urwald verstreute Palmgruppen, die besser, aber auch nicht genau zu den Kompaßmessungen passen. Drei Wochen lang graben sie unentwegt, unter unzähligen Palmen und manchmal unter auffälligen Felsblöcken, ohne das geringste zu finden.

Neben der Knochenarbeit macht ihnen der Dauerregen zu schaffen. In den durchnäßten Zelten schwitzen sie wie in einer Sauna, sie sehnen sich nach einem besser geschützten Obdach. Da kommt ihnen ein Zufall zu Hilfe. Auf der Jagd entdeckt Gissler auf einem Hügel der Chathambucht eine von Schlingpflanzen überrankte Hütte. An der Tür hängt ein Zettel mit folgender Notiz : »Am 31. Januar 1884 fand Kapitän Schwers vom Dampfer *Neko* diese unbewohnte Insel und nahm sie im Namen des deutschen Kaisers in Besitz.« Eine wunderliche Absurdität, zumal Costa Rica die Kokosinsel seit 1869 beansprucht.

Offenbar war die Hütte ein Relikt der um 1882 redeportierten Sträflinge.

Gisslers Leute sind heilfroh über die regenfeste Unterkunft. Nachdem sie die Ranken entfernt und Schäden repariert haben, richten sie sich häuslich darin ein.

Inzwischen hat Kapitän Olsen mit einem Bootstrupp die benachbarte Waferbucht erkundet und die Überzeugung gewonnen, dort bestünden bessere Chancen, fündig zu werden. Dem stimmt Gissler notgedrungen zu, als er erkennt, daß die Landschaft um die Waferbucht ebenfalls Gemeinsamkeiten mit den Angaben seiner Schatzkarte und mit der Darstellung von Manoels Großvater aufweist.

Kurz zuvor hatte er dieses Gebiet zum ersten Mal aus der Nähe erblickt. Da war er, sich mühsam mit dem Buschmesser durchs Gestrüpp schlagend, auf den bewaldeten Bergrücken der *Peninsula Presidio* (früher *Morgan's Point* genannt) hinaufgeklettert, deren Nordspitze *Colnett Point* bildet. Von dort oben genoß er eine atemberaubend schöne Aussicht auf die vorgelagerte Nuez-Insel, die mit ihren riesigen Grotten von weitem wie ein Totenschädel aussieht, sowie auf die Chathambucht im Nordosten und die Waferbucht im Nordwesten. Überdies konnte man von dem Felskap Colnett Point fast die ganze Nordküste sehen und weit aufs Meer hinausblicken – ein idealer Ausguck!

In der Waferbucht kommen Gisslers Leute an den Rio Genio, den größten Wasserlauf der Insel. Sein Mündungsgebiet umfaßt eine relativ breite Küstenebene mit einem grauen, 300 Meter langen Sandstrand, davor umspült die Brandung Klippen und Sandbänke. Kein Zweifel, hier läßt es sich besser leben als drüben in der Chathambucht! Zur Übernachtung sind die Männer allerdings weiterhin auf die Hütte hinter der Landzunge angewiesen.

Mit frischem Mut buddeln sie in der Waferbucht noch eine Woche lang unter Palmen, durchstöbern einen von fremder Hand in einen Hang getriebenen zehn Meter langen Stollen und legen einen mächtigen Felsblock mit den eingemeißelten Buchstaben D und C frei. Es ist alles vergebens.

Von der Plackerei, schwülen Hitze und dem ständigen Regen zermürbt, resignieren nach 29 Inseltagen Kapitän Olsen und neun weitere Männer und schiffen sich zur Rückkehr nach Valparaiso ein.

Gissler und drei zähe Skandinavier wollen hingegen partout nicht aufgeben. Man einigt sich auf einen Kompromiß. Olsen verspricht den Zurückbleibenden, sie in drei Monaten mit der *Wilhelmina* abzuholen und überläßt ihnen die entsprechende Menge Proviant, den Jagdhund *Nelly*, ein Gewehr sowie das Handwerkszeug des finnischen Schiffszimmermanns Alec.

Nachdem die Brigg fortgesegelt ist, sind die vier Robinsone ganz auf sich alleine gestellt: Gissler, der unerschrockene, stets heiter gelaunte Däne Mike und die zwei Schweden Holm (ein früherer Armeeoffizier) und Anderson, ein Schiffsingenieur.

In der Hütte weiterhausend, setzen sie ihre Schatzsuche in der Waferbucht fort, indem sie zunächst die Ufer des sich tief ins Inselinnere hineinschlängelnden Rio Genio absuchen. Schließlich hatte Manoels Großvater berichtet, er und andere Piraten seien mit Benito Bonito flußaufwärts gelaufen, bis sie bei einem Palmenwäldchen geeignete Versteckplätze fanden. Das betraf freilich nur die von der *Rosario* und den chilenischen Priestern erbeuteten Schätze.

Die späteren Vergrabungen Benito Bonitos in den Depositos Nr. 2, 3 und 4, die unter anderem den ungeheuren mexikanischen Maultierkarawanenschatz bargen, hatte Manoels Großvater ja nicht mehr miterlebt. Folglich konnten die in tiefe Gruben gehievten Kisten mit den 175 Tonnen Silberdollars, den 273 edelsteinbesetzten Prunkschwertern, 783 Goldbarren etc. ganz woanders liegen. Und wo Benito Bonitos Kumpane ihre privaten Beuteanteile versteckt hatten, blieb erst recht im dunkeln.

Als Gissler und seine Partner den Rio Genio flußaufwärts ziehen, finden sie anfangs erneut eine Menge Felsblöcke, in die über hundert Namen von Schiffen samt Liegedaten eingemeißelt sind; als ältestes Datum registrieren sie die Jahreszahl 1740.

Schon hundert Meter hinter der Mündung ist der Fluß so dicht überwuchert, daß sie darin waten müssen. Dann wird er, von Steilwänden eingezwängt, immer enger und tiefer.

Nach weiteren Flußwindungen entdecken sie einige rätselhafte Steininschriften, die »unseren Hoffnungen erheblich Auftrieb gaben«, wie Gissler frohlockt. Auf dem ersten Felsblock steht in Großbuchstaben »NORD XIE P..IFIC». Die fehlenden Zeichen zwischen der letzten Buchstabenfolge sind infolge der Verwitterung unkenntlich, wahrscheinlich ist damit »Pacific« gemeint. »Hier hatten wir endlich eine Spur. Der Fund deckte sich mit einer Kompaßlinie auf meinem Plan«, schreibt Gissler.

Dem Rio Genio weiter folgend, stoßen sie auf einen Felsblock mit dem Vermerk »G.S.B 1400...1844«. Zwanzig Meter weiter lesen sie auf einem Stein »F 30«. Und siebzig Meter davon entfernt finden sie am Fuße eines Hügels die von Moos bedeckte Petroglyphe

»D. 1.
S.S. CIEN«.

Offensichtlich sind all diese Gravuren chiffrierte Hinweise auf Schatzverstecke, die ihren Urhebern zur eigenen Orientierung gedient haben mochten. Doch so sehr sich die vier Freunde auch den Kopf zerbrechen, entschlüsseln können sie die Geheimcodes nicht. Unbeantwortet bleibt auch die Frage, ob sie von Piraten oder von früheren Schatzsuchern stammten.

Nachdem die folgenden monatelangen Nachforschungen keinen Erfolg zeitigten, wird die kleine Gruppe zusehends unruhiger. Die *Wilhelmina* erscheint nicht, um sie abzuholen. Und das im stickig heißen Sommer, inmitten der großen Regenzeit! Was ist geschehen? Hat Kapitän Olsen nicht die Mittel für die Rückkehr aufbringen können oder sie einfach schnöde im Stich gelassen?

Notgedrungen müssen Gissler und die drei Skandinavier die Schatzsuche einschränken und sich, da die Vorräte verbraucht sind, hauptsächlich auf die Lebensmittelbeschaffung konzentrieren. Sie fangen Fische, Langusten und Bachkrebse, sammeln Kokosnüsse, Vogeleier, Muscheln und Seeschnecken.

Schwieriger ist es, die menschenscheuen, im Busch versteckten Schweine zu schießen; das Aufspüren erleichtert ihnen der Jagdhund Nelly. Eines Tages zerbricht der Hahn des einziges Gewehres. Anderson kann ihn zwar reparieren, aber nur so notdürftig, daß allenfalls nach dem zehnten Abdrücken ein Schuß losgeht und so lange wartet keine Sau. Da verfällt Mike, der furchtlose Däne, auf eine neue Jagdmethode. Er schleicht sich geschickt an Schweine an, bringt sie mit einem Machetenwurf zu Fall, stürzt sich blitzschnell auf das zappelnde Opfer und ringt so lange mit ihm, bis es erbärmlich quiekend den Messerhieben erliegt. Dank Mikes herkulischer Zweikämpfe brät meist genügend Fleisch in dem aus Steinen angefertigten Backofen. Außerdem haben die Männer einen Schweinestall errichtet, in dem sie für den Notfall ein, zwei eingefangene Ferkel halten. Nach den Mahlzeiten pflegen sie mangels Tabak getrocknete Laubblätter in der Pfeife zu rauchen.

Mit den dagelassenen Zimmermannswerkzeugen bauen sie schließlich ein flachbödiges Ruderboot, das nach einem Monat Arbeit fertig wird. Es taugt bloß zu Küstenfahrten, zum Festland könnte man damit nicht gelangen. Bei ruhigem Seegang pullen sie oft zur Nuez-Insel hinüber, wo massenhaft Seevögel nisten, um Brauntölpel und ihre Eier zu erbeuten. Nicht zuletzt dient das Boot dem Abtransport erlegter Schweine. Wenn sie unterwegs von schweren Regenböen überrascht werden, steuern sie schleunigst das nächste Ufer an, legen das Boot kieloben auf Hölzer und kriechen darunter.

Bei gutem Wetter fahren Gissler und Anderson einmal um die halbe Insel, wobei sie sich von einem Landeplatz zum nächsten vortasten. Es ist ein gefährliches Unterfangen, sie kennen nicht die starken Strömungen und tückischen Riffe jenseits der Chatham- und Waferbucht. Von dort aus rudern sie die ganze Nordküste und die zerklüftete Westküste entlang, bis hinunter nach Kap Dampier, der äußersten Südspitze der Insel.

Dort erklimmen sie eine Felswand und kommen auf ein hundert Meter hohes, mit zahlreichen Kokospalmen bestandenes Plateau. Gissler ist verblüfft. Wie ist es möglich, daß sie auf einer solchen Höhe wachsen? Denn gewöhnlich keimen Kokosnüsse nur dort, wo Meer und Wasserläufe sie anschwemmen; das ist hier nicht der Fall. Die einzige Erklärung für ihn ist, daß der Palmenwald vor längerer Zeit von Menschen gepflanzt wurde. Aber warum gerade auf dieser abgelegenen Hochebene? Waren es Piraten? Walfänger? Oder desertierte Seeleute?

Von der langen, kräftezehrenden Ruderfahrt erschöpft, kehren Gissler und Anderson am Abend wieder zu ihren bange in der Hütte wartenden Kameraden zurück.

Viele weitere Wochen vergehen, ohne daß ein Schiff auftaucht. Sie sind verzweifelt, sehen verwildert aus, ihre Kleidung hängt in Fetzen. Zu allem Übel zieht sich ihre Hündin Nelly eine schwere Kopfverletzung zu, sie muß bandagiert und gepflegt werden. Als sie Ende September 1889 endlich eine kleine Bark sichten, entzünden sie nachts erwartungsvoll am Strand ein Signalfeuer. Aber widrige Winde und Strömungen vereiteln 22 Tage lang die Landung. Es ist die *Clorinda*. Freunde von Gissler, die an der *Wilhemina*-Expedition teilgenommen hatten, haben den Segler in Chile gechartert, um die vier Insulaner zu retten.

Aus Sorge, sie könnten Hunger leiden, laden Frank, der Erste Offizier der *Clorinda*, und ein anderer beherzter Mann Proviant ins Beiboot und versuchen, damit überzusetzen. Es mißlingt. Sie driften ab, verlieren im Nebeldunst die Orientierung, verschwinden spurlos.

Als die *Clorinda* im Oktober 1889 schließlich vor Anker geht und Gissler, Mike, Anderson und Holm an Bord kommen, sind sie von ihrer fast acht Monate dauernden Robinsonade endlich erlöst. Ihre Freude trübt indes die schlimme Nachricht über die zwei Vermißten. Man glaubt, sie seien gekentert und Haien zum Opfer gefallen.

Nach ein paar Wochen weiterer ergebnisloser Schatzsuche kehren im Dezember 1889 alle nach Valparaiso zurück. Und wer erwartet sie dort? Frank und sein Begleiter – sie haben überlebt! Sie erzählen, sie seien nach dem Abdriften von der Kokosinsel elf Tage lang auf See umhergeirrt und hätten dabei das von schweren Regenschauern gefüllte Boot ständig lenzen müssen, um nicht zu sinken. Glücklicherweise wurden sie vor der Küste Panamas von einem Schiff aufgelesen. Von dort hatten sie sich dann nach Chile durchgeschlagen.

So waren alle Teilnehmer an Gisslers strapazenreicher erster Schatzsucherexpedition am Ende doch noch glimpflich davongekommen.

In Chile jobbt Gissler kurz auf einem Frachter, der Kohle nach Coronel befördert, einer Hafenstadt bei Talcahuano, wo Benito Bonito und Manoels Großvater einst die vier Priester hereingelegt hatten. Danach gewinnt er das Vertrauen seiner Syndikats-Aktionäre zurück und startet mit ihrem Geld im Oktober 1890 eine neue, weitaus besser ausgerüstete Expedition.

Mit von der Partie ist wieder der übermütige Däne Mike. Und wieder widmet er sich eifrig der Schweinejagd -

bis ein Unglück geschieht. Auf dem Bergrücken hinter Colnett Point verfehlt sein Schuß einen großen Eber, der daraufhin blitzartig zum Gegenangriff übergeht. Mike bleibt keine Zeit mehr zum Feuern, sondern nur noch der Nahkampf. Als er mit dem Gewehrkolben auf das Schwein einschlägt, löst sich ein Schuß – und trifft ihn selbst. Schwer verwundet bricht er zusammen.

Über sein Ausbleiben besorgt, macht sich Gissler abends mit der Laterne auf die Suche nach dem Dänen, findet und verbindet ihn. Während Gissler dann zurückeilt, um eine Bahre zu holen, hält ein anderer Mann Nachtwache bei Mike. Aber es ist zu spät. »Der Teufel soll diese Insel holen!« sind seine letzten Worte. Man begräbt ihn an der Stelle bei Kap Colnett Point, wo er im Morgengrauen starb.

Sein Tod überschattet diese zweite Schatzsuche. Sie dauert vier Monate und verläuft abermals im Sande.

Die Fahrt mit der Slup *Hayseed*

Gissler muß nun einsehen, daß stichprobenartige Grabungen der sprichwörtlichen Suche nach der Nadel im Heuhaufen gleichen und nur ein Langzeitprojekt erfolgsträchtig sein kann. Ihm schwebt eine dauerhafte Besiedlung der Kokosinsel vor, eine Verbindung von landwirtschaftlicher Nutzung und systematischer Schatzsuche.

So fährt er Anfang 1891 per Schiff und dann mit der (1890 fertiggestellten) costaricanischen Bananenbahn in die Hauptstadt San José, wo er seine Kolonisierungspläne bei den Regierungsbehörden einreicht. Die Antwort läßt Monate auf sich warten. Unterdessen arbeitet er in einer Mine.

Im Juli 1891 darf er jubeln: Präsident José Rodriguez erteilt ihm die Besiedlungskonzession mit der Auflage, fünfzig deutsche Auswandererfamilien anzuwerben. Darüber hinaus erhält Gissler vom Ministerium eine amtliche Schatzkarte, die sogenannte Jimenez-Karte. Sie stammte von Francisco Maria Jimenez aus San José, der sie von einem räuberischen Maat der *Mary Dear* erhalten haben soll, jenem Schiff, das 1821 den Limaschatz auf die Kokosinsel entführte.

Mit dem Vertrag in der Tasche reist Gissler hoffnungsvoll in seine deutsche Heimat, wo er sich vier Monate lang um Kapital und Siedler bemüht – ohne Erfolg. Der Grund: »Meine Konzession begünstigte einseitig die Regierung von Costa Rica.«

Enttäuscht fährt er nach Amerika zurück und gelangt von New York über Panama nach San Francisco.

Als Gissler hier einer lokalen Pressemeldung entnimmt, in der benachbarten Stadt Stockton habe ein Tüftler ein Metallsuchgerät zum Aufspüren vergrabener Schätze erfunden, macht er sich neue Hoffnungen.

Sofort fährt er mit dem Flußdampfer nach Stockton und läßt sich diese eigenartige »Wünschelrute«, wie er das elektromagnetische Instrument nennt, im Beisein kapitalkräftiger Interessenten vorführen. Tatsächlich ortet der Detektor die von ihnen in der Erde eines Grundstücks versteckten Goldmünzen im Wert von 300 Dollar. Damit scheint die Hebung der Schätze auf der Kokosinsel ein Kinderspiel zu sein – denkt Gissler.

Prompt gewinnt er den Erfinder als Partner für eine neue Expedition und gründet zu diesem Zweck eine Aktiengesellschaft. Auf das Wundergerät vertrauend, erwerben etliche spekulationsfreudige Amerikaner Zertifikate, wobei »die meisten Anleger nur jeweils 50 oder 100 Dollar investierten«, wie er vermerkt.

Von dem Aktiengeld kauft er in San Francisco die Slup *Hayseed* zum Spottpreis von 300 Dollar. Aber beim Anblick des nur zehn Meter langen Segelkutters wird dem Erfinder angst und bange, so daß er im letzten Moment die Mitreise absagt. Obendrein muß Gissler auf den Detektor verzichten, er wird ihm – wohl aus Argwohn – nicht zur Selbstbedienung überlassen. Stattdessen fahren zwei andere Teilhaber mit, der kalifornische Maat Joe Reine und ein Schmied namens Hamlyn.

Im Juni 1892 laufen sie mit der *Hayseed* in San Franciso aus und erreichen nach 57 Segeltagen unbeschadet Puntarenas, wo sie eine umfangreiche Ausrüstung und Proviant an Bord nehmen. Dann segeln sie zur Kokosinsel weiter.

Dort gehen Gissler, Reine und Hamlyn unverzüglich ans Werk. Diesmal richten sie sich nach den Angaben der amtlichen Jimenez-Karte. Demnach mußte der Limaschatz in der Chathambucht nur 18 Meter hinter dem Meeresufer vergraben sein. Nach ihrer Ansicht befindet sich die Stelle am Schnittpunkt von zwei Peilungslinien, welche die vorgelagerten Eilande Nuez und Conica tangieren.

Sie heben auf dem Kiesstrand mehrere zwei bis drei Meter tiefe Schächte aus. Und fluchen, weil die Löcher in den Flutphasen jedesmal überspült werden! Dagegen richten auch Abdeckungen mit Blechplatten nicht viel aus – verdammtes Pech! So verbissen sie auch wühlen, stets bietet sich ihnen das gleiche Bild: nichts als Mudd und Steine. Nach vier Wochen Drecksarbeit geben sie erschöpft auf. Wieder ein Fehlschlag, es ist zum Verzweifeln! »Die Karte aus Costa Rica erwies sich als nutzlos«, konstatiert Gissler. »Auf keinen Fall konnte der Schatz an der Stelle vergraben sein, wo sich die Linien kreuzten.«

Als sie von der Chathambucht über die gewölbte Landzunge zur Waferbucht hinübersteigen, finden sie in einer Hütte Notizen, die davon zeugen, daß inzwischen noch andere Glücksritter dagewesen sind. Die Crew des Schoners *Lucia* aus Panama hinterließ Schaufeln. Und Leute von dem Dampfer *Eliza Edwards* hatten zwanzig Tage lang einen 15 Meter tiefen Stollen in den Nordosthang der Waferbucht getrieben. Möglicherweise war der Anführer dieser Tunnelgräber ein Deutscher namens *von Bremer*, der 1892 ein paar tausend Dollar in die Schatzsuche in der Waferbucht investierte.

Wieder in Puntarenas, liest Gissler im *New York Herald* einen Artikel, der ihn äußerst hellhörig macht: Kürzlich habe John Keatings Schwiegersohn Richard Young aus Boston via Panama an einer Schiffsexpedition (mit der *Lucia*?) zur Kokosinsel teilgenommen. Nach schlimmen Auseinandersetzungen mit seinen Kompagnons habe er ihnen jedoch mißtraut und sie absichtlich in die Irre geführt. Anhand der Informationen seines verstorbenen Schwiegervaters wisse nur Young genau, wo der Schatz von Lima liege.

Gissler will partout wissen, was dahinter steckt. Keine Kosten scheuend, reist er unverzüglich von dem Panama-Hafen Colón nach Boston, wo Richard Young in einem Hospital krank darniederliegt. Es dauert Wochen, bis sich dieser labile, zwielichtige Mann seine Geheimnisse abkaufen läßt.

Was war wirklich dran an der mysteriösen Limaschatz-Geschichte? Und wie erlangte John Keating das Wissen um das Versteck?

Der Raub des »Limaschatzes«

Was Gissler von Richard Young in Boston über den Limaschatz erfuhr, war fraglos nur ein Teil dessen, was spätere Nachforschungen ergaben. Darum sei es an dieser Stelle erlaubt, die heutigen Erkenntnisse miteinzubeziehen.

In der Endphase der südamerikanischen Unabhängigkeitskriege beschränkte sich die spanische Kolonialherrschaft nur noch auf das Vizekönigreich Peru, das nach 1818 die heutigen Staaten Peru und Bolivien umfaßte. Aber auch diesem Restbestand drohte Gefahr, als eine von Valparaiso kommende 4900 Mann starke Republikanertruppe am 7. September 1820 in der peruanischen Hafenstadt Pisco landete und sie nach einer Schlacht eroberte.

Ihr Befehlshaber war der aus Argentinien stammende Revolutionsheld General José de San Martín (1778-1850), der in den Jahren zuvor Argentinien und Chile befreit hatte. Auf seinem Vormarsch gen Lima schlossen sich ihm in den nächsten Monaten immer mehr Freiwillige an, die seine Parolen von einer unabhängigen Republik Peru begeistert aufnahmen.

Unterdessen schickte sich San Martins Invasionsflotte an, die Seeherrschaft in den Gewässern Perus zu erringen - was dank der Bravourstücke ihres Admirals Thomas Cochrane (1775-1860), dem späteren zehnten Earl von Dundonald, bald gelang.

Dieser geniale und listenreiche schottische Seekriegstaktiker hatte sich in den Napoleonischen Kriegen Ruhm erworben, als er fünfzig französische Schiffe kaperte und in einem tollkühnen Handstreich die Hafensperre in der Straße von Aix durchbrach.

Der Abenteuerschriftsteller Frederick Marryat (Autor der populären Jugendbücher *Sigismund Rüstig* und *Peter Simpel*), der damals auf Cochranes Fregatte *Imperieuse* mitgefochten hatte, sollte sein Idol dann in der Romanfigur des Kapitän Savage verewigen. Außerdem diente Thomas Cochrane als Vorbild für den Romanhelden Jack Aubrey in den Büchern von Patrick O'Brian.

Von 1806 bis 1818 war Cochrane Mitglied des britischen Unterhauses, wo er sich durch seine scharfe Kritik an Mißständen viele politische Feinde schuf.

Als man ihn (zu Unrecht) unlauterer Börsenspekulationen beschuldigte und gerichtlich verurteilte, setzte er sich 1818 erzürnt nach Chile ab und übernahm dort für 8000 Dollar Jahressold den Oberbefehl über die republikanischen Marinestreitkäfte, die sowohl aus einheimischen Seeleuten als auch aus ausländischen, vorwiegend englischen Freiwilligen bestanden.

Das war kein Sonderfall, noch etliche andere europäische Truppenführer kämpften in Simon Bólivars Befreiungskriegen aus Überzeugung mit. So war der irische General Bernardo O'Higgins 1818 zum ersten Präsidenten Chiles aufgestiegen.

Einen aufschlußreichen Überblick über hohe Offiziere und Politiker während der lateinamerikanischen Befreiungskriege gewinnt man bei der Lektüre des 1840 erschienen autobiographischen Buchs *Quinze ans de voyages autour du monde* von Gabriel Lafond de Lurcy. Dieser französische Kapitän war von 1820 bis 1827 Augenzeuge vieler historischer Ereignisse in Lateinamerika, insbesondere in Peru und Chile, gewesen und befehligte seit seinem zwanzigsten Lebensjahr Kriegsschiffe, mit denen er im südamerikanischen Pazifik für die Republikaner kämpfte. Daneben betätigte er sich erfolgreich als Kaufmann und Reeder und lernte, wie er schrieb, aufgrund seiner »verschiedenen Stellungen die meisten führenden Persönlichkeiten in dieser außerordentlich zugespitzten Krisenzeit kennen«. Dazu gehörten die ersten republikanischen Präsidenten Bernardo O'Higgins (Chile), Riva Aguero und Andrés de Santa Cruz (Peru), Antonio José de Sucre (Bolivien), Juan José Flores (Ecuador) sowie viele republikanische Minister, Generäle und Marineoffiziere – und natürlich Simon Bolivár und Admiral Thomas Cochrane.

Ein besonders erfolgreicher Söldnerführer auf Seiten der Separatisten war der englische Kapitän John Illingworth Hunt, auf dessen Dreimastschoner *Rosa de los Andes* Admiral Cochrane 1819 nach Valparaiso / Chile kam. Mit einem Kaperbrief versehen, enterte Kapitän Illingworth Hunt an der Pazifikküste spanische Schiffe und griff 1819/1820 Hafenstädte in Panama, Kolumbien und Ecuador an.

Bei dem Angriff auf Peru führte Admiral Cochrane sein Geschwader aus sieben Kriegsschiffen und zwanzig Transportschiffen von Sieg zu Sieg. Ein entscheidender Schlag gelang ihm am 5. November 1820 mit der Enterung des spanischen Flaggschiffs *Esmeralda* in der Bucht von Callao. Seitdem war die Hauptstadt Lima, die nur zehn Kilometer von ihrem stark befestigten Seehafen Callao (heute 800.000 Einwohner) entfernt lag, von der Meeresseite her abgeschnitten.

Nun zeigte sich, daß Admiral Cochrane nicht nur ein politischer Idealist, sondern auch ein beutehungriger Kaperfahrer war. In einer flammenden Ansprache verhieß er seinen Männern: »Die Schätze aller Schiffe, die ihr in Callao kapern werdet, gehören euch, und den gleichen Wert werdet ihr noch einmal in Geld erhalten.«

Eine weitere lukrative Einnahmequelle waren die hohen Zollgebühren, die er von allen Schiffen erhob, die an der peruanischen Küste Handel trieben. Laut der Schiffszeitung *Lloyd's List* vom 23. Oktober 1821 betrug in jenem Sommer Cochranes »Zollrate 18 Prozent, hinzu kamen 3,5 Prozent für alle, die ihre Fracht am Hafen löschten.«

Allerdings blieb Cochrane auch nichts anderes übrig, als sein Geschwader durch Beutezüge, Beschlagnahmungen und Zölle zu finanzieren, denn die von General San Martin versprochenen Soldzahlungen und Proviantlieferungen für Cochrane Seeleute blieben aus.

Während Cochranes Seeblockade spitzte sich die militärische Lage dramatisch zu, als die Rebellenarmee General San Martins im Juni 1821 unaufhaltsam vorrückte und sich Lima auf 50 Meilen näherte.

In Lima residierte nun José de la Serna (1770-1832), der letzte Vizekönig von Peru – und Ururgroßvater von Che Guevara. Dieser bemerkenswerte spanische General war von 1815 bis 1819 Kommandant der spanischen Truppen von Peru gewesen und wurde Anfang 1821 zum Vizekönig von Peru ernannt. Sein Vorgänger Joaquin de la Pezuela (1761-1830) war wegen der jüngsten militärischen Mißerfolge nach fünfjähriger Amstzeit als Vizekönig von der Kriegsjunta am 29. Januar 1821 abgesetzt worden.

Serna hoffte in jenem fatalen Frühsommer 1821 verzweifelt auf Entsatz durch ein im Landesinnern operierendes spanisches Heer, das aber auf sich warten ließ. Nach hektischen Beratungen mit dem Adel und hohen Klerus bekundete Serna öffentlich seine Absicht, die stark befestigte Hafenstadt Callao zum Zentrum des Widerstands der Royalisten zu machen und empfahl ihnen, sich dort samt ihrem Vermögen in Sicherheit zu bringen. Infolge dessen wälzte sich bald ein langer Treck von königstreuen Flüchtlingen und Karren auf der Straße nach Callao.

Vizekönig Serna selbst zog sich ins Hinterland zurück, in die Provinzhauptstadt Jauja, um von dort aus besser operieren zu können.

Doch zuvor veranlaßte Serna die Auslagerung der wertvollsten Schätze Limas nach Callao.

Zum einen handelte es sich um den in Lima konzentrierten Staatsschatz des Vizekönigreichs Peru. Dazu gehörten die seit Jahren angehäuften, aber aufgrund der Revoultionswirren nicht nach Spanien gelieferten Kronanteile König Ferdinands VII. (reg. 1814-1833), ferner Barren und Münzen der staatlichen Münzprägestätte, zahllose Edelsteine und Kunstschätze.

Noch reichhaltiger war der sogenannte »Kirchenschatz von Lima«. Aus den 63 prunkvollen Kirchen der Hauptstadt ließen die Priester alle Sakralgegenstände aus Gold, Silber und Edelsteinen wegschaffen. Das weitaus wertvollste Kleinod war das Allerheiligste der Kathedrale:

eine zwei Meter hohe Statue der Mutttergottes mit Jesuskind aus purem Gold, 390 Kilogramm schwer und mit 1684 Edelsteinen verziert.

Auch aus noch unbesetzten Orten in der Umgebung von Lima wurden wertvolle Kirchengüter vor dem Feind in Sicherheit gebracht.

Die Folgen dieser Räumungsaktion schilderte einige Jahre später der deutsche Forscher Eduard Pöppig, der von 1827 bis 1832 Peru und Chile bereiste, mit den Worten: »Die zahlreichen Kirchen [von Lima] liefern mehr Beweise des verschwundenen Reichtums des vergangenen Jahrhunderts als seines guten Geschmacks. Ihr Inneres ist im Verhältnis zum Lande und der sonstigen Pracht des katholischen Kultus in Amerika sehr ärmlich, denn die Häuptlinge der Parteien während der Revolution ließen sich, gleichviel ob Spanier oder Peruaner, die Plünderung ebenmäßig angelegen sein. Bis auf die entlegensten Provinzen dehnte sich der gemessene Befehl der Einlieferung aller Kirchenschätze aus, und selbst das arme Maynas sendete damals drei Maultierladungen an Silberzeug und goldenem Zierrat nach Lima.«

All diese Schätze wurden in der Rey-Felipe-Zitadelle von Callao deponiert, die mit ihren massiven Wehrmauern und 58 Kanonen als unbezwingbar galt.

Kurz nach ihrer Sicherstellung flohen am 9. Juli 1821 auch die Regierung und geistlichen Würdenträger nach Callao, wo sich schon viele königstreue Bürger in den 31 Festungsgebäuden verschanzt hatten. Sie hatten sich gerade noch rechtzeitig gerettet. Am 12. Juli 1821 besetzten San Martins Truppen Lima, und am 28. Juli 1821 proklamierte er die unabhängige Republik Peru und ernannte sich selbst zu ihrem »Protektor«.

Als die Eingeschlossenen von Callao nach einer Belagerung von über einem Monat befürchteten, durch Aushungern zur Kapitulation gezwungen zu werden, beschloß Vizekönig Serna im Einvernehmen mit dem Klerus, einen großen Teil der Schätze sicherheitshalber außer Landes zu schaffen. Aber wie?

Die wenigen im Hafen verbliebenen spanischen Schiffe konnten keinen Ausbruch riskieren, weil Admiral Cochranes Flotte ihn blockierte. Dagegen würde er ein englisches Handelsschiff im Vertrauen auf seine eigenen Landsleute gewiß ungehindert passieren lassen.

Als Notlösung bot sich die gerade in Callao liegende Brigg *Mary Dear* an, deren schottischer Kapitän William Thompson an der Küste Handel trieb und das Vertrauen der Spanier genoß.

In den Evakuierungsplan eingeweiht, erklärte sich Thompson bereit, die Schätze für eine hohe Prämie herauszuschmuggeln. Er sollte damit solange auf See kreuzen, bis er weitere Instruktionen erhielt oder das sehnlichst erwartete Entsatzheer die Belagerten befreit hatte. Andernfalls sollte Thompson den Limaschatz den spanischen Behörden in Panama ausliefern, wo die Royalisten noch Stützpunkte besaßen.

Zur Bewachung der kostbaren Fracht akzeptierte Thompson vier schwerbewaffnete spanische Soldaten und zwei Priester. So wurden in einer Nacht- und Nebelaktion viele schwere Schatzkisten von der Zitadelle auf die *Mary Dear* verladen. Die meisten enthielten den Kirchenschatz von Lima. Es dürfte aber auch der dem spanischen König zustehende Kronanteil dabeigewesen sein, denn zeitgenössische Berichte erwähnen Kisten mit 9000 Gold-und Silbermünzen und acht Truhen mit über 8000 geschliffenen und ungeschliffenen Edelsteinen. Den Gesamtwert der an Bord gebrachten Schätze taxiert man heute auf mindestens 200 Millionen Dollar.

Admiral Cochrane bekam von den Vorgängen zwar Wind, mißdeutete sie aber, wie aus seiner Logbucheintragung vom 19. August 1821 hervorgeht: »Die Spanier verstärkten heute die Festung und trugen Barren und Münzen im Wert von vielen Millionen Pfund Sterling weg – praktisch den ganzen Reichtum Limas, der im Fort sicher verwahrt wurde.« Er bemerkte also den Transport von Schatzkisten im Hafen, aber nicht die nächtliche Umladung auf ein Schiff.

Schon tags darauf, am 20. August 1821 um 4.30 Uhr morgens, lief die *Mary Dear* aus und segelte unbehelligt an den Blockadeschiffen vorbei aufs offene Meer hinaus.

Ließ Cochrane das Schiff mit dem verborgenen Schatz nur deshalb ohne Kontrolle passieren, weil es unter englischem Kommando stand? Oder steckte noch mehr dahinter? Es ist gut möglich, daß Cochrane, William Thompson und dessen schottischer Maat einander persönlich kannten, zumal zumindest zwei von ihnen schottische Seeleute waren. Vielleicht kannten sie sich schon von Schottland her, vielleicht waren sie sich in Peru begegnet.

In diesem Fall wäre es denkbar, daß Admiral Cochrane von der heimlichen Verschiffung des Limaschatzes wußte und insgeheim mit Kapitän Thompson und dessen Maat vereinbart hatte, die *Mary Dear* ungehindert ziehen zu lassen, um sich später mit ihnen den Schatz an einem bestimmten Treffpunkt zu teilen. Vielleicht auf der Kokosinsel, die Cochrane merkwürdigerweise schon bald darauf, nämlich am 11. Dezember 1821, mit seinem Flaggschiff *Valdivia* aufsuchte? Doch dies ist Spekulation.

Was nach der Abfahrt der *Mary Dear* in Callao geschah, sei kurz vorweggenommen.

Am 10. September 1821 kam endlich das 3200 Mann starke spanische Entsatzheer unter General Canterac an und sprengte den Belagerungsring. Dank der von Canterac mitgeführten Viehherden und Lebensmittel waren die darbenden Bewohner Callaos wieder gut versorgt. Als Engelt mußten sie allerdings einen Teil ihrer privaten Wertsachen herausrücken.

Daß General San Martins 12.000 Mann starke, hauptsächlich in Lima stationierte Befreiungsarmee nicht gegen Canteracs weit unterlegene Truppe vorging, lag vor allem an San Martin selbst. Mit seinem selbstherrlichen Gebaren und Starrsinn hatte der Protektor etliche hohe Offiziere gegen sich aufgebracht und deren Ungehorsam verursacht. Die Bevölkerung Limas wandte sich enttäuscht von ihrem »Befreier« ab und verübelte ihm, daß er den beliebten Erzbischofs Limas und andere Prälaten ausgewiesen hatte.

Besonders fatal wirkte sich aus, daß San Martin den Mannschaften von Admiral Cochranes Geschwader seit langem den Sold und die Auszahlung des versprochenen Prisengelds von 50.000 Dollar für die Erbeutung des spanischen Flaggschiffs *Esmeralda* verweigerte. So wurden San Martin und Cochrane, die sich in jenem Sommer 1821 ein paar Mal in Lima trafen, Feinde. Als Cochranes hungernde Seeleute mit Meuterei drohten, entschloß sich Cochrane zu einem Coup sondersgleichen. Er segelte im September 1821 nach Ancon, wo San Martin privates Schiff, der Schoner *Sacramento*, ankerte und beschlagnahmte all dessen Gold- und Silberschätze im Wert von 285.000 Dollar. Nachdem er davon seine Mannschaften ausbezahlt hatte, segelte er mit seiner Flotte nach Guayaquil in Ecuador und setzte dann seine Kaperfahrt nordwärts fort – bis hin zur Kokosinsel.

Unterdessen hatte sich General Canterac mit seiner Royalistentruppe gen Lima vorgewagt, und in der nun unbelagerten Hafenstadt Callao lebte der Seehandel wieder auf. Die peruanische Zeitung *Gaceta del Gobierno* vom 29. September 1821 veröffentlichte eine Liste der Schiffe, die damals im Hafen von Callao lagen; darunter befanden sich auffallend viele englische und angloamerikanische Handelsschiffe.

Eines davon, die Brigantine *Rebecca*, verzeichnet einen Kapitän namens Tomas Tomson, der gewiß nicht mit dem *Mary Dear*-Kapitän identisch ist – was aber zeigt, daß der englische Allerweltsname Thompson samt seinen Varianten (wie Tomson) auch in Übersee häufig vorkommt, so daß diese Namensträger von Chronisten leicht verwechselt werden können.

Der Bürgerkrieg in Peru tobte weiter.
Ein Miltäraufstand seiner unzufriedenen republikanischen Mitstreiter zwang General San Martin, im Mai 1822 als Protektor Perus abzudanken, er setzte sich nach Chile ab. Zum neuen Präsidenten Perus ernannte der Kongress

den Obersten Riva Aguero. Zeitweilig gewannen die Royalisten wieder Oberhand. Erst am 9. Dezember 1824 wurde Vizekönig José de la Serna mit seinem 11.600 Mann starken Heer in der Schlacht von Ayacucho von einer gleichstarken Republikanerarmee endgültig besiegt.

Serna kehrte nach Spanien zurück, wo er noch bis zu seinem Tod hohe Verwaltungsämter bekleidete. Seine argentinische Urenkelin Celia de la Serna Llosa war die Mutter von Che Guevara, dessen adelige Abstammung durch seinen vollen Namen Ernesto Guevara Lynch de la Serna zum Ausdruck kommt.

Nur in der Festung von Callao behaupteten sich noch königstreue Truppen, bis ihr Kommandant, der brutale General Rodil, nach monatelanger Belagerung durch eine fünffache Übermacht am 23. Januar 1826 kapitulierte und einen ehrenvollen Abzug seiner Garnisonssoldaten erwirkte. Sie waren so ausgehungert, daß sie sich zuletzt vom Leichenfleisch ihrer getöteten Kameraden ernährt hatten.

Admiral Cochrane operierte noch bis 1823 an den südamerikanischen Pazifikküsten und kämpfte dann als Flottenführer höchst erfolgreich im brasilianischen Unabhängigkeitskrieg. Für seine Verdienste wurde Cochrane von dem ersten brasilianischen Kaiser Dom Pedro I. zum Marquis von Maranho erhohen. Von 1826 bis Anfang 1828 kämpfte Cochrane für die junge griechische Nation als Oberbefehlshaber der Marine und unterdrückte das Piratentum in der Ägäis.

Zurück zur *Mary Dear*. Welche Fracht Kapitän William Thompson im August 1821 beförderte, verschwieg er seinen 15 Besatzungsmitgliedern; die Anwesenheit der spanischen Eskorte veranlaßte sie jedoch zu wilden Spekulationen.

Thompsons schottischer Maat kam hinter das Geheimnis und sann darauf, das Schiff in seine Gewalt zu bringen. Sein Name ist nicht überliefert, die damaligen Berichte liefern nur eine vage Personenbeschreibung. Demnach stammte er aus gutem Hause in Edinburgh, wo er sein Medizinstudium abgebrochen hatte, um zur See zu fahren. Er hatte in Bristol angeheuert und es dank seiner Intelligenz, Entschlußkraft und guten Navigationskenntnisse bald zum Maat gebracht.

Als er seine Kameraden über die Schatzladung aufklärte, bedurfte es keiner großen Überredungskunst, sie zur Meuterei anzustiften. Nach einigen Tagen auf See massakrierten sie eines Nachts die sechs Spanier und warfen ihre Leichen über Bord. Und ihren Kapitän stellten sie vor die Wahl, ebenfalls zu sterben oder ihr Komplize zu werden. Also machte Thompson notgedrungen mit.

Blieb die Frage, wohin mit dem ungeheuren Schatz. Da sich der Coup bald herumsprechen würde, galt es, möglichst schnell ein Versteck zu finden. Küsten in Spanisch-Amerika anzulaufen, war zu riskant – ob Royalisten oder Revolutionäre, alle würden Jagd auf die Räuber machen. Abgesehen davon verminderte die schwere Last die Manövrierfähigkeit der *Mary Dear* und somit ihre Chancen, Verfolgern zu entkommen.

Auf Thompsons Rat hin segelten sie zur Kokosinsel, die er gut kannte, und nach einigen Tagen gingen sie an der Nordostküste vor Anker. Elf Bootsfahrten waren vonnöten, um die Schatzkisten anzulanden.

Ein heute im Museum von Carácas verwahrtes altes Schatzdokument gibt dazu Einzelheiten preis. Darin steht:

»Wir haben vier Fuß tief in roter Erde vergraben:

1 Kiste mit goldbestickten Altardecken, Hostiengefäßen, Monstranzen und Kelchen, insgesamt 1244 Stücke;

1 Kiste mit 2 goldenen Reliquienschreinen, 120 Pfund schwer, mit 624 Topasen, Karneolen und Smaragden, 12 Diamanten;

1 Kiste mit 3 Reliquienschreinen aus Silberguß, 160 Pfund schwer, mit 860 Rubinen und anderen Edelsteinen, 19 Diamanten;

1 Kiste mit 4000 spanischen Dublonen, 5000 mexikanischen Kronen, 124 Schwertern, 64 Dolchen, 120 Schultergürteln, 28 Rondaches;

1 Kiste mit 8 versilberten Zedernholzschatullen, darin 3840 geschliffene Edelsteine, Ringe und Armbänder, und 4265 ungeschliffene Edelsteine.

28 Fuß östlich davon liegen 10 Fuß tief im Sand:

7 Kisten mit 22 Kandelabern aus Gold und Silber, 250 Pfund schwer, und 164 Rubine.

12 Armlängen weiter östlich liegen 10 Fuß tief in roter Erde:

Die 2 Meter hohe und 780 Pfund schwere goldene Statue der Jungfrau Maria mit dem Jesuskind mit seiner Krone und seinem Brustkreuz, eingehüllt in ein goldenes Meßgewand, mit 1684 Edelsteinen, davon 3 Smaragde von 4 Zoll Länge im Brustkreuz und 6 Topase von 6 Zoll Länge auf der Krone, sowie 7 Kreuze mit Diamanten«

Ob die Informationen in diesem Dokument stimmen, läßt sich nicht belegen. Immerhin weist die darin mehrfach erwähnte »rote Erde« auf die auf der Kokosinsel stellenweise charakteristischen rötlichen Tonböden hin; und der Sand läßt auf die Nähe eines Strandes oder Bachufers schließen.

Die Schlüsselfrage ist, wo und wie der Limaschatz versteckt wurde. Darüber kursieren zwei Versionen.

Nach der einen Version hoben die Meuterer der *Mary Dear* am Strand mehrere große Gruben aus, versenkten darin die 27 Tonnen schweren Schätze samt der goldenen Madonna und hievten einen schweren Felsblock darauf, in den sie als Erkennungszeichen einen Anker meißelten. Hinterher bemerkte der schottische Maat ein Handicap. Neben dem Felsen floß ein Bach ins Meer; wenn er durch Regenschauer anschwoll, konnte die reißende Flut die Grube unterhöhlen und die Schatzkisten wegschwemmen. Da kam dem Maat eine rettende Idee. Er ließ den Bach durch Felssprengungen mit Schwarzpulver umleiten, so daß er nun in sicherem Abstand von dem Hort ins Meer mündete.

Der zweiten Version zufolge verbargen die Räuber den Limaschatz in einer großen, aus vier Kammern bestehenden Höhle, deren Eingang sie mit einer Felsplatte abdeckten. Es heißt, diese Steintür habe in Schulterhöhe ein Loch, durch das sie sich mit Hilfe einer Eisenstange um ihre eigene Achse schwenken und so öffnen ließe. Ein abwegiger Gedanke? Keineswegs. Höhlen gab es genug auf der Insel, und wenn die Schatzräuber eine von außen gut getarnte Höhle fanden, eignete sie sich als Hort vielleicht noch besser als eine Grube, die man erst mühsam schaufeln mußte.

Nach getaner Arbeit erhielt jeder Mann eine Handvoll Goldmünzen als Vorschuß. Eines Tages, wenn der Raub in Vergessenheit geraten war, wollten sie heimlich zurückkehren und den Schatz bergen.

Doch dazu sollte es nicht mehr kommen. Wieder auf See, wurde die *Mary Dear* südwestlich der Kokosinsel von einem spanischen Kriegsschiff aufgebracht. Ihr Kapitän wußte von dem Handel des Vizekönigs mit Kapitän Thompson, und als er weder den Limaschatz noch die spanische Eskorte vorfand, half kein Leugnen.

Die 15 Gefangenen wurden in Ketten nach Panama überstellt und zum Tode verurteilt. Die Anklageschrift befindet sich in der Nationalbibliothek von Lima.

Einer nach dem anderen starb durch den Strang. Als aber Kapitän Thompson und sein schottischer Maat an die Reihe kommen sollten, versprach ihnen das Gericht Begnadigung, wenn sie das Schatzversteck preisgäben. Die beiden willigten erleichtert ein und segelten mit den Spaniern zur Kokosinsel zurück. Am Ufer der Chathambucht nahmen sie zum Schein umständliche Peilungen und Messungen vor – und verschwanden plötzlich im Dschungel.

Die Bewacher feuerten und jagten ihnen hinterher, aber die Wildnis schien sie verschluckt zu haben. Als auch eine intensive Suche in den nächsten Tagen ergebnislos verlief, segelten die Spanier wütend davon.

In diesem Herbst 1821 kamen noch zweimal spanische Schiffe zur Kokosinsel, fahndeten Suchtrupps mit Bluthunden nach Thompson und dem Maat – wieder vergeblich. Unterdessen hausten die beiden dort wie Robinson und Freitag, ernährten sich monatelang von erlegten Schweinen, Fisch, Krustentieren, Vogeleiern und Kokosnüssen.

Möglicherweise haben sie damals auch heimlich beobachtet, wie Admiral Cochrane auf seiner Fahrt von Guayaquil nach Mexiko Ende 1821 mit dem Kriegsschiff *Valdivia* die Kokosinsel besuchte. Cochranes Sekretär William Bennet Stevenson (nicht verwandt mit Robert Louis Stevenson) veröffentlichte 1825 ein mehrbändiges Werk über seine Erlebnisse während der südamerikanischen Befreiungskriege. Darin erzählt er: »Am 11. [Dezember 1821] erreichten wir die kleine Kokosinsel, so genannt wegen der vielen Kokospalmen, die sie bewachsen. Lord Cochrane landete, und bald darauf kam ein anderes Schiff in Sicht. Die *Valdivia* erhielt Befehl, es zu verfolgen, und nachdem sie das Schiff genommen hatte, stellte sich heraus, daß die Mannschaft von Callao desertiert war...«

Cochrane selbst vermerkt in seinen eigenen Aufzeichnungen (*Narrative of Services in the Liberation of Chili Peru and Brazil*) lapidar, er habe vor der Kokosinsel »am 11. Dezember 1821 ein englisches Piratenschiff unter dem Befehl eines Mannes namens Blair aufgebracht.« Den Grund für seinen merkwürdigen Abstecher zu der entlegenen Insel nennt er nicht.

Im Frühjahr 1822 landeten englische Walfänger und fanden Thompson und den Maat. Ihren Rettern machten sie weis, sie seien die einzigen Überlebenden eines Schiffbruchs. Und um ja keinen Verdacht zu erregen, nahmen sie aus dem Schatzversteck nicht das geringste mit an Bord des Schiffes, das sie in Puntarenas absetzte.

Dort soll, wie damals verlautete, der schottische Maat bald darauf an Gelbfieber gestorben sein und dem Costaricaner Francisco Maria Jiménez seine Schatzkarte vermacht haben, die August Gissler siebzig Jahre später von der Regierung erhielt und sich als nutzlos erwies.

Aber die Geschichte vom frühen Tod des schottischen Rädelsführers scheint wohl eher auf Gerüchten zu beruhen. Viele Indizien deuten daraufhin, daß er aus Costa Rica verschwand und ein neues Leben begann.

Noch eine Nachbemerkung zur Quellenlage. Daß vergleichsweise wenige historische Dokumente über die Zeit des Bürgerkriegs in Peru bekannt sind, liegt zum einen daran, daß in den Kriegswirren wichtige Unterlagen verschwanden. Und zum anderen lagern tief unten in den Katakomben des Justizpalastes von Lima Dokumente, die vernachlässigt und noch nicht systematisch ausgewertet wurden.

Admiral Thomas Cochrane (1775-1860),
der zehnte Earl von Dundonald

Limas Hafenfestung Callao

Alter Stich {PD-old}

Forbes' Geheimnis

Um 1822 tauchte in Kalifornien ein Schotte namens James Alexander Forbes auf.

Er gab sein Alter mit 28 Jahren an (über sein Geburtsdatum existiert kein schriftliches Zeugnis) und behauptete, Doktor der Medizin zu sein, praktizierte aber nie als Arzt. Die Beschreibung paßt gut zu dem intelligenten Maat der *Mary Dear,* von dem ja bekannt war, daß er in Edinburgh Medizin studiert hatte. Ansonsten verriet der seltsame Fremde nichts über seine Vergangenheit, auch nicht, was ihn in die damals noch mexikanische Provinz Kalifornien geführt hatte.

Was später über sein Leben in Kalifornien bekannt wurde, geht im wesentlichen aus Forbes' Schriften und Briefsammlungen und den Überlieferungen seiner Nachkommen hervor.

James Alexander Forbes lebte zwei Jahre in dem Pueblo Yerba Buena, einer Lehmhüttensiedlung am Golden Gate; heute ist es ein Ortsteil von San Francisco. Dann verschwand er drei Jahre lang. Als er nach San Francisco zurückkehrte, besaß er plötzlich viel Geld. Von Bekannten nach der Herkunft seines Reichtums befragt, gab er vor, im Süden Kaliforniens eine Goldmine entdeckt und ausgebeutet zu haben.

Da Forbes nicht nur vermögend, sondern auch gebildet und voller Tatkraft war, erlangte er Zugang zu den standesbewußten Kreisen der spanischen Großgrundbesitzer, die weite Teile Kaliforniens ihr eigen nannten und riesige Viehherden hielten. Er heiratete Anita Maria Galindo, die Tochter eines reichen Haziendaherren, auf dessen Latifundien später die Städte Santa Clara und San José (im Großraum San Francisco) entstanden. So wurde Forbes selbst zum Ranchero.

Aus der Ehe gingen zwölf Kinder hervor – die Stammfamilie des heutigen Forbes-Clans.

Nachdem Forbes im Santa Clara Valley weitere Ländereien gekauft hatte, stiftete er einen Teil davon der neugegründeten Universität von Santa Clara, auf der er eine Zeitlang aus Passion auch Fremdsprachen unterrichtete. Auf einen so hervorragenden Vertreter seiner Nation aufmerksam geworden, ernannte ihn London zum britischen Vizekonsul von Kalifornien.

Darüber hinaus machte Forbes als Geschäftsmann von sich reden. Während des kalifornischen Goldrauschs von 1849 betrieb er bei Los Gatos (südlich von San Francisco) eine große, profitable Kornmühle, deren Bau ihn 200.000 Dollar kostete.

Ein wichtiger Geschäftspartner von James Alexander Forbes war seit 1843 der schottische Großkaufmann und Mineningenieur Alexander Forbes (1778-1863). Sie hatten zufällig fast den den gleichen Namen, waren aber wahrscheinlich ungeachtet ihrer schottischen Herkunft nicht miteinander verwandt. Dieser Namensvetter Alexander Forbes lebte in der mexikanischen Stadt Tepic, wo er mit seinem englischen Partner Eustace Barron die bedeutende Firmengruppe *Barron, Forbes & Co.* leitete. Sie tätigte Exportgeschäfte, betrieb Baumwollmanufakturen und Minen.

Als man 1845 bei San José/Kalifornien große Quecksilber- und Zinnobervorkommen entdeckte, taten sich James Alexander Forbes und Alexander Forbes zu deren

Erschließung zusammen und gründeten die berühmten Minen von New Almaden. Die zwei Namensvetter begegneten sich indes nur ein einziges Mal, als Alexander Forbes im Oktober 1847 von Tepic nach San José reiste, um die neue Mine zu inspizieren. Ansonsten führten die beiden einander wesensgleichen Schotten eine rege Korrespondenz, die auch Geistiges berührte. Vielseitig interessiert, hatte Alexander Forbes (wohlgemerkt nicht James Alexander) ein Buch über die Geschichte und Landesnatur von Hoch- und Niederkalifornien veröffentlicht (1839 in London). Es war dar erste Buch zu diesem Thema in englischer Sprache.

James Alexander Forbes wiederum verfaßte etliche lokalhistorische Schriften. Seine umfangreichen Briefsammlungen, Urkunden und Landkarten vom Raum San Francisco befinden sich heute als wichtige Zeugnisse der kalifornischen Siedlungsgeschichte großenteils in Staatsarchiven.

Er selbst gilt längst als einer der großen angloamerikanischen Pioniere Kaliforniens, und der weitverzweigte Forbes-Clan genießt dort bis heute hohes Ansehen.

Um Mißverständnissen vorzubeugen: Dieser kalifornische Forbes-Clan hat nichts mit der amerikanischen Verlegerfamilie Forbes zu tun, die *das Forbes Magazine* herausgibt. Das in New York erscheinende *Forbes Magazine* wurde 1917 von dem eingewanderten schottischen Journalisten Bertie Charles Forbes (1880-1954) gegründet und ist noch heute im Besitz von seinen Nachkommen. Es gilt als das weltweit führende Wirtschaftsmagazin und ist bekannt für seine alljährlich erstellten Ranglisten der größten Firmen, reichsten Personen und mächtigsten Frauen der Welt.

Zurück zu dem kalifornischen Tycoon James Alexander Forbes.

Wie kam es, daß dieser eingewanderte schottische Nobody in jungen Jahren einen solchen Aufstieg schaffte? Die Voraussetzung dafür war wohl ein gewisses Finderglück in der Zeit zwischen 1824 und 1827, als Forbes nicht in San Francisco weilte und in Südkalifornien die ominöse Goldmine ausgebeutet haben will. Offenbar hatte er tatsächlich Gold gefunden – aber ganz woanders.

Erst kurz vor seinem Tod im Jahre 1881 enthüllte der sterbenskranke, über achtzig Jahre alte Mann sein Geheimnis, indem er seinem Sohn – James Alexander Forbes II. – eine selbstgezeichnete Schatzkarte der Kokosinsel und einige Papiere mit seinen handschriftlichen Notizen anvertraute. Um keinen Zweifel an der Echtheit der Dokumente aufkommen zu lassen, ließ Forbes senior sie sogar notariell beglaubigen.

Die (noch erhaltene) Schatzkarte zeigt die Umrisse der Nordostküste und zwei Peillinien, die hinter dem Strand der Chathambucht einen Winkel bilden. Neben der westlichen Linie steht die Richtungsangabe »N 20° W«, und neben der östlichen Linie steht »N 63° E«. Die Papiere enthalten eine Lagebeschreibung des Limaschatzes und klare Anweisungen, wie man ihn finden kann.

Gestand der alte Forbes seinem gleichnamigen ältesten Sohn und seinen anderen elf Kindern auch, ob er selbst an dem Schatzraub beteiligt oder gar der Anstifter war? Darüber schwiegen die Erben wohlweislich. Sie ließen lediglich verlauten, daß ihr Vater, vor seinem Ende religiös geworden, frühere Schandtaten bereut habe.

Wie auch immer, viele Anzeichen sprechen dafür, daß James Alexander Forbes der entkommene Maat der *Mary Dear* war. Er besaß zweifellos echte, jahrzehntelang aufbewahrte Schriftstücke über das Versteck des Limaschatzes, und er war um 1822, nur ein Jahr nach dessen Raub, in San Franciso aufgetaucht. Wo aber hielt er sich wirklich auf, als er um 1824 für die Dauer von drei Jahren verschwand?

Es liegt nahe, daß er damals zur Kokosinsel zurückkehrte, um Gold zu holen. Eine Expedition mit Partnern konnte er offenbar nicht riskieren, sonst hätte er sie in sein Geheimnis einweihen und mit ihnen teilen müssen – eine zu gefährliche Sache! Im übrigen hätte man in diesem Fall ein eigenes Schiff besorgen und ausrüsten müssen, und wer konnte sich das leisten! So dürfte Forbes wohl auf eigene Faust gehandelt haben. Als beste Gelegenheit bot sich die Fahrt auf einem der amerikanischen Walfangschiffe an, die damals öfters die Kokosinsel anliefen, um Trinkwasser und Proviant aufzunehmen. Dort gelandet, stahl er sich vielleicht auf der Schweinejagd davon und nahm aus dem Schatzdepot soviele Goldmünzen und Edelsteine mit, wie er tragen und an Bord heimlich verstecken konnte. In der Eile konnte er davon freilich nur einen geringen Teil wegschaffen. Und erst recht nicht in Frage kam die Entnahme sperriger Wertsachen, wie z. B. von Monstranzen oder der fast tonnenschweren goldenen Madonna. Kurzum, er mußte alles vermeiden, was bei seinen Kameraden Verdacht erregen konnte. Vielleicht hatte Forbes das Glück, daß er während dieser drei Jahre mehrmals per Schiff zur Kokosinsel kam und dementsprechend viel aus den Schatzkisten herausholen konnte.

Im nächsten Hafen wird er dann seine Beute von Bord geschmuggelt haben. Der Verkauf von Edelsteinen war sicher nicht schwer. Und die spanischen Dublonen und mexikanischen Kronenmünzen waren, abgesehen von ihrem Goldwert, wohl noch jahrelang nach den Befreiungskriegen in den neuen Staaten Spanisch-Amerikas gültig – und dazu gehörte ja seinerzeit auch Kalifornien als Teil der Republik Mexiko (erst 1850 wurde Kalifornien ein Bundesstaat der USA).

Gleichviel, in der geschilderten Weise könnte Forbes seine »Fischzüge« zur Kokosinsel bewerkstelligt haben – bis er dann mit einem Vermögen nach San Francisco zurückkehrte. Erst dieser finanzielle Grundstock ermöglichte ihm gesellschaftliche Akzeptanz, die Einheirat in die stolze spanische Großgrundbesitzerfamilie und den Aufstieg zum Tycoon.

Bevor James Alexander Forbes 1881 starb, verlangte er von seinem ältesten Sohn, dieser möge dereinst eine Schiffsexpedition zur Kokosinsel unternehmen, um den Limaschatz zu bergen – ergo mußte noch der größte Teil des Raubguts dort liegen. Aber weder James Alexander Forbes II. noch seine Geschwister zeigten Interesse daran. Zum einen waren sie dank der ererbten Güter so reich, daß es ihnen auf weitere Dollarmillionen nicht mehr ankam. Zum anderen fürchteten sie wohl, ihre noble Familie könne in Verruf geraten, wenn durch eine erfolgreiche Schatzsuche die dunkle Vergangenheit ihres Vaters ans Licht der Öffentlichkeit käme. Also blieben ihre Lippen verschlossen und die Schatzpapiere im Safe verwahrt.

In Bezug auf August Gisslers Nachforschungen im Jahre 1892 ist nun der Vollständigkeit halber ein größerer Zeitsprung unumgänglich.

Nachdem die Nachkommen des mutmaßlichen *Mary Dear*-Maats die Forbes'schen Besitztümer untereinander aufgeteilt hatten, geriet der Clanchef James Alexander Forbes III. nach 1930 in arge finanzielle Schwierigkeiten. Er hatte durch Fehlinvestitionen in kalifornische Orangenplantagen fast sein ganzes Vermögen verloren. Da entsann er sich der Schatzpapiere seines Großvaters und sah darin seine einzige Chance, wieder reich zu werden – er mußte den Limaschatz finden! Für seine geplante Fahrt zur Kokosinsel gewann er drei Teilhaber, darunter Captain Hugh M. Davenport, der daraufhin seine Ketsch *Spindrift* ausrüstete. Aber kurz vor dem Aufbruch starb James Alexander Forbes III. Anfang 1939 im Alter von 69 Jahren.

Kurz entschlossen übernahm sein Sohn Jimmy – korrekt gesagt James Alexander Forbes IV. – die Leitung der neunköpfigen Expedition. Von Kapitän Davenport gesteuert, landete die *Spindrift* am 13. Dezember 1939 in der Chathambucht. Anhand der Schatzkarte und Anweisungen seines Urgroßvaters schaufelte Jimmy Forbes mit seiner Crew neun Tage lang in dem angegebenen Bereich hinter dem Strand und fand nichts. Davenport interpretierte die Schatzkartenangaben anders als Jimmy. Er glaubte, daß sich seit der Schatzvergrabung vor über hundert Jahren das irdische Magnetfeld und somit auch die Kompaßmißweisung verändert habe und nahm dementsprechend eigene Peilungen. Dabei kam ein gewaltiger viereckiger Felsblock in die Visierline. Bald waren sich alle einig, das müsse der Abdeckstein der Schatzgrube sein. Dummerweise fehlte ihnen ein Hebegerät, um den tonnenschweren Monolithen zu entfernen. Blieb nur die Rückfahrt nach Kalifornien, wo sie eine bessere technische Ausrüstung besorgen und dann sofort wiederkommen wollten.

Bei ihrem Overstop in Puntarenas verkündete Forbes' Urenkel auf einer nach Weihnachten 1939 einberufenen Pressekonferenz triumphierend, man habe die Schatzgrube endlich entdeckt und werde sie bald ausheben. Nebenbei gab Jimmy Forbes das so lange gehütete Familiengeheimnis öffentlich preis. Wörtlich sagte er: »Wir wissen jetzt, daß der Schatz, den James Alexander Forbes im Jahre 1821 vergrub, noch da ist. Und wir werden zurückkommen, um ihn zu holen.«

Wie angekündigt, kehrte Jimmy Forbes IV. im März 1940 zurück, diesmal mit dem Millionär Fred Lewis, der die höchst modern ausgerüstete Expedition finanzierte und als Kapitän seine imposante 250-Tonnen-Yacht *Stranger* selbst zur Kokosinsel steuerte. Das 17 Mann starke Team grub wieder an der gleichen Stelle in der Chathambucht und hievte mit der Winsch mehrere Felsblöcke beiseite – aber darunter lag nichts als Sand und Geröll. Auch der Detektor zeigte kein Metall an.

Dann aber legten die Männer einen Felsblock mit merkwürdigen Zeichen frei. Auf der einen Seite waren ein »K« und ein Pfeil, auf der anderen Seite ein Paar Stiefel eingemeißelt. Das mußte eine Schatzmarkierung sein! An der Stelle des weggeräumten »K«-Steins schaufelten sie eine 5 Meter tiefe und 18 Meter lange Grube – und fanden wieder nichts.

Nachdem die Forbes-Lewis-Expedition auch in der Umgebung erfolglos gegraben hatte, fuhr sie nach 16 Inseltagen enttäuscht nach Kalifornien zurück.

Aber das obskure Vermächtnis seines Urgroßvaters ließ Jimmy Forbes IV. nicht mehr los. Vom Kokos-Syndrom befallen, unternahm er bis zum Jahre 1958 noch sechs weitere Schatzsucherfahrten. Sie verschlangen ein Vermögen. Allein seine letzte Expedition, bei der er schwere Maschinen, Dynamit und Metalldetektoren einsetzte, kostete 80.000 Dollar. Das einzige, was er je auf der Kokosinsel fand, war eine Goldkette aus dem frühen 19. Jahrhundert.

Von der ganzen Forbes-Geschichte erfuhr August Gissler zeit seines Lebens natürlich nichts. Er konnte ja nicht wissen, daß die Erben des mutmaßlichen Rädelsführers der *Mary Dear* dessen Schatzkarte und Lagebeschreibung eine Generation lang unter Verschluß hielten.

Foto von James Alexander Forbes
(gestorben 1881 in San Francisco)
War er der Maat der *Mary Dear* und Rädelsführer beim
Raub des Limaschatzes?

Treffpunkt Neufundland

Eine andere Limaschatzkarte besaß William Thompson, der Kapitän der *Mary Dear*, der sich zusammen mit dem schottischen Maat bis zum Frühjahr 1822 auf der Kokosinsel versteckt gehalten hatte. Wie schon erwähnt, hatten Walfänger sie gefunden und in Puntarenas an Land gesetzt.

Danach verlor sich Captain Thompsons Spur – bis er 18 Jahre später in St. John's auftauchte, der heute 100.000 Einwohner zählenden Hafen- und Provinzhauptstadt der großen kanadischen Atlantikinsel Neufundland. Die meisten älteren Berichte darüber sind ziemlich verworren und stammen weitgehend von Thompsons neufundländischem Freund John Keating (1808-1882) und aus dessen Umkreis.

Weitaus glaubwürdiger und konkreter ist die Version des bereits erwähnten neufundländischen Journalisten Jack Fitzgerald, der von der deutschen Dokumentarfilmerin Dr. Ina Knobloch anläßlich ihrer Dreharbeiten zu einem Fernsehfilm über die Kokosinsel in St. John's im Sommer 2004 zu seinem Buch *Treasure Island Revisited* angeregt wurde. Er recherchierte recht sorgfältig vor Ort, in Neufundland und auf der südlich davon gelegenen Halbinsel Nova Scotia, durchstöberte allerlei Archive in St. John's, trieb alte Familienurkunden, vergilbte Presseartikel und Schiffsmeldungen auf und befragte auch Nachkommen der mit Keatings Schatzsucherfahrten vertrauten Personen.

In einigen Hauptpunkten stimmen Jack Fitzgeralds neue Erkenntnisse auch mit den nüchternen Schilderungen in der Artikelserie *The Story of the Treasure in Cocos Island* überein, die im September 1903 in der Zeitschrift *The Speaker* erschien.

Aus alledem ergibt sich folgende Darstellung.

John Keating wurde am 18. Februar 1808 in Harbour Grace geboren, einer Hafenstadt bei St. John's, und hatte drei Brüder und zwei Schwestern. Die Familie siedelte dann nach St. John's über, wo John Keating zuerst Schiffszimmermann und dann Kapitän wurde.

Wie die meisten Bewohner Neufundlands lebte er hauptsächlich vom Fischfang. Insbesondere die Ausbeutung der riesigen Kabeljaubestände im Schelfgebiet der Neufundlandbänke und der Export von Stockfisch sorgten für allgemeinen Wohlstand. Das galt auch für die Bewohner der benachbarten Halbinsel Nova Scotia (Neuschottland) mit der großen Provinzhauptstadt Halifax.

Der Kabeljaufang hatte eine uralte Tradition. Vermutlich betrieben ihn dort schon Wikinger, die mit Labrador und Neufundland, ihrem Vinland (d.h. Grasland), um 1000 n. Chr. von Grönland aus das erste Gebiet Amerikas entdeckten. Von ihrer Anwesenheit zeugt noch die jüngst ausgegrabene Wikingersiedlung von L'Anse aux Meadows an der Nordspitze Neufundlands.

Im 15. Jahrhundert fuhren, noch bevor Kolumbus Amerika wiederentdeckte, portugiesische Seefahrer, darunter der berühmte Kapitän João Vaz Corte-Real, zum Kabeljaufang zu den Neufundlandbänken. Im Juni 1497 landete John Cabot, ein italienischer Seefahrer in englischen Diensten, auf der von ihm *newe found islande*

Diensten, auf der von ihm *newe found islande* genannten Insel, die dann wechselnd in englischen und französischen Kolonialbesitz gelangte. Dem 1583 von Sir Humphrey Gilbert gegründeten Hafenort St. John's gebührt die Ehre, die älteste englische Kolonialstadt in Kanada zu sein. Die Geschichte von John Keating und seinem in Schatzsucherfahrten involvierten Personenkreis spielt sich also in einem geschichtsträchtigen Gebiet ab, wo die Seefahrt seit jeher eine große Rolle spielt.
Die Küstenlandschaft Neufundlands ist wohl jenen vertraut, die Annie Proulx' großartigen Roman *Schiffsmeldungen* (1993) gelesen oder den gleichnamigen Spielfilm gesehen haben – beides Welterfolge.

John Keating heiratete in St. John's in erster Ehe Elizabeth Power, aus der ihre Tochter Margaret hervorging. Sie wohnten in einem eigenen Haus in der beim Hafenzollamt gelegenen Duckworth Street; darin führte seine Frau zugleich eine Fremdenpension.

Keating war 32 Jahre alt, als er Anfang 1840 in St. John's auf dem Handelsschiff *Mercury* unter Kapitän John Humphries anheuerte, das der dort ansässigen Reederei W. & H. Thomas gehörte. Die *Mercury* hatte Fracht für Kuba an Bord und Keating den Auftrag, unterwegs als Schiffszimmermann Reparaturen auszuführen.

Die Ladung wurde in Matanzas gelöscht, just jener Hafenstadt östlich von Havanna, in der Benito Bonito gut zwanzig Jahre zuvor die *Lightning* geentert und deren englische Offiziere Thompson und Chapelle in seine Piratenmannschaft aufgenommen hatte.

In einer Hafenkneipe von Matanzas lernte Keating einen abgemusterten Seemann mittleren Alters kennen, der sich als Captain Thompson vorstellte und ihn nach einem Job fragte – was sich leicht arrangieren ließ, weil auf der Herfahrt ein Mann an Bord der *Mercury* gestorben war und nun Thompson dessen Platz einnahm. Auf der Rückfahrt freundete sich Keating, der als ungebildeter Seebär mit derben Manieren galt, mit Thompson an, dessen ganz andersartiges Wesen ihm imponierte. Captain Thompson, der Ende Vierzig sein mochte und noch recht gut aussah, erwies sich als weltgewandter Gentleman, der wunderbar Erlebnisse zu erzählen wußte. Die beiden wurden auf der *Mercury* miteinander so vertraut, daß Thompson zu Keatings maßlosem Erstaunen sein größtes Geheimnis preisgab. Er war es, der 1821 als Kapitän der *Mary Dear* zusammen mit dem schottischen Maat den Limaschatz geraubt und auf der Kokosinsel versteckt hatte. Und nun, da Thompson in Keating einen zuverlässigen Freund fand, wollte er mit dessen Hilfe eine Schiffsexpedition zur Kokosinsel unternehmen und den Schatz bergen.

In St. John's am 9. Mai 1840 angekommen, bot Keating seinem neuen Freund Kost und Logis in einem Pensionszimmer seines Hauses in der Duckworth Street und ließ ihn von seiner Frau versorgen.

Bald fand Captain Thompson Zugang zur besseren Gesellschaft, wobei seine stattliche Erscheinung, sein Charme und seine Fabulierkunst besonders die Damen beeindruckten. Zudem »umgab ihn eine eigentümliche Aura des Geheimnisvollen«, wie Ralph D. Paine in seinem *Book of Buried Treasure* (1911) schrieb.

Captain Thompson fing gar ein Techtelmechtel mit der Tochter des damaligen, von 1834 bis 1841 in St. John's amtierenden Zivilgouverneurs Sir Henry Prescott an. So verkehrte Thompson auch in dessen Regierungsresidenz, die 1828 von seinem Vorgänger erbaut wurde – und zwar von Lord Thomas John Cochrane (1789-1872). Dieser von 1825 bis 1834 amtierende neufundländische Gouverneur (der sich von 1840 bis 1846 als Flottenkommandeur im Kampf gegen die arabischen Piraten von Borneo auszeichnete), war ein Cousin des in den südamerikanischen Befreiungskriegen so erfolgreichen englischen Admirals Thomas Cochrane, der bei der Blockade von Callao die *Mary Dear* mit dem Limaschatz hatte entkommen lassen.

Zwangsläufig stellt sich die Frage, ob es etwa eine geheime Verbindung zwischen der Adelsfamilie Cochrane und Captain Thompson gab und er deswegen nach St. John's gekommen war, zumal er behauptete, St. John's schon von früher her zu kennen.

Diesbezüglich bieten sich reizvolle Spekulationen an, wie z. B. die schon erwähnte Mutmaßung, Admiral Cochrane könnte im August 1821 mit Kapitän Thompson und seinem schottischen Maat insgeheim geplant haben, sich den entführten Limaschatz an einem bestimmten Treffpunkt zu teilen. War Thompson etwa nun nach St. John's mit der Absicht gekommen, die Cochranes zur Finanzierung einer Schatzsucherfahrt zur Kokosinsel zu animieren? Hatte es sich Thompson inzwischen aber doch anders überlegt, vielleicht aus der Furcht heraus, von den mächtigen Cochranes ausgeschaltet zu werden?

Dazu sei gesagt, daß der Seeheld Thomas Cochrane mittlerweile im Britischen Empire das Ansehen einer nationalen Ikone genoß. Von seinem ruhmreichen Kampf in den südamerikanischen Befreiungskriegen und von seinem Einsatz als Oberbefehlshaber der griechischen Marine nach England 1828 heimgekehrt, wurde er – einst wegen seines vermeintlichen Börsenbetrugs geächtet – vom Parlament voll rehabilitiert, im Range eines Konteradmirals wieder in die Royal Navy aufgenommen und durch den von seinem Vater ererbten Titel zum zehnten Earl of Dundonald erhoben. Und 1842 stieg er zum Oberkommandierenden der britischen Flotte in Nordamerika und Westindien auf – womit auch Neufundland zu seinem maritimen Befehlsbereich gehörte.

Was hätte Thompson, nach zwanzig Jahren aus der Versenkung aufgetaucht, bei einem derart mächtigen, hochadeligen Marinechef noch bewirken können? Vielleicht erkannte Thompson, falls an der hier angeführten Spekulation etwas dran sein sollte, die Aussichtslosigkeit seiner Bemühungen und nahm stattdessen mit gleichgestrickten Partnern vorlieb.

Für die geplante Schatzsucherfahrt zur Kokosinsel mit Thompson wandte sich John Keating 1840 unter dem Siegel der Verschwiegenheit an den mit ihm befreundeten neufundländischen Kapitän William Boag, der sich vom Wahrheitsgehalt von Thompsons Informationen überzeugen ließ.

William Boag entstammte einer um 1809 auf Neufundland erstmals erwähnten schottischen Einwandererfamilie und hatte einen Bruder namens James Boag, der in St.

John's Teilhaber der Reederei Perchard & Boag war. William Boag selbst war offenbar weniger vermögend, denn er stand im Jahre 1840 als Kapitän der *George Henry Harrison* noch im Dienst der Firma Perchard & Boag – die er offenbar aber nicht in den mit Keating ausgeheckten Expeditionsplan einbeziehen mochte.

Um die langwierige, teure Schatzsucherfahrt finanzieren zu können, fuhr Captain William Boag Ende 1840 über den Atlantik zu altbekannnten Geschäftsfreunden nach Liverpool, den Eignern der Reederei Smith & Irwin, die großes Interesse an dem abenteuerlichen Projekt bekundeten. Aber um sicherzugehen, ließen sie auch Captain Thompson und John Keating, der sich zuvor im Herbst 1840 als Kapitän der *Alexander* für kurze Frachtfahrten zwischen St. John's und Halifax verdingt hatte, zur Anhörung nach Liverpool nachkommen.

Im Dezember 1840 verhandelten alle drei zur Schatzsucherfahrt entschlossenen Kapitäne – William Thompson, John Keating und William Boag – in Liverpool mit ihren Geldgebern Smith & Irwin, die daraufhin eines ihrer Handelsschiffe, die Brigg *Edgecombe*, zur Verfügung stellten. Die Reeder machten es allerdings zur Bedingung, daß ein von ihnen eingesetzter Firmenvertreter, nämlich Captain Gault, in Rio de Janeiro quasi als Aufpasser zu ihnen stoßen sollte, zumal ihnen ein Löwenanteil an dem erhofften Schatzfund zustand.

Als die drei Kapitäne frohgemut nach St. John's zurückkehrten, geschah etwas Unerklärliches: Captain Thompson starb plötzlich. Ging das mit rechten Dingen zu? Über seinen mysteriösen Tod kursieren verschiedene Versionen.

Die bisher am häufigsten verbreitete und vielfach unkritisch übernommene Story, die wohlgemerkt den Verlauf der bisherigen Beziehung zwischen Thompson und Keating weitgehend außer acht läßt, klingt sinngemäß folgendermaßen.

John Keating nahm den alten, heimatlosen Seebären Thompson aus Mitgefühl und Sympathie in sein Haus auf und ließ ihn von seiner Frau pflegen. Als Thompson todkrank wurde, vertraute er Keating sein Geheimnis an: Er sei als Kapitän der *Mary Dear* am Raub des Limaschatzes beteiligt gewesen und der einzige Mensch, der das Versteck kenne. Seit seiner Flucht von der Kokosinsel anno 1822 habe er sich nie wieder zurückgetraut und im übrigen auch nie die Mittel zur Bergung des Schatzes gehabt. Aus Dankbarkeit schenkte er seinem Wohltäter John Keating eine Schatzkarte mit genauer Lagebeschreibung und riet ihm, eine Expedition zur Kokosinsel zu unternehmen. Für den Erfolgsfall erbat sich Thompson einen Anteil an dem Schatz; er selbst sah sich wegen seiner Gebrechen außerstande, mitzufahren. Nicht lange danach, als Keating schon mit der Brigg *Edgecombe* zu seiner Schatzsucherfahrt aufgebrochen war, starb William Thompson in St. John's...

Aber in Anbetracht der vorher dargestellten konkreten Anhaltspunkte ist die rührselige – und in der Abenteuerliteratur als Grundmotiv generell bliebte – Story vom alten Piraten, der angesichts des nahenden Todes seine Schatzkarte einem guten Freund oder Wohltäter vermacht, offensichtlich eine Mär. Abgesehen davon scheint darin die Charakterisierung nicht zu stimmen – Thompson war keineswegs ein abgewrackter, zur Seefahrt nicht mehr tauglicher Käpt'n, sondern offenbar noch immer ein abenteuerlustiger Glücksritter.

Wie und wo Captain Thompson wirklich starb – und ob überhaupt –, läßt sich nicht feststellen. So bleiben nur mehr oder weniger stichhaltige Vermutungen.

Der neufundländische Historiker P. K. Devine vertritt folgende These: Als Captain Thompson Ende 1840 von der Besprechung in Liverpool nach St. John's zurückkehrte, genoß der Bonvivant zunächst einmal wieder gesellschaftliche Vergnügungen und die Turtelei mit der Gouverneurstochter. Aus Liebe zu ihm warnte sie ihn vor einer Fahndung, die gegen ihn eingeleitet worden sei. Aufgrund der durchgesickerten Vorbereitungen zu seiner Schatzsucherfahrt sei Thompsons Vorleben als Pirat ruchbar geworden. Daraufhin beriet sich Thompson mit Keating, der ihn dazu drängte, zunächst einmal schleunigst in dem 70 km südlich von St. John's liegenden Hafenort Ferryland unterzutauchen. Auf dem halben Weg dorthin soll Thompson in einem schweren Schneesturm an einer Quelle bei Bay Bulls, einem damals hundert Seelen zählenden Küstennest, umgekommen und begraben worden sein. Belegt ist eine Meldung, daß am 31. Dezember 1840 ein Mann namens Thomas Eden bei Bay Bulls umkam und bestattet wurde – welcher der Beschreibung zufolge wie Thompson ausgesehen haben soll. Aber war der Tote wirklich Thompson? Auf einem von drei heute noch vorhandenen namenlosen Gräbern, die auf einer Anhöhe über der Küste von Bay Bulls liegen, könnte der einstige Kapitän der *Mary Dear* ruhen. Könnte.

Eine ähnliche Geschichte kursiert in einer anderen Variante. Demnach wurde Thompson von einer mit ihm befreundeten Dame der Gesellschaft gewarnt, daß er mit Haftbefehl gesucht werde. Thompson traf sich rasch mit Keating in dessen Haus, wo auch William Boag zugegen war, übergab ihnen eilends seine Schatzkarte von der Kokosinsel und weihte sie in Einzelheiten ein. Infolge all der Aufregung brach dann Thompson in der Wohnung mit einem Herzinfarkt zusammen, und ein von Keating herbeigerufener Arzt stellte den Tod fest.

Von Keating selbst soll das weitverbreitete Gerücht stammen, Thompson sei in jenem Winter schwer erkrankt und in seinem Haus gestorben und habe ihm seine Schatzkarte hinterlassen – eine vage Aussage, die keine Details preisgibt. Sie nährte aber auch den Verdacht, Keating könne Thompson um die Jahreswende 1840/41 im Streit umgebracht haben, kurz bevor er und sein Partner William Boag zu ihrer Schatzsucherfahrt mit der *Edgecombe* aufbrachen. Noch heute erzählt man sich in Bay Bulls, daß damals dort nachts ein Schiff gelandet sei und Männer einen Leichnam vergraben hätten.

Oder war Thompson vielleicht gar nicht gestorben, sondern aufgrund der drohenden Verhaftung mit Hilfe seiner Kompagnons John Keating und William Boag aus Neufundlund geflohen und mit einem Schiff auf Nimmerwiedersehen weit weg gefahren?

Eine solche Version findet sich in einem langen Artikel der kanadischen Zeitung *Victoria Daily Colonist* vom 17. August 1897, in dem von der Rückkehr des Schoners *Aurora* berichtet wird, mit dem Keatings verwitwete zweite Frau eine erfolglose Schatzsucherfahrt zur Kokosinsel unternommen hatte. In diesem Artikel wird Kapitän Thompson als »ehemals berüchtigter Pirat« und »englischer Desperado« bezeichnet. Zu seinem Verschwinden aus St. John's heißt es wörtlich: »In Neufundland erfuhren die Behörden von Thompsons früheren Machenschaften, für die er vom Gesetz bestraft werden sollte. Keating schmuggelte ihn jedoch auf ein nach England fahrendes Schiff, nachdem er von Thompson alle nötigen Informationen über das Versteck des Goldes erhalten hatte.«

Offenbar hatte der Reporter des *Victoria Daily Colonist* sein Wissen aus erster Hand, nämlich von Keatings zweiter Frau, Mrs. Brennan.

Eine andere Quelle beruft sich auf eine angebliche Aussage Keatings, Thompson habe sich nach Kalkutta abgesetzt. Vielleicht tauchte er auch in der Südsee unter, vielleicht in Samoa, wo er Gerüchten zufolge nach 1822 schon einmal eine Zeitlang gelebt haben soll.

Gleichviel, das Verschwinden Captain Thompsons bleibt rätselhaft. Auch Jack Fitzgerald konnte bei seinen 2004/2005 angestellten Nachforschungen in seiner neufundländischen Heimat keine Beweise für Thompsons Tod finden, weder in Archiven noch auf Friedhöfen.

John Keatings Schatzsucherfahrten

Am 25. Januar 1841 stachen John Keating und William Boag mit der Brigg *Edgecombe* in St. John's in See. Am Hafenkai winkten ihnen Elizabeth Keating, ihre damals neunjährige Tochter Margret und Angehörige der Familie Boag nach. Auch Kapitän Boags seemännisch erfahrener junger Sohn William Boag junior, Billy genannt, fuhr auf dem Schiff mit .

An Bord befanden sich eine englische Mannschaft, reichlich Proviant – und eine für Rio de Janeiro bestimmte Ladung Trockenfisch, um den wahren Grund für die lange Fahrt zu kaschieren. In Rio de Janeiro stieg noch Captain Gault hinzu, der von der Reederei Smith & Irwin aus Liverpool entsandte Firmenvertreter, der die Bergung und den sicheren Transport des Kokosinselschatzes überwachen sollte. Von Rio ging es über die Falklandinseln und um Kap Hoorn nordwärts in den Pazifik.

Am 18. Juni 1841 landete die *Edgceombe* auf der Kokosinsel, was in Lloyd's Shipping Records vermerkt ist.

Während Captain Gault zur Beaufsichtigung der mißtrauisch gewordenen Crew an Bord blieb, gingen Keating und Boag an Land und wagte sich in das Dschungeldikkicht vor. Anhand von William Thompsons Schatzkarte und seinen Anweisungen fanden sie tatsächlich den Limaschatz. Über die Lage des Verstecks kursieren verständlicherweise allerlei widersprüchliche Berichte, denn Keating und Boag waren bewußt auf Irreführung und Vertuschung bedacht. Inzwischen hatte die englische Mannschaft nämlich den Grund für die Landung auf der Kokosinsel erkannt und war vom Goldfieber gepackt worden.

Allgemein wird überliefert, Keating und Boag hätten bei ihrem Landgang im Juni 1841 eine vier mal fünf Meter große und außen von hohem Gras überwucherte Höhle entdeckt und das raffiniert verschlossene Eingangstor, eine schwenkbar Felsplatte, geöffnet. Im Höhleninnern seien sie geradezu von gleißenden, in Truhen und Leinsäkken verwahrten Schätzen geblendet gewesen: Die Höhle barg massenhaft Gold- und Silbermünzen, Goldbarren, Edelsteine, erlesenes Geschmeide, juwelenbesetzte Schwerter und kostbare Kirchenschätze, darunter die berühmte, 390 Kilogramm schwere goldene, mit 1684 Edelsteinen besetzte Madonnenstatue.

Aber da Keating und Boag aus Angst vor der goldgierig gewordenen Mannschaft um ihr Leben fürchteten, nahmen sie aus der Schatzhöhle nur soviele Goldmünzen und Edelsteine mit, wie sie am Leib tragen konnten und schmuggelten die in ihren Kleidertaschen und in zwei Säckchen versteckten Preziosen nachts heimlich an Bord. Sie konnten jedoch ihre fiebrige Erregung nicht verbergen, so daß die Mannschaft ihnen die Beteuerung, sie hätten nichts gefunden, nicht glaubte und offen mit Meuterei drohte, falls sie nicht die Lage des Schatzverstecks verraten würden. Da nützte es auch wenig, daß Keating, Boag und Gault darauf pochten, daß der Hauptanteil des Schatzes ohnehin den Geldgebern Smith & Irwin zustehen würde. Eine Gruppe von Meuterern ging selbst an Land, suchte aber vergeblich nach dem goldenen Hort.

Schließlich wandten die drei Kapitäne einen Trick an. Sie überredeten die aufsässige und angetrunkene Mannschaft, mit der *Edgecombe* zuerst hinüber nach Panama City zu fahren, um dort im britischen Konsulat einen rechtsgültigen Vertrag über die Verteilung des noch zu bergenden Schatzes zu schließen.

Während die *Edgecombe* draußen im Hafen von Panama City lag, passierte ein tödliches Unglück. Eines Abends wollten John Keating, William Boag, sein Sohn Billy Boag und zwei Matrosen von einem Landgang mit dem betakelten Beiboot zum Schiff zurückfahren. Plötzlich erfaßte ein schwerer Brecher das Boot und warf es um. Dabei ertrank Captain William Boag, während sich sein Sohn Billy schwimmend an Land retten und den britischen Konsul alarmieren konnte. Keating und den zwei anderen Männern gelang es, das gekenterte Boot am Mast aufzurichten und *die Edgecombe* zu erreichen.

Um Captain Boags Tod ranken sich allerlei widersprüchliche Gerüchte, die vielfach von Publizisten ungeprüft übernommen wurden und sich bis auf den heutigen Tag hartnäckig halten.

So kolportierte z. B. Charles B. Driscoll in seinem Buch *Dubloons*, Boag sei bereits im Küstengewässer der Kokosinsel ertrunken, weil ihn das schwere Gold in seinen Taschen unter Wasser gezogen habe.

In einer anderen Version heißt es, Keating und Boag hätten sich aus Angst vor den Meuterern nicht auf die *Edgecombe* zurückgetraut und im Urwald der Kokosinsel versteckt gehalten, bis sie davongesegelt sei. Im Streit um den Schatz habe Keating dann Boag ermordet.

Eine weitere Variante dieser Robinsonaden-Mär besagt, die beiden hätten sich auf der Kokosinsel notdürftig ein Boot gebaut, die riskante Fahrt zum Festland gewagt und nur einen kleinen Teil des Goldes mitgenommen, weil es ja noch Proviant und Wasservorräte tragen mußte. Unterwegs sei Boag todkrank geworden und gestorben, so daß Keating die Leiche der See übergeben hätte. Er habe dann mit dem Boot alleine die Küste von Panama erreicht und das eingewickelte Gold verbergen können. Auf einem Walfänger sei Keating dann nach Neufundland heimgekehrt, habe dort allerhand spanische Goldmünzen verkauft und damit den Grundstock seines Reichtums geschaffen. In St. John's habe man damals gemunkelt, Keating habe Boag unterwegs umgebracht, um nicht mit ihm das Wissen um die Schatzhöhle auf der Kokosinsel teilen zu müssen.

Da all dies in den Bereich der Mythen gehört, bedarf es hier einer Klarstellung, die durch Augenzeugenberichte und schriftliche Dokumente belegbar ist.

Es besteht kein Zweifel daran, daß Kapitän William Boag beim Kentern des Beiboots im Sommer 1841 vor Panama ertrunken ist. Sein Sohn Billy Boag selbst bezeugte das Unglück. Unmittelbar danach unternahm Billy mit Hilfe des britischen Konsuls eine Suchaktion, die einen makabren Beweis lieferte: Zwei Tage später wurde der rechte Arm seines Vaters an Land gespült – und auf dem Friedhof von Panama City bestattet.

Überdies schilderte John Keating später in St. John's den Tod William Boags gegenüber dessen Familie mit den Worten: »Er versank im Wasser und kam nicht mehr hoch. Die Haie haben ihn gefressen«. Der übriggebliebene rechte Arm des Ertrunkenen weist mehr als deutlich auf den Haifraß hin. Dennoch gibt es einen dunklen Punkt. Von Gewissensbissen geplagt, soll Keating der Witwe Boags reumütig gestanden haben, daß er Boag nach dem Wiederaufrichten des Beiboots verzweifelt über Bord stieß, um sich und seine zwei Kameraden zu retten. Denn das Beiboot war vollgelaufen und wäre unter der Last eines vierten Mannes gesunken. Vielleicht ist diese Notwehrreaktion die Ursache der später aufkommenden Gerüchte, Keating habe Boag umgebracht.

Als Billy Boag auf die *Edgecombe* zurückkehrte, fand er die Kabine seines Vaters durchwühlt und dessen Seemannskiste aufgebrochen. Der Dieb hatte fast den gesamten Inhalt gestohlen, auch das heimlich an Bord gebrachte Gold und die Schatzkarte von der Kokosinsel. Billy fand in der Kiste bloß noch einen Beutel mit 27 Edelsteinen, den der Dieb übersehen haben mußte. Wer immer der Täter war, er besaß nicht nur William Boags Schatzanteil, sondern auch dessen Schatzkarte.

Billy Boag wurde später in St. John's ein angesehener Bürger und 1856 Kapitän des Schiffes *J & C Jost.*

Billys Schwester wiederum heiratete den ehrenwerten Rechtsanwalt und Richter Charles Hutchings.

Deren Sohn Charles H. Hutchings, der Generalinspektor der neufundländischen Polizei wurde, veröffentlichte 1908 in der Zeitschrift *Newfoundland Quarterly* einen Artikel über die Schätze der Kokosinsel und ihren Bezug zu Neufundland. Bemerkenswerterweise enthüllte er dabei auch Familiengeheimnisse: einige von Kapitän William Boag geschriebene Seiten aus dem Logbuch der *Edgecombe* und Briefe von Billy Boag an seine Schwester.

Überdies besaß Hutchings zwei der Edelsteine aus William Boags Beutel.

Die Version von Captain William Boags Tod durch Ertrinken bestätigt überdies ein Mr. N. Stuart Fraser, der sich als Boags Ururenkel bezeichnet und in einer 1997 gesendeten E-Mail an den damals in Costa Rica ansässigen Kokosinselforscher Peter Disch-Lauxmann wörtlich schreibt: »My great grandfather maternal was Captain W. Boag on the brig Edgecombe who arrived at Cocos on June 9 1841 with a man Keating armed with a map. Reportedly found the treasure and took some samples. On board the ship the crew wanted equal shares. The crew refused to work the ship. Capt. Boag with the help of his son was able to reach Panama but was drowned going ashore in a small boat. When his effects were sent home to Newfoundland there were twenty seven stones, one of which is in the possession of my sister.«

Demzufolge besitzt also die besagte Schwester von Mr. Fraser und Kapitän Boags Ururenkelin heute noch einen der 27 Edelsteine von der Kokosinsel.

Hinsichtlich des weiteren Schicksals der *Edgecombe* ist ebenfalls eine Klarstellung angebracht. Es wird oft behauptet, die Brigg sei nach der Abfahrt von der Kokosinsel vor Kap Hoorn anno 1841 in einem Sturm mit Mann und Maus gesunken – ein Irrtum.

Captain Gault kreuzte mit der *Edgebcombe* im Golf von Panama, wo er auf den Perleninseln eine Ladung Perlmuscheln aufnahm. Er starb im Sommer 1842 an einem giftigen Insektenstich und wurde auf dem Friedhof von Panama City bestattet, unweit von Captain Boags begrabenem Arm. Ob die Crew 1841/42 noch eine weitere Schatzsuche auf der Kokosinsel unternommen hatte, ist nicht bekannt. Im August 1842 verließ die *Edgecombe* unter ihrem neuen Kapitän Braithwaite Panama und segelte zurück nach Liverpool, wo sie laut Lloyd's Schiffsregister am 22. Oktober 1842 ankam. Ferner verzeichnet Lloyd's weitere Handelsfahrten der *Edgecombe*: 1843 nach Havanna und 1844 nach Afrika.

Unterdessen schlug sich John Keating von Panama auf Umwegen nach Neufundland durch, wobei es ihm gelang, das in seinem Gepäck mitgeführte Schatzgold stets verborgen zu halten. Er besorgte sich in Panama City zwei Maultiere samt Führer und durchquerte mit ihnen den Isthmus von Panama zur Atlantikseite, wo er auf einem nach Kanada fahrenden Schiff anheuerte.

In St. John's verkaufte Keating, wie er 1878 schrieb, »das Gold aus dem Schatz für 1300 Pfund Sterling« – eine vermutlich untertriebene Wertangabe. Kenner beziffern den Wert des im Juni 1841 von Keating von der Kokosinsel geholten Goldes zwischen 7000 und 110.000 US-Dollar. Das war so oder so ein beachtliches Vermögen, wenn man bedenkt, daß seinerzeit ein Seemann eine jährliche Heuer von etwa 130 US-Dollar bekam.

Bekannt ist auch, welche Preise damals alte spanische Goldmünzen in Neufundland erzielten. Laut *Newfoundland Directory* von 1871 zahlte man für eine Golddublone 15 Dollar und für eine Vierteldublone 3,80 Dollar.

Sichtlich bestrebt, vorerst nichts von seinem Reichtum öffentlich verlauten zu lassen, fuhr John Keating auf Handelsschiffen neufundländischer Reeder wieder zur See: Ende 1842 als Kapitän der *Customer*, und am 9. Oktober 1844 übernahm er das Kommando auf der *Atlanta*.

Doch der Gedanke, daß der Großteil des Limaschatzes noch ungeborgen auf der Kokosinsel lag, ließ ihm keine Ruhe. Er gewann John Stewart, den Teilhaber der Stewart Shipping Company in St. John's, für den Plan, eine neue Schatzsucherfahrt zu organisieren.

Im Mai 1845 fuhr Keating mit *The North America*, einem von Stewarts Schiffen, von Nova Scotia nach Panama. Dort kaufte Keating einen 120-Tonnen-Schoner namens *Red Gauntlet* und heuerte eine Mannschaft an, der er weismachte, er wolle im Golf von Panama Perlenfischerei betreiben und bei einer Zwischenlandung auf der Kokosinsel Wasser und Proviant aufnehmen. Aber dummerweise begegnete er einem kanadischen Landsmann, der von Keatings einstigem Schatzfund munkeln gehört hatte und das Gerücht überall ausplauderte. Somit wußte die Mannschaft, was Keating wirklich beabsichtigte. Was dann geschah, schilderte Keating in einem 1878 verfaßten Erlebnisbericht.

Sein erster Versuch, die Kokosinsel wiederzufinden, schlug fehl. Von widrigen Winden und Strömungen abgetrieben, kehrte sein Schoner nach 15 Tagen in den Hafen von Puntarenas zurück.

Auf der zweiten Fahrt klappte die Landung. Kaum daß der Schoner an der Nordküste der Kokosinsel vor Anker gegangen war, brach die Meuterei aus. Während eines nächtlichen Rumgelages an Bord forderte der Rädelsführer von Keating mit vorgehaltener Pistole, die Mannschaft am nächsten Tag zum Schatzversteck zu führen. Deshalb hegte Keating Fluchtgedanken und nahm vorsorglich eine Überlebensausrüstung samt Utensilien zum Feuermachen mit, als er mit der Crew am nächsten Morgen in der Waferbucht an Land ging. Plötzlich entfloh er ins Urwalddickicht. Die übertölpelten Meuterer suchten ihn vier Tage lang, konnten ihn aber nicht aufstöbern und segelten schließlich fluchend mit dem Schoner davon.

Ganz alleine auf der Kokosinsel, erging es Keating nun wie Robinson Crusoe. In den ersten beiden Tagen ernährte er sich von Fischen, Eiern und Kokosnüssen und ab dem dritten Tag vom gebratenen Fleisch einer erlegten Meeressschildkröte.

Er fand die Limaschatzhöhle wieder und entnahm daraus Goldmünzen, die er mit Nadel und Zwirn in seine Kleidung einnähte. Sie hatten laut seiner eigenen Aussage einen Wert von 2800 Pfund Sterling, mehr konnte er nicht mitnehmen, wenn er nicht im Falle seiner Rettung auffallen wollte. Das lange Warten auf ein Schiff machte ihn depressiv und schier verrückt, doch er hatte Glück. Am achtzehnten Tag landete ein Walfänger zum Wasserholen und erlöste ihn von seiner Robinsonade.

Zurück in Panama, fand Keating eine Schiffspassage via New York nach Nova Scotia, wo er mit einem Frachter nach Neufundland übersetzte.

In Neufundland halfen ihm gute Freunde beim Verkauf der spanischen Goldmünzen. Der eine war der politisch engagierte Geschäftsmann Charles Fox Bennett, der in St. John's eine Schiffsbauwerft und eine Brauerei besaß. Der andere Vermittler war der in Harbour Grace ansässige Holz- und Fisch-Exportkaufmann Robert Trapnell, der bezeichnenderweise später ins Juweliergeschäft einstieg und 1871 als Trauzeuge bei Keatings zweiter Ehe fungierte. Einen Teil des Erlöses steckte Keating 1845 in ein Geschäft in Nova Scotia. Außerdem investierte er in eine Fischkonservenfabrik und beteiligte sich an einem Handelsschiffahrtsunternehmen in Port aux Basques, einem Hafenort an der Südostküste Neufundlands, wo seine Brüder und ihre Familien lebten. Keatings Frau Elizabeth konnte es sich fortan leisten, wohltätige Werke zu verrichten.

Möglicherweise sind noch Goldmünzen, die Keating von der Kokosinsel mitbrachte, vorhanden – und zu besichtigen. Im Nationalmuseum von Neufundland glänzen in einer Vitrine einige spanische Dublonen aus dem Jahr 1820. Sie wurden zusammen mit anderen Relikten aus dem Wrack des Fähr- und Postschiffs *Falcon* geborgen, das zwischen Neufundland und Nova Scotia verkehrte und 1851 bei dem neufundländischen Hafenort Ferryland unterging. Der Mann, der das Wrack schleunigst bergen ließ, war ausgerechnet Keatings Geschäftsfreund Charles Fox Bennett. Es scheint, als habe Mr. Bennett einen Pakken Dublonen aus dem Limaschatz mit der *Falcon* an einen Käufer in Nova Scotia schicken wollen und es deshalb so eilig mit der Bergung des Fährschiffs gehabt – das Keating übrigens selbst oft zu benutzen pflegte.

Bald nach Keatings Rückkehr von seiner zweiten lukrativen Kokosinsel-Fahrt machten Gerüchte über den neuen Schatzfund weithin die Runde, was ihm den Beinamen *Keating von der Kokosinsel* eintrug und ihn fortan zu einem mißtrauischen Mann machte. Man munkelte gar, er habe einen Teil der Goldmünzen in der Grabstätte der römisch-katholischen Familie Keating auf dem Friedhof Belvedere in St. John's verbuddelt. In der Nähe befinden sich auch die Grabstätten der Familien Boag und Hutchings.

In den nächsten Jahren erlitt John Keating zwei Schicksalsschläge. Seine Tochter Margaret starb im März 1849 im zarten Alter von 18 Jahren an Tuberkulose. Und seine Frau Elizabeth verschied im Januar 1855. Beide liegen auf dem Friedhof Belvedere begraben, wovon noch verwitterte Grabsteine mit lesbaren Inschriften zeugen.

Im Winter 1868 begegnete Keating einem Landsmann, der für künftige Schatzsuchergeschichten um die Kokosinsel eine Schlüsselrolle spielen sollte: Nicholas Fitzgerald (1839-1907).

Er stammte aus Keatings Geburtsort Harbour Grace und war als Kapitän im Fischereigewerbe Labradors tätig, als er 1868 mit seinem Schoner *George T. Fogg* in eine riesige, von Labrador südwärts driftende Treibeisschicht geriet und festsaß. Erst nach zwei Wochen fand er eine Fahrrine und konnte sich mit seinem Schoner nach Codroy manövrieren, einem damals 400 Einwohner zählenden neufundländischen Fischerdorf an der Cabot-Straße. Dorthin hatten sich noch einige andere Mannschaften durchgeschlagen, die ihre vom Treibeis eingeschlossenen und beschädigten Schiffe aufgeben mußten.

Die Schiffbrüchigen hausten in Codroy elend, lädiert und hungernd in einem baufälligen, vereisten Haus. Einer von ihnen war ein 60jähriger Seemann, der in Segeltücher eingewickelt schwerkrank darniederlag. Kapitän

Fitzgerald versorgte die angeschlagenen Männer mit seinem Schiffsproviant und kümmerte sich besonders um den dahinsiechenden Alten, bis dieser dank der Kost und Pflege allmählich genas – es war John Keating, ebenfalls dem Treibeis entronnen.

Aufgrund seiner Rettung faßte Keating tiefes Zutrauen zu Nicholas Fitzgerald, der bereits wußte, daß es sich um den bekannten *Keating of Cocos Island* handelte. Als sich danach ihre Freundschaft festigte, schlug Keating ihm vor, gemeinsam eine neue Schatzsucherfahrt zur Kokosinsel zu wagen. Aber Nicholas Fitzgerald sträubte sich dagegen, denn er kannte das noch immer nicht verstummte böse Gerücht, Keating habe anno 1841 William Boag umgebracht, und fürchtete, es könne ihm bei einer neuen Expedition zur Kokosinsel ebenso ergehen. Die Fahrt kam nicht zustande. »Denn ich dachte«, so schrieb Captain Fitzgerald später, »es sei lebensgefährlich, mit ihm alleine loszuziehen. Für das Verschwinden von Boag konnte er mir nämlich keine zufriedenstellende Erklärung liefern.« Abgesehen davon wollte Nicholas Fitzgerald nicht das Risiko einer so langen Reise eingehen, weil er zuhause sechs Kinder zu versorgen hatte (wovon zwei anno 1870 nacheinander an Keuchhusten starben).

Immerhin schenkte Keating ihm aus Dankbarkeit für seine selbstlose Fürsorge in Codroy eine Schatzkarte von der Kokosinsel und weihte ihn in Details ein. Gemäß ihrer Vereinbarung bewahrte Fitzgerald über die sogenannten *Keating-Fitzgerald-Dokumente* bis zu Keatings Tod Stillschweigen. Doch danach sollten sie Aufsehen erregen.

Am 5. Juli 1871 heiratete der nun 63 Jahre Witwer John Keating ein zweites Mal, eine vierzigjährige Frau namens Elizabeth Woods.
Vermutlich zog Keating mit seiner zweiten Frau und einigen Familienangehörigen nach North Sydney, einem Hafenstädtchen auf der zu Nova Scotia gehörenden fjordreichen Kap-Breton-Insel. Hier sprechen viele Bewohner noch den gälischen Dialekt der schottischen Einwanderer. Nova Scotia selbst weist eine weitere ethnologische Besonderheit auf: auf der Halbinsel leben noch 22.000 indianische Ureinwohner vom Volk der Micmac.

Um 1880 plante Keating eine dritte Schatzsuche. Damit beauftragte er Captain Thomas Hackett, einen Jugendfreund aus Harbour Grace, dem er vertraute und eine Schatzkarte und dazugehörige Aufzeichnungen überließ. Doch auf dem Weg zur Kokosinsel starb Thomas Hackett in Havanna an Gelbfieber. In seiner nach Neufundland zurückgeschickten Seemannskiste fand man die Dokumente, die dann sein Bruder Fred M. Hackett, ein in Vancouver lebender Kapitän, erbte.

Offensichtlich hatte Keating in seinen letzten Lebensjahren oft Streit mit Familienangehörigen, weil sie ihm partout Einzelheiten über die Lage der Kokosinselschätze entlocken wollten, wogegen er sich hartnäckig sträubte. Aufschlußreich ist sein Konflikt mit seinem Stiefsohn Richard Young, der aus den Schatzinformationen des Alten Kapital zu schlagen versuchte. Darum sah sich Keating zu einer warnenden Presseerklärung genötigt, die er am

1. Dezember 1880 in der neuschottländischen Lokalzeitung *Herald of North Sydney* veröffentlichte. Sie lautete:

»Hiermit wird bestätigt, daß ich alle Papiere und Informationen, die ich je besessen habe und die erforderlich sind, um den Schatz auf der Kokosinsel zu finden, Thomas Hackett übergeben habe, und daß weder Richard Young noch sonst irgend jemand Informationen besitzt, die ihn in die Lage versetzen könnten, besagten Schatz zu finden.

Gezeichnet: John Keating.

Zeuge: Geo. B. Ingraham [Sheriff von Cape Breton] «

Auf seinem Sterbebett gab Keating dann doch noch eine Erklärung zu seinen Schatzfunden auf der Kokosinsel ab. Dieses kurze Statement vom 6. August 1882 ließ er von zwei Zeugen, Matthew Hendrikson und Captain John Phillips, ehemaligen Nachbarn in St. John's, beglaubigen.

Eine Woche nach der Niederschrift starb John Keating am 15. August 1882 im Alter von 74 Jahren. Die in der *Newfoundland Gazette* erschienene Todesanzeige vermerkt jedoch nicht, an welchem Ort er starb.

Auf der falschen Spur

Viele Indizien sprechen dafür, daß John Keating aufgrund der Familienzwiste absichtlich Schatzkarten mit falschen Lagebeschreibungen anfertigte, um die Verwandten zu täuschen – sei es, weil sie insgeheim beabsichtigten, die Papiere bzw. Abschriften davon teuer zu verkaufen oder weil sie mit dem Gedanken spielten, eines Tages selbst Schatzsucherfahrten zu organisieren.

Diesen Verdacht äußerte u. a. Captain Jack Fitzgerald, als er nach Keatings Tod dessen Familie in North Sydney aufsuchte und die im Nachlaß befindlichen Schatzpapiere inspizierte. Er glaubte beispielsweise, daß Keating als Fundort bewußt falsche Buchten genannt habe.

Erst 1894 plauderte Nicholas Fitzgerald sein Wissen in mehreren Briefen an interessierte Engländer, darunter an Admiral Curzon-Howe aus.

So lieferte Fitzgerald auch eine detaillierte, allerdings fragwürdige Lagebeschreibung der Limaschatzhöhle in der Chathambucht.

Unter anderem schrieb er: »Wenn die Höhle ohne Sprengung und Gewalt geöffnet wird, kann man sehen, daß es sich um eine geniale Konstruktion handelt, die wahrscheinlich von peruanischen Spezialisten erdacht und ausgeführt wurde. Nach Keatings Schilderung hat die Höhle eine Abmessung von 12 mal 15 Fuß im Quadrat mit ausreichend Höhe. Der Eingang ist von einem Stein verschlossen, der sich herumschwenken läßt und dadurch eine Öffnung freigibt, durch die man in die Höhle kriechen kann. Sobald der Stein wieder zurückgeschwenkt wird, ist von außen nichts mehr erkennbar. Keating sagte mir, daß er beim ersten Mal keine Schwierigkeiten hatte, den Eingang zu finden, doch beim zweiten Besuch hätte es inzwischen einen Erdrutsch gegeben.«

Offenbar hatte Keating bei einem dieser Besuche auch Merkzeichen auf einem Felsblock eingemeißelt: sein Initial »K«, den auf einen Baum zeigenden Pfeil und die Stiefel.

Besonders erpicht auf die Bergung der Kokosinselschätze war Keatings Witwe. Sie heiratete später den Fischkonservendosenhersteller James W. Brennan. Fortan lautete ihr Name Mary Brennan, vielleicht aufgrund ihres zweiten Vornamens.

Sie besaß aus Keatings Nachlaß eine Schatzkarte und diesbezügliche Notizen, die sie alle für echt hielt. Diese Papiere sollten Mary später zu einer gemeinsamen Schatzsucherexpedition mit Fred M. Hackett anregen.

So kamen von den Schatzkarten aus Keatings Familie und von der Karte von Nicholas Fitzgerald eine Menge Kopien bzw. Falsifikate in Umlauf, die noch jahrzehntelang von Hand zu Hand gehen sollten und Glücksritter stets aufs neue zu Expeditionen animierten (siehe die Darstellung *»Der Weg der Limaschatzkarten«*).

Die Originale der *Keating-Fitzgerald-Papiere* verschwanden indes aus dem Nachlaß von Nicholas Fitzgerald, der am 31. Mai 1906 im Alter von 68 Jahren starb.

Auch Richard Young wähnte sich – ungeachtet des öffentlichen Dementis seines Stiefvaters Keating – im Besitz einer authentischen Schatzkarte und stichhaltiger Informationen.

Deshalb fährt August Gissler 1892 zu Richard Young nach Boston und kauft dem geheimniskrämerischen, im Hospital liegenden Schlitzohr nach langem Feilschen eine Schatzkarte und verschiedene Papiere John Keatings ab. Darunter ist jene Erklärung, die Keating am 6. August 1882 auf dem Sterbebett niederschreiben und von zwei Zeugen beglaubigen ließ.

Gissler ist perplex, als er dieses Schriftstück liest. Darin stehen Informationen, die Keatings eigene Schatzkarte betreffen:

»An dem auf der Karte als Nr. 1 bezeichneten Ort findet man eine Höhle, die über der Erde und nicht unter der Erde liegt. Das Gras wächst in gleicher Höhe, so daß man die Höhle selbst dann nicht sieht, wenn man davorsteht. Es dauerte einige Zeit, bis ich sie fand und bemerkte, daß ich mit dem Rücken an der Felsplatte lehnte, die als Eingangstor dient. Ich öffnete die Pforte und entnahm Schätze im Wert von 1300 Pfund Sterling, die ich in Kleidungsstücke wickelte. Dann verschloß ich die Schatzhöhle wieder und nahm den gleichen Rückweg wie vor vier Jahren. Zu diesem Zeitpunkt war niemand bei mir. Ich hatte das Schiff an jenem Tag alleine verlassen und kehrte alleine an Bord zurück. Von der Mannschaft wußte niemand, daß ich das Gold gefunden hatte, und wenn sie es herausbekommen hätte, wäre mein Leben in großer Gefahr gewesen .. «

Diese Schilderung bezieht sich auf Keatings Fahrten zur Kokosinsel in den Jahren 1841 und 1845, als er jeweils kleinere Mengen Gold holte, und zwar aus der auf der Karte als Versteck Nr. 1 markierten Limaschatzhöhle mit dem schwenkbaren Eingangstor.

Aber dem folgt als Clou die Beschreibung eines zweiten Schatzverstecks, das Keating unberührt ließ, um nicht durch eine weitere mitgeführte Goldlast aufzufallen. Dieser vergrabene Schatz läge bei Morgan's Point bei einem Flußufer der Ankerbucht und bestünde aus »drei mit Goldmünzen gefüllten Behältern im Wert von fünf Millionen Dollar.« Mit Morgan's Point ist die heute Punta Presidio genannte Landspitze oberhalb der Waferbucht gemeint.

Keatings Erklärung endet mit den Worten:

»Dies ist meine letzte und volle Erklärung, so wahr mir Gott helfe. Gezeichnet John Keating.

Zeugen: Matthew Hendrikson und Captain John Phillips«

Es stellt sich die Frage, ob Keatings Hinweis auf das Schatzversteck Nr. 2 der Wahrheit entsprach. Oder war es eine Finte des alten Fuchses, um künftige Schatzsucher und Schatzkartenkäufer, darunter vielleicht Familienangehörige, zu narren. Vielleicht hat sich Keating noch auf dem Sterbebett diebisch über die Irreführung gefreut.

Doch noch hat August Gissler keinen Grund, argwöhnisch zu sein. Angesichts derartiger Enthüllungen ist er so faziniert, daß er Richard Young für Keatings Dokumente den stolzen Preis von 700 Dollar zahlt – eine Summe, die damals dem Jahressalär eines Richters entprach.

Gleich darauf organisiert Gissler in den USA eine zehnköpfige Expedition. Das Team fährt 1893 mit dem

Dampfer *City of Para* von New York nach Panama, überquert den Isthmus und setzt mit dem Postdampfer *Acapulco* zur Kokosinsel über. Mit dem Kapitän vereinbart Gissler, daß ein anderes Schiff dieser Linie, der Pacific Mail Steamship Company, sie nach zwanzig Tagen abholt.

Aber schon nach einer Woche vergeblicher Schatzsuche stellt sich heraus, daß Youngs Unterlagen nichts taugen – in dem angegebenen Bereich in der Chathambucht findet sich nirgendwo eine Schatzhöhle. Keatings Warnung vor den Machenschaften seines Stiefsohns war wohl doch begründet gewesen,

Entsprechend frustriert verläßt die Gruppe mit dem Postdampfer *San Blas* die Kokosinsel und kehrt schließlich nach New York zurück. In Boston liest Gissler dem windigen Mr. Young die Leviten, doch was hilft's!

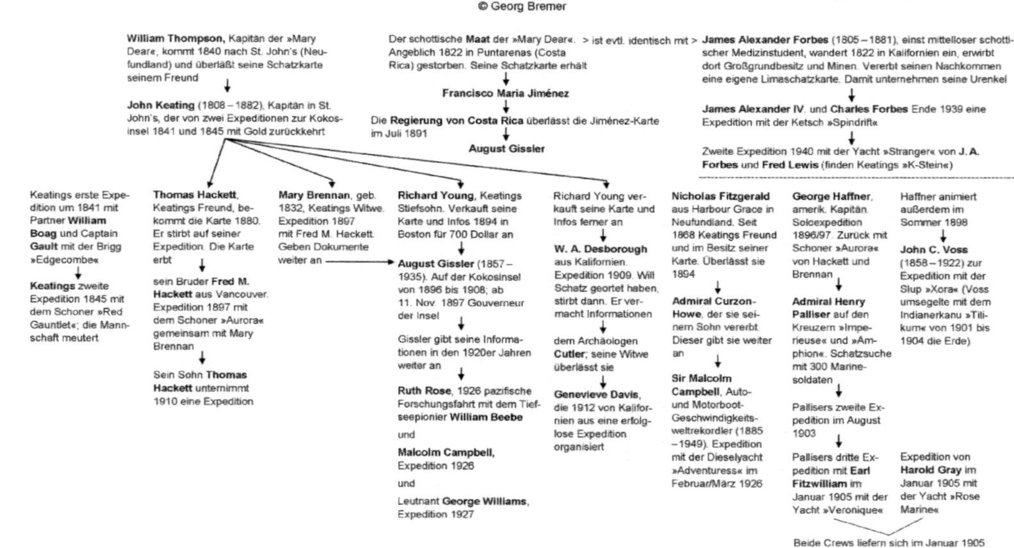
DER WEG DER LIMASCHATZKARTEN (Raub des Limaschatzes durch die »Mary Dear« im August 1821)
© Georg Bremer
William Thompson, Kapitän der »Mary Dear«, kommt 1840 nach St. John's (Neufundland) und überläßt seine Schatzkarte seinem Freund
John Keating (1808 – 1882), Kapitän in St. John's, der von zwei Expeditionen zur Kokosinsel 1841 und 1845 mit Gold zurückkehrt
Der schottische Maat der »Mary Dear«. Angeblich 1822 in Puntarenas (Costa Rica) gestorben. Seine Schatzkarte erhält
> ist evtl. identisch mit >
Francisco Maria Jiménez
Die Regierung von Costa Rica überlässt die Jiménez-Karte im Juli 1891
August Gissler
James Alexander Forbes (1805 – 1881), einst mittelloser schottischer Medizinstudent, wandert 1822 in Kalifornien ein, erwirbt dort Großgrundbesitz und Minen. Vererbt seinen Nachkommen eine eigene Limaschatzkarte. Damit unternehmen seine Urenkel
James Alexander IV. und Charles Forbes Ende 1939 eine Expedition mit der Ketsch »Spindrift«
Zweite Expedition 1940 mit der Yacht »Stranger« von J. A. Forbes und Fred Lewis (finden Keatings »K-Stein«)
Keatings erste Expedition um 1841 mit Partner William Boag und Captain Gault mit der Brigg »Edgecombe«
Keatings zweite Expedition 1845 mit dem Schoner »Red Gauntlet«; die Mannschaft meutert
Thomas Hackett, Keatings Freund, bekommt die Karte 1880. Er stirbt auf seiner Expedition. Die Karte erbt
sein Bruder Fred M. Hackett aus Vancouver. Expedition 1897 mit dem Schoner »Aurora« gemeinsam mit Mary Brennan
Sein Sohn Thomas Hackett unternimmt 1910 eine Expedition
Mary Brennan, geb. 1832, Keatings Witwe. Expedition 1897 mit Fred M. Hackett. Geben Dokumente weiter an
Richard Young, Keatings Stiefsohn. Verkauft seine Karte und Infos 1894 in Boston für 700 Dollar an
August Gissler (1857 – 1935). Auf der Kokosinsel von 1896 bis 1908; ab 11. Nov. 1897 Gouverneur der Insel
Gissler gibt seine Informationen in den 1920er Jahren weiter an
Ruth Rose, 1926 pazifische Forschungsfahrt mit dem Tiefseepionier William Beebe
und
Malcolm Campbell, Expedition 1926
und
Leutnant George Williams, Expedition 1927
Richard Young verkauft seine Karte und Infos ferner an
W. A. Desborough aus Kalifornien. Expedition 1909. Will Schatz geortet haben, stirbt dann. Er vermacht Informationen
dem Archäologen Cutler; seine Witwe überlässt sie
Genevieve Davis, die 1912 von Kalifornien aus eine erfolglose Expedition organisiert
Nicholas Fitzgerald aus Harbour Grace in Neufundland. Seit 1868 Keatings Freund und im Besitz seiner Karte. Überlässt sie 1894
Admiral Curzon-Howe, der sie seinem Sohn vererbt. Dieser gibt sie weiter an
Sir Malcolm Campbell, Auto- und Motorboot-Geschwindigkeitsweltrekordler (1885 – 1949). Expedition mit der Dieselyacht »Adventuress« im Februar/März 1926
George Haffner, amerik. Kapitän. Soloexpedition 1896/97. Zurück mit Schoner »Aurora« von Hackett und Brennan
Admiral Henry Palliser auf den Kreuzern »Imperieuse« und »Amphion«. Schatzsuche mit 300 Marinesoldaten
Pallisers zweite Expedition im August 1903
Pallisers dritte Expedition mit Earl Fitzwilliam im Januar 1905 mit der Yacht »Veronique«
Haffner animiert außerdem im Sommer 1898
John C. Voss (1858 – 1922) zur Expedition mit der Slup »Xora« (Voss umsegelte mit dem Indianerkanu »Tilikum« von 1901 bis 1904 die Erde)
Expedition von Harold Gray im Januar 1905 mit der Yacht »Rose Marine«
Beide Crews liefern sich im Januar 1905 eine Schatzsucherschlacht

Gissler wirbt Siedler an

Nach dem neuen Fehlschlag sieht Gissler endgültig ein, daß kostspielige Expeditionen nichts einbringen. Aufgeben kommt für ihn freilich nicht in Frage, zu sehr hat ihn die geheimnisvolle Insel schon in den Bann gezogen. Um doch noch ans Ziel zu gelangen, besinnt er sich wieder auf seinen Plan, eine dauerhafte Besiedlung mit einer langfristigen Schatzsuche zu verbinden. Und beschließt, alles auf eine Karte zu setzen.

Bald ist Gissler wieder in Costa Rica, wo gerade der neugewählte Präsident Rafael Yglesias (reg. 1894-1902) sein Amt angetreten hat. Zur Audienz empfangen, erläutert er Yglesias, warum die ihm 1891 erteilte Konzession nicht fruchtete. Ohne die Garantie großzügiger Eigentumsrechte ließen sich keine Auswanderer für das Inselprojekt gewinnen. Er sei jedoch bereit, in Deutschland eine neue Anwerbungskampagne zu starten, wenn die costaricanische Regierung seine Bedingungen erfülle. »Ich verlangte die Hälfte der Insel als Schenkung für mich selbst, und die andere Hälfte sollte in Parzellen unter den Siedlern aufgeteilt werden, die ich herbringen wollte«, berichtet Gissler. Eine kühne Forderung, die praktisch auf eine autonome deutsche Kolonie hinauslief!

Aber da der neue Staatschef ein reformfreudiger Politiker ist, dem besonders die Förderung der Landwirtschaft am Herzen liegt, akzeptiert er nach sorgfältiger Prüfung alle Bedingungen. Dabei spielen auch gegenseitige Sympathien eine Rolle. Gissler schätzt den aufrechten Charakter dieses Präsidenten. Und Don Yglesias sieht in Gissler einen willensstarken Organisator und Alleskönner.

Schließlich hatte er schon seine Fähigkeiten als Seemann, Pflanzer, Jäger, Handwerker und Führer und Kapitalbeschaffer von vier Expeditionen unter Beweis gestellt. Darüber hinaus kannte niemand die Kokosinsel so gut wie Gissler.

So schließt Yglesias' Regierung 1894 mit Gissler einen neuen Vertrag, der auch sein Vorrecht zur Schatzsuche einschließt. Es enthält freilich eine Klausel: von den erhofften Schatzfunden beansprucht der Staat ein Drittel.

Derart angespornt, reist Gissler 1894 nach Deutschland und wirbt unermüdlich für sein Kolonisierungsprojekt. Man darf annehmen, daß er die Kokosinsel so anpries, wie er es in einem am 20. November 1904 in der *New York Times* erschienenen Interview tat: »Der Boden ist reich, die Vegetation ist üppig, die Wälder sind prächtig und voller wilder Schweine. Es gibt massenhaft Zedern, ein ungemasertes Holz, aus dem sich feine Bleistifte machen ließen. Das Trinkwasser ist das reinste der Welt.«

Diesmal findet er in seiner Heimat Gehör. Neun deutsche Familien und drei Junggesellen entschließen sich zur Auswanderung. Neben romantischen Vorstellungen von einem tropischen Naturparadies lockt sie die Garantie auf stattlichen eigenen Grundbesitz und die Aussicht, durch Schatzfunde steinreich zu werden.

Genauso glücklich wie über diese Resonanz ist Gissler, als er in Deutschland die Frau seines Lebens findet.

Über ihren Namen und ihre Herkunft streiten sich die Gelehrten. Einigen Quellen zufolge heißt sie Clara und mit Mädchennamen Hansen und stammt aus Stettin. In anderen Quellen wird sie als Mary und Amerikanerin ausgegeben. Dem Autor liegen jedoch authentische Dokumente vor, die eindeutige Angaben über das Ehepaar Gissler samt Personendaten und Physiognomien enthalten. Es sind zwei in New York handschriftlich ausgefüllte Schiffseinreiseformulare vom 11. Juni 1908 und vom 7. Februar 1911. Auf beiden Formularen sind der Name Mary Gissler und als Staatsangehörigkeit deutsch, aber zwei verschiedene deutsche Geburtsorte verzeichnet, einmal Stecken (vermutlich Stettin, was auf einen Hörfehler des Beamten vom Immigration Service zurückgehen mag) und einmal Ellwangen, die badische Stadt an der Jagst.

Wahrscheinlich ist ihr deutscher Vorname Maria, und in Amerika nennt sie sich dann Mary. Bleiben wir also beim dem Namen Mary Gissler. Um 1869 geboren, ist sie ca. 12 Jahre Jünger als ihr Ehemann und eine charmante, brünette Frau mit braunen Augen. Mary bewundert die Tatkraft des rauschebärtigen Hünen und läßt sich von seinem Pioniergeist anstecken. Keine Frage, mit ihm will sie auf der fernen Insel leben! Gissler wiederum schätzt Marys Mut und Charakterstärke, ihre hausfraulichen Tugenden und Kochkünste.

Bald nach der Trauung verlassen sie die Heimat und brechen zu ihrer Hochzeitsreise ans Ende der Welt auf. Mary nimmt dabei ihre Aussteuer mit, zu der feines Leinen, Tafelgeschirr und böhmische Kristallgläser gehören. Bei aller Abenteuerlust möchte sie in der Wildnis doch nicht die Atmosphäre eines trauten Heims missen. Mit ihnen fahren zunächst fünf Ehepaare über den Atlantik, die anderen Siedler wollen in ein paar Monaten nachkommen.

Im September 1894 geht die Gruppe in New York von Bord. Vor der Weiterreise sorgt Gissler dort noch für den finanziellen Grundstock der künftigen Inselkolonie. Im Oktober 1894 gründet er die Aktiengesellschaft »The Cocos Island Plantation Company« und gibt 200 von »President August Gissler« unterzeichnete Zertifikate à 500 Dollar heraus. Was die Anleger zu ihrem Kauf verlockt, ist weniger die Dividende aus dem Gemeinschaftsgewinn der Kolonisten als die Aussicht auf immense Profite im Fall von Schatzfunden.

Von dem Erlös der Wertpapiere kauft Gissler in New York Baumaterial, Werkzeuge und Saatgut und anschließend in Panama allerlei Pflänzlinge und Geflügel: Hühner, Enten und Truthähne. Das alles wird samt der beträchtlichen Ausrüstung auf den Pazifik-Postdampfer *Costa Rica* verfrachtet, der das Ehepaar Gissler und die erste Siedlergruppe am 13. Dezember 1894 auf der Kokosinsel absetzt.

Die Namen von Gisslers erster Siedlergruppe stehen in einem Artikel über erfolglose Schatzsucher auf der Kokosinsel (»Unsuccessful Treasure Hunters«) in der *New York Times* vom 24. August 1902, und zwar »Frau Fischer, Herr und Frau Laube und ihre zwei Kinder, Herr und Frau Meier, Herr und Frau Pfeiffer, die Herren Lang und Straube und Herr Gissler selbst«

Stevensons letzte Jahre auf Samoa

Zehn Tage bevor die deutschen Kolonisten auf ihrer Schatzinsel landen, stirbt am 3. Dezember 1894 Robert Louis Stevenson auf einer weit entfernten anderen Pazifikinsel.

Stevenson war nach seiner Australienfahrt im Oktober 1890 wieder nach Samoa zurückgekehrt. Mit ihm reisten seine aus Honolulu gekommene Stieftochter Isobel, ihr Ehemann Joe Strong und ihr Sohn Austin.

Isobel steht ihm fortan als treue Sekretärin zur Seite. Aufgrund ihres rassigen südländischen Aussehens vermuten die Samoaner anfangs, Isobel sei seine uneheliche Tochter und aus einem Verhältnis mit einer Marokkanerin hervorgegangen – ein Gerücht, das Stevenson aus Jux nährt. Seine Mutter Maggie, seine Frau Fanny und sein Stiefsohn Lloyd Osbourne vervollständigen den siebenköpfigen Familienclan, der sich auf der samoanischen Hauptinsel Upolu niederläßt. Hier verbringt Robert Louis Stevenson die letzten vier Jahre seines Lebens, die glücklichsten.

Er hatte im Januar 1890 auf Upolu den 125 Hektar großen Landsitz *Vailima* gekauft, der vier Kilometer südlich des Haupt- und Hafenorts Apia und zu Füßen des Urwaldberges Mount Vaea liegt. Vailima heißt »fünf Bäche«, und außer diesen Wasserläufen gehören zu der verwilderten Domäne Wasserfälle, tiefe Schluchten, ein Kliff, ein altes Eingeborenen-Fort, Palmwälder, viele Bananenstauden und riesige Banyanbäume, in deren Wipfel fliegende Hunde segeln.

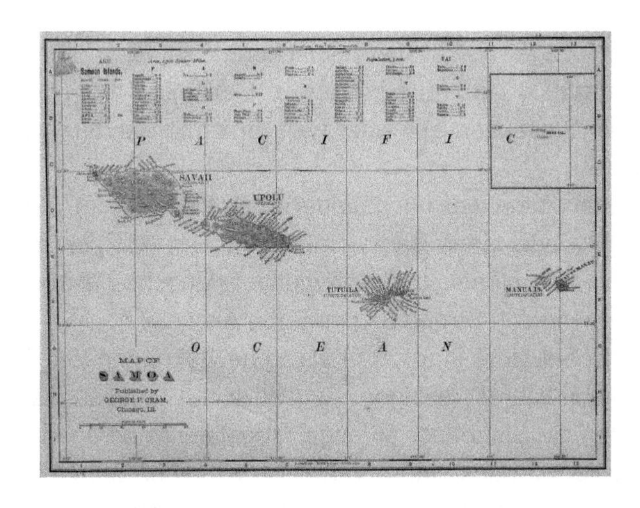

Karte der Samoa-Inseln von 1896

Quelle: Chromograph map of Samoa – George Cram 1896 {PD-old}

Mit seinen Angehörigen baut er, beginnend im Januar 1891, ein stattliches hölzernes Plantagenhaus, die wohl größte Villa auf Upolu. Das mit rotem Blech gedeckte zweistöckige Gebäude besteht aus zwei langgestreckten Trakten, an denen vorne pfeilergestützte Veranden entlangführen.

Das ganze Grundstück hat 400 Pfund Sterling gekostet, aber der Bau des herrschaftlichen Plantagenhauses verschlang 20.000 Dollar – damals eine Riesensumme. Das Geld dafür bringt Stevenson hauptsächlich durch den Verkauf seines großen Hauses in Bournemouth auf. Zu diesem Zweck reist sein Stiefsohn Lloyd nach England, der nach der Abwicklung des Hausverkaufs einen Großteil des Inventars auf dem Schiff nach Upolu mitbringt.

So sieht es in den Räumen der in viktorianischem Stil eingerichteten Prachtvilla von Vailima kaum anders als in einem englischen Herrenhaus aus, nur daß über den Betten und vor den Fenstern Moskitonetze hängen und den Treppenaufgang burmesische Götterfiguren flankieren. Es gibt etliche Schlaf- und Wohnzimmer, den großen Speiseraum, einen Rauchsalon mit Kamin, die imposante Bibliothek und daneben Stevensons Arbeitszimmer mit einem Gewehrschrank, das sechs Repetiergewehre enthält, und in den Badezimmern und in der Küche fließt Wasser aus Leitungsrohren. An den mit Edelhölzern getäfelten Wänden hängen Familienporträts und andere Gemälde. Zum Inventar gehören Chippendale-Möbel, lederbezogene Lehnstühle, Teppiche, silbernes Tafelgeschirr, Kristallgläser und Chinoiserien, ein Klavier und sogar eine moderne, schottische Lieder abspielende Drehorgel.

Zugleich rodet die Großfamilie gemeinsam mit ihren einheimischen Bediensteten die verwilderte Urwalddomäne und legt Pflanzungen an, von der sie bald Früchte ernten. Da die Stevensons außerdem Pferde, Ponys, Rinder und Geflügel halten, im Busch Wildtauben schießen und in den eigenenen Gewässern Fische und Garnelen fangen, können sie sich weitgehend selbst versorgen. Abgesehen davon sind sie ohnehin gut betucht.

Weil seine Mutter Maggie und seine Frau Fanny neben Teeparties gelegentlich Bälle für die feudale weiße Oberschicht geben, lernt der 41jährige Schriftsteller widerstrebend tanzen. Er nimmt auch an Schnitzeljagden und Picknicks teil. Ansonsten macht er sich nicht viel aus den Vergnügungen der Papalagis (weißen Herren), legt auch wenig Wert auf Bequemlichkeiten. Nachts pflegt er mitunter auf einer Bodenmatte zu schlafen, und selbst bei schweren Tropenregen hält er sich stundenlang im Sattel.

Fanny schreibt über seinen gesundheitlichen Wandel: »Lungenblutungen und Katarrhe gehörten der Vergangenheit an. Niemand, der nicht Jahr für Jahr auf dem Krankenlager verbracht hat, vermag zu ermessen, was das für ihn bedeutete. Es war wie eine Art Wiedergeburt, ein neues Leben tat sich vor ihm auf.«

Die Samoaner verehren Stevenson wie einen Matai, einen jener mächtigen Häuptlinge und Clanchefs, zu denen die Einheimischen ehrerbietig aufschauen.

Und sie nennen Stevenson respektvoll Tusitala, den ›Geschichtenerzähler‹. Fanny berichtet: »Sie kamen zu ihm wie zu einem Bruder, um in allen Dingen seinen Rat einzuholen, von der Wahl der Ehefrau bis zu ihrer Kriegsführung. Unser Haus in Vailima war in ganz Samoa als das *Haus der Weisheit* bekannt.«

In diesen Jahren betreibt ›Tusitala‹ umfangreiche Studien zur historischen und politischen Entwicklung Polynesiens, die sich u. a. in seinem heute noch von den Samoanern gerühmten Essay *Fußnoten zur Geschichte – Acht Jahre Unruhen auf Samoa* (1890) niederschlagen. Überdies schreibt Stevenson zahlreiche Südseegeschichten, realistische wie *Der Strand von Falesa* und Märchen wie *Das Flaschenteufelchen*. Weitere Romane entstehen, *The Ebb-Tide* und *The Wreckers*, beide unter Mitwirkung seines Stiefsohnes Lloyd Osbourne, sowie *Catriona* mit neuen Schottlandabenteuern von David Balfour.

Vom Oktober 1892 an arbeitet Stevenson am *Weir of Hermiston*, seinem wohl reifsten Prosawerk; es schildert den dramatischen Konflikt zwischen dem pharisäerhaften Lord-Oberrichter Adam Weir und seinem aufbegehrenden Sohn Archie.

Gewöhnlich fängt Stevenson in den kühlen Morgenstunden an zu schreiben. Die Notizen diktiert er dann mittags seiner Tochter Isobel in die Feder. Zur Abwechslung spielt er zwischendurch auf dem Flageolett und übt sich in Kompositionen (etliche Stevenson-Songs wurden 1968 von Robert Hughes arrangiert und von einem Kammerorchester auf einer Nordwest-Pazifik-Tournee gespielt).

Den alten Freunden und Verwandten in der Heimat bleibt Stevenson durch regen Briefwechsel verbunden. Am häufigsten schreibt er an Sidney Colvin. Auch ein vergessener schottischer Studienfreund meldet sich wieder: Sir James Matthew Barrie. Dieser wird 1904 das Märchenspiel *Peter Pan* schreiben und für die Figur der Wendy W. E. Henleys goldlockige kleine Tochter zum Vorbild nehmen.

Der Briefwechsel zwischen Stevenson und dem jungen Arzt Arthur Conan Doyle (1859-1830; 1902 geadelt) geht nicht zuletzt auf einige Gemeinsamkeiten zurück. Sie sind beide in Edinburgh geboren, trugen als frühe Gäste von Davos zum Bekanntheitsgrad des Luftkurorts bei und mögen Abenteuerreisen. Conan Doyle hattte zwei Jahre lang afrikanische und arktische Gewässer als Schiffsarzt befahren, bevor er Sherlock Holmes erfand. Als Vorbild für seinen Meisterdetektiv diente ihm der scharfsinnige Gerichtsmediziner, Chirurg und Toxikologe Prof. Dr. Joseph Bell (1837-1911), bei dem Conan Doyle in Edinburgh Medizin studiert hatte. Es heißt ferner, daß Stevensons Romanfigur John Utterson – der Anwalt und Freund von Dr. Jekyll – die Sherlock Holmes-Geschichten beeinflußt habe; die erste erschien 1887. Populär wurde die Figur erst mit der 1891/92 gedruckten Serie der ersten zwölf Sherlock-Holmes-Fälle in *The Strand Magazine*, das dadurch seine Auflage um 200.000 Exemplare steigern konnte.

Stevenson beglückwünschte in seinem Brief vom 5. April 1893 Arthur Conan Doyle zum Erfolg seiner Sherlock-Holmes-Geschichten.

Noch andere weltbekannte Schriftsteller korrespondieren mit Stevenson: sein Freund Henry James, der als Meister des psychologischen Realismus gerühmt wird, hat, Rudyard Kipling, der gerade über dem *Dschungelbuch* brütet, und der Ire William Butler Yeats, der wie Kipling später mit dem Nobelpreis ausgezeichnet wird.

Wie rührig Stevensons Schriftwechsel zeitlebens war, zeigt sich allein daran, daß seine publizierte Korrespondenz acht dicke Bände füllt.

Vom November 1891 an mischt sich Stevenson zornig in die Kolonialpolitik ein. Die USA, Großbritannien und Deutschland teilen sich seit zwei Jahren die »Schutzherrschaft« über den Samoa-Archipel. Im Streit um die Einflußsphären wiegeln sie die samoanischen Stammesführer gegeneinander auf. Wirtschaftsinteressen stehen auf dem Spiel, besonders die der weitverzweigten Hamburger Südseehandelsgesellschaft Godeffroy & Sohn. Die Firma hat ihr Hauptquartier in Apia und allein auf Upolu 30.000 Hektar Plantagenland erworben. Stevenson nennt die Rivalitäten der drei durch Konsuln vertretenen Kolonialmächte spöttisch »Furor Consularis«.

In einer Serie von Offenen Briefen an die Londoner *Times* prangert er die Mißstände auf Samoa an, fordert mehr Rechte für die Eingeborenen und die Abberufung von zwei unfähigen deutschen Verwaltungsbonzen, dem Ratspräsidenten Baron Senfft von Pilsach und dem Justizchef Conrad Cederncrantz.

Nicht zuletzt durch deren Willkürmaßnahmen kommt es im April 1893 zu einem Aufstand des populären, stolzen Stammesfürsten Mataafa gegen den von den Deutschen eingesetzten Marionettenkönig Laupepa. In den Wirren bombardieren Kriegsschiffe samoanische Dörfer.

Obwohl Stevenson um eine Aussöhnung zwischen den Bürgerkriegsparteien bemüht ist, verdächtigen ihn die Behörden, Mataafas Rebellenkrieger heimlich zu unterstützen, und drohen dem Dichter öffentlich die Deportation an. Einflußreiche Freunde in Apia, darunter der britische Landkommissar Bazzet Haggard, ein Bruder des Erfolgsautors Rider Haggard *(König Salomons Diamanten)*, wissen die Abschiebung zu verhindern.

Stevenson fürchtet sich vor nichts, nicht einmal vor dem Tod. An seinen Freund Sidney Colvin schreibt er: »Ein gewaltsamer Tod würde mir gefallen. Ich möchte in meinen Stiefeln sterben und nicht unter der Bettdecke. Es wäre mir lieber, zu ertrinken, erschossen oder vom Pferd geworfen, ja sogar gehängt zu werden als noch einmal wie früher langsam dahinzusiechen.«

Nach Mataafas Niederlage und Verbannung versorgt Stevenson dessen eingekerkerte Häuptlinge mit Nahrungsmitteln und Medikamenten und erwirkt schließlich ihre Freilassung. Zum Dank dafür bauen die Matais ihrem Wohltäter im Oktober 1894 die »Straße des liebenden Herzens«, eine Urwaldpiste durch Vailima. Die beiden unruhestiftenden deutschen Verwaltungschefs werden schließlich durch tolerantere Kolonialbeamte ersetzt.

Am frühen Abend des 3. Dezember 1894, drei Wochen nach seinem 44. Geburtstag, wird Stevenson beim Öffnen einer Flasche Burgunder auf der Veranda seines Hauses plötzlich schummrig. »Do I look strange?« fragt er irritiert Fanny, nimmt den Kopf in beide Hände und stöhnt: »My head – oh, my head!«. Es sind seine letzten Worte. Dann sinkt er ohnmächtig zu Boden. Der von Lloyd aus Apia eiligst herbeigerufene Arzt stellt eine Gehirnblutung fest. Um 20.10 Uhr stirbt Robert Louis Stevenson, ohne das Bewußtsein wiedererlangt zu haben, in Fannys Armen und im Beisein von Lloyd und seiner Schwester Isobel, der Stevenson morgens noch Zeilen aus dem – unvollendeten Roman – *Weir of Hermiston* diktiert hatte.

Schon an manchen Abenden zuvor hatte er immer wieder ahnungsvoll zum Mount Vaea hinaufgeblickt und Lloyd gegenüber den Wunsch geäußert, dereinst dort oben unter den funkelnden Sternen begraben zu werden.

So geschieht es denn auch.

Hunderte von Samoanern bahnen einen Pfad zum Gipfel des Urwaldberges, bilden rechts und links davon lange Reihen und reichen unter großem Wehklagen den Sarg mit Stevensons Leichnam von Hand zu Hand hinauf. Oben auf dem Mount Vaea, 475 Meter über dem Meer, errichten sie dann ihrem geliebten Tusitala ein stattliches steinernes Grabmal.

In die eingelassene Bronzetafel wurde Stevensons Gedicht *Requiem* eingraviert. Es endet mit einem Vers, den der Dichter Anfang 1880 in San Francisco schrieb, als er beim ersten Schwindsuchtsanfall nicht mehr glaubte, noch dreißig Jahre alt zu werden. Die Zeilen lauten:

This be the verse you grave for me:
Here he lies where he longed to be;
Home is the sailor, home from the sea,
And the hunter home from the hill.

Frei übersetzt:

Meißelt diesen Vers mir ein:
Hier ruht, der hier wollte sein;
Heimgekehrt ist der Seemann vom Meer
und der Jäger heimgekehrt vom Berg.

Das letzte Foto von Robert Louis Stevenson,
aufgenommen in Vailima im Oktober 1894,
zwei Monate vor seinem Tod {PD-old}

Seitenansicht von Stevensons Plantagenhaus
in Vailima mit dem Mount Vaea, den sein Grab krönt
Quelle: Wikipedia Commons {PD-old}

Das Plantagenhaus der Stevensons in Vailima
Quelle: Wikipedia Commons {PD-old}

Robert Louis Stevenson (2. v. l.), sein Stiefsohn Lloyd Osbourne (links) und Bedienstete auf der Plantage von Vailima

{PD-old}

Nachruhm und eine kuriose Theorie

Nach Stevensons Tod verließ seine Familie Samoa.

Stevensons Mutter Margaret kehrte nach Schottland zurück und überlebte ihren Sohn um drei Jahre. Als sie 1897 an einer Lungenentzündung erkrankte, glaubte die 68jährige Dame eines Nachts, er stünde an ihrem Bett. »There is Louis! I must go!« rief sie aus, fiel in Ohnmacht und verschied am nächsten Tag.

Lloyd Osbourne ging wieder in die USA, heiratete zweimal und bekam zwei Söhne. 1922/23 gab er die sechsundzwanzigbändige Ausgabe von Stevensons gesammelten Werken im Londoner Heinemann-Verlag heraus. 1947 starb Lloyd im Alter von 79 Jahren.

Seine Schwester Isobel ließ sich von Joe Strong scheiden und lebte meist bei ihrer Mutter in Kalifornien. 1914 heiratete Isobel mit 56 Jahren deren Sekretär, den halb so alten Edward Field. 1953 entschlief Isobel im Alter von 95 Jahren.

Fanny betreute von San Francisco aus den Nachlaß ihres Mannes und veröffentlichte viele nostalgische Erinnerungen an das bewegte Leben mit ihm. Bis zuletzt geistig frisch, starb sie 1914 kurz vor Vollendung ihres 74. Lebensjahres in Santa Barbara/Kalifornien an einer Gehirnblutung – wie Stevenson. Fannys Asche wurde nach Samoa überführt. Als man die Urne in Stevensons Grabmal auf dem Mount Vaea beisetzte, sagte ein alter Häuptling ergriffen: »Nun ist Tusitala glücklich. Seine große Liebe ist zu ihm zurückgekehrt.«

Stevensons Plantagenhaus von Vailima diente von 1900 bis 1914 als Residenz der Gouverneure von Deutsch-Samoa (Wilhelm Solf, dann Erich Schultz), von 1920 bis 1962 als Residenz der neuseeländischen Mandatsverwalter und nach der am 1. Januar 1962 erklärten Unabhängigkeit der Republik West-Samoa (heute 200.000 Einwohner) als Amtssitz des Staatsoberhaupts. Heute beherbergt das große Gebäude das Robert-Louis-Stevenson-Museum. Die Inneneinrichtung blieb fast vollständig erhalten und wird bis heute gehütet und gepflegt, vom viktorianischen Mobiliar bis hin zu Stevensons Arzneiflaschen.

Nach wie vor wird Robert Louis Stevenson auf Samoa verehrt und allenthalben auf sein hiesiges Wirken erinnert. So heißt beispielsweise das größte Inselhotel auf Upolu »Tusitala« und das beliebteste einheimische Bier »Vailima«.

Das Leben von Stevenson und seiner Familie auf Samoa wurde 2005 in dem zweiteiligen französischen Fernsehfilm *Aventuriers du mer du sud* recht stimmig dargestellt – mit Stéphane Freiss als Stevenson und Jane Birkin als seiner Frau Fanny. Auf deutsch lief diese TV-Biographie unter dem Titel *Im Banne der Südsee* im April 2006 auf Arte.

Robert Louis Stevensons Werke gingen die Weltliteratur ein. Sein Roman *Die Schatzinsel* gilt nach wie vor weltweit als eines der populärsten Abenteuer- und Jugendbücher – so wie Daniel Defoes *Robinson Crusoe* – und wurde entsprechend oft verfilmt.

In den hundert Jahren seit dem ersten, 1908 in den USA von J. S. Blackton gedrehten Stummfilmstreifen bis heute entstanden etwa dreißig Kino- und Fernsehversionen der *Schatzinsel*. Als erfolgreichste und ausgesprochen werkgetreue Fernsehfassung gilt der 1966 von Wolfgang Liebeneiner gedrehte deutsch-französische Vierteiler mit Michael Ande, der alle Jahre – meist um die Weihnachtszeit – auf dem Bildschirm wiederkehrt.
Auch Stevensons Romane *Entführt* (*Kidnapped*, 1886) und *Der Schwarze Pfeil* (*The Black Arrow*, 1888) sind nach wie vor vielgelesene Jugenbücher.

Stevensons Novelle *Der seltsame Fall des Dr. Jekyll und Mr. Hyde* wiederum wurde ein Klassiker im Genre der Gruselgeschichten – so wie Mary Shelleys *Frankenstein* – und ist mit über hundert Filmadaptionen die meistverfilmte Geschichte der Welt. Am bekanntesten ist die 1941 von Victor Fleming verfilmte Version mit Spencer Tracy und Ingrid Bergman.

Daß Edinburgh im Jahre 2005 von der UNESCO zur bisher einzigen »Welthauptstadt der Literatur« erklärt wurde, ist vor allem Robert Louis Stevenson zuzuschreiben und des weiteren Sir Walter Scott, Robert Burns, Sir Arthur Conan Doyle, Muriel Spark und in unserer Zeit den Literaten Irvin Welsh und Ian Rankin; auch die *Harry Potter*-Schöpferin Joan K. Rowling lebt und schreibt in Edinburgh.

In jüngster Zeit erregte ein Buch über Robert Louis Stevenson Aufsehen, nämlich »Reisen im Licht der Sterne. Eine Vermutung« von Alex Capus. Der schweizerische, in

Olten lebende Erfolgsautor bezeichnet sein 2005 erschienenes Buch als Tatsachenroman und entwirft darin eine kuriose Theorie, die auf den Nachforschungen seines Landsmanns Walter Hurni beruht. Im Mittelpunkt ihrer Spekulation stehen die Kardinalfragen, warum sich Stevenson ausgerechnet auf Samoa niederließ und wie er zu dem Reichtum gelangte, der ihn befähigte, dort die große Domäne Vailima zu erwerben und seine Prachtvilla zu bauen.

Alex Capus gibt darauf in seiner »Vermutung« eine verblüffende Antwort: Stevenson habe erfahren, daß der 1821 geraubte Limaschatz nicht auf der costaricanischen Isla del Coco versteckt worden sei, sondern auf der kleinen vulkanischen und heute 50 Einwohner zählenden Insel Tafahi, die eine Tagesreise südlich von Upolo liegt und zum Königreich Tonga gehört. Erstaunlicherweise war Tafahi auf alten Karten auch unter dem Namen Cocos Eylandt verzeichnet. Hatten die vorherigen Schatzsucher den Limaschatz also auf der falschen, nämlich costaricanischen Kokosinsel gesucht und der Autor der *Schatzinsel* die »wahre« Schatzinsel gefunden? In seinem literarischen Detektivspiel vertritt Capus jedenfalls die These, Stevenson habe auf Tafahi nach dem Limaschatz gesucht, ihn geborgen und teilweise auf seinen Reisen nach Australien zu Geld gemacht; daher stamme sein Reichtum. Einen Beweis dafür gibt es freilich nicht.

Die »Vermutung« des phantasievollen Erzählers Capus ist zwar reizvoll und originell, aber für Stevensons Reichtum gibt es verschiedene andere Gründe. Er hatte von seinem 1887 verstorbenen Vater ein Vermögen geerbt, er hatte sein Haus in Bournemouth verkauft, er bezog reichlich Tantiemen aus dem Verkauf seiner Weltbestseller und bekam üppige Honorare für Presseartikel, die er weiterhin schrieb. Man bedenke nur, daß ihm das amerikanische McClure's Magazine einmal 10.000 Dollar im Jahr für wöchentliche Beiträge angeboten hatte.

Der Schatz, der Stevenson reich machte, war gleichsam weitgehend das Ergebnis seiner unermüdlichen kreativen Arbeit.

Die deutsche Inselkolonie

Nach der Ankunft auf der Kokosinsel im Dezember 1894, – just in dem Monat, in dem Stevenson auf Samoa starb – errichten die deutschen Kolonisten unter August Gisslers Anleitung ihre Siedlung in der Waferbucht.

In den ersten Monaten leisten sie Schwerarbeit, fällen Bäume, legen Bachstege und schlagen über den Bergrücken der Presidio-Halbinsel einen Verbindungspfad zur Chathambucht. Zugleich entsteht ein kleines Sägewerk, in dem sie aus Zedernstämmen das Holz für ihre Farmhütten zimmern – Bretter, Balken und Möbel.

Die Gisslers bauen ihr Haus ein Stück hinter dem Sandstrand, direkt neben dem Ufer des Rio Genio und zu Füßen eines Urwaldhangs. Es hat ein Satteldach und eine überdachte Veranda und steht auf Stützpfählen, um Regenfluten und Ungeziefer fernzuhalten; daneben liegt ihr Lagerschuppen. Während Mary ihr neues Heim gemütlich einrichtet, installiert ihr Mann eine Stromanlage, indem er die Wasserkraft eines nahegelegenen Kataraktes nutzt.

Nachdem sich auch die fünf anderen Ehepaare ein Obdach geschaffen und die Geflügelgehege eingezäunt haben, legen sie auf den Rodungsflächen Gemüsegärten und Felder an. Man pflanzt Mais, Ananas, Zuckerrohr, Tabak und Kaffeesträucher. Hinzu kommt eine Obstplantage mit Bananen, Orangen, Limonen, Pampelmusen, Papayas, Mangos, Guaven und nahrhaften Brotfrüchten. Dank des fruchtbaren vulkanischen Bodens und Treibhausklimas gedeiht alles schnell und prächtig.

Bis aber die Obstbäumchen und Kaffeesträucher Früchte tragen, wird noch viel Zeit vergehen. Vorerst müssen sich die Siedler mit den Erträgen schnellwachsender Feldpflanzen wie Gemüse und Mais begnügen. Ansonsten ernähren sie sich von erlegten Schweinen, Fisch, Krustentieren Kokosnüssen und mitgebrachten Grundnahrungsmitteln, die jedoch zusehends abnehmen.

Im Februar 1895 bekommen sie zum ersten Mal Besuch. Von der Regierung entsandt, landet eine kanonenbestückte Dampfbarkasse – das Patrouillenboot *Turrialba*. Sein Kapitän R. MacCartney Passmore soll für eine neue Karte der Kokosinsel Landvermessungen vornehmen und die Küstengewässer ausloten. Bisher mußte man nämlich mit den veralteten Karten vorliebnehmen, die Sir Belcher 1836 für die britische Admiralität und Leutnant Le Chaplain 1889 auf einer Pazifikexpedition für die französische Marine erstellt hatten. Eine publizierte Beschreibung der Küstenlinien wiederum stammte von dem französischen Marineoffizier D. Lièvre, der 1891 mit dem Kriegsschiff *Dubourdieu* auf der Kokosinsel gelandet war. Nach ihm ist der in die Chathambucht mündende Rio Lièvre benannt.

Kapitän Passmore ist froh, daß ihn Gissler als ortskundiger Führer bei der Arbeit unterstützt. So lernt der Deutsche auf der Vermessungsfahrt der *Turrialba* die Inselküsten und Teile des Hinterlands noch besser kennen. Zudem regt Gissler zu Ehren des populären Präsidenten Yglesias zwei neue Ortsbezeichnungen an. Seitdem heißt der höchste Inselberg Cerro Yglesias, und die markante Südbucht Bahia Esperanza wurde offiziell in Bahia Yglesias umbenannt. Dazu sei allerdings angemerkt, daß neben den amtlichen Ortsnamen die alten spanischen oder englischen Bezeichnungen vielfach bis heute weitergelten (siehe Verzeichnis der Ortsbezeichnungen auf S. 84).

Im Mai 1895 treffen vier weitere Familien mit fünf Kindern und drei Junggesellen aus Deutschland ein. Über ihren Anführer Ehlers ärgert sich Gissler, weil dieser überflüssiges Baumaterial, aber zu wenig Proviant mitgebracht hat. Durch die Neuankömmlinge wächst die Streusiedlung auf ein Dutzend Anwesen mit 28 Bewohnern an.

Noch eine Zeitlang hält ihr Arbeitseifer an, sind sie voller Hoffnung und Zuversicht. Doch im Laufe des Sommers 1895 verschlechtert sich die Stimmung. Die Leute stöhnen über die schweißtreibende Plackerei in der schwülen Hitze, verfluchen den unaufhörlichen Regen und die Stechmückenplage. Und wo, zum Teufel, stecken die Schätze? So fieberhaft man auch danach gräbt und im Dickicht alle möglichen Felshöhlen durchwühlt, nirgendwo funkelt es golden. Obendrein murren die Siedler, weil Post und Nachschub ausbleiben. Sie fangen an zu darben, die Lebensmittelvorräte sind bedrohlich knapp. Zu allem Übel stirbt auch noch ein Mann an Wassersucht. Sein Dahinsiechen zeigt, wie hilflos man auch im Krankheitsfalle wäre. So hatten sie sich das Tropenparadies nicht vorgestellt!

Zerknirscht sieht Gissler ein, daß es ohne eine regelmäßige Schiffsverbindung mit dem Festland nicht weitergehen kann. Und dazu muß er die Behörden in Costa Rica bewegen. Fragt sich nur, wie man dorthin kommt. Den ganzen Sommer über warten die Siedler auf die Rückkehr der *Turrialba*, aber weder das Patrouillenboot noch ein anderes Schiff läßt sich blicken.

Notgedrungen faßt Gissler den kühnen Entschluß, ein Boot zu bauen und selbst hinüberzusegeln. Nach sechs Wochen ist eine flachbödige, acht Meter lange Prahm fertig, die er mit Marys Bettlaken betakelt.

Im September 1895 wagt er mit vier Männern, die nicht das geringste von Navigation verstehen, die abenteuerliche Überfahrt. Nach viereinhalb Tagen erreichen sie zum Glück unbeschadet Puntarenas. In San José verhandelt Gissler erfolgreich mit der Regierung. Sie sichert ihm zu, daß die *Turrialba* künftig alle vier Wochen Post und bestellte Waren zur Kokosinsel befördern wird. Für die 532 Kilometer lange Strecke benötigt die Dampfbarkasse gewöhnlich anderthalb Tage.

Als Gissler zur Rückkehr aufbricht, weigern sich drei seiner Begleiter, mitzukommen. Sie haben die Nase voll, wollen wieder heim ins Reich, ja nicht einmal mehr ihre Ehefrauen abholen. Die Weiber sollen gefälligst mit dem Patrouillenboot nachkommen, verlangen sie dreist von Gissler, der sie empört als »Feiglinge« beschimpft.

So segelt er mit nur einem Mann auf der Prahm zur Kokosinsel zurück, wo ihn neuer Ärger erwartet. Die halbe Kolonie meutert, einige Rebellen bedrohen ihn gar mit Gewehren. Den unerwartet harten Lebensbedingungen nicht gewachsen, wollen sie ebenfalls nicht länger bleiben. Da greift Gissler hart durch. »Ich schlug den Aufstand nieder, indem ich meine großen Pistolen auf sie richtete. Und dem Anführer schlug ich meine Faust zwischen die Augen; er fiel so hart und weit, daß die Meuterer wegrannten. Das scheuchte sie in die Unterwerfung, sie legten die Waffen nieder«, erzählt er Jahre später einem Reporter der *New York Times.*

Kurz nach der Rebellion schreibt er am 5. Dezember 1895 an seinen Schwager Hermann in Remscheid: »Der ›Moltke‹ von der Bayernburg, wo wir zusammen waren, ist nichts wert, zu faul zu arbeiten und hat unsere Leute aufgehetzt. ›Steiz‹ hat sich auch verleiten lassen. ›Ried‹ hatte recht, wenn er sagte, er tauge nicht viel. Ich hatte ›Steiz‹ mit ins Boot genommen und jetzt will er hier an Land bleiben, gut, ich lasse ihn laufen. Und ebenso werde ich alle diejenigen, die Krakeel gemacht haben, wegschicken.«

Zunächst schickt Gissler nur die drei Frauen der Deserteure mit der *Turrialba* weg. Danach kehrt wieder Ruhe ein, aber unter den verbliebenen Deutschen schwelt die Unzufriedenheit weiter. Und jedesmal, wenn die Dampfbarkasse ihnen Post von zu Hause bringt, überkommt sie das Heimweh um so stärker.

August Gissler (Mitte)
mit zwei deutschen Siedlern
auf der Plantage der Kokosinsel

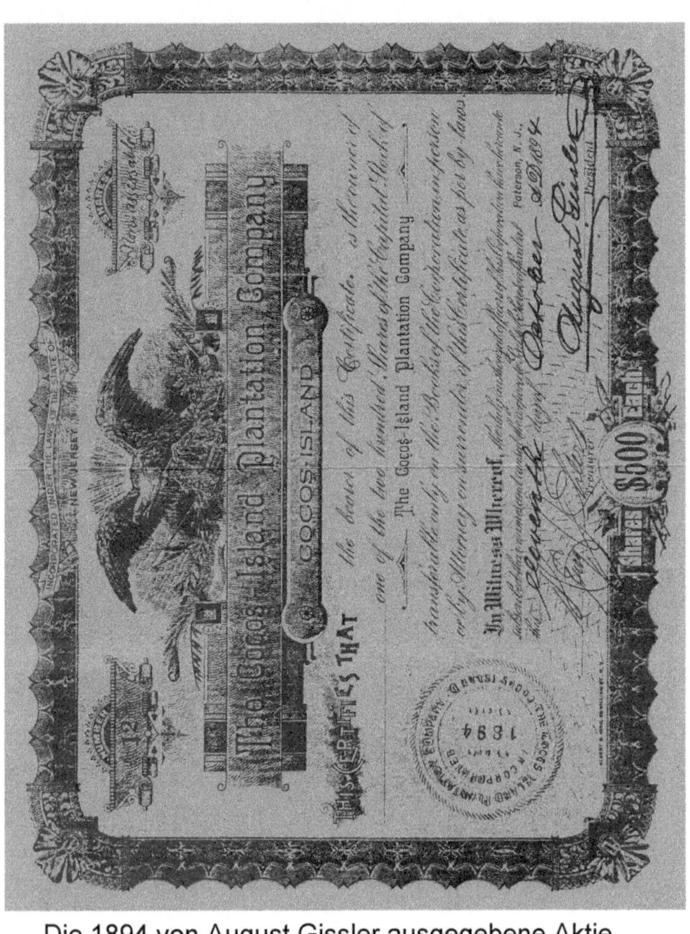

Incorporated under the laws of the State of New Jersey

No. 12

The Cocos-Island Plantation Company

COCOS ISLAND

This certifies that the bearer of this Certificate is the owner of one of the two hundred Shares of the Capital Stock of The Cocos-Island Plantation Company transferable only on the Books of the Corporation in person or by Attorney on surrender of this Certificate as per By laws.

In Witness Whereof,

Paterson, N. J.

Treasurer

August Gissler

President

Shares $500 Each

1894

Die 1894 von August Gissler ausgegebene Aktie der *Cocos Island Plantation Company* (Original im Besitz des Autors)

Der Gouverneur und die Eindringlinge

Aber es kommen auch andere Schiffe und mit ihnen Schatzsucher, die Gissler weniger gern sieht.

Der erste ist der amerikanische Kapitän George Haffner, ein hagerer Mann mit stechenden Augen und einem aalglatten Wesen. Er landet im Sommer 1896 und versucht sein Glück auf eigene Faust. Über die Herkunft seiner Schatzkarte verrät Haffner nichts; wahrscheinlich war sie ein Keating-Derivat. Da er eine von den costaricanischen Behörden ausgestellte Suchlizenz vorweist, muß Gissler ihn gewähren lassen und neun Monate lang erdulden.

Unterdessen landet am 27. Mai 1897 mit dem Schoner *Aurora* eine kanadische Expedition aus Vancouver, die für beiderseitige Überraschung sorgt. Von Bord geht John Keatings Witwe Mary, eine resolute, überaus vitale 65jährige Dame. Sie hatte noch einmal geheiratet, den Fischkonservendosenhersteller James W. Brennan, und nach dessen Tod seinen Namen behalten.

Ihr Partner ist Captain Fred M. Hackett aus Vancouver, der Bruder des 1880 in Havanna verstorbenen Keating-Freundes Thomas Hackett. Da sie beide identische Schatzkarten aus dem Keating-Fundus besitzen, haben sie sich zu dieser Expedition zusammengetan – in der Annahme, sie seien die einzigen Mitwisser des Geheimnisses, und die Insel sei unbewohnt. Daß sie hier schatzsuchende Siedler vorfinden, irritiert sie nicht weniger als Gisslers Eröffnung, daß er von Keatings Schwiegersohn

Richard Young in Boston irreführende Dokumente gekauft und nichts gefunden habe.

Mrs. Brennan und Captain Hackett wähnen sich indessen im Besitz der einzigen authentischen Papiere und begeben sich mit ihrer Crew fieberhaft auf die Suche. Zwei Monate lang buddeln sie und durchstöbern stickige Höhlengänge, aber nirgendwo glitzert das Gold des Limaschatzes. Aus Wut über den Fehlschlag verdächtigen die anderen Mary Brennan, ihnen wesentliche Informationen vorenthalten zu haben, und durchsuchen ihr Gepäck. Selbst eine Leibesvisitation muß sie sich gefallen lassen – es führt zu nichts. Die Namen der Kompagnons sind aus einem kanadischen Zeitungsbericht von 1897 bekannt. Es sind Captain Whidden, Captain F. M. Dougall, Hardy Murray, W. Livingstone und W. Stafford.

Schließlich treffen Mrs. Brennan und Fred M. Hackett mit Gissler eine Vereinbarung. Für die Überlassung ihrer Dokumente soll er ihnen, wenn er damit Glück hat, 30 Prozent Finderlohn abtreten.

Als Mary Brennan und Captain Hackett am 25. Juli 1897 zur Rückreise nach Vancouver aufbrechen, nehmen sie auf ihrem Schoner *Aurora* den scheinbar erfolglosen Glücksritter George Haffner mit.

Unterwegs pflegt Haffner den schwer erkrankten Matrosen Jim Dempster und vertraut ihm unter dem Siegel der Verschwiegenheit an, daß er den Schatz längst gefunden habe. Da er Hackett mißtraut, fragt er Dempster, ob er nicht einen vertrauenswürdigen Skipper kenne, der ihn zur Insel zurückbringen könne, um das Gold zu holen. Dem Tode nahe, empfiehlt ihm Dempster seinen guten alten Freund John C. Voss. Und schreibt für Haffner einen Brief, der lautet:

»Lieber John! Ich liege todkrank darnieder, der Pazifik wird mein Grab sein. Der Überbringer dieser Notiz ist Mr. George Haffner, der weiß, wo der große Schatz auf der Kokosinsel verborgen liegt. Vertraue ihm, und er wird dich zu einem reichen Mann machen. Entschuldige die Kürze, aber ich fühle mich sehr schwach.
Dein sterbender Freund Jim Dempster.«

Wenig später, am 2. August 1897, stirbt Dempster und wird auf See bestattet.

Gleich nach der Landung der *Aurora* in Vancouver berichtet die dortige Zeitung *Victoria Daily Colonist* am 17. August 1897 ausführlich über die erfolglose Schatzsucherfahrt von Mrs. Brennan und Fred M. Hackett.

George Haffner sucht indes sofort John C. Voss auf, der in der benachbarten Hafenstadt Victoria / British Columbia wohnt.

Er heißt eigentlich Johannes Clauß Voß (1858-1922), ist gebürtiger Holsteiner und eingebürgerter Kanadier. Als Inhaber eines britischen Kapitänspatents hatte er zuletzt das Kommando über den Windjammer *Prussia*, aber nach dessen Auflegung seinen Job verloren. Da kommt dem abenteuerlustigen 39jährigen Seebär und passionierten Segler Haffners überraschende Offerte gerade recht.

In seinem Erinnerungsbuch *Im Kanu um die Welt* schrieb Voss: »Alles, was Haffner erzählte, erschien mir so einleuchtend und einfach, daß ich bald zu der Überzeugung kam, hier stünde das Glück vor mir, und ich brauchte nur zuzugreifen, um endlich Millionär zu werden.

In der ersten Nacht nach dieser Begegnung träumte ich, daß Haffner und ich auf der Kokosinsel vor einer großen Höhle stünden, aus deren Dunkel mir gleißendes Gold und funkelnde Diamanten einladend entgegenblinkten. Kurz und gut, ich fühlte mich wirklich als der glücklichste Mensch auf der Welt.«

Captain Voss hat schon einen 100-Tonnen-Schoner aufgetrieben, als ihn Haffner plötzlich mit einer Absage brüskiert.

Der zwielichtige Amerikaner fand über Nacht einen besseren Partner – Admiral Henry St. Leger Bury Palliser, den Kommandeur des britischen Nordwestpazifik-Geschwaders. Seine beiden Kreuzer *HMS Imperieuse* und *HMS Amphion* liegen gerade in dem Hafen Esquimalt bei Victoria vor Anker. Von Haffner bei einer Bordparty zur Schatzsuche animiert, wittert der forsche Admiral die Chance zu einer Ruhmestat und dampft schon drei Tage später mit den zwei stählernen Kriegsschiffen zur Kokosinsel ab.

Als sie in der Waferbucht landen, hält sich Gissler gerade auf dem Festland auf. Weil eine dringend benötigte Warenlieferung der *Turrialba* ausblieb, war er mit der Prahm und zwei Männern nach Puntarenas gesegelt, um die Sachen selbst zu besorgen.

So reagieren die deutschen Siedler recht kopflos auf die überraschende Invasion. Admiral Palliser läßt 300 Marineinfanteristen mit Schaufeln und Pickeln an Land stürmen, als gelte es, eine feindliche Bastion zu erobern. Sie durchwühlen nicht nur das Erdreich, sondern sprengen auch halbe Berghänge mit Dynamit in die Luft. Als Mary Gissler heftig protestiert, stellt Palliser sie kurzerhand unter Hausarrest. Seine Blaujacken hausen wie die Vandalen weiter, schlachten Rinder, Schafe und Geflügel der Farmer ab und plündern ihre Pflanzungen. Nach vierzehn Tagen ziehen sie endlich ab – ohne ein Gran Gold.

Über den Fehlschlag ergrimmt, setzt Palliser den Versager Haffner in Acapulco an Land, wo er noch lange mittellos festsitzen sollte. Von dort schreibt Haffner reumütig einen larmoyanten Brief an John C. Voss, in dem er erklärt, er habe den Admiral absichtlich in die Irre geführt, als er dessen Absicht erfuhr, den Schatz der britischen Regierung zu übereignen.

Angesichts der Verwüstungen packt Gissler bei seiner Rückkehr die kalte Wut. Er legt bei der Regierung in Costa Rica eine geharnischte Beschwerde ein, die wiederum wegen der Verletzung ihrer Hoheitsrechte massiv in London interveniert. Zudem macht die »Affäre Palliser« weltweit Schlagzeilen. Das kostet den Admiral die Karriere, er muß wegen seiner Eigenmächtigkeit den Dienst quittieren. Gemäß einer Order der britischen Admiralität dürfen Schiffe der Royal Navy außerdem künftig nicht mehr die Kokosinsel anlaufen.

Ein schwacher Trost für Gissler. Die Ernte ist vernichtet, der Viehbestand erheblich dezimiert. Das gibt den Ausschlag für die Abwanderung weiterer Siedler, so daß die deutsche Kolonie auf ein verlorenes Häuflein von drei Familien zusammenschmilzt. Und auch sie harren nicht mehr lange aus.

Paradoxerweise erlebt August Gissler just in diesem Tief eine Sternstunde. Präsident Yglesias ernennt ihn am 11. November 1897 per Dekret zum Gouverneur der Isla del Coco. Fortan weht auf dem Mast neben seinem Farmhaus die Staatsflagge. Als erster und letzter Gouverneur der Kokosinsel sollte Gissler das mit zehn Pesos im Monat dotierte Amt noch zehn Jahre lang ausüben, bis zum endgültigen Abschied von seinem kleinen Reich. Mit außerordentlichen Vollmachten ausgestattet, ist er »General, die Armee selbst und obendrein Richter, Geschworener, Henker und Totengräber«, wie er später ironisch eine Reporterfrage bestätigt.

Allerdings hat er bald keine Untertanen mehr, denn Anfang 1898 verlassen seine letzten Getreuen mit der *Turrialba* die Insel. Als im selben Jahr der Landwirtschaftsminister José Astúa Aguilar zur Inspektion herkommt, findet er eine Geistersiedlung vor, in der nur noch August und Mary Gissler wohnen. Danach werden sie das Patrouillenboot nicht mehr oft sehen.

Ein Kuriosum am Rande: Nach dem Abzug der letzten deutschen Siedler läßt die costaricanische Regierung 1898 prüfen, ob sich auf der Kokosinsel dauerhaft ein Gefängnis einrichten ließe. Die Kommissionsleiter Anastasio Alfaro und Henri Pittier empfehlen stattdessen jedoch die Einrichtung eines Naturparks – was aber erst 1978 verwirklicht werden sollte.

Cartera de Policía

Nº 181

Palacio Nacional

San José, 11 de noviembre de 1897

El Presidente de la República

ACUERDA:

Nombrar á don Augusto Gissler para Teniente Gobernador de la isla del Coco, con la dotación mensual de cien pesos, que se pagarán de eventuales de esta Cartera.—Publíquese.—Rubricado por el señor Presidente.—ULLOA.

Amtliche Bekanntmachung der Ernennung August Gisslers zum Gouverneur der Kokosinsel per Präsidialerlaß vom 11. November 1897

{PD-old}

Admiral Henry St. Leger Bury Palliser,
der Kommandeur des britischen Nordwestpazifik-
Geschwaders

Unterdessen erhält John C. Voss in Victoria einen Brief von George Haffner, in dem er seine mißlungene Expedition mit Admiral Palliser bedauert und ihm ein neues Angebot macht. Wenn Voss ihn mit einem Segelboot aus Mexiko heraushole, stünde der gemeinsamen Hebung des Schatzes nichts mehr im Wege. Nach wie vor auf das Gold erpicht, bekennt Voss: »Mein Herz schlug vor Freude.« Seine Ersparnisse reichen allerdings nur für den Kauf einer Nußschale, der knapp elf Meter langen Zehn-Tonnen-Slup *Xora*. Damit einen 4000-Meilen-Törn von Kanada zur Kokosinsel zu wagen, erscheint selbstmörderisch. Dennoch kommen zwei in das Geheimnis eingeweihte Freunde mit, die Seeleute Jack Hahn und MacPhearson.

Sie segeln am 5. Juli 1898 los und erreichen nach einer haarsträubenden Fahrt Mexiko, wo sie erfahren, daß Haffner inzwischen bettelarm an einem Tropenfieber gestorben ist. Kein Grund zur Aufgabe, Voss hat dessen Schatzkarte noch einigermaßen im Kopf.

Als die drei am 8. August 1898 in der Waferbucht Anker werfen und mit dem Dingi an Land pullen, empfängt sie Gissler mit den spöttischen Worten: »Ich nehme an, Sie sind wegen des Schatzes gekommen.« »Wenn noch Gold übrig ist, nehmen wir es gerne mit, Herr Gouverneur«, kontert Voss trocken.

Gissler lacht dröhnend: »Schürfen Sie ruhig, soviel Sie wollen. Es gibt hier haufenweise Gold, man muß es nur finden.« Zurück auf der *Xora*, steuert Voss sie mit der Flut zum Strand. Gissler winkt ihn am Landesteg ein und übersieht dabei eine überspülte Klippe. Prompt läuft die

Slup auf und durch ein Leck voll Wasser. Vor Wut hätte er »Gissler am liebsten mit einem Goldbarren erschlagen«, schrieb Voss. Um den Schaden zu beheben, muß er tagelang bei sengender Sonne neue Planken zimmern, während Jack Hahn und McPhearson fischen und auf Schweinejagd gehen.

Erst dann widmen sie sich der Schatzsuche. Eine Angabe auf Haffners Karte schien auf eine 900 mal 600 Meter große Sandbank draußen in der Waferbucht hinzuweisen. Voss schließt daraus, daß die räuberische Mannschaft der *Mary Dear* den Limaschatz während der Ebbephase auf der Barre vergraben hatte. Zur Flutzeit wäre die Lagerstätte dann weder zu sehen noch an sie heranzukommen – muß eine geniale Idee von Kapitän Thompson und seinem Maat gewesen sein!

Gisslers Auskunft, auf der Sandbank habe noch niemand gesucht, stimmt Voss optimistisch. Und so buddeln sie auf der Sandbank Tag für Tag bei Niedrigwasser – eine Sisyphusarbeit, da die Grube während der sechsstündigen Flutphasen immer wieder mit Sand angefüllt wird. Und mehr als Sand fördern die drei Maulwürfe aus dem Krater auch nicht zutage. Nach zwei Wochen geben sie die Wühlerei schließlich entnervt auf.

In der ganzen Zeit verstehen sich Voss und Gissler glänzend, haben sie doch eine Menge Gemeinsamkeiten. Sie sind beide gebürtige Deutsche, sind im gleichen Alter, sind früh zur See gegangen und nach Amerika ausgewandert. So haben sie sich viel zu erzählen, über ihre Jugend, über Seemännisches und über ihre abenteuerlichen Lebenswege. Voss fühlt sich in Gisslers gemütlicher Stube wie zu Hause und läßt sich von Mary, »einer netten, kleinen Frau«, wie er sagte, mit »königlichen Mahlzeiten« verwöhnen: »Da gab es selbstgebackenes Brot, Butter, Speck und Eier, geröstetes Schweinefleisch und andere schöne Dinge.«

Nach einem üppigen Abschiedsessen sagen Voss und seine zwei Kameraden den Gisslers am 2. September 1898 adieu und segeln, von ihnen mit reichlich Proviant bedacht, auf Südkurs nach Callao in Peru weiter.

Einige Jahre später sollte Gissler noch viel von seinem Freund hören. Voss vollbrachte mit seiner dreijährigen Weltumseglung von 1901 bis 1904 in dem kanadischen Indianerkanu *Tilikum* eine einzigartige seemännische Leistung und erregte damit weltweit Aufsehen. Er wurde sogar als Nachfolger des berühmten Afrikaforschers Sir Henry Stanley in die erlauchte *Royal Geographic Society* zu London aufgenommen.

Kapitän John C. Voss (1858-1922)

Robinsonade zu dritt

Die folgenden Jahre leben August und Mary Gissler genügsam und in Frieden auf der Insel. Ihre Plantage ist inzwischen prächtig gediehen, sie ernten reichlich Tabak, Kaffee, Gemüse, Bananen, Limonen, Orangen und andere exotische Früchte. Außerdem halten sie ein paar Pferde, Rinder und Schafe. Zwei Jahre lang, bis 1901, hilft ihnen der costaricanische Peon Dionisio bei der Landarbeit.

Mit ihm geht Gissler oft auf die Schweinejagd, während seine Frau auf bequemere Weise Fische fängt. Auf der Veranda hockend, pflegt sie die Angelschnur auszuwerfen und zieht so aus dem brusthohen Wasser des Rio Genio die Fische direkt ins Haus. Zum Maismahlen benutzt Mary eine kleine, von der Wasserkraft betriebene Mühle, die Gissler am Fluß gebaut hat.

Um keine Lösung verlegen, setzt er gegen die Ratten auf seinen Feldern Fallen ein, die er aus Matratzensprungfedern bastelt. Um aus Pflanzenfasern Bürsten herzustellen, entwickelt er ein neues Verfahren und konstruiert dafür eine kleine Maschine; am 13. Mai 1902 läßt er diese Erfindung in den USA patentieren.

Neben all diesen Beschäftigungen betreibt Gissler die Schatzsuche systematisch weiter und geht allen möglichen Hinweisen nach, die sich aus seinen Informationen und Unterlagen ergeben. Und davon hat er ja nun genug: die von Manoel Cabral, Old Mac, Captain Carr, Jimenez, Richard Young, Mary Brennan und Fred M. Hackett, George Haffner und John C. Voss.

Eines Tages entdeckt er in der Chathambucht den Felsblock, auf dem John Keating seine Zeichen eingemeißelt hatte. Sie sind auch auf der Schatzkarte von Keatings Witwe Mary Brennan vermerkt: der Buchstabe »K«, das Stiefelpaar und der auf einen hohlen Baum zeigende Pfeil. In der angegebenen Richtung findet Gissler tatsächlich einen hohlen Baum und im Gebüsch darunter eine Eisenstange, die vorne zu einem Haken umgebogen war. Stieß er beim Stochern in der Aushöhlung auf einen Schatz?

Erst 1927 sollte Gissler in einem Brief an Leutnant George Williams enthüllen: »In der Nähe eines hohlen Baumes fand ich 33 spanische Goldmünzen mit Prägedaten zwischen 1773 und 1799 sowie einen goldenen Handschuh.«

Möglicherweise hatte Gissler eines der vielen Einzelverstecke von Benito Bonitos Piraten entdeckt, oder das, was vorher ein anderer Schatzsucher, vielleicht Keating, übriggelassen bzw. übersehen hatte.

Kleinere Goldfunde lassen sich nicht verheimlichen. Im Laufe der Zeit veräußert Gissler in Puntarenas mehrmals alte spanische Goldmünzen, um von dem Erlös Proviant zu kaufen. Nach ihrer Herkunft befragt, behauptet er stets, er habe sie zufällig am Strand gefunden. Das erweckt den Eindruck, als seien die Münzen aus vergrabenen morschen Schatzkisten ausgewaschen und weggeschwemmt worden.

Wenn der Wert der Goldstücke auch nicht den enormen Arbeitsaufwand lohnt, so spornt ihn das kleine Finderglück doch zur unermüdlichen Weitersuche an.

Besonders schatzträchtig erscheint ihm das lianenverhangene Höhlenlabyrinth am Urwaldufer des Rio Genio, den er oft hinaufwatet. Pickelspuren in den Felskammern und bis zu 60 Meter lange Gänge zeugen noch heute von Gisslers anstrengenden Suche.

August Gissler, seine Frau Mary und der Peon Dionisio vor ihrem Haus in der Waferbucht
Foto von 1906

Krieg der Schatzsucher

Immer knapp bei Kasse, versucht Gissler im Jahre 1901 noch einmal, Investoren zu gewinnen. Da die *Turrialba* längst nicht mehr kommt, baut er mit seiner Frau und dem Peon ein neues Boot, die Schaluppe *Blotschern*, und segelt mit Mary und Dionisio zum Festland. Während Mary in Costa Rica bleibt, bemüht er sich in den USA ein Jahr lang um neues Kapital für seine »Cocos Plantation Company«, jedoch mit mäßigem Erfolg.

Daraufhin kehrt er im Dezember 1902 mit seiner Frau auf einem norwegischen Schiff zur Kokosinsel zurück.

Dort hat inzwischen, vom 17. April bis zum 11. Mai 1902, eine Expedition von Fred M. Hackett gehaust, der mit der Brigantine *Blakeley* ein zweites Mal von Vancouver hergekommen war. Er nistete sich ungeniert in Gisslers Haus ein, stibitzte Vorräte und Geräte und räuberte in den Pflanzungen. Einer seiner Leute berichtet später: »In diesen drei Wochen arbeiteten wir wie Verrückte, bewegten Hunderte von Tonnen Gestein und lehmige Erde, ohne etwas zu finden. Es beruhigt mich zu wissen, daß wir nicht die einzigen Idioten waren.«

Captain Hackett sollte nicht mehr zurückkommen, dafür ein anderer unliebsamer Bekannter: Admiral a.D. Palliser.

Der alte Haudegen hatte kurz nach seiner Entlassung wegen des Vandalenakts im Sommer 1897 einen Brief des betagten Keating-Vertrauten Nicholas Fitzgerald erhalten, der von der »Palliser-Affäre« aus kanadischen Zeitungen erfuhr. Darin bot Fitzgerald dem geschaßten

Admiral an, ihm Keatings Geheimnis gegen eine Gewinnbeteiligung von fünf Prozent zu verraten. Palliser willigte gespannt ein und bekam daraufhin von Fitzgerald in einem Schreiben vom 23. Mai 1898 aus Harbour Grace/Neufundland folgende Lagebeschreibung: »Sie müssen der Küstenlinie der Chathambucht so lange folgen, bis Sie zu einem Bach kommen. Von der Hochwassermarke dieses Baches folgen Sie dem Flußlauf landeinwärts 70 Schritte in südwestlicher Richtung. An diesem Punkt ist eine Lücke in den Hügeln zu sehen, und wenn man sich nach Norden wendet und den Fluß überquert, sieht man einen hohen Felsen, glatt wie eine Wand. Dieser Felsen hat in Schulterhöhe einen kleinen Spalt, in den man eine Eisenstange einführen muß. Dann wird eine Öffnung freigegeben, die zu einer Höhle führt, in der Gold- und Silbermünzen, Heiligenbilder und Kruzifixe zu finden sind.« Eben der Limaschatz!

Palliser stellte wie besessen weitere Nachforschungen an. Dabei stieß er auf eine Quelle, die Benito Bonitos Schatz betraf. Der schwedische Kapitän Lund beschaffte ihm Auszüge aus dem Logbuch der *Relampago*, die angeblich Chapelle in San Francisco hinterlassen hatte – jener Pirat, der sich kurz vor der Hinrichtung der 81 Bandenmitglieder in Jamaika durch einen Sprung von Bord gerettet hatte.

Chapelles Papieren zufolge ankerte die *Relampago* vor der Inselküste in einer Bucht zwischen einem kegelförmigen Felsen und einem vorgelagerten Eiland namens »Breakfast Island« (Nuez-Insel), das wie ein hockender Löwe aussehe. Eine Logbuchseite enthält folgenden Hinweis auf das Beuteversteck von Benito Bonito: »Ein großer Sandsteinblock im Südwesten der Bucht, 140 Klafter nordwest-west, 80 Fuß nord und 30 Fuß von der schwarzen Klippe.«

Palliser wartete ab, bis Gras über den Skandal um seine eigenmächtige Inselinvasion gewachsen war. Dann erwarb er eine Suchlizenz von der Regierung Costa Ricas, die eingedenk seines Fauxpas nicht das reguläre Drittel, sondern die Hälfte des Schatzes beanspruchte.

So kommt es, daß Palliser am 9. August 1903 wieder auf der Kokosinsel landet, diesmal mit seinem Partner Herve de Montmorency und mit dem gecharterten Handelsschiff *Lytton*. Die Gisslers sind entsetzt und befürchten Verwüstungen wie vor sechs Jahren. Mary vergegenwärtigt sich voller Empörung, wie sie damals rabiat unter Hausarrest gestellt wurde und die Royal Marines mit Dynamit Abhänge gesprengt hatten.

Doch diesmal dringt Pallisers siebenköpfige Privatexpedition nicht in ihre Domäne ein, sondern wildert drüben in der Chathambucht, wo sie berserkerhaft das Erdreich umgräbt und Bäume fällt. Fitzgeralds Informationen erweisen sich indessen als trügerisch. In der Bucht klaffen zwar Höhlen, aber sie sind leer. Und den im *Relampago*-Logbuch als Schatzmarkierung ausgewiesenen Sandsteinblock finden Pallisers Leute auch nicht. Als sie daraufhin schon nach zehn Tagen enttäuscht aufgeben und am 19. August 1903 wieder abfahren, atmen die Gisslers erleichtert auf.

Gut ein Jahr später erleben sie den schlimmsten Vorfall auf ihrer Insel. Palliser kommt abermals wieder. Er hat nun Earl Fitzwilliam, einen der reichsten Großgrundbesitzer Englands, zu einer neuen Expedition überredet, und im Dezember 1904 landen sie, fünfzig Mann stark, mit der Yacht *Veronique*.

Gissler kooperiert zunächst mit Fitzwilliam, bis die Schatzsucher seinen Protesten zum Trotz in der Chathambucht mit Sprengungen beginnen. Einige Männer werden von dem Steinhagel ernsthaft verletzt, selbst Seiner Lordschaft fliegt ein Brocken an den Kopf.

Fatalerweise trifft gleichzeitig mit der Yacht *Rose Marine* des ebenfalls begüterten Engländers Harold Gray eine weitere, noch stärkere Schatzsuchergruppe ein. Da auch sie in der Chathambucht zu Werke geht, kommt es zu Szenen wie im Wilden Westen. Die rivalisierenden Briten prügeln und beschießen sich, bis Earl Fitzwilliams arg zerschundene Crew kapituliert.

Das Scharmützel macht Schlagzeilen: »Schatzjäger-Schlacht um Gold« titelt der *New York Herald* am 14. Januar 1905. Schließlich stellt das eilends zu Hilfe gerufene Patrouillenboot *Turrialba* die Ordnung wieder her, und Earl Fitzwilliams verwundete Leute dürfen sich in einem Hospital in Panama auskurieren. Seinen forschen Kompagnon Palliser muß die schmähliche Niederlage besonders hart getroffen haben.

Dem Sieger Harold Gray hilft Gissler noch einige Wochen lang bei der Schatzsuche, aber auch die *Rose Marine* muß ohne Gold wieder abfahren.

E NEW YORK HERALD.

...RK, SATURDAY, JANUARY 14, 1905.—EIGHTEEN PAGES.

TREASURE HUNTERS BATTLE FOR GOLD

Rival Expeditions for Legendary Hidden Peruvian Wealth Fight on Cocos Island.

EARL FITZWILLIAM'S MEN BEATEN OFF

Came Back to Panama with Wounded Men and a Story of an Accident.

HAROLD GRAY WINS A RACE

His Men There First with Concession, and When Rivals Appear There Is Strife for Possession.

[BY MEXICAN CABLE TO THE HERALD.]

PANAMA, via Galveston, Texas, Friday.—From Costa Rica comes the news of an encounter between rival bands of treasure hunters on Cocos Island, where a traditionary pirates' hoard is said to be buried.

The expedition under Lord Fitzwilliam was defeated by the men under command of Harold W. S. Gray.

Lord Fitzwilliam and his party reached the island on the yacht Veronique to find it had been preceded by the Gray expedition on the yacht Rose Marine. The latter party had a Costa Rican concession to search for the treasure and objected to the presence of the Fitzwilliam force. A fight followed and Fitzwilliam and his

WHERE $100,000,000 IN TREASURE IS SUPPOSED TO BE BURIED

OLD VIEW OF COCOS ISLAND. THE SPOT WHERE THE TREASURE WAS SAID TO BE HIDDEN IS MARKED WITH A CROSS

EARL FITZWILLIAM

MAP SHOWING LOCATION OF COCOS IS...

Bericht über die Kämpfe zwischen den Schatzsucherexpeditionen von Earl Fitzwilliam (Foto im Artikel) und Harold Gray im Januar 1905 in der Zeitung *The New York Herald* vom 14. Januar 1905

Tauchgänge, Wrackfunde, Expeditionsfilme

In jenen turbulenten Tagen wird Gissler Zeuge eines weiteren ungewöhnlichen Ereignisses. Am 8. Februar 1905 trifft mit der *Turrialba* eine von der Regierung entsandte costaricanische Forschergruppe ein.

Es sind Geographen, die für eine neue Karte der Kokosinsel das Landesinnere erkunden – und Helmtaucher, die hier den Meeresgrund erforschen sollen.

Es ist die erste Tauchexpedition vor der Küste der Kokosinsel und ein denkwürdiger Augenblick, als sich ihr Leiter Gustavo Rodriguez im Gummianzug mit Kupferhelm von Bord der *Turrialba* in die Tiefe wagt. Seine Gefährten an Deck halten die Sicherheitsleine und führen ihm mit der Handpumpe Luft durch den Atemschlauch zu. Damit sich seine Zeitgenossen ein Bild von der Wunderwelt unter Wasser machen können, fertigt Rodriguez später Zeichnungen an, darunter eine Skizze von seiner unheimlichen Begegnung mit einem gewaltigen Hammerhai.

Nachdem Gissler die Tauchgänge voller Staunen beobachtet hat, weist er die Unterwasserpioniere auf eine Stelle in der Waferbucht hin, an der er einmal bei einer Bootsfahrt die Umrisse eines in geringer Tiefe liegenden Schiffswracks erspäht hatte. Obwohl ihn die Vorstellung reizte, es könnte ein mit Schätzen beladenes Piratenschiff sein, hatte er sich »wegen der Haie« nie getraut, danach zu tauchen.

Die erfahrenen Helmtaucher zeigen hingegen weniger Furcht und suchen neugierig die Wrackstelle auf. Es gelingt ihnen, aus den zerfallenen, von Korallen bedeckten

Überresten das Kompaßhaus zu bergen. Die *Turrialba* befördert das morsche Relikt nach Puntarenas, wo es dann als Antiquität verkauft wird.

Wie sich später herausstellte, handelte es sich um das Wrack der chilenischen Fregatte *Resolución*, die Anfang 1832 auf der Fahrt von Valparaiso nach Puntarenas in der Waferbucht untergegangen war. Die Ursache des Unglücks läßt sich nur vermuten. Wahrscheinlich war die *Resolución* hier bei einer Zwischenlandung von einem Sturm gegen Klippen geworfen und aufgeschlitzt worden. Aus einem Protokoll des Nationalarchivs von Costa Rica geht lediglich hervor, daß sich damals 13 Schiffbrüchige an Land retten konnten und am 17. April 1832 von dem kolumbianischen Schoner *Carmen* aufgenommen und in Puntarenas den Behörden übergeben wurden.

Daß mit seiner Hilfe in jenem Februar 1905 ein Wrack gefunden wurde, mochte Gissler mit Stolz erfüllt haben.

Vorweg sei gesagt, daß die Pioniertat von Gustavo Rodriguez den Anstoß zu zahlreichen späteren Tauchexpeditionen in den Gewässern der Kokosinsel gab.
Dazu gehörten die Expeditionen dieser berühmten Meeresforscher: William Beebe 1925 mit der Dampfjacht *Arcturus*, Hans und Lotte Hass 1954 mit der Yacht *Xarifa*, Philippe Cousteau 1976 mit der *Calypso* und Jean Michel Cousteau 1987 mit der *Alcyone*. Auch der weltberühmte Schatztaucher Mel Fisher, der 1985 vor der Küste Floridas die 1622 gesunkene spanische Galeone *Atocha* fand und aus dem Wrack Schätze im Wert von 400 Millionen Dollar barg, stattete der Kokosinsel einen Besuch ab.

Besonderen Grund zum Jubeln hatten vier amerikanische Schatztaucher. Sie bargen im Dezember 1969 vor der Küste der Kokosinsel sechs Kanonen aus dem Jahre 1594, die sie dann zum Stückpreis von 10.000 Dollar an ein Privatmuseum in Miami verkauften.

In jüngster Zeit haben deutsche Fernsehsender einige bemerkenswerte Dokumentarfilme über Forschungsreisen zur Kokosinsel ausgestrahlt.

* Im Sommer 2005 lief im ZDF der Dokumentarfilm *Jäger der verlorenen Schätze – Die Schatzinsel*, der von Willi Waschull unter maßgeblicher Mitwirkung von Dr. Ina Knobloch gedreht wurde. Im Mittelpunkt steht die Expedition des einheimischen Sporttaucherschiffs *MS Okeanos,* mit dem Ina Knobloch 1988 zum ersten Mal und zusammen mit Christopher Weston zur Kokosinsel gefahren war. Seitdem hegt die aus Frankfurt stammende promovierte Botanikerin, Rosenkennerin (Buch *Rosenduft und Blütenzauber*) eine Passion für die urtümlichen Natur der Kokosinsel und verspürte zugleich als Journalistin und Dokumentarfilmerin ein brennendes Bedürfnis, die Hintergründe der Schatzinselgeschichten auszuloten.

Bei der von ihr initiierten ZDF-Expedition im Jahre 2004 geht es primär um Nachforschungen des an der costaricanischen Universität arbeitenden Historikers Dr. Raul Arias Sanchez und von Stephen Weston, der wie sein Vater Christopher Weston als einer der besten Kenner der Kokosinsel und ihrer Schätze gilt. Dabei versuchte eine russische Rohstoffsucherfirma Schätze an der Nordküste (bei der Punta Pacheco und am Roca Gissler) mithilfe von Satellitenbildern zu orten, was jedoch mißlang. Desgleichen suchte Stephen Weston mit einem Unterwasserdetektor vergeblich bestimmte Stellen des Meeresbodens nach Piratengold ab. Zwei Regierungsbeamte wiederum kartografierten die vielen Felsinschriften, darunter auch den ominösen »K«-Stein. Und mit einem Ultralightflugzeug machte der Pilot Luftbilder von der Kokosinsel.

* Im Jahre 2007 lief auf Phoenix und im ZDF der Dokumentarfilm *Expedition Schatzinsel,* den Ina Knobloch diesmal in eigener Regie im Januar 2007 drehte.

Ihr Film beschreibt die Reise mit dem 50 Meter langen Forschungsschiff *Proteus*, das der Stiftung *Marviva* gehört, einer Öko-Organisation zum Schutz von maritimen Nationalparks in lateinamerikanischen Ländern. An der von Prof. Jorge Cortéz geleiteten Expedition zur Kokosinsel nahmen Biologen verschiedener Fachgebiete teil, darunter die Korallenexpertin Odalisca Breedy. Die Wissenschaftler erforschten dort die Fauna und Flora zu Lande und zu Wasser. Sie bestiegen auch den verstrüppten Urwaldberg Cerro Yglesias und erkundeten im Süden die Bahia Esperanza, die aufgrund des schweren Seegangs und des vier Meter hohen Tidenhubs schwer zugänglich ist und recht selten aufgesucht wird. Stellenweise fanden sie noch etliche verwilderte Nutzpflanzen vor, darunter Kaffeesträucher, die vor etwa hundert Jahren August Gissler und seine Siedler eingeführt hatten.

An Land identifizierten die Biologen u. a. 111 Vogelarten. Und mit dem Glaskuppel-Tauchboot *Deep Sea* erkundeten sie das Meeresleben in der Zwölf-Meilen-

Schutzzone der Kokosinsel, wo sie 270 Fischarten registrierten.

Ebenso sehenswert ist Ina Knoblochs halbstündiger Dokumentarfilm *Das Geheimnis der Schatzinsel,* der im Dezember 2008 auf Arte lief. Darin skizziert sie das Leben Robert Louis Stevensons und die Hintergründe seines Romans *Die Schatzinsel* und verweist auch auf Zusammenhänge mit der Kokosinsel.

* Und schließlich sei noch der im August 2008 in der ARD gesendete Naturfilm *Der Berg der Haie* erwähnt, der eindrucksvolle Aufnahmen von der einzigartigen Unterwasserwelt der Kokosinsel zeigt. Dabei gelang es dem Filmautor Rolf J. Möltgen, mit dem Tauchboot *Deep Sea* bis zum Bruch der Kokosplatte vorzustoßen, die sich mit dem bedrohlichen Tempo von sieben Zentimetern pro Jahr unter die karibische Erdplatte schiebt. In Tiefen bis zu 400 Metern konnte Möltgen dort nie zuvor gesehene Tiefseefisch- und Haiarten filmen.

Die vielen in dieser Bruchzone durch tektonische Plattenbewegungen ausgelösten Erd- und Seebeben könnten übrigens die Ursache dafür sein, daß Schatzverstecke auf der Kokosinsel verschüttet wurden oder Markierungen auf alten Schatzkarten infolge von Erdverschiebungen nicht mehr stimmen.

Teuflische Irrfahrt

In seinen letzten Inseljahren macht August Gissler noch große Pläne.

Während eines Aufenthalts in New York im Herbst 1904 gibt er einem Reporter ein langes Interview, das am 20. November 1904 in der *New York Times* erscheint. Darin schildert er seine Idee, auf der Kokosinsel eine Kohlestation für Dampfer einzurichten, die den Pazifik befahren. Eine solche Versorgungsstation, für die sich vielleicht England oder das Deutsche Reich interessieren könnte, sei ein zukunftsträchtiges Projekt, weil durch den geplanten Bau des Panamakanals (1914 eröffnet) der Schiffahrtsweg vom Atlantik zum Pazifik beträchtlich verkürzt werde. Wenn man für die Kohlestation in der Waferbucht eine lange Pier baue, könnten dort drei große Kriegsschiffe gleichzeitig anlegen und Kohle bunkern.

Wie Gissler in dem Interview der *New York Times* weiter erzählt, träumt er davon, auf der Kokosinsel 50.000 Gummibäume anzupflanzen und die Plantage von Peons bewirtschaften zu lassen. Überdies erwägt er, Ginseng anzubauen, denn er habe gehört, damit könne man »enormen Profit machen.« Aber solche Projekte bleiben nur Gedankenspiele.

Seine Agrargeschäfte beschränken sich auf den Verkauf von Tabak, den er auf 4000 Quadratmeter großen Feldern anpflanzt. Jede Ernte erbringt ungefähr 500 Kilogramm Tabakblätter. Da er für das Kilo Tabak in Costa Rica zwei Dollar bekommt, verdient er jeweils tausend Dollar, genug, um auf dem Festland Waren zu kaufen, die er nicht selbst erzeugen kann, Artikel wie Lampenöl, Salz, Werkzeuge oder Munition für die Schweinejagd.

Als im Sommer 1907 die Vorräte und die Munition ausgehen, bricht Gissler wieder einmal mit seinem Segelboot nach Puntarenas auf, um das Benötigte zu kaufen. In spätestens vier Wochen werde er zurücksein, versichert er seiner Frau. Und ahnt nicht, was sie beide erwartet.

Einen Tag nach seiner Abfahrt stolpert Mary über eine Palmenwurzel und bricht sich den Arm. Sie schient ihn, aber er verheilt so langsam, daß sie sich nur mit Mühe versorgen kann. Um an Fleisch zu kommen, fängt sie Schweine und Vögel mit ausgelegten Fallen und Schlingen und fischt von der Veranda aus. Tag für Tag erwartet sie sehnlichst Augusts Rückkehr, durchwacht einsame Regennächte, aber er kommt nicht.

Unterdessen erlebt Gissler eine mörderische Odyssee. Er ist durch einen Sturm vom Kurs abgekommen und treibt mutterseelenallein auf dem schier endlosen Ozean, seit einer Ewigkeit schon, wie ihm scheint. Bis zum Horizont nichts als Wellen, Wolken und die sengende Äquatorsonne, die seinen Körper ausdörrt. Dem Hungertod nahe, hat er schon mit seinem Leben abgeschlossen, als doch noch Land in Sicht kommt.

Aber es ist nicht Costa Rica, sondern eine Urwaldküste in Panama, so weit haben ihn Wind und Strömungen abgetrieben. Mit letzter Kraft rettet er sich ans Ufer. Erschreckend abgemagert und sterbenskrank, braucht er Wochen, um wieder auf die Beine zu kommen. Und es vergehen noch Monate, bis er sich mittellos nach Costa

Rica durchschlagen und ein Boot finden kann, das ihn zur Kokosinsel zurückbringt.

Hier findet er seine Frau in einem erbärmlichen Zustand vor. Nach einem halben Jahr verzweifelten Bangens fällt sie dem Totgeglaubten schluchzend in die Arme. Sie will nur noch eines – weg von der Insel!

Auch Gissler hat nun genug. Er spielt schon seit längerem mit dem Gedanken, sein einsames Reich zu verlassen. Er machte nämlich vor einiger Zeit in der Nähe der Bahia Esperanza (Bahia Yglesias) eine deprimierende Entdeckung: In einen Palmenstamm hatte einst jemand in Großbuchstaben die Inschrift »THE BIRD IS GONE« eingekerbt: Der Vogel ist ausgeflogen!

Die ironische Botschaft konnte nur bedeuten, daß der unbekannte Urheber längst einen großen Schatz geborgen hatte. Gissler schnitt das buchdeckelgroße Rindenstück sorgfältig heraus und bewahrte es auf; heute ist es im Nationalmuseum von Costa Rica ausgestellt.

»The bird is gone« – Gissler versteht die Worte als omenhaften Wink, die Schatzsuche endgültig aufzugeben. Die leidvollen Erfahrungen der letzten Monate geben schließlich den Ausschlag. Und so verläßt er im Frühjahr 1908 mit Mary endgültig die Kokosinsel.

Die Palmrinde mit der Inschrift *The Bird is gone*, die August Gissler in der Bahia Esperanza fand

Gisslers Lebensabend in New York

Am 11. Juni 1908 kommen August und Mary Gissler mit dem Schiff in New York an, wo sie für immer bleiben sollten. Er ist inzwischen 50 Jahre, sie 38 Jahre alt, wie ihre Einreiseformulare ausweisen. Vier Jahre später erwirbt er laut einer Einbürgerungsurkunde vom 21. Dezember 1912 die amerikanische Staatsbürgerschaft, vermutlich wird auch Mary US-Bürgerin.

Von wohlhabenden Verwandten in den USA und Deutschland finanziell unterstützt, leben die Gisslers bescheiden in einem New Yorker Arbeiterviertel. Statt auf Palmen blicken sie nun aus ihrem Appartement auf rußige Häuserschluchten, statt der rauschenden Meeresbrandung hören sie vorüberratternde Hochbahnzüge.

In seinem letzten, noch 27 Jahre währenden Lebensabschnitt versucht August Gissler unermüdlich, aus seinem Inselabenteuer Kapital zu schlagen.

Er schreibt anhand seiner umfangreichen Tagebuchaufzeichnungen ein Erinnerungsbuch mit dem Titel *»My twenty years on Cocos Island«*. Das zuerst handgeschriebene, dann mit der Schreibmaschine auf 234 Seiten abgetippte Manuskript überläßt er einer Literaturagentur zur Vermittlung, findet aber zu seinem Leidwesen für das Buchprojekt keinen ihm genehmen Verleger.

Später verstaubte das Originalmanuskript in den New Yorker »Faulen Anker Archiven«, die alle möglichen seemännischen Aufzeichnungen sammelten, und ging dann irgendwie verloren. Nur eine Durchschrift auf Kohlepapier blieb teilweise erhalten. Sie gelangte in die Hände der Journalisten Ralph Hancock und Julian A. Weston (1897-

1956), die gemeinsam das 1960 veröffentlichte Buch *The Lost Treasure of Cocos Island* schrieben. Inzwischen befindet sich Gisslers Manuskript im Besitz von Julian A. Westons Sohn Christopher Weston. Der heute 74 Jahre alte studierte Betriebswirt, ehemalige IBM-Mitarbeiter und fabulierfreudige Kokosinselexperte lebt in einer exotischen Villa in San José und hortet dort eine umfangreiche Sammlung von Kokosinsel-Reminiszensen. Christopher Weston veröffentlichte 1992 ebenfalls ein Buch über die Kokosinsel: *La Isla del Coco*. In dem illustrierten, auf spanisch und englisch geschriebenen Buch verwertete er u. a. die Erlebnisse seiner verschiedenen Expeditionen zur Kokosinsel, die er 1959 zum ersten Mal betrat.

Um zu Geld zu kommen, verfällt Gissler gar auf die Idee, der amerikanischen Regierung die Abtretung seiner Besitzrechte an der Kokosinsel anzubieten, wobei er auf ihre strategische Bedeutung wegen der Nähe zum Panamakanal verweist, der 1914 eröffnet wurde. Washington winkt jedoch ab. Abgesehen davon hätte die Regierung Costa Ricas wohl kaum der Errichtung eines Yankee-Stützpunktes auf ihrem Territorium zugestimmt.

Besonders intensiv bemüht sich Gissler, seine Informationen über Beuteverstecke an Schatzsucherexpeditionen zu verkaufen, deren Zahl stetig zunimmt . Bis heute haben circa 450 Expeditionen die Kokosinsel aufgesucht.

Ihr bekanntester Besucher war der vier Mal gewählte US-Präsident Franklin D. Roosevelt, der die Kokosinsel auf pazifischen Kreuzfahrten in den Jahren 1935, 1938 und 1940 anlief und seine Crew einmal – wohl mehr spaßeshalber – zur Schatzsuche ausschwärmen ließ. Bei seinem ersten Besuch ging Roosevelt am 9. Oktober 1935 mit den Kriegsschiffen *U.S.S. Houston* und *U.S.S. Portland* in der Chathambucht vor Anker und blieb eine ganze Woche zum Fischen auf der Kokosinsel. Zur gleichen Zeit hielt sich dort eine britische Schatzsuchergruppe der *Treasure Recovery Ltd.* auf.

Unter Gisslers Gästen sind prominente Kokosinselbesucher, die in den 1920er Jahren mit dem rüstigen alten Herrn fesselnde Gespräche führen.

Besonders anschaulich schildert Ruth Rose ihre Begegnung mit Gissler.

Die hübsche, ehemalige Broadway-Schauspielerin hatte aus Abenteuerlust und wissenschaftlicher Neugierde an mehreren Expeditionen von Dr. William Beebe (1877-1962), dem weltberühmten amerikanischen Tiefseepionier und Zoologen, teilgenommen. Auf ihrer jüngsten, sechs Monate langen Forschungsfahrt mit der Dampfjacht *Arcturus*, die von New York via Panamakanal in die Galápagos-See führte, waren sie im Mai 1925 auch auf der Kokosinsel gelandet. Während des zehntägigen Aufenthalts hatte Ruth Rose einen Urwaldfluß in der Chathambucht erkundet und dann Gisslers halbverfallenes Haus und überwucherte Pflanzung besichtigt. Für William Beebes Buch *The Arcturus Adventure* steuerte sie unter anderem das 10. Kapitel mit dem Titel *Kokos – eine Schatzgeschichte* bei. Als sie daran arbeitet, besucht sie 1926 Gissler zu einem ausführlichen Interview in seiner Wohnung.

Über ihre ersten Eindrücke von ihm berichtet sie: »Die Stufen knarrten jämmerlich, und draußen donnerte ein Hochbahnzug vorbei, als ich die schwach erleuchtete

Treppe hinaufstieg. Auf jedem Absatz fauchte eine Gasflamme und warf zitternde Schatten auf verschlossene Türen, hinter denen gedämpfte Stimmen klangen. Wohl keiner der Menschen, die hier zusammengedrängt hausten, konnte auf ein so seltsames Leben zurückblicken wie der Mann, dem mein Besuch galt... Gewiß kann man ihm die Weltmeisterschaft im unentwegten Schatzsuchen nicht streitig machen. Trotz des Mißerfolgs hat er den Mut nicht verloren. Voll unerschütterlicher Zuversicht lebt er jetzt in New York, und während er das Blinken eines elektrischen Signals hinter den Hochbahnpfeilern beobachtet, denkt er an Farnbäume unter tropischem Mondlicht.«

Von Gisslers äußerer Erscheinung beeindruckt, schreibt Ruth Rose, er sei »ein hochgewachsener Mann, straff und aufrecht wie ein Jüngling, mit einem weißen, die Brust bedeckenden Bart und strahlend blauen Augen, die listig zwinkern und in Begeisterung aufglühen können.« Und: »Die ganze schneidige, blitzsaubere Person verriet den echten Seemann.«

Beim Kaffee erzählen sie sich gegenseitig ihre Erlebnisse auf der Kokosinsel, die dann in Ruth Roses Buchkapitel einfließen.

Nebenbei erwähnt sie darin die komische Geschichte von einem verschrobenen deutschen Schatzsucher. Er entdeckte im Sand der Kokosinsel Fußabdrücke von »Drachen«, und nachts sah er in den Wipfeln ihre unheimlichen Augen glühen. Er ahnte nicht, daß ihn seine fünf Gefährten zum Narren hielten, indem sie am Strand künstliche Drachenspuren erzeugten und durchlöcherte Konservendosen, in denen eingeklebte Kerzen brannten, in die Bäume hängten. Zurück in New York, versuchte der

Gefoppte allen Ernstes, Zoodirektoren und Zirkusschausteller für eine Expedition zum Drachenfang auf der Kokosinsel zu gewinnen – was ihn zum Gespött machte. Denn jetzt erst posaunten die fünf Spaßvögel ihren Streich aus.

Später ersann Ruth Rose eine ähnlich phantastische Inselmonster-Geschichte. Sie schrieb das Drehbuch für den Kultfilm *King Kong*, der 1935 in New York uraufgeführt wurde.

Freundschaft schließt Gissler auch mit dem Rennsportidol Malcolm Campbell (1885-1949), der 1933 den Autogeschwindigkeits-Weltrekord von 438 km/h aufstellte und 1939 mit einer Motorboot-Geschwindigkeit von 239 km/h auch der schnellste Mensch auf dem Wasser wurde.

Von Gissler beraten, unternimmt Sir Campbell im Februar/März 1926 mit der Dieselyacht *Adventuress* und achtzehn Engländern eine aufsehenerregende Expedition zur Kokosinsel, die er packend schilderte. Seine Schatzkarte stammte – wie sollte es anders sein – aus dem Keating-Fundus. Keatings Freund Nicholas Fitzgerald hatte sie 1894 dem britischen Admiral Curzon-Howe überlassen, und über dessen Sohn war sie in Campbells Hände gelangt.

Campbells honoriges Team, darunter zwei Admirale, suchte in mehr sportlicher Manier 17 Tage lang nach dem Limaschatz, zuerst in der Chathambucht, dann in der Waferbucht. Auf dem Bergrücken der Presidio-Halbinsel gruben sie das Steinfundament eines Hauses und einen alten Kistengriff aus. Sonst fanden sie nichts.

Dabei will Campbell während zweier Nächte im Zelt die unheimliche Annäherung von Fremden bemerkt haben, so daß sich seinem Hund die Haare sträubten. Er argwöhnte, Indianer könnten sich seit Jahrhunderten im unerforschten, wilden Inselinneren verborgen halten: »Vielleicht waren es Inkas, die nachts von den Bergen heruntersteigen, um aus dem Dschungel das Treiben der Menschen zu beobachten, welche die Ruhe der Insel stören.«

Sollten die mysteriösen Insulaner etwa die Piratenschätze beiseite geschafft haben und seitdem hüten?

Gissler hört in New York noch von vielen abenteuerlichen Expeditionen zur Kokosinsel. Wie gerne wäre er noch einmal mitgefahren! Aber Mary verwahrt sich energisch dagegen. Und als sie 1925 im Sterben liegt, nimmt sie ihm das Versprechen ab, nie mehr in sein verwunschenes Reich zurückzukehren. Er hält sich daran.

Am 5. Februar 1929 verfaßt August Gissler sein Testament. Darin vermacht er sechs Verwandten in den USA und in Deutschland (in Remscheid, Jülich und Wolkenburg / Sachsen) sowie sechs amerikanischen Freunden die westliche Hälfte der Kokosinsel; den Wert beziffert er auf 200.000 Dolllar. Als Haupterben setzt er seine ausgewanderten, in New York lebenden Schwestern Alma Gissler und Emmy Meisel ein.

Interessanterweise nennt August Gissler als einen der Erben seinen damals in Jülich lebenden Neffen Walter Gissler. Es könnte der bedeutende Papierfabrikant Walther Gissler gewesen sein, der 1924 in Jülich einen Wellpappenbetrieb für sein rheinländisches Familienunternehmen Gissler & Pass hinzuerwarb. Dessen heutiger Seniorchef Dr. Richard Gissler-Weber hatte Anfang 1980 mit dem Kokosinselforscher Peter Disch-Lauxmann auf der Yacht *Princesa* die Kokosinsel besucht und ihn beauftragt, Gisslers autobiographisches Manuskript aus dem Besitz von Christopher Weston zu kaufen, was aber nicht klappte.

August Gisslers Besitzrechte an der Kokosinsel bestätigt eine dem Testament beigefügte, am 14. Dezember 1905 besiegelte Urkunde des costaricanischen Geneneralkonsuls in New York. Darin steht: »Mr. August Gissler ist aufgrund des zwischen ihm und der Regierung von Costa Rica im Jahre 1894 geschlossenen Vertrags Besitzer des halben Gebiets der Kokosinsel und hat vertragsgemäß das Recht, die andere Hälfte der Insel zu erschließen.«

Am 8. August 1935 stirbt August Gissler im Alter von 78 Jahren in New York. Da sein Vermögen auf weniger als 500 US-Dollar taxiert wird und er somit de jure als arm gilt, wird er auf Gemeindekosten am Stadtrand auf einem Kleinfriedhof begraben, der Ende der 1980er Jahre aufgelassen wurde.

Als das dortige Nachlaßgericht am 12. November 1935 sein Testament eröffnet, wähnen sich die darin benannten Erben schon im Besitz der Schatzinsel. Doch sie gehen leer aus. Ihre Nachfrage beantwortet das Präsidentialamt in San José mit dem Bescheid, daß die Insel als staatseigenes Territorium der Republik Costa Rica nicht vererbbar sei. Aus der Traum!

In August Gisslers Nachlaßpapieren fand sich auch eine im Alter verfaßte Manuskriptseite, die mit den Worten schließt: »Der Schatz ist noch auf der Insel, aber es erfordert viel Geld und Mühe, ihn zu heben. ... Ich habe viele Notlagen und Gefahren durchgestanden, aber all das würde mich nicht davon abhalten, von neuem mit der Suche zu beginnen, wenn ich könnte.«

Alte Briefmarke mit Skizze der Kokosinsel
(im Besitz des Autors)

2. Teil
Allein auf Schatzsuche
Ein Erlebnisbericht
von Hans-Gerd Brandes

Hans-Gerd Brandes im Januar 1986
vor der Nordküste der Kokosinsel

Mein langer Weg zur Kokosinsel

Seit meiner Jugendlektüre von Stevensons *Schatzinsel* träumte ich davon, die Piratenschätze der Kokosinsel aufzuspüren, die ja das Vorbild für seinen Romanschauplatz ist.

Ich verschlang alle möglichen Berichte darüber, dazu Bücher über Tauchabenteuer, wobei mich die Bücher von Hans Hass und Jacques-Yves Cousteau am meisten faszinierten; auch sie hatten die Kokosinsel aufgesucht. Zudem lag die Liebe zum Meer meiner Familie im Blut: mein Großvater war Kapitän und mein Bruder Vollmatrose. Da ich selbst passionierter Taucher und Rettungsschwimmer bin, schien mein Weg vorgegeben.

Gerade 22 Jahre alt, versuchte ich 1964 zum ersten Mal, zur Kokosinsel zu gelangen. Ich heuerte als Hilfsmaschinist auf einem Frachter nach Südamerika an, kam aber nur bis Martinique, weil das Schiff überraschend verkauft und nach Hamburg zurückbeordert wurde. Die nächste Enttäuschung folgte ein halbes Jahr später, als ich per Schreiben an die Regierung von Costa Rica eine Schatzsucherlizenz für die Kokosinsel beantragte. Der Staat verlangte dafür 3000 DM – zu viel für meine knapp bemessene Reisekasse. Aus der Traum!

Danach heiratete ich und arbeitete in meinem erlernten Beruf als Fotograf. Ich mußte zwanzig Jahre lang warten, bis mir 1985 ein Zufall genug Geld und Zeit bescherte, um meine Reise zur Kokosinsel doch noch realisieren zu können.

Inzwischen herrschten allerdings andere Bedingungen:

Costa Rica hatte am 11. Juli 1978 die Kokosinsel zum Nationalpark erklärt und die Schatzsuche verboten. Verständlicherweise, denn die vielen Expeditionen richteten Umweltschäden an und hinterließen Berge von Abfall. Seitdem dürfen Inselbesucher keine Erdbewegungen mehr vornehmen, kein Feuer machen und nicht campieren. Polizisten der Küstenwachstation in der Waferbucht, auch Nationalpark-Ranger genannt, achten streng auf die Einhaltung dieser Schutzbestimmungen.

Daueraufenthalte sind nur zu wissenschaftlichen Zwecken gestattet. Daher vermerkte ich in meinem Besuchsantrag, mein Hauptmotiv sei die fotografische Spurensicherung früherer Expeditionen und die Suche nach Zeugnissen einer vorkolumbianischen Besiedlung. Die costaricanischen Behörden lehnten jedoch mein Gesuch rundweg ab; offenbar hatten sie doch meine geheimen Absichten gewittert und noch meinen früheren Antrag auf eine Schatzsucherlizenz vorliegen. Ein harter Schlag!

Aufgeben kam für mich freilich nicht in Frage, zu sehr hatte ich mir die Erfüllung meines Jugendtraums herbeigesehnt! Folglich gab es nur einen Ausweg: Ich mußte irgendwie ohne amtliche Kontrolle und Anmeldung auf die Insel kommen und in einem uneinsehbaren Urwaldgebiet heimlich nach den Schätzen suchen. Weil ich das nicht alleine riskieren wollte, sah ich mich in meinem Freundeskreis nach einem abenteuerlustigen Reisegefährten um – vergeblich. Auch per Zeitungsinserat – u. a. am 22. September 1985 in der *Süddeutschen Zeitung* – fand ich keinen geeigneten Interessenten. So mußte ich mich zwangsläufig auf ein einsames Robinsonleben einstellen.

Eile war geboten, um auf meiner tropischen Regeninsel noch den sogenannten ›kleinen Sommer‹ auszunutzen, jene regenarmen drei Monate von Januar bis März. Während der übrigen neun Monate schüttet es nämlich dermaßen, daß sich die Insel oft völlig in Dunst hüllt und der morastige Boden das Graben erschwert.

Am 18. Januar 1986 verließ ich das verschneite München mit einem vollgepackten Rucksack und zwei schweren Koffern, die mein als Bergsteigerausrüstung getarntes Survival- und Schatzsucherzeug enthielten, darunter den Metalldetektor. Mit 50 Kilogramm Übergepäck flog ich über Paris, Caracas und Bogotá nach Panama und erfreute mich hier zum ersten Mal am Anblick des Pazifischen Ozeans. 900 Kilometer südwestlich davon lag meine heiß ersehnte Insel. Aber wie dorthin kommen?

Zwei Wochen lang suchte ich in Panama City nach einer Passage, im Yachtclub, in Seglerkneipen und auf der Küsteninsel Taboga – stets ohne Erfolg. Drei Segler, die zur Kokosinsel ausliefen, hatten keinen Bootsplatz für mich übrig. Andere Skipper fürchteten Strafmaßnahmen der costaricanischen Justiz, wenn sie mich ohne Genehmigung auf der Kokosinsel absetzten. Und ich mußte dort ja die Kontrolle der ›Guardia‹ (Küstenwache) umgehen.

Deprimiert fuhr ich mit dem Bus nordwärts zur Grenze von Costa Rica weiter, wo die argwöhnischen Zöllner penibel mein Riesengepäck durchsuchten, zum Glück aber den Detektor übersahen. Von der Hauptstadt San José ging's mit der uralten Eisenbahn, die schon August Gissler benutzt hatte, im Schneckentempo nach Puntarenas. Der Zug brauchte vier Stunden für die 108 Kilometer lange Strecke und überquerte oft offene Stahlträgerbrücken, von denen ich in schwindelerregend tiefe Schluchten hinabblickte.

In Puntarenas nahm ich ein billiges Zimmer im *Hotel Torotega* und erkundete erst einmal die Stadt. Auf einer Halbinsel schachbrettartig angelegt, war Puntarenas mit gut 80.000 Einwohnern die größte und bedeutendste costaricanische Hafenstadt am Pazifik. Man verschiffte hier Bananen, Kaffee und Kakao ins Ausland, ebenso einträglich war das Fischereigewerbe, wie die vielen Kutter und Fischfabriken im Hafen erkennen ließen. Die Leute waren freundlich und lebenslustig. Ich staunte über die Unzahl von Tavernen, Imbißständen und Restaurants. Nur mittags in der Siestazeit erstarb das rege Treiben, dann herrschte bei über 40 Grad Celsius eine lähmende, schwüle Hitze. Der Bummel durch die Kneipen machte mir allerdings nur halben Spaß, weil ich mir ein Alkoholverbot auferlegt hatte, um meine Kondition zu halten. Es fiel mir schwer, statt des verlockenden Cuba libre nur Fruchtsäfte und Milchshakes zu bestellen. Am häufigsten verkehrte ich in der Bar *Muelle 14*, weil sie ein beliebter Seglertreffpunkt war und ich dort auf eine Mitfahrgelegenheit hoffte. Aus dem gleichen Grund besuchte ich mehrmals den exklusiven Club im Yachthafen, der Hauptbasis für Passagen zur Kokosinsel. Eine ganze Woche lang klapperte ich die Stammlokale von Yachties und Fischern ab, hatte jedoch mit meinem Anliegen kein Glück.

Edward, ein amerikanischer Yachteigner, wollte mit seiner Muchacha, seiner einheimischen Freundin, schon vor sechs Tagen zur Insel segeln und trieb sich immer noch verliebt turtelnd in Puntarenas herum. Ihn sprach ich aber nicht mehr auf einen Törn mit ihm an, der Preis von 1200 Dollar für die Hinfahrt erschien mir viel zu hoch.

Ein Besuch auf der *Victoria af Carlstad*, einer 33 Meter langen Charteryacht, brachte auch nicht viel. Ihr schwedischer Skipper suchte zwar weitere Fahrgäste für die nächste Tour in sechzehn Tagen, konnte mir aber nicht gestatten, auf der Insel zu übernachten. Außerdem hätte er mich nach zwölf Tagen wieder in Puntarenas zurückmelden müssen. Fehlte jemand bei der Ausdeklarierung, so verlangten die Behörden eine ausführliche schriftliche Begründung. Und das konnte den Skipper in Teufels Küche bringen. Die strengen Vorschriften enthielten selbst folgende makabre Klausel: Wenn ein Passagier oder Besatzungsmitglied unterwegs stirbt, muß der Schiffsführer den Behörden einen abgetrennten Finger des Verstorbenen vorweisen.

Im übrigen waren mir sechs Landausflüge zu wenig für die 1500 Dollar, die eine Tour mit der *Victoria af Carlstadt* kostete. Trotzdem verbrachte ich einen angenehmen Nachmittag an Bord dieses komfortablen Segelschiffs. Dabei erzählte mir der Kapitän von seinen vier Wanderungen auf den Cerro Yglesias, den mit 624 Metern höchsten Inselberg.

Ein anderer Kenner der Kokosinsel bestärkte mich in meiner Auffassung, nicht an der tausendfach durchstöberten Nordküste nach Schätzen zu suchen, sondern an der abgeschiedenen, noch wenig gecheckten Südküste. Dort biete sich die Bahia Esperanza, die »Bucht der Hoffnung«, als ideales Schatzversteck geradezu an. Amtlich heißt sie inzwischen zwar Bahia Yglesias, aber ich bleibe lieber bei dem schöneren alten Namen Esperanzabucht, weil er im Hinblick auf mein Vorhaben so verheißungsvoll klingt.

Zu den mumaßlichen Schatzverstecken an der Südküste hatte ich längst meine eigene Theorie entwickelt, die ich später verschiedentlich erläutern werde. Außerdem wähnte ich mich an der schwer zugänglichen Esperanzabucht vor der im Norden stationierten Küstenwache sicher.

Die seltsame Vergnes-Story

Natürlich erzählte man sich in den Seglerkreisen von Puntarenas allerlei Geschichten über die Schätze der Kokosinsel. Eine davon interessierte mich besonders, weil darin die Esperanzabucht eine wichtige Rolle spielt. Ich diskutierte darüber mit dem Kapitän der *Victoria af Carlstad*, der ebenfalls schon viel davon gehört und gelesen hatte.

Es ist die Geschichte des französischen Höhlenforschers Robert Vergnes, einem zwielichtigen Glücksritter, der sich selbst als »Berufsabenteurer« bezeichnete.

Im Dezember 1962 hatten sich Vergnes und die beiden jungen Pariser Journalisten Jean Portelle und Claude Chaliès unter dem Vorwand, einen Dokumentarfilm zu drehen, von der Yacht *Dolphin* auf der menschenleeren Kokosinsel absetzen lassen. In Wahrheit waren sie hinter dem Piratengold her. Die drei Freunde hatten vorher alle möglichen Berichte darüber studiert und glaubten, der Limaschatz läge im Gebiet der Esperanzabucht. Nicht lange nach ihrer Landung in der Waferbucht tuckerten sie im Schlauchboot, das ein Außenbordmotor antrieb, dorthin und suchten anhand von Nicholas Fitzgeralds Beschreibung nach der Schatzhöhle.

Zwei Tage später, am 21. Dezember 1962, wollten sie trotz schlechten Wetters erneut zur Esperanzabucht fahren. Aber schon kurz nach der Abfahrt aus der Waferbucht geschah ein tödliches Unglück.

Wie es dazu kam, erzählte Robert Vergnes später in einem Interview mit der costaricanischen Tageszeitung *La Nación*. Demnach kam plötzlich ein starker Wind auf, ein

Brecher brachte das Schlauchboot zum Kentern und schleuderte die drei Franzosen ins Meer. In der immer gröber werdenden See schwamm Vergnes fast eine Meile zur Küste und rettete sich an Land. Dort sah er nur noch das weit abgetriebene Schlauchboot, aber keine Spur von seinen beiden Gefährten. Wörtlich erklärte Vergnes: »Jean Portelle konnte nicht schwimmen, und ich glaube, daß er sich an Claude klammerte und daß sie auf diese Weise beide ertranken. Die Unglücksstelle ist voller Riffe und gefährlicher Haie.«

In seinem 16 Jahre später veröffentlichen Buch *La dernière île au trésor* (1978) schilderte Vergnes ergreifend und eindringlich seine Verzweiflung über die Tragödie und wie ihn dann immer mehr die Einsamkeit quälte. Es erging ihm wie Robinson Crusoe. Tag für Tag hielt Vergnes sehnsüchtig Ausschau nach einem rettenden Schiff – vergeblich. Er hauste in einer Holzhütte, die man am Rio Genio vorgefunden hatte, ging fischen und ernährte sich ansonsten von Kokosnüssen und den mitgebrachten Lebensmittelvorräten. Auf Streifzügen erkundete er das Inselinnere, und da er das Schlauchboot hatte bergen können, ruderte er (der Motor funktionierte nicht mehr) mehrmals zur Esperanzabucht.

Am 14. Februar 1963 entdeckte er dort laut Tagebuch in einem Seitenfjord eine verzweigte, zwei Meter über dem Meeresspiegel liegende Riesengrotte, die ihn aufgrund ihrer Eigenarten magisch anzog. »Ist das Thompsons Höhle?« fragte er sich gebannt. Obwohl er darin nichts fand, ließ ihn fortan der Gedanke nicht mehr los, in einem geheimen Winkel dieses Grottengewölbes oder in einer der benachbarten Küstenhöhlen müsse der Limaschatz verborgen sein.

In jenen Tagen litt Vergnes unter Fieberanfällen, Depressionen und Schlafstörungen. Aus lauter Verzweiflung entzündete er immer wieder große Feuer, um durch Rauchzeichen ein Schiff auf sich aufmerksam zu machen. Und tatsächlich geschah ein Wunder. Am 21. Februar 1963, auf den Tag genau zwei Monate nach dem Beginn seiner Robinsonade, lief eine Yacht, die *Elinore*, die Waferbucht an. Ihr Skipper, der Amerikaner Ken Hayes, nahm den zerlumpten und sichtlich verstörten Franzosen an Bord und brachte ihn nach Puntarenas.

Dort verhörten ihn Beamte der Kriminalpolizei. Sie hegten Zweifel an Vergnes' Behauptung, Portelle und Chaliès seien ertrunken und äußerten den Verdacht, die drei Franzosen hätten einen Schatz gefunden und Vergnes habe seine Gefährten im Streit um das Gold umgebracht. Während der Verhöre war Vergnes übernervös, rauchte eine Zigarette nach der andern und beantwortete die Fragen mit zitternder Stimme – für die Kriminalisten Anzeichen dafür, daß er bei seinen Aussagen log. Oder war er infolge der monatelangen Isolation nur seelisch zerrüttet? »Ich will die verdammte Insel nie wiedersehen, sie wird mich für den Rest meines Lebens als Alptraum verfolgen!« beteuerte er. Da ihm kein Verbrechen nachzuweisen war, ließ man Vergnes schließlich laufen.

Zurück in Paris, vernahm ihn die Justiz abermals. Claude Chaliès' Verlobte sagte als Zeugin aus, ihr Claude und Jean Portelle seien ausgezeichnete Schwimmer und Taucher gewesen, so daß Vergnes' Version nicht stimmen könne. Die Verlobte veranlaßte sogar eine Suchaktion auf der Kokosinsel, man fand jedoch keine Spur von den Vermißten. Wieder kam Vergnes ungeschoren davon.

Einige Jahre später erschien in der französischen Presse ein langer Erlebnisbericht, der weltweit Aufsehen erregte. Der Verfasser, ein gewisser Jacques Boucaud, erzählt die spannende Geschichte von vier unternehmungslustigen Pariser Studenten, die im Herbst 1966 bei einer heimlichen Schatzsuche auf der Kokosinsel fündig wurden. Boucaud selbst war mit von der Partie. Sie entdeckten in einer lianenverhangenen Berghöhle zwischen der Chathambucht und Kap Atrevido die Skelette von zwei amerikanischen Schatzsuchern, die sich um 1850 mit Messer und Axt gegenseitig umgebracht hatten – anscheinend im Streit um ihren reichen Schatzfund. Denn die vier jungen Franzosen fanden in der Höhle neben einer umfangreichen Ausrüstung zwei Holzkoffer und Ledersäcke mit 2000 spanischen Goldmünzen und dreißig Goldbarren à 250 Gramm. Sie beerdigten die Höhlenleichen und schmuggelten das Gold außer Landes, indem sie es in Schlafsäcke einnähten und in leeren Preßluftflaschen versteckten.

Aufgrund der genauen Ortskenntnisse und detaillierten Darstellung klang Boucauds Sensationsbericht so überzeugend, daß man ihn für wahr hielt. Später kam jedoch heraus, daß der Verfasser in Wirklichkeit Robert Vergnes war – und das machte die Story unglaubwürdig.

Vielleicht war die Schauergeschichte aber doch nicht ganz erfunden, denn sie weist merkwürdige Parallelen zu Vergnes' tragischer Expedition von 1962/63 auf. In beiden

Fällen waren die Teilnehmer junge Franzosen und zwei Tote im Spiel. Kein Wunder, daß das Gerücht wiederauflebte, Vergnes habe seine zwei Gefährten tatsächlich umgebracht und sich mit dem Presseartikel ein Trauma von der Seele schreiben wollen. Psychologisch ließe sich daraus ableiten, daß es sich bei den Skelettfunden in der Schatzhöhle in Wirklichkeit um die Leichen von Portelle und Chaliès handelte. Das würde dann bedeuten, daß die drei Männer wirklich Gold in einer Höhle fanden und Vergnes die beiden Mitwisser anschließend beseitigte – aus welchen Gründen auch immer. Gelöst wurde das Rätsel nie.

Seltsamerweise kehrte Vergnes, der die »verdammte Insel nie wiedersehen wollte«, bereits zwei Jahre nach dem Tod seiner Freunde zur Schatzsuche dorthin zurück. Er blieb bloß eine Woche – vielleicht, weil er nicht mehr Zeit brauchte, um weiteres Gold aus der Höhle zu holen? 1975 und Anfang 1978 unternahm er mit kleinen Gruppen von Freunden noch zwei illegale Yachtexpeditionen zur Kokosinsel. Dabei konzentrierte sich seine Suche auf die Küstenhöhlen in der Esperanzabucht, insbesondere auf die im Februar 1963 von ihm entdeckte Riesengrotte, auf die er geradezu fixiert war. Den Ausführungen in seinem Buch *Die letzte Schatzinsel* zufolge waren alle Nachforschungen erfolglos. Ironisch schrieb er, eigentlich verdiene die Bahia Esperanza den Namen Baie de la Désespérance – Bucht der Hoffnungslosigkeit.

Nichtsdestotrotz reiste Vergnes Ende 1981 noch einmal nach Costa Rica. Da inzwischen die Schatzsuche auf der Kokosinsel verboten war und dort Polizisten wachten, beantragte er unter dem Vorwand, wissenschaftliche Studien zu treiben, eine amtliche Genehmigung für einen längeren Inselaufenthalt. Doch die Justiz hatte die Affäre von 1962 nicht vergessen und verweigerte ihm den Zutritt. Obendrein wies sie die Guardia an, Vergnes sofort festzunehmen, falls er seinen Fuß auf die Insel setzen sollte. So mußte er unverrichteterdinge nach Paris zurückkehren, wo er sein Schatzsuchergarn noch lange in den Cafés weiterspann.

Insel in Sicht

Am 10. Februar 1986 gelang es mir endlich, den Namen eines Fischers zu erfahren, der mit seinem Kutter alle zwei Wochen zur Kokosinsel fuhr. Er hieß David.

Die Suche nach ihm und seinem Kutter gestaltete sich schwieriger als ich dachte. Jeden Vormittag trieb ich mich am Fischmarkt herum und fragte nach David. Er wohnte angeblich zwölf Kilometer vor Puntarenas und kam nur gelegentlich in die Stadt, oder wenn er zum Fischen ausfuhr. Nachdem ich seine Stammkneipe ausfindig gemacht hatte, bat ich den Wirt, David möge bei mir im Hotel anrufen, sobald er wieder auftaucht. Irgendwie war ich felsenfest davon überzeugt, mit ihm zur Kokosinsel zu kommen.

Als ich am nächsten Tag wieder den Fischmarkt aufsuchte, sprach mich ein Unbekannter an. Er wußte, daß ich zur Kokosinsel wollte und forderte mich auf, ihm zu folgen. War ich jetzt schon bekannt wie ein bunter Hund, oder wurde ich bespitzelt? Der Fremde führte mich in ein nahegelegenes Büro, wo drei Fischer werkelten. Zu meiner Überraschung war einer von ihnen David, mein langgesuchter Skipper. Er hatte auf einen Kaffee Zeit, und wir gingen in seine Lieblingsbar gegenüber.

Nachdem er sich schweigend meine Geschichte angehört hatte, willigte er wie selbstverständlich ein, mich zur Insel mitzunehmen. Selten war ich so glücklich gewesen. Ich konnte es kaum fassen und hätte am liebsten einen Freudentanz aufgeführt. Schon morgen wollte er aufbrechen, sein Schiff benötigte nur noch die Eisfracht zur Kühlung des Fischfangs. Überschwänglich verabschiedete ich mich.

Damit begann mein Inselabenteuer, das ich nun anhand meines Tagebuchs erzähle.

Davids Fischkutter, die *Coco pepe 21*, wird am nächsten Tag, dem 12. Februar 1986, mit Eis versorgt und soll gegen elf Uhr losfahren. Neben dem Gepäcktransport erledige ich rechtzeitig auch den Anruf nach München, genehmige mir ein herzhaftes Frühstück und kaufe auf dem Markt zwei Ananas, je zehn Bananen und große Mandarinen sowie fünf Liter Orangensaft. Da das Boot am Kai in der dritten Reihe liegt, muß ich ohne Steg über zwei schwankende Kähne steigen, um an Bord zu gelangen – mit den schweren Gepäckstücken ist das nicht einfach.

Die Mannschaft, neun Burschen um die zwanzig und Davids Frau, staunt nicht schlecht über den Umfang meiner Ausrüstung und weist mir in einer Kajüte eine der sechs Kojen zu. Die Koffer lege ich flach hin. Sie bedekken den ganzen Kajütenboden, so daß jeder drauftreten muß, um in seine Koje zu steigen. Den Rucksack klemme ich zwischen meiner und der darüberliegenden Koje ein, und dem Koch übergebe ich die beiden Sisaltaschen mit dem Obst.

Jetzt habe ich Zeit bis zur Abfahrt und schaue mir die *Coco pepe 21* an. Das Boot hat eine Länge von etwa zehn Metern, einen hohen Bug, unter dem die Mannschaftskabine liegt und ein flaches Heck, so daß die Fische leicht an Bord gezogen werden können. Im vorderen Teil des Kajüthauses befinden sich hinter zwei Fenstern der Steuerstand und zwei zusätzliche Kojen, daneben die Kombüse für den Smutje. Auf dem Dach lagert, am Schornstein festgezurrt, ein Rettungsboot.

Bevor wir Puntarenas endgültig verlassen, hält der Kapitän noch bei der Hafenpolizei an. Mir wird angst und bange. Schließlich ist es seit 1978 streng verboten, auf der Insel Schätze zu suchen oder sich auf Dauer dort aufzuhalten. Inspiziert jetzt die Polizei das Boot, oder wissen die Beamten schon von meiner Absicht, illegal die Insel zu besuchen? Kapitän David spricht mit dem wachhabenden Offizier, ich verziehe mich unter Deck, lausche angespannt und erfahre den Grund der Unterhaltung. Über mir verstaut jemand Proviantkisten, den Nachschub für die drei Wächter auf der Kokosinsel. Alle Fischer sind angehalten, vor ihrer Fahrt hier vorbeizukommen und Gemüse, Obst und Milch für die beiden Polizisten und den Zollinspektor des Nationalparks mitzunehmen.

Unser Kutter legt bald darauf ab, und nachdem wir die Spitze der Halbinsel Puntarenas umfahren und Kurs aufs offene Meer genommen haben, wage ich mich wieder an Deck. Gegen die aufkommende Seekrankheit soll mir mein Spezialband helfen: Mit einem straff gespannten Lederriemen befestige ich zwischen den Sehnen des linken Handgelenks eine kleine Holzkugel. Mit diesem Patent hoffe ich, die fünfzigstündige Fahrt ohne Übelkeit zu überstehen.

Die Sonne scheint am wolkenlosen, blauen Himmel, der Stille Ozean macht seinem Namen alle Ehre. Ich sitze neben dem Rettungsboot auf dem Dach und bin mit Gott und der Welt zufrieden. Vor unserem Bug fliehen fliegende Fische, segeln fast minutenlang in leichtem Bogen nach Luv oder Lee, um dann wieder in ihr Element einzutauchen. Noch während wir rechter Hand die Küste passieren, zeigt das Wasser bereits seine blaue Färbung, und die Fischer lassen vier lange Schleppangeln an seitwärts ausgeschwenkten Mastbäumen ins Meer. Zwei Stunden nach der Abfahrt serviert der Koch für jeden eine Portion Reis mit Gemüse und Bohnen mit Speck. Zum Nachtisch serviert er Ananasscheiben, und ich staune, wie er den Rest frisch und schmackhaft hält: Die geschälten Scheiben schwimmen mit den Schalen in etwas Wasser im Eimer, das vom Eis darunter gekühlt wird. Bis auf den Steuermann sitzen alle mit ihrem Teller auf Körben und Kisten oder einfach am Boden.

Da wir elf Mann und eine Frau an Bord sind, frage ich mich, wie die acht Kojen ausreichen sollen. Ich wäre gerne bereit, mein Lager an Deck oder auch auf dem Kajütendach aufzubauen und schlage das dem Kapitän vor. Doch David sieht keinen Grund zur Änderung der Bettaufteilung, da ein Mann ständig am Ruder steht und er eine Koje mit seiner Frau benutzt.

Kurz vor Mitternacht schrecke ich aus meinem Schlaf auf. Der Schiffsmotor steht, und wir schaukeln schwer in den Wellen vor Cabo Blanco. Alle Fischer angeln mit der Perlonschnur am Heck. Ruckartig rebelliert mein Magen, mir wird schlecht, und ich stürze an die frische Luft. Der einzige noch freie Platz ist auf dem Dach. Dort lege ich mich flach auf den Rücken und zwinge mich, ruhig und gleichmäßig zu atmen. Damit ich nicht an den heißen Schornstein rutsche, strecke ich Arme und Beine weit von mir. Bewußt halte ich die Augen offen und sehe die Sterne als weiße Striche nach rechts und links jagen. Sowie ich die Augen schließe, dreht sich alles im Kopf. Unter mir angeln sie Tintenfische, lachen und begrüßen jeden Fang lautstark, ich dagegen zähle die Sekunden, bis der Motor wieder anspringt und endlich dieses verdammte Schlingern aufhört. Eine Stunde lang kämpfe ich gegen mein Erbrechen an und versuche, den Magen nicht zu verkrampfen.

Kapitän David läßt seine Männer eine entsetzlich lange Zeit angeln, bis er den neuen Kurs 205 anordnet, das Boot endlich Fahrt durchs Wasser macht und das Schaukeln aufhört. Das wirkungslose Antiseekrankheitsband werfe ich ins Meer, denn inzwischen hat sich schon durch den Druck der Holzkugel eine Blase auf der Haut gebildet. Ich schleiche mich zurück in meine Koje. An Schlaf ist nicht mehr zu denken, weil mich jetzt der Rucksack beengt, die schwüle Hitze mir fast den Atem raubt und ich mich hundeelend fühle.

Völlig erschlagen stehe ich schon im Morgengrauen am Heck und hole mir einen Eimer Meerwasser zum Waschen. Mit der linken Hand halte ich mich am letzten Stützpfosten des Daches fest und trete an den ungesicherten freien Bootsrand. Das Fahrwasser schießt zwei Meter unter mir hinweg. Der Eimer tanzt an dem Tampen wie ein Wasserskiläufer auf den Wellen und füllt sich nicht. Beim zweiten Versuch trifft der Eimerrand mit Schwung auf das Wasser und taucht sekundenschnell unter. Ein mächtiger Ruck kugelt mir fast den Arm aus. Wenn ich hier ins Meer falle, bemerkt das keiner! Ich suche mit dem Knie zusätzlichen Halt, bevor ich mit beiden Händen den vollen Eimer heraushieve. Die Fischer schaffen es spielend, den Eimer noch halbvoll herauszuziehen, mir fehlt die Übung.

Später reicht mir der Koch eine Tasse Kakao, und ich frage, ob sie heute wieder angeln. Nein, der Kapitän läßt die Maschine nicht mehr stoppen, sondern begnügt sich mit dem Fang an den Schleppangeln. Die Fischer genießen ihre freie Zeit bis auf die vier Stunden am Tag, die jeder am Steuer stehen muß. Ansonsten lesen sie Romane, faulenzen an Deck oder schnitzen an Bleigewichten für die Grundangeln. Die Messer stumpfen schnell an dem Blei ab und müssen häufig wieder am Wetzstein nachgeschliffen werden. Bei dieser Gelegenheit schleife ich auch meine Machete. Zum Glück habe ich in Panama noch eine Eisenfeile gekauft, denn keiner vermag mein Buschmesser am Stein zu schärfen, obwohl es die Fischer mehrmals versuchen.

Ab und zu sehen wir weit von uns entfernt einen großen Dampfer, und insgesamt fünfmal wird die Ruhe durch einen Biß an den Schleppangeln unterbrochen. Die Leine reicht etwa fünfzig Meter weit, und das Blei am Ende drückt sie mit 200 Gramm etwa drei bis fünf Meter unter Wasser. Bunte Federn verdecken den großen vierarmigen Haken und sollen einen zentnerschweren Wahoo ködern. Nachdem einer angebissen hat, versucht er mit der vermeintlichen Beute in die Tiefe zu tauchen, wobei sich der Haken im Maul verfängt. Bei dem Versuch, wieder von der Leine freizukommen, springt der Fisch mit seiner ganzen Länge von knapp zwei Metern aus dem Wasser. Dann ziehen die Fischer den sich heftig wehrenden Raubfisch gleichmäßig langsam an Bord, spießen ihn am Bootshaken auf und heben ihn auf das flache Heck. Der Wahoo hat eine schmale, hohe Stirn, große Augen und auf seinem goldgelben Leib münzgroße blaue Punkte, die beim Verenden rasch schwarz werden.

Am Nachmittag sieht einer der Fischer eine sich sonnende Meeresschildköte auf dem Wasser treiben. Sofort alarmiert er den Rudergänger, der im großen Bogen auf das Tier zusteuert und die Maschine stoppt. Alle Mann dirigieren flüsternd das sich geräuschlos nähernde Boot an die Schildkröte heran. Mit einem zwei Meter langen Eisenspeer trifft sie einer der Fischer und durchstößt mühelos den Panzer. Die arme Kreatur hat keine Chance, obwohl sie kurz vorher noch aufwachte. Aber anstatt abzutauchen, vertraute sie offenbar ihrem harten Schutzschild. Mit einer Schlinge am langen Stock gelingt es, eines ihrer wild strampelnden Beine festzuhalten und die Schildkröte daran an Bord zu holen. Sie ist wohl eines der zähesten Tiere der Welt und kann nicht auf die übliche Weise geschlachtet werden. Südseebewohner sollen Meeresschildkröten lebendig in kochendes Wasser werfen, um ihnen ein noch qualvolleres Ende zu ersparen. Auch diese Fischer versuchen, das Tier schnell zu erledigen und stechen es mit einem langen Dolch zwischen Kopf und Panzer ab, aber es zappelt mit den Flossen weiter. Ungeachtet dessen öffnet der Koch den Panzer an der Unterseite, schält beide Hinter- und Vorderläufe heraus und wirft dann den entleerten Panzer samt Kopf und der blutigen Eingeweide zurück ins Wasser. Haie, die bereits seit fünf Minuten im Kielwasser kreisen, stürzen sich, vom Blut angelockt, sofort auf die Aasreste.

Abends serviert der Koch die angebliche Delikatesse, aber ich finde keinen besonderen Geschmack an dem festen Fleisch. Vermutlich verspeisen die Fischer Schildkröten nur, weil es ihnen eine Abwechslung von den ständigen Fischmahlzeiten bietet.

Hier draußen herrscht ein harter Überlebenskampf, und ich beneide meine Bootsgefährten nicht um ihre schwere Arbeit. Dreimal im Monat fahren sie zur Kokosinsel, fischen fünf bis sieben Tage in den Gewässern dort und tuckern wieder fünfzig Stunden nach Puntarenas zurück. Ihr Lohn beträgt nach eigenen Angaben 300 Dollar pro Fahrt, vorausgesetzt, der Fang rentierte sich.

Der Kapitän und der Steuermann sollen das doppelte, der Koch etwas weniger als ein Fischer verdienen.

Durch Davids Frau herrscht Anstand und Ordnung an Bord. Jeder hat seinen persönlichen Schlafsack bzw. ein Inlett, Schaumstoffunterlagen für die Koje und sein eigenes Geschirr dabei. Die Notdurft wird am freien Heck verrichtet, da ein WC aus Platzgründen fehlt. Sobald einer mit der Toilettenpapierrolle in der Hand auftaucht, verlassen alle freiwillig das Heck und suchen derweil Kajüte, Bug oder Dach auf.

David nimmt jeweils morgens und abends eine Standortbestimmung mit Hilfe der Satellitennavigation vor. Stolz zeigt er mir dann die Position, auf der gleichen Seekarte, die ich in Panama kopiert hatte. Er benötigt dazu weder Rechner noch Tabellen, und ich frage mich, warum ich vier Wochen lang in München einen Navigationskursus besuchte und auf ein zehntel Grad genau arbeiten sollte. Der Schiffskompaß hat eine Fünf-Grad-Einteilung, Strömungsrichtung und -geschwindigkeit werden nicht registriert. Falls das Instrument ausfallen sollte, genügt es natürlich nicht, nur zwei Knöpfe bedienen zu können. Ich möchte aber wetten, daß keiner auf dem Kutter einen Sextanten besitzt, geschweige denn

Sextanten besitzt, geschweige denn richtig damit umgehen kann.

Nach Davids Berechnung wird die Kokosinsel morgen früh zu sehen sein.

Tatsächlich, um 7.30 Uhr tauchen die ersten Umrisse meiner Insel auf. Auf dem Dach sitzend, erspähe ich Spitzen einer Bergkette, die einem Hahnenkamm ähneln. Da liegt sie also, meine Trauminsel!

Ich sehe ihr seltsam gelassen und gefaßt entgegen. Keine innere Erregung, keine Euphorie, eher eine stille Genugtuung verspüre ich. Viele Menschen haben die Insel vor mir betreten, und viele werden noch nach meinem Besuch ihr Glück dort suchen. Der Himmel ist grau und düster, tiefe Quellwolken ziehen über die Insel. Bei 320 Regentagen im Jahr habe ich kein anderes Bild erwartet. Dem Koch fällt auf, daß ich heute morgen keinen Appetit zeige. Wichtiger als die Mahlzeit ist es mir, möglichst viele Fotos vom Norden der Insel, der Chathambucht und der Waferbucht, zu machen.

Lange vor mir entdecken die scharfen Augen der Fischer die Masten eines in der Chathambucht liegenden großen Segelschiffs.

Leider fängt es zu nieseln an, das Licht wird schwächer, und die Kontraste ergeben aus dieser Entfernung keine guten Bilder mehr. Wir schippern weit vor der Insel herum und suchen nach den vor drei Wochen ausgelegten Reusen an den Bojen, finden aber keine Netze mehr. So lange lockt hier kein Köder in der Falle, die Haie haben ihr Werk getan und alle Reusen abgerissen. Im Wasser treibt ein bemooster Baumstamm, auf dem sich Dutzende von Seevögeln tummeln. Nachts kann so ein Hindernis für kleinere Yachten gefährlich werden.

Je mehr wir uns den Steilküsten nähern, um so deutlicher lassen sich auch tückische Unterwasserklippen erkennen. Zwischen der vorgelagerten Nuez-Insel (auch Isla Manuelita genannt) und der Chathambucht lugen etliche kleinere Riffe knapp aus dem Wasser. Das Bild kommt mir bekannt vor. Ich erinnere mich an die fabelhafte Beschreibung des Tiefseepioniers William Beebe, der 1925 auf seiner *Arcturus*-Expedition mit dem Tauchboot die Unterwasserwelt um die steil aufragende, grün überwucherte Nuez-Insel erforscht hatte. Da wimmelte es laut Beebe von Weißspitzenhaien, Zackenbarschen, Teufelsrochen, Makrelen und farbenprächtigen Korallenfischen. Auch gefährliche Hammerhaie sollen hier vorkommen.

Kapitän David hat persönlich das Steuer übernommen und läßt den Kutter mit halber Maschinenkraft durch die enge Fahrrinne tuckern. Vor uns öffnet sich rechter Hand die Waferbucht. Weil Ebbe herrscht, sehen wir erst weit hinter dem sandigen, von Geröll übersäten Spülsaum einen kleinen Pavillon, die Fahne Costa Ricas und ein einstöckiges Steinhaus – die Küstenwachstation. An dieser Stelle, wo der Rio Genio mündet, hatten einst August und Mary Gissler gewohnt und ihre Plantage bewirtschaftet.

Unsere Fischer lassen das Ruderboot zu Wasser, und zwei von ihnen pullen hinüber, um den drei, vier Polizisten der Guardia Proviant zu bringen. Hier in der Waferbucht könnte ich erst in der Dunkelheit an Land schleichen. Aber David hat mir ohnehin versprochen, mich in der benachbarten Chathambucht abzusetzen, die außer Sichtweite der Wachstation liegt.

Inzwischen wächst der Nieselregen zu einem schweren Tropenschauer an. Drei Mann nutzen ihn, um Dach und Deck des Kutters zu reinigen und anschließend das ablaufende saubere Regenwasser in Eimern zu sammeln. Sie tragen Turnhosen und genießen das niederprasselnde Naß wie eine warme Dusche.

Als das Ruderboot zurückkehrt, wird es im Schlepptau zur Chathambucht gezogen. Mit großem Hallo begrüßen sie dort den kanadischen Skipper Bob auf seiner schon von weitem erspähten Yacht *Misty.* Seit drei Monaten ankert er hier mit seiner Frau, die beiden kennen jeden Fischer und winken freundlich zu uns herüber.

Gefährliche Landung

Für mich naht nun die Stunde der Wahrheit. Entweder gehe ich hier mit meinem Gepäck an Land und schlage mich, wie geplant, quer über die Insel zur Südküste durch, oder der Kanadier läßt sich dazu überreden, mich mit seinem Dingi, einem Schlauchboot mit Außenbordmotor, dorthin zu fahren.

Die Kokosinsel-Gewässer gehören zu den haifischreichsten der Welt. Während David mit seiner Frau im Ruderboot die kurze Strecke zum Strand pullt, fordert er mich stichelnd heraus, die fünfzig Meter weite Strecke bis zur *Misty* zu schwimmen.

Beherzt springe ich ins Wasser, die Haie wissen, wenigstens tagsüber, daß ich kein Futter für sie bin. Sie gehen nämlich nachts auf Jagd, fressen sich satt und streifen tagsüber relativ friedfertig in ihrem Revier umher. Gestern sah ich noch die Haie um die Reste unserer erbeuteten Schildkröte kämpfen, und heute soll ich unbesorgt in diesen Gewässern der Kokosinsel schwimmen! Unvermittelt erinnere ich mich an den 1954 gedrehten Expeditionsfilm »Unternehmen Xarifa« von Hans und Lotte Hass, in dem die letzte Episode von der Kokosinsel handelt. Dabei tauchte Lotte Hass in Unterwasserhöhlen, als sich ihr plötzlich etliche Hammer- und Tigerhaie näherten, die sie mit einem Stock abzuwehren vermochte. Eine gefährliche Begegnung!

Während ich auf die *Misty* zuschwimme, beobachte ich aufmerksam das Wasser um mich herum. Nirgendwo bewegt sich eine Dreiecksflosse an der Oberfläche. Im Augenblick droht also kein Angriff. In dem etwa acht Meter tiefen Wasser sehe ich klar und ohne Maske den sandigen Meeresboden. Nur zum Luftholen hebe ich den Kopf aus dem Wasser, ansonsten behalte ich die mittelgroßen Fische im Auge, die unter mir vorbeischwimmen. Dabei stoße ich fast mit dem Kopf gegen die Yacht. Bob, der Skipper, fordert mich auf, über sein Dingi auf das Schiff zu klettern. An Deck stelle ich mich vor und erkläre ihm mein Anliegen.

Leider hat Bob erst vor kurzem ein Leck im Benzintank gehabt und nicht mehr viel Treibstoff. Zur Zeit kauft er bei den Fischern jeweils kanisterweise Benzin. Für happige 50 Dollar Spritgeld ist er trotzdem bereit, mich noch heute nachmittag zur Südküste, in die Esperanzabucht zu fahren. Weil ich mir dadurch die Strapazen eines dreitägigen Marsches durch den Dschungel ersparen würde, willige ich gerne ein. Nach einem kritischen Blick auf das Wellenbild ringsumher zweifelt Bob allerdings, ob es mir gelingen würde, in der starken Brandung an Land zu kommen. Gestern noch scheiterte er bei dem Landungsversuch in der Esperanzabucht, und wie es aussieht, wird es mir heute genauso ergehen.

Nach dieser Besprechung schwimme ich etwas mutiger zur *Coco pepe 21* zurück, denn Bob hätte mich sicher gewarnt, wenn das Schwimmen hier gefährlich wäre. Seine Frau begleitet ihn, als er zwei Stunden später mit seinem 15-PS-Dingi an Davids Boot anlegt. Ich verabschiede mich herzlich von den gastfreundlichen Fischern, die mir noch helfen, mein Gepäck ins Dingi zu heben. Wegen des strömenden Regens legt Bob vorsorglich eine Plane über die Koffer, ich klettere auf den Bugwulst, und schon fährt er los.

Eine Stunde brausen wir mit Vollgas zuerst ostwärts, dann südwärts an der Inselküste entlang. Der Regen ist lauwarm und stört uns im Badezeug nicht. Ohne das bevorstehende Landungsproblem hätte ich die Fahrt sicher mehr genossen. Bob weist mich auf Hirsche in Berghöhen, auf verwilderte Schweine nahe der Küste und auf die urtümliche Schönheit steil aufragender Basaltformationen hin, aber meine Gedanken kreisen immer wieder um die Landung.

Kurz vor dem Ziel sehen wir etwa 60 Meter vor der Südostküste den spitzen Kegel der winzigen »Süd-Insel« (Sugar Loaf Island) und 800 Meter weiter südlich die vorgelagerte »Meule-Insel« (Isla Muela), ein dunkles, düster anmutendes Felseiland. Als wir um das letzte Felskliff biegen, öffnet sich endlich die Bahia Esperanza, die Bucht der Hoffnung.

Der hinreißend malerische Anblick des zur Esperanzabucht führenden Yglesiastals (auch Quebrada Pittier genannt) verscheucht jeden Gedanken an die gefährliche Landung. Landeinwärts rauscht ein gewaltiger Wasserfall in zwei Stufen aus mindestens 100 Meter Höhe in das grüne Tal, das sich bis zum Meer erstreckt und von einem Kokospalmenhain umrahmt wird. Mittendrin fließt ein kleiner, von Wiesen gesäumter Fluß. Und im Bogen der Bucht brechen sich schäumend die Wellen. Das Ufer ist von faust- bis fußballgroßen Basaltsteinen bedeckt, die unter ohrenbetäubendem Prasseln mit den anstürmenden Wellen den Strand rauf- und runterrollen.

Bob ermuntert mich, an Land zu schwimmen, obwohl in der wilden Brandung die Chancen heute so schlecht wie gestern stehen. Hinter einem Wellenberg springe ich mit dem schweren Rucksack in der einen Hand ins brusthohe Wasser und werde herumgewirbelt. Als ich ihn mit der anderen Hand anheben will, erwischt mich schon die nächste Welle und wirft mich rückwärts um. Im Fallen sehe ich noch den Rucksack über mir, halte ihn auf und werde mit ihm meterweise zum Strand mitgerissen. Auf keinen Fall darf ich jetzt loslassen, schießt es mir durch den Kopf. Ich komme wieder in Bauchlage und versuche, mich aufzurichten. Die runden Steine zu meinen Füßen sind glatt, und ehe ich einen festen Stand ertaste, zieht mir die rückfließende Brandung die Beine weg. Bäuchlings falle ich aufs flache Wasser und verspüre einen dumpfen Schmerz.

Der Rucksack schwimmt noch in Reichweite, und ich kann ihn auch wieder festhalten, als die nächste Welle mich leicht anhebt und nach vorne zieht. Vor mir den treibenden Rucksack, schwimme ich einhändig so flach wie möglich mit dem Sog, richte mich bei Grundberührung auf und haste, fortwährend ausrutschend, aufs Ufer zu. Den durchgeweichten Rucksack schleife ich im kniehohen Wasser hinter mir her. Nur weiter, bis mich die Wellen nicht mehr einholen können! Fünf Meter torkle ich noch über die Wasserlinie die steinige Böschung hinauf und setze mich total erschöpft nieder.

Bob hält sein Dingi etwa zwanzig Meter hinter den drei Brandungswellen und wartet auf die nächste Chance, näher an die Küste zu kommen. Ein paar Minuten Verschnaufpause muß er mir noch gönnen.

Bis heute habe ich mich für einen ausgezeichneten Schwimmer gehalten. Doch diese Pazifikwellen kommen aus einer Tiefe von zwei tausend Metern direkt an die Küste. Sie sind zwar nicht hoch, vielleicht sechzig Zentimeter, reißen aber mit ihrer unbändigen Kraft alles mit sich. Dazu kommt, daß die Gischt, die so reich mit Luftbläschen versetzt ist, keinen Auftrieb erzeugt und ein Schwimmen in der Brandung schier unmöglich macht.

Langsam erhebe ich mich wieder und balanciere barfuß über die glatten, runden Steine. Zwischen den zwei vorderen Brandungswellen taucht bei jedem Wellental ein breiter Felssockel aus dem Wasser, zu dem ich jetzt schwimme. Zitternd vor Erschöpfung erreiche ich den Felsen und setze mich darauf.

Der Rucksack ist Gott sei Dank schon an Land. Sollte es mir nicht gelingen, noch die Koffer zu holen, könnte ich das zur Not verschmerzen. Schließlich habe ich so gepackt, daß ich jetzt mindestens für eine Woche Nahrung und mein Zelt habe.

Weil ich mich nirgends festhalten kann, überschlage ich mich in den anrollenden Wellen zweimal rückwärts, ehe mir die Lösung einfällt. Vor dem Felsen ist das Wasser etwa 1,50 Meter tief. Ich stelle mich also vor ihn und kann mich bei einer Welle unter Wasser an das Gestein klammern. Bob beweist Mut und nähert sich ein zweites Mal der gefährlichen Küste. Seine Frau hält den kleineren Koffer griffbereit auf dem Bug. Als sie nahe genug heran sind, ziehe ich ihn herunter. Sofort sinkt er wie ein Stein und bleibt vor dem Felsen liegen. Unter Wasser zwinge ich mich fast zur Hocke und wuchte den Koffer auf den Sockel. Noch bevor ich wieder Luft habe, reißt ihn die nächste Welle nach vorne, ich hänge hintendran und werde auf den Koffer gespült. Das ist mein Glück, weil ich bei dem gleich darauf einsetzenden Rückwärtssog und dann wieder durch neue Wellenschübe wie auf einem Schlitten fahre. Auf diese Weise werde ich mit dem Gepäckstück allmählich ans Ufer befördert. Der einzige Nachteil dabei ist, daß ich jede Menge Wasser schlucke.

Um den Inhalt des Koffers ist mir nicht bange. Materialien, die keine Feuchtigkeit vertragen, hatte ich in wasserdichte Plastikbeutel verpackt, auch die Kamera mit dem Blitzlichtgerät liegt geschützt in der Unterwasserhülle.

Endlich im seichten Uferwasser, muß ich den Koffer Meter um Meter zum Strand schleppen, wobei mir die hochspritzende Gischt fast den Atem nimmt. Die Fußgelenke schmerzen wegen Überdehnung, häufig rutsche ich zwischen den Felsbrocken aus und bleibe stecken.

Schwer keuchend und hustend erreiche ich den Wasserrand, wo ich den Koffer einfach im Wellenschlag liegen lasse.

Als ich zurückschaue, sehe ich, daß Bobs Dingi auf dem vorher von mir benutzten Felssockel mit dem Motor festhängt. Er und seine Frau bemühen sich verzweifelt, das Boot bei jedem Wellenberg aus seiner Zwangslage zu befreien. Ohne meinen zweiten schweren Koffer wären sie längst wieder flott, denke ich und stürze mich wieder ins tosende Wasser.

Am Boot angekommen, ziehe ich den Koffer sofort herunter. Wie in einem Fahrstuhl zieht mich das Gewicht auf den Meeresboden. Diesmal habe ich kein Glück mit einer strandwärts rollenden Welle, sondern kämpfe unter Wasser darum, daß der Koffer nicht vor dem Sockel in die Tiefe absinkt. Die Stelle hier ist drei Meter tief, und ich zerre das schwere Stück mit aller Kraft weiter unter Wasser in Richtung Land. Meine Ohren dröhnen, die Atemnot beißt in den Lungen. Da reißt mich der Wasserdruck einer mächtigen Welle vier, fünf Meter nach vorne. Mehrmals überschlage ich mich und stoße mit voller Wucht an den Koffer. Beim Aufprall gegen einen Felsen wird mir schwarz vor Augen.

Zu meiner Zeit als Rettungsschwimmer stellte ich mir den Tod eines Ertrinkenden als einen grausamen, unerbittlichen Kampf mit der Atemnot vor. Jetzt weiß ich, daß man mit vollem Bewußtsein dem eigenen Ende ganz gelassen zuschauen kann. Ich registriere die aufsteigenden Luftblasen aus Mund und Nase, warte und schaue nur zu. Der lebensgefährliche Zwang zum Luftholen unter Wasser muß gleich einsetzen. Im passivsten Moment meines Lebens rettet mich ein Reflex. Im Bruchteil dieser einen Sekunde, in dem die Lunge vom Aus- zum Einatmen umschlägt, spannen sich alle Muskeln, und wie in einer Explosion schnelle ich zur Oberfläche empor und atme ein. Gebückt lehne ich an einem Felsen und bin nur noch Atmen.

Das Wasser reicht mir bis zum Bauch, und keine Welle reißt mich mehr um. Nach geraumer Zeit schmerzt der Fuß. Ich bemerke erst jetzt, daß der Koffer daraufliegt und taumle mit ihm zentimeterweise über die glitschigen Kiesel an den Strand. Beim ersten Koffer angekommen, hokke ich mich ausgepumpt nieder.

Meine kanadischen Helfer haben gerade ihr Dingi freibekommen und fahren aufs offene Meer. Zum Abschied winke ich matt mit der Hand, den Arm kann ich nicht mehr heben. Ich schaue ihnen noch nach, als sie heben. Ich schaue ihnen noch nach, als sie schon längst hinter dem Felskliff verschwunden sind.

Benommen winke ich automatisch weiter. Wie lange ich so dasitze, weiß ich nicht. Es gießt noch immer, und vor mir plätschern die Wellen an die Koffer. Eine plötzliche Angst vor der nächsten großen Woge weckt wieder meine Kräfte.

Der eigentliche Strand liegt fünf Meter höher. Dort hinauf schleppe ich die beiden Koffer und plaziere sie neben dem Rucksack. Mit Unbehagen bemerke ich hier oben Treibholz und Muscheln an den Felsen. So hoch steigt also die Flut! Deswegen muß ich noch weiter hinauf und überquere mit den drei Gepäckstücken eine breite Steinbarriere. Riesige, größtenteils überwucherte Geröllbrocken türmen sich am Fuße des Berghanges etwa zwanzig Meter hoch übereinander. Ich klettere ein Stück nach oben, verstaue die Koffer in einer Felsnische, leere den Rucksack aus und ziehe meine Bergschuhe an. Nur das Allernotwendigste will ich jetzt mitnehmen, alles andere decke ich mit einer Plastikfolie zu.

Es regnet noch immer.

Auf dem Weg zurück zum Strand überkommt mich jäh eine Erkenntnis, verstehe ich mit einem Mal ganz klar den tieferen Sinn meines Inselabenteuers. Bisher bin ich mit meinen Leistungen immer unzufrieden gewesen. Heute habe ich zum ersten Mal eine Leistungsgrenze erreicht, die für mich unerreichbar schien. War ich vor allem deshalb hierher gekommen, um das zu erfahren? So gesehen könnte ich schon jetzt wieder nach Hause fahren.

Das Berglager

Der Palmenstrand wirkt wie eine Kulisse für Piratenfilme. Linker Hand türmen sich Felsquader, dazwischen sprießen einzelne, mannshohe Gewächse. Vor mir, über die ganze Länge des Schotters verstreut, liegen kreuz und quer umgestürzte Bäume, Palmwedel und Kokosnüsse. Rechts bricht sich tosend das Meer an Klippen und Steinböschungen. Hinter der Strandzone steigen die Hänge der Bucht steil bis zu dreihundert Meter an. Die Grenze zwischen der Ebene und den Höhen ziert ein breiter Kokospalmenhain.

Unter dem Wedeldach balanciere ich über Hunderte von Kokosnüssen. So leicht habe ich mir das Sammeln nicht vorgestellt. Die meisten sind allerdings leer, von Schweinen geknackt oder von Ameisen ausgehöhlt. Einige Nüsse zogen bereits Wurzeln und tragen in Kniehöhe die ersten Fiederblätter. Die Kokospflanzen treiben Wurzeln durch lose Steinschichten bis zum Grund, werden durch Regen und Gezeiten regelmäßig mit Wasser benetzt und gedeihen. Welche der footballähnlichen Früchte noch für Menschen genießbar sind, erkennt man leicht, ohne sie öffnen zu müssen. Wenn sie beim Schütteln gluckern, kann man sie gewöhnlich essen. Später, im Keimstadium, wächst aus dem Fruchtwasser und Fruchtfleisch ein weißes, tennisballgroßes, watteähnliches Gebilde. Dann blubbert keine Milch mehr. Zwei Nüsse nehme ich als Proviant mit.

Dem einzigen großen Bach folge ich in nordwestlicher Richtung zum Wasserfall. Anfangs laufe ich am Ufer entlang, aber bald behindern dichtes Gestrüpp, Lianen und

Farne mein Vorwärtskommen. Deshalb wate ich durchs Flußbett, das von zahlreichen rundgeschliffenen Steinen bedeckt ist. An den tieferen Stellen streift der Rucksack die Wasseroberfläche. Ich komme voran, ohne schwimmen zu müssen, und überquere zwei hübsche Grasinseln mit Büschen. Bob zufolge regnet es heute zum ersten Mal seit vielen Wochen, und schon jetzt steht das Gras fast unter Wasser.

Nach 800 Metern erreiche ich den hohen Wasserfall. Sein riesiger Schwall stürzt donnernd in ein Felsenbecken und zerstäubt beim Aufprall. Ohrenbetäubendes Tosen erfüllt den Talkessel, denn über drei Seiten wird der Schall von senkrechten Felsen gebrochen. Leider ist der atemberaubend schöne Platz zum Zelten ungeeignet, weil es hier zu laut und zu feucht ist. Wenn ich aus dem Kessel höher steigen will, muß ich rechter Hand einen fast siebzig Grad steilen Hang bezwingen. Dort oben gedenke ich mein Lager aufzuschlagen. Die Inselwächter werden mich da bestimmt nicht entdecken.

Obwohl ich im Rucksack lediglich Zelt, Matratze und Kochtopf mitführe und Karte, Kompaß, Messer und Feldflasche am Körper trage, macht mir der Aufstieg schwer zu schaffen. Die große Nässe läßt das Moos auf allen Felsen sprießen, es wächst aber nur so niedrig, daß ich mit den Fingern keinen Halt finde und darauf ständig wie auf Schmierseife ausrutsche. Farne mit ihren Nesselhärchen brennen trotz des Regens an den nackten Beinen, die Sträucher kratzen und geben immer dann nach, wenn ich daran Halt suche. Am meisten irritieren mich die armdicken, von Flechten umrankten Bäumchen, die bei Zug oder Druck in sich zusammenfallen, weil nur noch oder Druck in sich zusammenfallen, weil nur noch ihre morschen Hüllen stehen.

Nach dreißig Minuten schweißtreibender Kletterei mache ich Pause, um die gesammelten Kokosnüsse zu probieren. Die grüne unreife Kokosnuß, die ich oben schäle und anbohre, spendet einen köstlichen Trank. An der zweiten, der reifen braunen Nuß, säble ich lange herum, bis die äußere Schale und das Faserkleid entfernt sind. Nach dem Öffnen stelle ich leider fest, daß sie wider Erwarten angegoren ist und scheußlich schmeckt. Trotzdem überwinde ich mich, ein gutes Drittel davon zu essen.

Gleich wird es dunkel, und ich habe noch keinen Platz zum Zelten gefunden! Jetzt befinde ich mich achtzig Meter über dem Becken des Wasserfalls und hätte bis zum Gipfel noch gut 220 Meter Höhe zu bewältigen. So packe ich das Zelt lieber gleich aus.

Um es aufzuschlagen, ist der Abhang zu steil. Ich muß mich damit begnügen, mich in die Plane einzuwickeln. Ein Baum zu meinen Füßen ist stark genug, um mich nach unten abzustützen. Schon überrascht mich die Dunkelheit. Hier in den Tropen geht der Tag fast ohne Dämmerung in die Nacht über. Die Plane schützt zwar vor dem Regen, trotzdem friere ich bei 20 Grad Celsius. Im Laufe der Nacht ziehe ich noch alle verfügbaren Sachen wie Folie und Luftmatratze über mich, was aber auch nicht viel mehr Wärme bringt. Alle zehn Minuten wechsle ich das Stützbein am Baum, um nicht einzuschlafen und dadurch womöglich den Abhang hinabzurutschen. In der Nähe rascheln Mäuse und Ratten, Gott sei Dank gibt es keine Schlangen auf der Kokosinsel.

Es regnet die ganze Nacht.

Elf Stunden später endet meine Nachtwache. Am frühen Morgen recke und strecke ich meine Glieder fit, pakke den Rucksack und beginne den weiteren Aufstieg. Für heute stecke ich mir nur ein Ziel: einen geeigneten Zeltplatz in Höhe der oberen Stufe des Wasserfalls zu finden. Der senkrechte Felskessel zwingt mich leider, in Richtung Südost, zum Meer hin, hochzuklettern, so daß ich den Wasserfall aus den Augen verliere. Die Sonne heizt bei 35 Grad im Schatten kräftig ein. Trinkwasser finde ich häufig, meine Feldflasche ist stets gefüllt. Nur mit der Verpflegung sieht es schlecht aus. Im Kochtopf verpackt liegt noch die Notration, ich werde sie aber erst anbrechen, wenn das Zelt steht. Auf dem Weg nach oben überquere ich dreimal glitschige Felsplatten, die durch ihre Schräglage sehr gefährlich sind.

Eine Gruppe von Schatzsuchern soll sich, wie mir der Kanadier erzählte, auf dieser Insel derart im Fels verstiegen haben, daß sie weder vor noch zurück konnten. Angeblich wurden sie vom Helikopter eines in der Nähe befindlichen Kriegsschiffes gerettet, das die Wache über Funk zu Hilfe gerufen hatte.

Ich bewege mich äußerst vorsichtig und wähle, wenn möglich, jeweils die längere, aber sicherere Strecke. Wege existieren nicht, hin und wieder stoße ich auf Tierpfade, denen ich manchmal ein Stück folgen kann. Sie bieten immer einen festen Tritt und enden nicht in einer Sackgasse, also weder an einer unüberwindlichen Felswand noch an einer unpassierbaren Steilschlucht. Allerdings führen solche Spuren häufig ins Unterholz und durch dichtes Gestrüpp, wo ich wegen meiner Körperlänge von 1,83 Meter Schwierigkeiten habe. Vermutlich trampeln

Schweine diese Pfade, doch der penetrante Uringeruch könnte auch von Ziegen stammen.

Gegen Mittag schlage ich mich das letzte Stück vor der Bergkuppe durch ein riesiges Dickicht. Da meine Machete noch im Koffer liegt, winde und ducke ich mich hindurch, biege Äste, Lianen, Farne und Gräser mit messerscharfen Kanten beiseite und bleibe immer wieder mit dem Rucksack hängen. Unangenehmerweise sammeln sich zwischen Rucksack und Hemdkragen Zweige und Ameisen, so daß es mich ständig juckt und beißt. Vom häufigen Kratzen ist der Nacken schon wund, Hände und Beine sind mit Rissen, Placken und Ameisenbissen übersät.

Die ganze Bergkuppe scheint mit diesem zwei bis drei Meter hohen widerspenstigen Gestrüpp überwuchert zu sein, das die Sicht versperrt und Campen unmöglich macht. Auf dem Hügelrücken kann ich wegen dieses störenden großen Buschwerks nicht entlanggehen, und so wende ich mich wieder in westlicher Richtung dem großen Wasserfall zu, von dem ich hier oben nichts sehe, nur sein Rauschen höre.

Es muß doch irgendwo an diesem Nordhang des Yglesiastals ein ebenes Fleckchen von drei auf drei Meter für mein Zelt zu finden sein! Da es im Urwald so gut wie unmöglich ist, den gleichen Weg bergauf wie bergab zu finden, und ich außerdem auf 150 Meter Höhe über dem Meeresspiegel bleiben will, erkunde ich auf dem Rückmarsch zum Wasserfall ein anderes Gebiet.

Dabei stoße ich rund 400 Meter taleinwärts auf einen dünnstrahligen, etwa 30 Meter hohen Wasserfall. Dahinter erstreckt sich ein fast ebenes Waldstück. Vielleicht schlage ich hier mein Zelt auf. Stürme haben mehrere

Bäume entwurzelt, die bei diesem geringen Gefälle nicht ins Tal abgerutscht sind und kreuz und quer herumliegen. Ein paar Schritte westlich des kleinen Wasserfalls fließt ein zweiter Bach durch eine Schlucht ins Tal und begrenzt das flache Waldstück.

Die ersten Regentropfen klatschen auf die Blätter hoch über mir. Eilig entferne ich Äste, Farne und Steine von meinem künftigen Zeltplatz. Obwohl es schon heftig prasselt, hält das Urwalddach noch den Regen ab, und so kann ich im Trockenen das Igluzelt aufstellen und die Regenplane darüberwerfen. Dann kommt der Regen doch herunter, und die Schlammschlacht beginnt. Mit dem Messer (der Klappspaten liegt noch im Koffer) kerbe ich Abflußrinnen rund um das Zelt, vertiefe die Furchen dann zu Gräben und korrigiere mehrmals die Position der Außenhäringe, damit das Überzelt nicht auf dem Innenzelt aufliegt. Klatschnaß und bis zu den Wollsocken vom Matsch verdreckt, setze ich mich in den Zelteingang, ziehe alles aus und lasse die schmutzigen Kleidungsstücke draußen vom Regen abspülen.

Nachdem alle Reißverschlüsse geschlossen sind, herrscht eine angenehme Temperatur im Zelt, und ich stürze mich endlich auf die Notration. Bei dem Gedanken an das schmackhafte Himalajabrot läuft mir schon das Wasser im Mund zusammen, schließlich habe ich seit vierundzwanzig Stunden fast nichts gegessen. Aber leider habe ich das Brot im Koffer liegenlassen. Enttäuscht ziehe ich eine Packung elektrolytisch wirkendes Mineralgetränk hervor. Zwei volle Blechtassen trinke ich und bin es zufrieden. Ich blase die Leichtmatratze auf und lege mich hin.

Die ganze Nacht hindurch prasselt der Regen auf mein Zelt. Durch den schrägen Erdboden rutsche ich dauernd zum Eingang. Da außerdem zwei von sechs Luftkammern platt sind, ist das keine ideale Voraussetzung für einen erholsamen Schlaf, aber schon erheblich besser als in der gestrigen Nacht.

Heute, am dritten Tag meines Inselaufenthaltes, wird es Zeit, für Nachschub zu sorgen. Die Idee, vom Regen meine Schuhe und Kleider abspülen zu lassen, hat den kleinen Nachteil, daß ich sie jetzt naß anziehen muß. Von den Bäumen tropft es nach, der Boden dampft, die Sonne scheint. Mit leerem Rucksack benötige ich für den Abstieg ins Tal fünfundvierzig Minuten. Die Bäume stehen so dicht, daß ich mich alle zwei, drei Meter an einem Stamm abstützen kann. Im letzten Drittel meines Weges komme ich trotzdem mehr rutschend als gehend voran, bis ich ein Bachbett hinunterlaufe, dessen Felswände einigermaßen Halt bieten. In Höhe der zweiten Grasinsel treffe ich auf den Fluß, der durch das Tal führt. Auf einem quer über das Wasser gestürzten Baumstamm balanciere ich zum anderen Ufer hinüber. Das Rauschen des großen Wasserfalls übertönt die entfernte Brandung. Vor mir erhebt sich ein weißer Stelzvogel in die Luft und schwebt mit breiten Schwingen zum Meer. Der sonnige Tag entschädigt mich für die verregnete Nacht.

Meine beiden Koffer befinden sich noch in der Felsnische, eben so wie die Sachen unter der Plastikfolie. Das Versteck liegt günstig, ein scharfer Beobachter würde am

Felsenbewuchs höchstens den von mir getrampelten Pfad entdecken. Die Temperatur am Strand und im Flußtal ist spürbar höher als auf dem Zeltplatz oben am Berg, wo der dichte Urwald vor direkter Sonneneinstrahlung schützt. In der Hitze und ohne Schatten verzehre ich sofort eine doppelte Portion Haferflocken mit Milch, angereichert durch ein Fünftel der Kraftnahrung.

Dann wähle ich aus meinem reichhaltigen Sortiment aus, was ich demnächst im Berglager gebrauchen könnte: Zuerst einmal trockene Wäsche, meinen Trainingsanzug, die feste Bundeswehrhose, die komplette Kameraausrüstung, für zwei Wochen Nudeln, Haferflocken, Honig, Milchpulver, Salz, Öl, Insektenschutzmittel ›Autan‹, Spaten, Taschenlampe, Handtücher und weitere Kleinigkeiten.

Schwerbepackt mit dem 90-Liter-Rucksack wandere ich langsam den Strand entlang, steige über Kokosnüsse und umgestürzte Palmen bis zurück zum Fluß. Am Meer verläuft er etwa zwanzig Meter parallel zur Küste und schlängelt sich dann durch die von der Brandung meterhoch aufgeschütteten Steine. Unter den Palmen, direkt am Strand, finde ich eine ideale Badestelle im Fluß und trinke während des Schwimmens das saubere, frische Süßwasser.

Im Kokoshain lese ich zwei genießbare Nüsse auf und esse sie an Ort und Stelle. So gestärkt und gut ausgeruht trete ich den Rückweg an. Mit dem schweren Rucksack kann ich natürlich nicht so steil aufsteigen, wie ich heruntergekommen bin. Mit Hilfe des Taucherkompasses kontrolliere ich ständig die eingeschlagene Richtung. Mehrere auffällige Baumformationen, die ich mir beim Abstieg eingeprägt habe, kann ich aber nicht mehr ausfindig machen. Zweieinhalb Stunden später befürchte ich, am Zeltplatz bereits vorbeigelaufen zu sein. Plötzlich entdecke ich meinen kleinen Wasserfall wieder, kann ihn aber von hier aus nicht überqueren. Das Lager erreicht man nur bergabwärts von Norden oder direkt unterhalb einer Steilwand von Osten her. Wenigstens blicke ich schon auf mein Camp hinunter und bin froh, es so genau wiedergefunden zu haben.

Völlig durchgeschwitzt gönne ich mir den Luxus eines zweiten Bades. Unterhalb des kleinen Wasserfalls lege ich mich flach in eine Felskuhle und lasse das prickelnde Naß über mich laufen. Winzige Saugfische setzen sich zwischen die Fußzehen und kitzeln. Häufiges Baden in tropischer Hitze erfrischt nicht nur, sondern wäscht auch das Salz aus den Poren und hilft der Haut beim Atmen und Schwitzen.

Bevor ich meine neuen Utensilien richtig im Zelt verstaut habe, setzt wieder der Regen ein. Mag ruhig tagsüber die Sonne scheinen und abends der Regen kommen! Der ›kleine Sommer‹ ist offenbar vorbei. Beim Schein der Taschenlampe trage ich erstmals nach der Überfahrt meine Tagebuchaufzeichnungen nach.

Weil ich auch in der vergangenen Nacht wieder schlecht schlief, schaffe ich heute einen besseren Untergrund für das Zelt. Trotz drohend dunklem Himmel baue ich es ab, hacke mit dem Spaten die Erde auf und zerschlage armdicke Wurzeln. Damit der Lagerboden wirklich eben wird, spanne ich in der Mitte eine Richtschnur und schaufle die überschüssige Erde von der Bergseite auf die Talseite. Die ersten fünf Zentimeter des Bodens sind hart, aber darunter liegt lockere Erde. Drei Stunden schufte ich für den besseren Schlafkomfort, danach steht das Zelt wieder wie eine Eins.

Meinen ersten Versuch, Fotos von Vögeln und Pflanzen zu machen, gebe ich wegen der ungünstigen Lichtverhältnisse zunächst wieder auf. Die Überlegung, in südlichen Breiten auf lichtstarke FIlme verzichten zu können, war grundverkehrt. Durch das dichte Urwalddach dringt nur wenig und diffuses Licht bis zum Boden. Meine 14-DIN-Filme gestatten nicht die Verwendung des Teleobjektivs, weil ich bei offener Blende mit $^1/_8$ sec. alles verwakkeln würde. Für mein Spezialfernglas mit der Arbeitsblende 1:11 reicht das Licht erst recht nicht, nur mit dem Normalobjektiv gelingen ein paar Aufnahmen. Deshalb packe ich die Fotoausrüstung wieder ein und schütze sie vor Feuchtigkeit in der Unterwasserhülle mit einer Handvoll Silikonkörner.

Obwohl es leicht zu nieseln anfängt, beschließe ich, mein erstes Feuer anzufachen, um mir eine warme Mahlzeit zu bereiten. Die süßen Haferflocken mag ich zwar noch, aber eine klare Brühe und gesalzene Nudeln wären jetzt genau nach meinem Geschmack. Von der Gartenarbeit her kenne ich das Problem, nasses Heu anzuzünden, deshalb bereite ich das Feuermachen gründlich vor. Fünf Haufen unterschiedlich dicker Zweige, von Stäbchen- bis Daumendicke, sammle, sortiere und schichte ich an der Feuerstelle. In eine leere Kokosnußschalenhälfte stecke ich etwas Toilettenpapier und darüber Kokosfasern und dünnste Ästchen.

Das erste Streichholz zündet nicht, nach dem fünften vergeblichen Versuch löst sich die Reibfläche ab. Natürlich verfüge ich in meiner Survivalausrüstung auch über wasserfeste Sturmstreichhölzer und krame sie hervor. Der Regen hat aufgehört, nur die Bäume tropfen noch nach. Immerhin zünden die Spezialhölzer, verlöschen aber sofort nach dem Aufflammen. Das Holz ist so feucht, daß es nicht anbrennt. Wenn ich vier Streichhölzer auf einmal mit dem Feuerzeug anzünde, bleibt wenigstens ein zartes Flämmchen am Leben, mit dem ich mich vorsichtig dem Papier in der Nußschale nähere. Kein Regentropfen und kein Windhauch stört das Zündeln, aber am feuchten Papier geht die Flamme gleich wieder aus.

Ohne Papier versuche ich jetzt, die schon vorgetrockneten und halb verbrannten Streichhölzer kunstvoll so zu schichten, daß sie Luft bekommen und auch das Brennmaterial anstecken können. Später verbessere ich den Aufbau, indem ich neue Streichhölzer abknicke und nur die Schwefelköpfe als zusätzliche Zünder unter den Haufen stecke. Die Kokosschale ist von den vielen Zündversuchen schon handwarm, die Kokosfasern sind längst getrocknet, wollen aber nicht anbrennen. Daß ich bereits die dritte Packung anbreche, stört mich wenig, da ich fünfundzwanzig Normal-, drei Sturmstreichholzpackungen und drei Feuerzeuge dabei habe. Beim ersten zaghaften Glimmen jubele ich schon, doch nach wenigen Sekunden verlischt es wieder, und das Spiel geht weiter.

Nach zwei Stunden erhöhter Konzentration flackert ein Flämmchen endlich so, daß es allmählich das Reisig entzündet. Endlich brennt der Haufen, und ich hänge an einem Draht den Topf darüber. Das nasse Holz hat einen minimalen Heizwert und qualmt bald das halbe Tal zu, ehe ein Liter Wasser kocht, in dem ich die fette Brühe auflöse. Ich schütte sie zur Hälfte in meine Tasse, in der anderen Hälfte sollen noch die Nudeln garkochen. Aus drei Minuten Normalkochzeit werden 30 Minuten, weil die kalten Teigwaren das Wasser abgekühlt haben. Die pappigen Makkaroni munden köstlich, und nach dem »opulenten Mahl« fühle ich mich sauwohl. Irgendwie war ich in letzter Zeit recht schlapp und lustlos, vermutlich wegen des Salzmangels. Der ist nun behoben. Da das Kochen so viel Zeit kostet, beschließe ich, mir künftig nur alle drei Tage etwas Warmes zuzubereiten.

Heute war ein erfolgreicher Tag, ich werde gesättigt, trocken und auf ebener Fläche gut schlafen.

Morgens gegen 7.30 Uhr wache ich auf und schlüpfe in trockene Sachen. Welch ein Luxus! An der Feuerstelle rühre ich meinen Porridge an und schmiede Pläne: Eine Woche will ich hier oben aushalten. Bisher sah ich weder die obere, weit zurückgesetzte Kataraktstufe des Wasserfalls noch Höhlen oder markierte Steine.

In einigen Tagen will ich ins Tal ziehen, in die Nähe des Strandes, dort tauchen, angeln und endlich ernsthaft auf Schatzsuche gehen. Dafür plane ich zwei, drei Wochen ein. Danach könnte ich noch eine Woche lang den Süden der Insel erforschen und dann den Cerro Yglesias besteigen. Anschließend möchte ich auf der Wanderroute des Skippers der »Victoria« zur Chathambucht marschieren. Zum Schluß müßte ich dann meine ganze Ausrüstung samt Rum und Zigaretten für die Wächter quer über die Insel schleppen.

Das Wetter ist trübe, der Himmel grau. Meine Sachen muffeln schon, da die Feuchtigkeit auch tagsüber nicht rauszieht. An meiner Badestelle wasche ich mit umweltschonender Seife meine Kleidung, spüle Schweiß und Meersalz heraus, spanne eine Leine und hänge alles zum Trocknen in die feuchte Luft. Der Himmel zeigt die gleiche Trübung wie heute morgen und drückt auf das Stimmungsbarometer. Während ich die Zeit am Bach vertrödle, ziehe ich ein vorläufiges Resümee:

Ameisen
stören im Prinzip wenig. Drei Arten sah ich bis jetzt, von denen nur die winzigen Ameisen von den Blättern in den Nacken krabbeln, dort aber gleich beißen.

Stechmücken
attackieren nur bei Wetterumschwung heftig, also kurz vor und nach einem Regenguß. Sie treten auch nicht in großen Schwärmen auf.

Wächter
können ohne eigenes Boot nicht hierher in den Süden gelangen, und ohne Zelt marschieren sie auch nicht so weit. Die Gefahr, vorzeitig erwischt zu werden, ist gering.

Regen
kann schon erheblich stören, wenn er Tag und Nacht fällt. Dann wird es im Igluzelt eng und die Kletterei am Berg wegen Rutschgefahr ein Wagnis.

Angst
vor verwilderten Schweinen, Ziegen, Hirschen oder Ratten habe ich nicht. Menschen sind weit und breit nicht da, die Insel wirkt auf mich beruhigend. Selbst nachts im Wald finde ich es nicht unheimlich.

Temperaturen
machen mir nicht zu schaffen. Bei bewölktem Himmel ist es hier oben tagsüber 28° C, nachts 19° C warm. Einen vollen Tag Sonne erlebte ich noch nicht, am Strand wird es dann wohl 45 bis 50° C heiß werden.

Am Spätnachmittag steige ich noch einmal zu den Koffern hinab, um eine Ersatzbirne für meine durchgebrannte Unterwasserlampe zu holen. Sie taugt an Land nicht viel, weil die Birnchen wegen stärkerer Lichtleistung eine zu niedrige Voltzahl haben. Dadurch brennen sie heißer als notwendig, und der Glühfaden reißt schnell bei einer Erschütterung.

Beim Abstieg zum Strand erschreckt mich erstmals eine Wildsau. Sie wartet verdeckt im Dickicht, bis ich mich auf fünf Meter genähert habe, grunzt dann vernehmlich laut und bricht mit Getöse durchs Unterholz. Aus Wut, oder auch nur, um mich von dem Schrecken zu erholen, werfe ich ihr einen Stein hinterher. Soll sie demnächst früher die Flucht ergreifen!

Unten am meernahen Kokoshain bin ich es, der zwei Ferkel überrascht. Ein rosa und ein braun geflecktes, beide wenig behaart, schnüffeln im weichen Boden unter Palmen und achten nicht auf mich. Bis auf zehn Meter schleiche ich mich an sie heran, dann knackt ein Ast unter den schweren Wanderstiefeln, und die Ferkel flitzen wie angeschossen ins Dickicht. So niedlich die schlauen Schweinchen auch aussehen, so gern würde ich der große böse Wolf sein, sie fangen und braten. Sie sind jedoch viel zu scheu und fliehen, wann immer ich auftauche. Die verwilderten Schweine durchwühlen den Inselboden und fressen jegliche Kleinwurzeln, Sprossen und Pflanzen. Auf diese Weise wird der Urwald, da keine Jungbäume mehr nachwachsen können, im Laufe der Zeit stellenweise geschädigt.

Für den Aufstieg benötige ich zwei Stunden und verfehle den Lagerplatz nur um zehn Meter. Gerade als ich ins Zelt will, kracht es in unmittelbarer Nähe fürchterlich. Holz splittert, ächzend knacken Äste, ein dumpfer Schlag erschüttert den Boden unter meinen Füßen. Erschrocken schaue ich mich um, kann aber nichts entdecken. Rund um das Zelt herum liegen schon etliche Baumriesen, und ich will unbedingt wissen, warum eben einer von ihnen ohne Wind oder Sturm umgestürzt ist. Fünfzig Meter von meinem Lager entfernt sehe ich am Steilhang einen frischen Baumbruch. Der Stamm ist einen Meter über dem Boden abgebrochen, sein zersplitterter Stumpf zeigt jedoch kerngesundes Holz. Die Wurzeln stecken unverändert in der Erde. Erstaunt stelle ich mir die Frage nach der Ursache des Bruches.

Für mich gibt es nur eine Erklärung dafür. Durch die ständigen Beben der Kokosplatte wird das Erdreich über einen Abhang gedrückt. Die Wurzeln des darin wachsenden Baumes waren im Felsboden so verankert, daß sie nicht ausreißen konnten. Wegen der enormen Schräglage drückte das Gewicht der riesigen Baumkrone auf einen bestimmten Punkt; an dieser Stelle brach dann der massive Stamm durch. Die anderen umgestürzten Bäume liegen jedoch alle entwurzelt da. Der Lagerplatz ist ja die einzige ebene Fläche an diesem Hang. Wenn nur hier die gesunden Bäume besonders häufig umfallen, muß dies mit Erdverschiebungen zusammenhängen. Ich zelte wohl in einem Gebiet, das tektonischen Bewegungen ausgesetzt ist. Sollten diese anhalten, wird das Yglesiastal eines Tages um 300 Meter kürzer als heute sein und ein 80 Meter langer See vor dem Wasserfall entstehen.

In diesem Zusammenhang geht mir noch ein anderer Gedanke durch den Kopf. Die hier häufigen Erd- und Seebeben haben zweifellos manche Landschaftsteile der Kokosinsel umgeformt, sei es durch Erdrutsche oder Verwerfungen. Sie veränderten den Lauf von Bächen, brachen ganze Waldstücke um. Konnte es da nicht sein, daß die in alten Piratenberichten angegebenen und auf Schatzkarten markierten Stellen der Schatzverstecke nicht mehr mit der gegenwärtigen Topographie übereinstimmten? Vielleicht hatten sich diese ›Wegweiser‹ im Laufe der Zeit verschoben, vielleicht waren Höhlenhorte inzwischen verschüttet oder die bezeichneten Palmenhaine und markanten Bäume längst geknickt und vermodert. Insbesondere Bachmündungen konnten sich stark verändern. So hatte ich einmal gelesen, daß sich im Februar 1978 an der Mündung des Rio Genio innerhalb von zwei Tagen eine 30 Meter lange und zwei Meter hohe Geröllhalde gebildet hatte.

Der plötzlich umgestürzte Urwaldbaum bei meinem Lager führte mir jedenfalls die ständigen Umbrüche auf der Insel lebhaft vor Augen.

In der Nacht hat es zweimal kurz, aber stark geregnet. Die zusätzlich übergeworfene Plastikfolie wirkt Wunder. Jetzt dringt endlich kein Kondenswasser mehr aus den Zeltnähten, dafür verstärken sich die Außengeräusche umso mehr.

Normalerweise lausche ich nachts, wenn ich wachliege, vier verschiedenen Geräuschen: Der große Wasserfall grollt leise im Hintergrund. Das Meer höre ich ab und zu aufbrausen wie ein weit entfernt startendes Flugzeug. Das Plätschern des kleinen Baches in meiner Nähe klingt anheimelnd und beruhigend. Überall zirpen die Zikaden und verstummen wie auf Kommando kurz vor einem Regenguß. Dann schwillt das Plätschern des Baches zu einem Gurgeln und Brausen an, als stürze hier der Rheinfall von Schaffhausen herab.

Erst zwei Minuten später fallen einzelne, dicke Tropfen auf die Folie, um dann trommelnd alles andere zu übertönen. Wenn der Regen endet, höre ich zuerst das Grollen des Wasserfalls, das Rauschen der Brandungswellen und dann den Bach wieder glucksen. Stunden später klatschen noch einzelne Tropfen aufs Zelt, und dann setzt wieder mit einem Schlag das Orchester der Zikaden ein. Bei dem Lärm, den der prasselnde Regen auf der Folie macht, ist an Schlaf nicht zu denken.

Heute morgen hüllt sich der Himmel wieder in trostloses Grau, und ich habe keine Lust, aus dem Zelt zu steigen. Da acht von zwölf Ventilen der beiden Matratzen undicht sind, liege ich meist auf dem harten Boden. An Gummiflickzeug mangelt es mir nicht, aber schadhafte Ventile kann man damit nicht reparieren. Nächtelang habe ich den Hersteller dieser Leichtmatratzen verflucht und ihm gewünscht, zur Strafe eine Woche lang mit seinem mangelhaften Produkt auf Betonboden nächtigen zu müssen.

Gegen acht Uhr setzt überdies Dauerregen ein. So beschließe ich nach dem Frühstück, das Zelt aufzuräumen und die Lagebeschreibungen der Schätze zu studieren. Hier oben bleiben mir lediglich noch zwei Aufgaben, die ich aber nur bei Sonnenschein erledigen kann. Hinter dem Lagerplatz will ich direkt auf der Nordroute den Berg bezwingen und vom Gipfel aus den oberen Teil des großen Wasserfalls fotografieren. Der Waldboden ist momentan zu matschig und rutschig für einen Aufstieg. Auch mein zweites Vorhaben, oberhalb des Nordhanges bis zum Meer vorzudringen, um die Meule-Insel und die Süd-Insel vor der Küste zu fotografieren, kann ich nur bei gutem Wetter verwirklichen.

Heute aber, bei Dauerregen, maule ich vor mich hin, bis ich mich gegen Mittag in die nassen Sachen zwinge und zum Meer absteige. Im Koffer liegen noch Regenanorak, wasserfeste Hosen und Gummistiefel. Getreu dem norddeutschen Spruch, es gäbe kein schlechtes Wetter, nur falsche Kleidung, will ich mir passendere Sachen anziehen.

Am Gepäckversteck angekommen, entdecke ich Rost an den Kofferscharnieren und der Machete. Das Futter schimmelt, warmer Mief zieht mir aus dem geöffneten Deckel in die Nase. Damit wenigstens die Elektronik meines Detektors nicht zu Schaden kommt, wechsle ich das Silikon aus und streue auch in das Gerät eine Handvoll dieser entfeuchtenden blauen Körner. Es wird Zeit, daß ich den Inhalt der Koffer verteile und alles auswasche, aber das kann ich erst, wenn ich hier unten im Tal mein Lager aufgeschlagen habe.

Am Meeresufer sammelt sich ein riesiger Schwarm von Gelbflossenmakrelen, die direkt unter der Wasseroberfläche durcheinanderquirlen. Sie haben sich eine flache Kiesmulde ausgesucht und behindern sich gegenseitig beim Schwimmen. Mein Jagdfieber erwacht! Barfuß schleiche ich mich mit dem Messer in der Hand an. Bis auf wenige Meter lassen mich die Fische herankommen, dann stieben sie hektisch auseinander ins tiefere Wasser. Mit einem Speer oder Pfeil und Bogen rechne ich mir gute Chancen aus, verschiebe die Jagd aber auf ein anderes Mal.

Beim anschließenden Süßwasserbad unter den Palmen sehe ich fünf Zentimeter lange Bachkrebse. Nur die Scheren sind blau und heben sich auffällig von dem unscheinbaren Grau des Panzers ab. Sie sind sehr scheu, lassen sich jedoch durch kleine Brocken von weißem Kokosnußfleisch unter den Bachsteinen hervorlocken. Angeblich sterben sie, wenn sie in Gefangenschaft geraten. Ich wollte auch keine fangen, weil die zwei hier hier vorkommenden Bachkrebsarten endemisch, also weltweit einzigartig sind.

Auf dem Rückweg zum Zeltplatz überquere ich heute alle vier Bäche des nördlichen Hanges. Absichtlich wähle ich jedesmal einen anderen Weg, um die Gegend genauer zu erkunden und mögliche Höhlen oder markante Steine ausfindig zu machen.

Die Sonne dringt durch das Zeltdach, die Nacht hat keinen Regen mehr gebracht, und heute geht es auf den Berg!

Je nach Barometerstand schwankt die Höhenangabe für meinen Zeltplatz zwischen 140 und 170 Metern. Heute genieße ich an der Stelle, an der sich durch den umgestürzten Baumriesen eine kleine Lücke im Urwaldvorhang öffnete, den wunderschönen Blick auf die Meule-Insel. Ich schätze, daß meine Sicht bis zum Meereshorizont mehr als dreißig Kilometer beträgt. In solchen Momenten ist das Panorama so phantastisch, daß ich mir keine schönere Insel im Pazifik vorstellen kann.

Vom Zeltplatz steige ich stetig in Richtung Norden. Und schieße eifrig Fotos mit verschiedenen Objektiven. Bei einem Filmwechsel überprüfe ich die Verschlußmechanik der Kamera und lasse alle Zeiten von einer Sekunde bis $^{1}/_{500}$ sec. durchlaufen. Der Verschluß arbeitet träger als gewohnt, deshalb benutze ich von jetzt an nur kürzere Belichtungszeiten. Wegen der niedrigen Filmempfindlichkeit beschränke ich mich auf offene Landschaften und Meerespanoramen. Mein Höhenmesser zeigt bei strahlender Sonne 340 Meter an.

Die Bergkuppe ist frei von scharfkantigen Gräsern, die bisher ein rasches Vorwärtskommen verhinderten. Auf dem kleinen, von einzelnen Bäumen bewachsenen Plateau angelangt, sehe ich in alle vier Himmelsrichtungen Pfade verlaufen.

Könnte das einer der Inkaplätze gewesen sein, die Sir Malcolm Campbell und andere vermuteten? Ganz so abwegig erscheint mir das nicht. Immerhin hatte Robert Vergnes 1978 auf der Kokosinsel drei kleine, offenbar präkolumbianische Steinskulpturen gefunden. Eine davon stellte einen Indianerkopf dar. Vergnes' Gefährte Michel Bagnaud behauptete gar, auf einer Anhöhe Grabhügel gesehen zu haben. »War die Kokosinsel in präkolumbianischen Zeiten bewohnt? Die verwitterten Steinbildnisse lassen mich daran glauben«, schreibt Vergnes in seinem Buch *La dernière île au trésor*.

Vor mir erblicke ich die niedrigere Hangseite des Yglesiastals bis hinunter zum Meer. Im Nordwesten schaue ich in einen sanft gerundeten grünen Talkessel, an dessen unterem Rand der von hier aus nicht sichtbare Wasserfall liegt. Weiter im Norden thront der 540 Meter hohe ›Runde Berg‹ und versperrt die Aussicht auf den Cerro Yglesias. Von meiner Kuppe aus wäre ich in zwei Stunden auf dem Runden Berg, ohne zwischendurch ein Tal durchqueren zu müssen.

Im Nordosten geht der Blick über die ganze Weite der Insel. Wie ein grüner Teppich bilden die tief unter mir liegenden Baumkronen eine geschlossene Fläche bis hin zur Chathambucht, wo ich im Fernglas Bobs »Misty« und ein Fischerboot erkennen kann. Im Südosten sehe ich noch zweihundert Meter weit Bäume unter mir bis zum Meer, wo die Süd-Insel verdeckt bleibt. Die Meule-Insel dagegen liegt vollkommen frei vor mir. Ein atemberaubendes Bild!

Das Plateau lädt zum Zelten ein, aber der Aufstieg mit schwerem Gepäck wäre äußerst mühsam, außerdem fehlt hier oben Trinkwasser. Natürlich erkunde ich die Fläche und die Pfade eingehend, die seltsamerweise aus allen vier Himmelsrichtungen hierherführen. Ich entdecke Fährten von Hirschen, Ziegen und Schweinen, aber keinen menschlichen Fußabdruck.

Zuletzt will ich noch ein Bild von mir per Selbstauslöser machen und breche einen morschen Ast ab, um die Kamera anzuhängen. Genau diese Stelle hat sich ein etwa acht Zentimeter langer Skorpion als Versteck acht Zentimeter langer Skorpion als Versteck ausgesucht. Er fuchtelt kampfbereit mit seinen Greifzangen in der Luft herum. Vorsichtig hebe ich ihn mit einem Stock heraus und lege ihn zum Fotografieren auf eine hellere Stelle.

Drohende Regenwolken mahnen mich zum baldigen Abstieg. Tatsächlich gießt es etwa eine Stunde später, und ich muß wieder äußerst vorsichtig sein, um nicht im Matsch und auf den glitschigen Wurzeln auszugleiten.

Jetzt ärgert mich, daß ich hier am Berg klettere, statt unten am Meer nach Piratenschätzen zu suchen. Mir ist nämlich längst klar geworden, daß kein Seeräuber schwere Kisten diese Berghänge hochgeschleppt haben kann. Außerdem läßt sich der Regen am Meer leichter ertragen. Darum will ich alsbald meinen Lagerplatz unten an die Küste verlegen.

Während ich schon in Gedanken eine geeignete Stelle am Strand suche, erreiche ich völlig durchnäßt mein Zelt. Am Nachmittag mache ich noch einmal Feuer. Die mitgeführten ›Esbit‹-Würfel brennen im feuchten Zustand ebenfalls nicht, und es dauert wieder drei Stunden, bis die Nudeln in der Brühe gar sind. Abends packe ich im Schein der Taschenlampe den Rucksack für den Abtransport. Morgen will ich das Berglager räumen.

Auf Schatzsuche

Bei Anbruch des siebten Tages ziehe ich ins Tal. Das Gewicht des Rucksacks zwingt mich an den gefährlichen Steilstücken des Abhangs zu einer Route, auf der ich nur zentimeterweise talwärts klettern kann und mich dauernd absichern muß. So kommt es, daß aus meiner vorgesehenen südwestlichen Abstiegsrichtung prompt ein Nordwestkurs wird und ich in der Nähe des Wasserfalls statt am Strand auf den Fluß im Yglesiastal stoße.

Im Tal kenne ich inzwischen zwei geeignete Zeltplätze. Der eine liegt auf einer der Grasinseln und könnte von jedem Besucher gesehen werden, der zum Wasserfall wandert. Achtzig Meter südlich dieser Stelle liegt im Wald versteckt eine gleichfalls ebene Fläche. Hier, wo ich von weitem nicht gesehen werden kann, richte ich mein neues Lager ein. In der Hitze kostet es viel Schweiß, den Untergrund für das Zelt zu ebnen.

Nach der Plackerei erfrische ich mich mit einem Bad im Pazifik. Von einem Kieselstein zum anderen wate ich hinaus, bis ich endlich im tieferen Wasser losschwimmen kann. Die Bewegung im 25 Grad warmen Meerwasser tut gut, und ich schwimme weit, bis zur Hälfte der Esperanzabucht hinaus.

Zu finden hoffe ich hier den Schatz von Benito Bonito alias Dom Pedro, obwohl der *World Treasure Atlas* angibt, auch Captain Thompsons Limaschatz könne nordöstlich der Meule-Insel in einer Höhle innerhalb der Esperanzabucht liegen.

Neugierig nähere ich mich der gefährlichen Steilküste, denn dort schießen die Brandungswellen zwei, drei Meter hinauf. Dann schwimme ich in den trichterförmigen Felsfjord hinein, der auf einen winzigen, einen Meter breiten Schotterstrand zuläuft. Von Brandungswellen vor- und zurückgeschleudert, bemühe ich mich mit aller Kraft, der reißenden Strömung zu trotzen und Abstand von den zerklüfteten Felswänden zu beiden Seiten zu halten. In einer auslaufenden Welle erreiche ich mit Müh und Not den flachen Felsblock, der kurz vor dem Schotterstrand aus dem Wasser ragt.

Das Knie schmerzt beim Anprall, und im ersten Moment des Haltsuchens greife ich in eine offene Muschel und schneide mich an der Hand. Gott sei Dank bin ich gegen Tetanus geimpft. Es gelingt mir, dem gewaltigen Sog des zurückflutenden Wassers standzuhalten und mich festzuklammern, ehe die nächste Woge über mich und den Felsblock hinwegbraust. In einem geeigneten Augenblick gleite ich darüber und lasse mich von einer gischtigen Brandungswelle weiterspülen, bis ich aufspringe und die letzten Meter zum Strand renne.

Dort erklimme ich schnell einen Felsen und bin vorerst in Sicherheit. Etwa drei Meter über mir liegt ein Grotteneingang, an den die Flut nicht heranreicht. Ein Stück davor türmen sich mannshohe Felsblöcke einer irgendwann eingestürzten Wand. Könnte hier etwa der Limaschatz versteckt sein?

In die Grotte gelangt man über einen zwei Meter hohen rötlich-braunen Erdwall, danach folgt der helle Lehm des Höhlenbodens. Während ich staunend durch den großen Eingang schreite, gewöhnen sich meine Augen langsam an das Dunkel. Nach und nach erkenne ich zwölf Meter über mir eine kuppelartig gewölbte, kreisrunde Decke. Genau in der Mitte der Höhle hat jemand vor mir ein 20 Zentimeter tiefes und 36 Zentimeter breites Loch ausgehoben und den Aushub säuberlich um den Rand gehäuft. Demnach scheint an der folgenden überlieferten Geschichte etwas dran zu sein:

Ein Schatzsucher soll hier in irgendeiner Grotte beim Graben auf eine Kiste gestoßen sein. Bevor er sie bergen konnte, so heißt es, versperrte sein Schlauchboot, durch eine riesige Welle angehoben, den Eingang der Höhle. In letzter Sekunde gelang es ihm, sein Boot und sich vor dem einströmenden Wasser zu retten. Die Kiste soll er dagelassen haben, weil er eine zweite Fahrt durch den gefährlichen Fjord nicht mehr wagte.

Das Buddelloch hier ist zu niedrig für eine Kiste, auch muß derjenige, der es gegraben hat, noch Zeit genug gehabt haben, das Wort »VERI« in den Lehmboden einzuritzen. Möglicherweise rührt die Inschrift von Robert Vergnes her, der auf vier Expeditionen, zuletzt im Februar / März 1978, in verschiedenen Küstenhöhlen der Esperanzabucht nach Schätzen gesucht hatte.

Gespannt untersuche ich die merkwürdige Grotte. An der Wand gegenüber dem Eingang liegt ein zwei Meter hoher Geröllhaufen. Er rührt entweder von einer Sprengung her oder vom Einsturz einer Wand, da die Brocken scharfkantig sind. Wasser tropft von der Decke, die Höhle ist feucht und kühl. Da ich kein Werkzeug dabei habe, lasse ich es für heute genug sein und kehre nach draußen in die Wärme zurück.

Das Zurückschwimmen ist leichter als die vorherige Landung, da der flache Felsblock einen guten Startplatz ins Wasser abgibt und mich der Rücksog weit genug hinauszieht. Die Höhlenerkundung hat etwa zwei Stunden gedauert, und ich muß mich sputen, um am Berglager das Zelt abzubauen. Den ganzen Tag über schien die Sonne, der Boden ist trocken, und ich kann schnell und sicher bergauf und -ab klettern. Bei einbrechender Dunkelheit stelle ich das Zelt unten im Tal provisorisch auf und verstaue alle Sachen.

In dieser Nacht finde ich keinen rechten Schlaf. Meine Gedanken kreisen um die große Grotte, zudem regnet es bis zum frühen Morgen in Strömen. Durch alle Nähte kondensiert wieder das Wasser, weil ich vergaß, die Folie über das Zelt zu legen. Ich muß dreimal aufwischen. Zu allem Pech zwingt mich Durchfall mehrmals nachts hinaus.

Nichtsdestotrotz hat mich das Schatzsucherfieber gepackt. Gleich nach dem Frühstück schwimme ich erneut zu meiner Grotte, diesmal mit Messer und Aluminiumstab. Bei Ebbe treibt mich die Strömung näher an die Felsen, ich muß kräftig dagegen anschwimmen. Zweimal streife ich mit dem Bauch Unterwasserklippen, lande aber unverletzt auf dem Schotterstrand.

Wieder in der Grotte, bohre ich systematisch erst mit dem Messer, dann mit dem Stab fünfzig Zentimeter tiefe Löcher in den gelben Lehmboden. Falls die Kisten des Limaschatzes hier übereinandergestapelt vergraben wurden, müßte ich jetzt auf sie stoßen.

Mein Detektor würde wertvolle Hilfe leisten, ich weiß aber noch nicht, wie ich ihn trocken in die Höhle transportieren kann. Entweder seile ich das Suchgerät vom Felsen dreißig Meter oberhalb des Höhleneingangs am Rucksack über eine Rolle ab oder ziehe es schwimmend im Koffer auf einer Luftmatratze hinter mir her.

Ein ähnliches Transportproblem müssen die Piraten gelöst haben. Mit einem modernen Motordingi kann man eventuell landen, aber ein Ruderboot läuft Gefahr, von der starken Strömung gegen die Felswände und Klippen geworfen zu werden. Schwere Gegenstände lassen sich hier schwierig an Land bringen. Die Chance, in dieser Grotte Piratenschätze zu finden, erachte ich deshalb als recht gering.

Allerdings wäre auch denkbar, daß die Umgebung in der Piratenzeit anders aussah und vielleicht gar ein Landweg zu der Höhle existierte. Immerhin hatte sich ja anno 1848 ein gewaltiges Erd- und Seebeben im Umkreis des Galapágos-Archipels und der Kokosinsel ereignet, wodurch sich der Küstenbereich etwas unter den Meeresspiegel gesenkt haben könnte.

Gleichviel, ich versuche, die scharfkantigen Steine des Geröllhaufens zu heben, sie sind aber zu schwer für mich. Mit meinem Seilzug könnte ich sie einzeln bewegen, wenn ich ein Ende irgendwo festmache. Hätte ich noch zwei Mann dabei, wäre der Haufen in wenigen Tagen umgeschichtet und gäbe vielleicht einen verschütteten Eingang oder gar die Kisten frei. Auf jeden Fall werde ich meinen Detektor zusammenbauen und ihn hier einsetzen. Frierend und etwas ernüchtert verlasse ich gegen Mittag die Grotte und schwimme zurück.

Das einsame Leben auf der Insel erfordert viel Zeit für Alltagsdinge, genauer gesagt: Es ärgert mich mal wieder, den ganzen Nachmittag für ein paar Annehmlichkeiten schuften zu müssen. Ich polstere den Zeltuntergrund mit Farnen, ziehe ringsum Abflußgräben und decke das Zelt mit einer Folie ab. Meine Koffer bringe ich vom Felsversteck hierher, wasche sämtliche Kleidungsstücke, die schon wieder muffeln.

Die Nächte auf der Kokosinsel sind lang, da die Dunkelheit von 18 Uhr bis 7 Uhr dauert. Weil beide Taschenlampenbirnen kaputt sind, zünde ich eine Kerze an und liege zehn Minuten später wegen der hohen Luftfeuchtigkeit im Dunst. Daß ich auf dieser einsamen Insel schlecht schlafe, liegt sicher an meinem Biorhythmus: Ich war es nie gewohnt, zwölf Stunden hintereinander zu schlafen. Auf jeden Fall habe ich nachts viel Zeit zum Nachdenken.

Verschiedene Überlegungen veranlaßten mich, hier im Yglesiastal nach Schätzen zu suchen. Erstens wähne ich mich durch die natürliche Sperre eines fünf Kilometer langen dichten Urwalds in Sicherheit vor einem möglichen Besuch der Inselwache. Zweitens fielen mir beim Lesen des Berichts von Manoels Großvater bestimmte Stellen auf, die den Schluß zulassen, daß Benito Bonitos Schatz ebensogut in der südlichen Bucht wie in den nordöstlichen Buchten versteckt sein könnte.

Benito Bonitos Mannschaft fuhr von Südamerika aus in Richtung Acapulco, das an Mexikos Pazifikküste liegt. Die Piraten der *Relampago* kamen demnach vom Süden, als sie schon von weitem einen riesigen Wasserfall erblickten. Und nach der Landung mit dem Beiboot präzisiert Manoels Großvater: »Ungefähr eine halbe Meile landeinwärts sahen wir den Wasserfall aus einer Höhe von 300

Fuß herabstürzen.« Nur ein Wasserfall auf der Kokosinsel ist wirklich so hoch, nämlich ca. 100 Meter, und der befindet sich hier in der Esperanzabucht. Und er ist der einzige, der von weitem sichtbar ist. Zu der Beschreibung von Manoels Großvater paßt außerdem ein kegelförmiges Eiland vor der Bucht: es könnte die Meule-Insel sein.

Wenn die meisten Schatzsucher argumentieren, daß Benito Bonitos Piratenschiff *Relampago* in der wildumbrandeten, klippenreichen Esperanzabucht nicht hätte ankern können, so weise ich darauf hin, daß auch heute ein ähnlich großes Segelschiff, nämlich der 33 Meter lange Zweimastschoner *Victoria af Carlstad*, häufig hier ankert. Bei ruhiger See konnten die Piraten sicher an Land rudern. Ein möglicher Ankerplatz mit Sandboden in ca. sechs Meter Tiefe befindet sich fünfzig Meter nördlich der Meule-Insel. Ein von Süden kommendes Schiff sollte aber nur bis zur Höhe der Meule-Insel fahren, denn in Ufernähe liegen große Unterwasserklippen. Auch die Angaben, daß die Piraten nach dem Schatzverstecken große Mühe hatten, ihr Boot durch die Brandung zu bringen, spricht für die Esperanzabucht. Manoels Großvater beschreibt den Landeplatz mit den Worten: »Am Strand gibt es fast nichts als Felsblöcke und nur bei Ebbe etwas Sand.« Dieses Bild trifft auf die Esperanzabucht viel eher als auf die beiden Buchten im Nordosten zu.

Ein weiterer Grund für mich, hier an der Südküste zu suchen, ist, daß sie bereits in einem der frühesten Berichte über Benito Bonito als dessen Schatzort angegeben wird, nämlich in dem 1880 erschienenen Buch *History of the buried treasure on Cocos Island.* von W. J. Woodly. Darin las ich, sein Pacific Deposito Nr. 1 befände sich »an dem Sandstrand über der Hochwasserrmarke bei einem Kokospalmenhain am Südostende der Insel«.

Bisher haben nur etwa zehn von insgesamt 450 Expeditionen auch oder speziell hier an der Südküste nach Schätzen gesucht.

Natürlich dachte ich auch an die Expedition von Reinhold Ostler, dem bekannten und recht erfolgreichen bayerischen Schatzsucher, mit dem ich mich im Herbst 1985 – ausgelöst durch mein damaliges Inserat in der SZ – in München angefreundet hatte.

Reinhold Ostler war Ende Dezember 1981 mit vier deutschen Gefährten – Günter, Bernd, Wolf und Flaco – zur Kokosinsel aufgebrochen. Sie erhielten erwartungsgemäß zwar keine Schatzsucherkonzession, erlangten aber mit Hilfe des in Costa Rica ansässigen deutschen Journalisten und Kokosinsel-Experten Peter Disch-Lauxmann die Genehmigung, auf der Kokosinsel einen Dokumentarfilm zu drehen. Zu ihrer stattlichen Expeditionsausrüstung gehörten u.a. ein Film- und Tonequipment, Metalldetektoren, Generator, Außenborder, Zelte und tausend Dosen Löwenbräu-Bier.

Reinhold Ostlers fünfköpfige Crew fuhr am 15. Januar 1982 mit einem Patrouillenboot von Puntarenas zur Kokosinsel, wo sie sieben Wochen verbrachte; anfangs war auch Peter Disch-Lauxmann dabei. Ostler und seine Leute filmten zwar eifrig, richteten ihr Hauptaugenmerk aber auf verschiedene mutmaßliche Schatzverstecke. Sie suchten vornehmlich an der Nordküste, im Bereich der Chathambucht und Waferbucht, forschten aber auch einige Tage lang hier unten in der Esperanzabucht. Fündig wurden sie nirgendwo. Anfang März 1982, also vor vier Jahren, waren sie mit dem Patrouillenboot *Cabo Blanco* nach Puntarenas zurückgekehrt und dann heimgeflogen.

Meiner Meinung nach bietet die Esperanzabucht mehr Chancen, heute noch ein Schatzversteck zu entdecken als die Waferbucht und die Chathambucht zusammen. Das gilt sowohl für Benito Bonitos »Depositos« als auch für Captain Thompsons Limaschatz. Zugeben, in allen drei Ankerbuchten ähneln sich die Landschaften, gibt es Schluchtbäche, Wasserfälle, Palmhaine und vorgelagerte konische Inselchen. Gerade diese »Duplizität der Örtlichkeiten« läßt grundverschiedene Interpretationen der überlieferten Berichte zu. Und ich vertrete eben eine Außenseiterposition.

In dieser Nacht bleibt meine automatische Uhr stehen, und ich stelle sie am Morgen nach dem Sonnenstand. Paradoxerweise richte ich mich hier in dieser Umgebung, in der die Zeit stillzustehen scheint, mehr nach der Uhr als in der zivilisierten Welt.

Vor sieben Uhr stehe ich nicht auf, weil es erst dann hell wird. Pünktlich wie ein Maurer halte ich um zwölf Uhr für zwei Stunden meine Siesta. Die Märsche zum Berglager stoppe ich jedesmal mit der Uhr und freue mich, wenn ich wieder ein paar Minuten weniger als vorher benötigte. Nachdem die Uhr stehenblieb, zweifle ich auch an der Wochentaganzeige und rechne an Hand meines Tagebuches das Datum aus. Dienstags und samstags nehme ich immer die Malariatabletten und muß, um die Prophylaxe zu gewährleisten, die Einnahme lückenlos bis nach meiner Rückkehr durchziehen.

Nach dem Frühstück schlage ich mit der Machete einen Weg durchs Gehölz, damit ich vom Zeltplatz trockenen Fußes zum Strand komme, ohne durch den Fluß waten zu müssen. Mit jedem Hieb scheuche ich Stechmücken unter den Blättern auf, und bald summt es sehr lästig um mich herum. Nur häufiges Einreiben mit ›Autan‹ hält die Biester von mir fern; sie geben erst Ruhe, als ich am offenen Strand die mühsame Arbeit beende.

Heute will ich den Detektor zusammenbauen und vor der Durchsuchung der Höhle erst einmal eine Probeortung im Yglesiastal vornehmen.

Das Gerät muß auf die Bodenbeschaffenheit eingestellt werden, was hier auf der Kokosinsel recht problematisch ist, weil der Untergrund teilweise mineralisierend wirkt. Das heißt, Mineralien der Gesteine stören den gleichmäßigen Aufbau der Feldlinien um die Spule und zeigen dadurch schon Metall an, wo nur Felsen sind. Jeder Detektor, der die mineralischen Störungen stark unterdrückt, verliert damit aber auch an Tiefenreichweite. Außerdem muß ich folgendes berücksichtigen: Auf nassem Boden ist die optimale Einstellung anders als auf trockenem Boden, und Felsboden verlangt eine andere Justierung als lockerer Sandboden.

Ich tröste mich damit, daß kistenweise Gold und Silber in jedem Fall eine fabelhafte Anzeige abgeben. Während ich im Yglesiastal das Gerät ausprobiere, treten erhebliche Schwierigkeiten auf. Der Teller sollte möglichst flach über den Boden geführt werden, da jeder zusätzliche Abstand weniger Tiefenreichweite bedeutet. Häufig macht aber tropischer Urwaldbewuchs die direkte Bodenberührung so gut wie unmöglich. Gestrüpp, dichter Farnwald, riesige Felsbrocken, die unzähligen Steinansammlungen sowie umgestürzte Bäume sind besonders störend.

Nachmittags mache ich mich auf den Weg zu meiner Grotte im Fjord. Das Suchgerät findet Schutz im regenfesten Beutel, die Kamera samt Blitz in der Unterwasserhülle. Ich packe alles in den relativ dichten Aluminiumkoffer, rolle außen herum die aufgeblasene Leichtmatratze als Auftriebshilfe und verknote fünfzig Meter Wäscheleine am Griff. Das ganze Bündel ziehe ich am Seil durch die Brandung und dann im tieferen Wasser der Bucht schwimmend hinter mir her.

Zur Landung in der reißenden Strömung des engen Fjords muß ich unbedingt die Hände frei haben. Daß der Koffer ständig gegen die Felswände knallt, ist nicht zu vermeiden. Fortuna meint es nach dieser schlaflosen Nacht gut mit mir. Das ›Floß‹ treibt vor mir her und bleibt auf der Felsplatte liegen, wo ich es aufnehme, bevor es im Sog der nächsten Welle fortgerissen wird.

Als der Detektor unbeschädigt und trocken an Land ist, atme ich auf. Auch heute erstaunt mich wieder die enorme Größe der Grotte. Sogleich beginne ich vom Eingang aus sorgfältig mit der Ortung. Langsam führe ich die Sonde über den feuchten Lehmboden und teste an meinem Aluminiumkoffer immer wieder die Funktionsfähigkeit des Geräts. Zu meiner Enttäuschung zeigt es aber nirgendwo in der Höhle Metall an.

Falls den Limaschatz-Räubern der Transport der schweren Kisten durch die gefährliche Strömung des Fjords gelang und sie die Beute hier vergruben, werden sie wohl auch den großen Geröllhaufen darüber getürmt haben, denke ich. Vielleicht hinterließen sie die kreisrunde, flache Mulde in der Höhlenmitte, um mögliche Räuber zu täuschen? Jeder Schatzsucher wird, genau wie ich, seine Aufmerksamkeit zuerst darauf richten und seine Zeit damit vergeuden, am falschen Platz zu suchen. Wenn hier je ein Schatz verborgen lag, kann es aber auch sein, daß er längst gehoben wurde. Der Geröllhaufen selbst ist zu hoch, als daß ich darunter noch etwas messen könnte. Den Berg schwerer Steine vermag ich unmöglich alleine zu entfernen. So bleibt mir nichts anderes übrig, als die Suche in dieser Grotte aufzugeben. Zum Abschluß fotografiere ich die Stätte, verpacke meine Utensilien wasserdicht im Koffer und schwimme mit dem ganzen Packen zurück.

Vielleicht habe ich woanders mehr Glück, und diesmal vielleicht mit Benito Bonitos »Depositos«.

Wie Manoels Großvater schrieb, vergrub Bonito den *Rosario*-Schatz und die Kirchenkleinodien der chilenischen Priester an zwei verschiedenen, nicht weit voneinander entfernten Stellen. Meiner Meinung nach bietet sich hierfür das Yglesiastal an, und dem gilt meine nächste Suche.

Der namenlose Wasserlauf durchs Tal, den ich Yglesias-Fluß nenne, trennt den küstennahen Palmengürtel in zwei Haine. Ich beginne im westlichen Teil, wo die Schweine den schweren, dunklen Boden restlos umgepflügt haben. Abgebrochene Palmzweige, zahllose herabgefallene Kokosnüsse und mineralhaltiges Felsgestein müßten vor der Ortung entfernt werden. Ich begnüge mich aber mit einer Grobinspektion und hebe die Suchspule einfach über die Hindernisse hinweg.

Zweimal erhalte ich größere Anzeigen und grabe zwei 60 Zentimeter lange Eisenstangen aus, an deren Enden verrostete Muttern sitzen. Sie liegen dicht unter der Erdoberfläche, sind von Pflanzen überwuchert und völlig korridiert. Weiß der Teufel, wozu sie dienten. Immerhin kann ich sie für meine Feuerstelle als Rost gut gebrauchen und trage sie auf dem neuen Pfad zum Zeltplatz.

Im östlichen Palmenhain ist der Boden nicht durchgepflügt, weil Schottersteine die Wühlerei der Schweine verhindern. Unter einer ausgehöhlten Palmwurzel entdekke ich ein regensicheres Tierversteck, Metall kann ich dort jedoch nicht orten. Die Stelle liegt auch zu nahe am Strand, um hier vom Meer aus ungesehen etwas vergraben zu können. Manoels Großvater berichtet, die *Rosario*-Beute läge rund zweihundert Meter hinter der Flußmündung und sieben Meter hinter einem Palmwäldchen. Anschließend habe man ungefähr 170 Schritte weiter bei einem großen Baum die Schätze der chilenischen Priester vergraben und einen Felsblock über die Grube gewälzt. Und zur Kennzeichnung des Verstecks habe Benito Bonito auf einem bachnahen Felsblock das Kürzel ›D.P.I. 600 P.‹ eingemeißelt.

Anhand dieser Angaben suche ich beiderseits des Yglesias-Flusses die Uferstreifen auf einer Breite von zwanzig Metern ab. Wegen der vielen Büsche, Bäume und großen Felsbrocken muß ich mehr Stellen ungeortet lassen, als mir lieb ist. Mit einem größeren Team könnte dieser weite Sektor exakt durchkämmt werden. Meine Suche ist dagegen mehr eine punktuelle Überprüfung, bei der ich zufällig die Stecknadel im Heuhaufen zu finden hoffe.

Zwei große Felsblöcke untersuche ich auf eingemeißelte Zeichen, weil sie sehr markant im Flußbett liegen. Schon auf meinen Wegen vom und zum Berglager habe ich am Osthang drei große schwarze Steine vom Pflanzenbewuchs befreit und überprüft. Weder hier noch dort entdeckte ich das eingemeißelte Signum »D. P. I. 600 P.«. Niemand hatte es bisher gefunden. Vielleicht verbarg sich die Gravur unter einem dicken Moospelz. Aber wie viele Felsblöcke hätte man da abschaben müssen! Das wäre selbst für mehrere Leute eine langwierige Arbeit.

Im Yglesiastal gibt es heute 200 Meter hinter der Flußmündung weder einen freien Blick zum Meer noch an den Berghängen einen ebenen Flecken, wo sich eine größere Anzahl Kisten leicht vergraben ließe. Nur auf meinem jetzigen Zeltplatz ist es relativ eben, und dort habe ich schon gestern ohne Anzeige geortet.

Langsam arbeite ich mich in Richtung Wasserfall voran. Im Fluß finde ich leider keine Sandinsel, auf der ja laut *World Treasure Atlas* mehrere Eisenkessel voller Münzen vergraben sein sollen.

Die Gegend um den Katarakt wird immer steinreicher und feuchter. Über mannshohe, moosbedeckte Felsblökke klettere ich dem donnernden Wasserfall entgegen. Der Fluß ist hier stellenweise so tief, daß ich ihn nur schwimmend durchqueren kann. Trotzdem tauche ich den wasserdichten Suchteller so gut es geht auf den Grund - ohne

Erfolg. Nach der letzten Flußbiegung stehe ich dann unvermittelt in dem hohen Felskessel vor dem großen Wasserfall. Unablässig füllt der Schwall den kleinen See, der diesen Fluß speist. Den Detektor lasse ich außerhalb des Kessels liegen, weil die zunehmende Luftfeuchtigkeit der hochempfindlichen Elektronik schadet.

Inmitten der wilden Natur flimmert in leuchtenden Farben ein Regenbogen, der sich von dem Wasserfallbecken zehn Meter hoch bis zu einer kleinen Anhöhe spannt und dort ins Gegenlicht taucht.

Dieses Naturschauspiel hat ein Segler, den ich in Puntarenas kennenlernte, einen ganzen Tag lang auf sich einwirken lassen. Er sammele Inseln unserer Welt, sagte er, indem er versuche, eins mit der Natur zu werden. Hier saß er irgendwo auf einem Felsblock, rauchte seine Pfeife im Lotussitz, verschmolz mit der »Seele« der Kokosinel und bewahrt seither die Erinnerung an sie als eine der wertvollsten in seiner Sammlung. Auch ich ließ die phantastischen Impressionen dieses Felsenkessels mit dem mächtigen Wasserfall lange auf mich wirken.

Unter Schatzsuchern kursiert immer das Gerücht, Piraten hätten Schätze auf den Grund eines Wasserfallbekkens versenkt – offensichtlich eine Abwandlung mystischer Erzählungen über Schätze in Seen etc., die zum Legendengut vieler Völker gehören. Auch der Deutsche Heinz Hemmeter, der längere Zeit auf der Kokosinsel Schätzen nachjagte, war auf diese Idee fixiert.

Obwohl ich davon nicht viel halte, will ich diese Chance nicht auslassen. Wo der Fluß aus dem See strömt, steige ich ins Wasser. Baumstämme, die nach einem Sturm von der Absturzkante hundert Meter über mir herabfielen, säumen die Ufer. Wenn jetzt da oben so ein Stamm herunterkäme, würde er mich unweigerlich erschlagen. Von allen Seiten prasselt das Wasser auf mich nieder, die Tropfen stechen auf der Haut wie Nadeln. Der See ist etwa 2,20 Meter tief, trotz des aufgewühlten Wassers kann ich unter Wasser sechs Meter weit sehen. Natürlich liegt auf dem Grund keine Schatzkiste, auch nicht unter Moos verborgen. Daß die Piraten den Schatz versenkt und mit Steinen abgedeckt haben, erscheint mir sehr zweifelhaft; eine Unterwassersonde würde Klarheit schaffen.

An der bis zum unteren Drittel dicht bewachsenen Steilwand hinter dem Wasserfall entdecke ich eine dunkle, kahle Stelle. Da es sich um einen verborgenen Höhleneingang handeln könnte, klettere ich gegen die tosenden Wassermassen zu dem äußeren Fleck. Glitschiger Moosbewuchs zwingt mich, die leicht ansteigende Felsplatte auf allen Vieren zu erklimmen. Dann stehe ich vor einem schwarzen, nackten Granitblock. Zuerst denke ich an das von Nicholas Fitzgerald beschriebene verborgene Felstor zu Kapitän Thompsons Schatzhöhle, finde aber keine Ausnehmung für Daumen und Eisenstange. Zudem habe ich keinen festen Stand und kann mich nicht am Felsen halten – also Abstieg!

Um mich nicht weiter nächtelang über die defekten Luftmatratzen ärgern zu müssen, habe ich heute morgen beschlossen, ein Inlett mit Farnkraut zu füllen und künftig darauf zu schlafen. Auch heute scheint die Sonne, und ich sammle im Tal am großen Wasserfall junge Farnblätter und stopfe sie in das Leinentuch.

Nach einer Stunde Rupfen erspähe ich auf der anderen Seite des Flußufers ein besonders großes Exemplar, das eine Krone von sieben riesigen Wedeln trägt. Das Ufer ist steil, und ich hangle mich an dem armdicken Farnstengel hoch, um die drei Meter hohen Wedel abzuknicken. Plötzlich bricht die ganze Staude aus der Uferböschung heraus, und ich lande damit im Wasser. Beim Sturz klemme ich mir die Beine zwischen Steinen und Ästen ein. Mit aller Kraft versuche ich, das Gewächs zu knicken, bis ich mich endlich aus der mißlichen Lage befreien kann.

Starkes Ohrensausen begleitet mein Aufstehen, ich wanke erst einmal zum Zelt zurück und lege mich nieder. Dieser Schwächeanfall am 16. Tag meines Inselaufenthaltes gibt mir zu denken. Zweimal habe ich schon im Tal Nudeln und Suppe gekocht. Ab heute erhöhe ich die tägliche dreimalige Haferflockenration von drei auf vier Eßlöffel, esse von nun an statt einer Kokosnuß zwei Nüsse und lutsche zusätzlich die scheußlich schmeckenden Salztabletten. Mein Hausarzt sagte mir, daß sich der Mensch allein von Kokosnüssen monatelang ausreichend ernähren könne. Ich fange an, daran zu zweifeln.

Gegen Mittag stehe ich wieder auf und bringe es fertig, in zehn Minuten ein Feuer zu entfachen, da es zwei Tage nicht geregnet hat. Demnächst werde ich meinen Speiseplan um Fisch und Muscheln erweitern, heute esse ich mich noch einmal an Nudeln satt. Danach fühle ich mich schon wieder so gestärkt, daß ich das Farnrupfen fortsetze und mich schließlich auf Schatzsuche an einen anderen Bach wage.

Im Osten der Bucht, etwa zwanzig Meter hinter der Niedrigwassermarke des Meeres, kommt der Bach aus einer Felsschlucht. Da gerade Flut herrscht, mache ich einen großen Bogen um die Steilküste, durchwandere die Schlucht und folge dem Bach bis zu seiner Mündung.

Hier sehe ich eine zweite Möglichkeit, nach dem Limaschatz zu suchen. Gemäß der Anweisung Nicholas Fitzgeralds soll man von der Hochwassermarke aus einem Bach in südwestlicher Richtung siebzig Schritte weit folgen. Die meisten Expeditionen richteten sich in der Chathambucht nach dieser Beschreibung, wo tatsächlich ein Bach aus südwestlicher Richtung kommt – und fanden trotzdem nichts. Vielleicht hat Fitzgerald aber absichtlich die Himmelsrichtungen vertauscht, um sicher zu gehen, daß nur in seiner Anwesenheit der Schatz gefunden werden kann. So kenne ich zum Beispiel eine die Magellan-Straße betreffende Schatzkarte des holländischen Seefahrers Joris van Spilbergen, auf der die Kompaßrose seitenverkehrt anzuwenden ist. Mehr aus Neugierde probiere ich aus, ob Fitzgeralds auf die Chathambucht gemünzte Anweisung durch Veränderung der Himmelsrichtung der Landschaft im Yglesiastal entsprechen könnte.

Tatsächlich fließt das Meer ein Stück in den Bach hinein, und ich zähle siebzig Schritte ab. Die Richtung stimmt nicht ganz, ich folge dem Lauf nach Nordwesten, halte mich nichtsdestotrotz an die Angaben. In der entsprechenden Entfernung finde ich, wie von Fitzgerald beschrieben, eine große Felswand, doch das ist kein Wunder, denn der Bach verläuft ja in einer Felsschlucht. Die von Fitzgerald erwähnte Lücke in der Hügelkette kann ich nicht suchen, da ich zwölf Meter tiefer im Bachbett auf die höher stehenden Bäume blicke und nur sie, aber keinen Hügel sehen kann. Immerhin liegt jetzt nördlich vor mir an der Flußbiegung gemäß der Beschreibung ein »hoher Felsen, glatt wie eine Wand«. Den untersuche ich auf einen Öffnungsspalt, kann aber nur Risse entdecken. Mit einem Holzstock versuche ich, die Ritzen aufzubrechen. Natürlich gelingt das nicht. Nach einiger Zeit gebe ich das Unterfangen erschöpft auf.

Auf dem Rückweg schnitze ich meine Initialien und das Jahr 1986 in einen harten Baumpilz und hoffe dabei, daß dieses Zeichen vielleicht hundert Jahre später gefunden wird; schließlich gibt es hier sehr wenig Baumpilze, und sie wachsen mit dem Baum in die Breite.

Am nächsten Tag durchforste ich zur Abwechslung den Westhang im Yglesiastal. Es könnte durchaus sein, daß der Palmhain hier derselbe ist, in dem Benito Bonito den *Rosario*-Schatz vergraben hat, und zwar zweihundert Meter hinter der Flußmündung.

Also folge ich dem Yglesias-Fluß von der Mündung durchs ganze Tal, indem ich mich dreißig bis fünfzig Meter hoch am wildverstrüppten Westhang zum Wasserfall durchschlage. Dabei überquere ich zwei weitere Bäche, kann aber weder eine ebene Fläche noch sonst einen Flecken entdecken, dessen »Boden aus grauem Sand mit Steinchen bestand«, wie Manoels Großvater schrieb..

Daher sehe ich auch keine Veranlassung für eine Ortung. Im übrigen ist es von dieser Hangseite aus wegen des dichten Urwalds unmöglich, hinter »der Bachmündung einen runden Felsen« zu sehen, über den unser Piratenchronist seine eigene Peilung vorgenommen haben will.

Interessanterweise führen beide Bäche kleinste Goldflitter. Mit dem Eßlöffel schöpfe ich eines aus dem Wasser und schneide es in zwei Plättchen. Damit steht für mich fest, daß es sich um Pyrit und nicht um Gold handelt. Wäre doch noch schöner, wenn ich die ganze Zeit nach dem Piratengold suche und dabei alluviales Flußgold hätte liegen lassen!

Alles in allem war es ein unergiebiger Tag. Leicht grantig krieche ich um 18.15 Uhr ins Zelt. Am Himmel funkeln schon die Sterne.

Die erste Nacht auf der neuen Farnmatratze habe ich feucht und hart gelegen, da es aber regnet, kann ich sie nicht weiter füllen oder trocknen. Heute werde ich sowieso naß und beschließe, schwimmend die Westseite der Esperanzabucht zu inspizieren. Wegen der vielen Steine am Strand verwandle ich meine Gummistiefel in Badeschuhe, indem ich den Schaft in Knöchelhöhe abschneide.

An Bobs Landungsstelle gehe ich ins Wasser und schaue mir mit der Tauchermaske den Untergrund genauer an. Bei einer Sichtweite von zehn Metern (an günstigen Tagen sieht man hier bis zu 15 Meter weit unter Wasser) bewundere ich die Vielfalt prächtiger Fische. Gleich zu Beginn schlängeln sich zwei fünfzig Zentimeter lange Weißspitzenhaie über den felsigen Untergrund, ohne sich durch meine Nähe stören zu lassen. Dunkelblaue, gelbflossige Fische weiden die Algen ab. Barrakudas, Trompeten- und Papageienfische sowie mir unbekannte ganz gelbe und auch dunkelblau schillernde Fische verharren bewegungslos über Felsen, lassen sich mit der Strömung treiben, gründeln oder ziehen rastlos ihre Bahn. Angesichts der unzähligen Arten von Fischen kann ich gut verstehen, warum Sporttaucher nur ihretwegen zur Kokosinsel reisen.

Mich zieht es magisch zur gegenüberliegenden Bucht mit den drei Fjorden. Hundert Meter unterhalb der von mir erkundeten ›Schatzgrotte‹ münden drei Felsschluchten in den zweiten Fjord. Und 150 Meter weiter südlich davon finde ich in der dritten Bucht zwei Grotten, die wie dunkle Tunnel ins Kliff hineinführen und fast vollständig unter Wasser stehen. Eine davon ist zwei Meter breit und vier Meter lang. Auch für Gerätetaucher wäre es gefährlich, an dieser Stelle unter Wasser nach überspülten Höhleneingängen zu suchen. Für mich ist es aussichtslos, ohne Tauchausrüstung in dieser Strömung weiter nachzuforschen, außerdem bin ich nach zwei Stunden im Wasser etwas unterkühlt und schwimme wieder zum Westufer zurück.

Dort, hundert Meter hinter der letzten südlichen Palme, steige ich aus dem Wasser. Am Ufer liegen riesige Felsquader, an deren Seeseite Muscheln und Schnecken hängen. Obwohl ich die Arten nicht kenne, will ich einige der Mollusken mitnehmen und im Tropenhandbuch nachschlagen, ob sie genießbar sind. Die Schnecken kann ich leicht ablösen, bei den Muscheln ist es schwieriger, da sie nach der ersten Berührung wie festgemörtelt am Basalt kleben.

Der Regen hat aufgehört, es ist bewölkt, und ich schlendere mit meiner Beute in der Tauchermaske den Strand zurück. Unvermittelt stoße ich auf einen interessanten Flecken.

Hinter hohen Felsen versteckt und zu Füßen einer Steilwand liegt wie ein Hinterhof eine drei mal fünf Meter große strauchbedeckte Ebene vor einer senkrechten Felswand. Neugierig klettere ich über die Felsen und zwänge mich durchs Gestrüpp. Ein vorgelagerter pyramidenförmiger Monolith verdeckt die Sicht zum Meer. Die Stelle ist ideal, um unbeobachtet etwas zu vergraben, und auch groß genug, um mehrere Kisten nebeneinander zu lagern. Wenn ich Seeräuber gewesen wäre, hätte ich meinen Schatz hier eingebuddelt!

In Gedanken gehe ich noch einmal die Beschreibung von Bonitos Deposito Nr. 1 durch. Die Grube mit den Kleinodien der chilenischen Priester soll vor einem Hügel und unter einem Felsblock liegen, und zwar 85 Schritte von einem großen Baum entfernt. Von diesem Baum waren es wiederum rund 170 Schritte bis zu dem Palmwäldchen, in dem Bonito den *Rosario*-Schatz vergraben hatte. Das alles paßt einigermaßen zu dem Bild vor meinen Augen. Hier gibt es große Felsblöcke, und rund achtzig Meter weiter endet ein Kokospalmenhain. Bis dorthin ist es zwar nicht so weit wie von Manoels Großvater angegeben, aber in 160 Jahren kann sich der Baumbestand verändert haben.

Ich wittere, daß ich auf der richtigen Spur bin. Die Piraten von der *Relampago* brauchten die schweren Kisten nur zehn bis zwanzig Meter über den Schotter zu ziehen. Der Boden dieser uneinsehbaren Ebene besteht aus Erde, man kann also graben. Auch der Umstand, daß nur Sträucher auf diesem Fleck wachsen, könnte bedeuten, daß wegen der Kisten keine Bäume zu wurzeln vermochten. Bei einer Springflut hätte der Felsblock auf der Grube den Schatz sicher vor dem Wegschwemmen geschützt. Beim Nachdenken über all diese Indizien verstärkt sich bei mir immer mehr das Gefühl, daß sich unter meinen Füßen ein Schatzdepot verbirgt. Ich spüre ein erregendes Prickeln und eine unbändige Lust, gleich mit dem Graben zu beginnen.

Doch da es schon spät am Nachmittag ist, muß ich mich vorerst anderer Pflichten entledigen, die mir mein Robinsonleben auferlegen.

Zurück im Zelt, mache ich mich daran, Schnecken und Muscheln mit Nudeln zu kochen. In B. Robins *Navy Survival Handbuch* fand ich nichts über Purpurschnecken. Um die muß es sich aber handeln, da meine Hände purpur verfärbt sind und die Farbe sich auch mit Seife nicht abwaschen läßt. Der Verfasser schreibt, er habe alle Muscheln und Schnecken, die er auf den Philippinen fand, ohne Schaden verzehren können. Warum soll es hier anders sein? Alle zehn Minuten esse ich eine Muschel oder Schnecke und hoffe, daß die nächsten noch weicher werden.

Im Gegensatz zur üblichen Auffassung, Feuer und Rauch vertreibe Insekten, werden sie davon auf der Kokosinsel geradezu angelockt. Ganze Wolken grün-bläulich schillernder Mücken belagern die leeren Schalen, und Stechfliegen umschwirren mich angriffslustig. Am »Südseestrand« befestige ich dann meine Hängematte an der schönsten Stelle. Den Ort habe ich so getauft, weil schönsten Stelle. Den Ort habe ich so getauft, weil der Strand das bietet, wovon Aussteiger gewöhnlich träumen: von Sonne, ringsumher Palmen, einem plätschernden Bach, dem Blick aufs Meer und die kleinen Inseln.

Um die Balance in dem frei schwingenden Perlongeflecht zu halten, spreize ich es am Kopf- und Fußende mit eingekerbten Stöcken, die ich aus heruntergefallenen Palmwedeln schnitze. Satt und träge blinzle ich dann in den blauen Himmel. So habe ich mir meinen Inselaufenthalt vorgestellt. In der Hängematte schaukelnd, lege ich den Arbeitsplan für morgen fest.

Gleich am nächsten Morgen geht es mit Kamera, Machete, Messer, Spaten und Detektor zu meiner ›Schatzstelle‹. Auf dem Weg dahin zähle ich ab der Mündung des Flusses 210 Schritte.

Vor Ort mache ich Aufnahmen von beiden Seiten des Claims und stelle einen bemerkenswerten neuen Anhaltspunkt fest. Manoels Großvater nahm seine Peilung von der Mündung eines Bachs über einen runden Felsen vor. Wenn dieser Bach mein Bach aus der Felsschlucht ist, würde es genau dazu passen, daß tatsächlich ein runder Felsen am Strand in direkter Peillinie liegt.

Wie ein Berserker schlage ich mich mit der Machete bis zur Mitte des Strauchwerks durch und reiße dann alle Pflanzen auf dieser Fläche aus. Kräftiger als ich mit dem Grünzeug wüte, kann auch Benitio Bonito nicht mit dem Säbel gekämpft haben, als er der spanischen Mannschaft der *Rosario* den Schatz raubte. Am Ende sieht der Platz wie ein gefegter Hof aus. Zu meiner Verblüffung liegt in der Mitte ein steinloses Viereck von zwei Metern Länge und achtzig Zentimetern Breite. Mir kommt das recht merkwürdig vor, da doch sonst ringsum überall Gesteinsbrocken verstreut sind.

Von der Felswand aus orte ich mit dem Detektor schlaufenformig bis zu dem Monolithen, checke die ganze Fläche ab. Keine Anzeige! Beim zweiten Mal ziehe ich die Spule von Nord nach Süd und lasse keinen Fußbreit Boden aus. Wieder schlägt das Gerät nicht an. Doch so leicht lasse ich mich nicht irreführen! Falls die Kisten wirklich zwei Meter unter der Erdoberfläche liegen sollten, wäre es kein Wunder, daß ich nichts orte. Trotzig nehme ich mir vor, innerhalb des steinlosen Vierecks so lange zu graben, bis der Schatz entweder zum Vorschein kommt oder der Detektor in zwei Meter Tiefe endgültig Fehlanzeige meldet.

Die Mittagshitze zwingt mich erst einmal, in der Hängematte Siesta zu halten. Nach der schweißtreibenden Schwerarbeit stärke ich mich mit den gestern vorgekochten Muscheln und Nudeln und kaue noch zwei Stunden lang genüßlich an drei halben Kokosnüssen. Am Horizont beobachte ich zwei Kutter, die dort auf Fischfang sind. Sehen kann man mich aus dieser Entfernung nicht. Auf einmal knacken über mir dürre Palmwedel, und schon fällt mit einem dumpfen Krachen zehn Meter neben mir eine grüne Kokosnuß auf den Boden. Unwillkürlich muß ich an die Redensart meines Bruders denken, der zu sagen pflegt, es gehe ihm erst dann gut, wenn er im Leben nur noch darauf achten müsse, daß ihm keine Kokosnuß auf den Kopf falle.

In so einer glücklichen Lage bin ich jetzt. Vergessen sind die schlaflosen Regennächte, die mühsame Kletterei am Berg, Stechfliegen und Ameisen.

Bevor ich am späten Nachmittag wieder an die Arbeit gehe, trinke ich den halben Liter ›aqua di pipa‹, wie man in Lateinamerika das Wasser der grünen Kokosnuß nennt. Nach anderthalbstündigem Schaufeln habe ich eine 40 mal 30 mal 20 Zentimeter große Grube ausgehoben. Der harte Boden enthält bräunliche Steine und dunkle, leicht schimmernde Gesteinssplitter, die möglicherweise auf natürliches Silbervorkommen hindeuten.

An der Schatzstelle schwebt indessen immer ein Damoklesschwert über mir. Die zwanzig Meter hohe Steilwand besteht aus verwittertem Eruptivgestein, und die am Boden verstreuten Felsbrocken brachen vermutlich bei Sturm und Regen aus der Wand. Vorsichtshalber werde ich deshalb künftig nur bei gutem Wetter unter der Wand arbeiten.

Von nun an rackere ich jeden Tag mehrere Stunden bei brütender Hitze bis zur Erschöpfung auf meinem Claim. Nachdem ich nunmehr achtzehn Tage lang mutterseelenallein in meiner wilden Inselregion gelebt habe, fange ich allmählich an, mich wie Robinson Crusoe zu fühlen. Doch dann sehe ich mich plötzlich wieder mit der Zivilisation konfrontiert.

Besuch im Tal

Strahlender Sonnenschein lockt mich morgens aus dem Zelt. Das Wetter lädt dazu ein, meine feuchten Sachen zu trocknen, indem ich über den Fluß eine lange Leine spanne und daran die Farnmatratze und sämtliche Wäsche aufhänge. Nun zum Wasserfall, weitere Farnblätter für mein Lager rupfen! Als sich nach drei Stunden der Himmel bewölkt, kehre ich um, um die trockenen Sachen von der Leine zu nehmen.

Auf dem Rückweg macht mich instinktiv irgendeine Bewegung weit vor mir stutzig. Inzwischen erkenne ich die Art, wie ein Schwein, ein Hirsch oder ein Stelzvogel mein Revier durchquert, doch was sich da vorne regt, signalisiert etwas Unbekanntes in meinem Tal. Vorsichtig schleiche ich mich an. Der Wasserfall übertönt jedes Geräusch, das mich verraten könnte, das Blattwerk und die hohen Farne verdecken die Sicht auf den Fluß.

Plötzlich erspähe ich fünfzig Meter vor mir eine Gestalt. Es ist ein Weißer in meinem Alter, der in Shorts und mit bloßem Oberkörper den Fluß hinaufwandert. Vorsichtig stapft er durchs kniehohe Wasser und beobachtet dabei scharf beide Uferseiten. Sicher hat er schon meine wäschebehangene Leine entdeckt und hält nach ihrem Besitzer Ausschau. Nachdem ich keine zweite Person ausmache, trete ich aus dem Dickicht ans Ufer, wo mich der andere sogleich wahrnimmt. Wir heben beide im selben Moment die Hand zum Gruß und winken uns zu.

Augenblicklich weicht die Spannung, die ganz natürlich ist, wenn sich zwei Fremde im Urwald begegnen. Mit meinem Kopfkissen voller Farnblätter auf dem Rücken sehe ich wohl nicht gefährlich aus. Als er nahe genug heran ist, verständigen wir uns gegen das Tosen des Wasserfalls mit Rufen. Wie zivilisierte Menschen stellen wir uns dann höflich einander vor: Fredi ist ein Schweizer, Passagier der *Victoria af Carlstad*, die heute in der Esperanzabucht eingelaufen ist und für zwei Stunden hier vor Anker liegt. Fredi schwamm als erster vom Dingi aus an Land, die anderen Schweizer aus seiner Reisegruppe, Chartergäste auf der Yacht, werden bald folgen. Er will natürlich wissen, wie lange ich hier schon hause und was ich auf der Insel mache. Widerstrebend rücke ich damit heraus, daß ich auf Schatzsuche bin. Die Idee, alleine hier zu zelten, begeistert ihn. Verschmitzt lächelnd deutet er auf den Leinenüberzug und meint, ich würde wohl den Limaschatz portionsweise abtransportieren. Erst ein Blick in die Matratzenfüllung überzeugt ihn vom Gegenteil. Der Himmel hat sich inzwischen weiter verdunkelt, und wir trennen uns. Während Fredi in den Talkessel des Wasserfalls steigt, eile ich zu meinem Lager.

Der überraschende Besuch der *Victoria af Carlstad* erinnert mich daran, daß ich noch einen Auftrag zu erfüllen habe. In Puntarenas hatte ich dem schwedischen Kapitän versprochen, von seinem prächtigen Schoner Fotos mit der Kokosinsel im Vordergrund zu schießen, sobald er vor der Küste aufkreuzt. Da seine Crew hier nur schwimmend an den Strand gelangen kann, fehlen ihm bisher solche malerischen Panoramamotive, sowie auch Aufnahmen vom großen Wasserfall. Später will ich meine Dias gegen T-Shirts mit dem Aufdruck »Isla del Coco« eintauschen, die im Auftrag der *Victoria af Carlstad* gefertigt werden.

Rasch lege ich nun einen neuen Film in die Kamera und spurte auf dem von mir angelegten Pfad zum Meer. Der große Zweimastschoner ankert neben der Meule-Insel, eine Gruppe von vier Männern und einer Frau steigt bereits den Schotterstrand hoch. Die hübsche junge Dame kenne ich von der Bar *Muelle 14 i*n Puntarenas her. Jane ist eine amerikanische Studentin, die ihre Semesterferien in Mittelamerika verbringt. Ihre Freundschaft mit einem Schweden aus der Mannschaft der »Victoria« verhalf ihr zum Abstecher auf die Kokosinsel. Die anderen Touristen kommen wie gesagt aus der Schweiz, wo sie ihre Reise pauschal gebucht haben.

Alle haben es eilig, weil es bald Mittagessen auf der Yacht gibt und sie bis dahin noch den Wasserfall absolvieren wollen. Wie versprochen schieße ich einen 36er-Film, mache Aufnahmen von Landschaft und Meeresküste, und immer liegt das Schiff im Hintergrund. Minuten später schwimmen sie zum wartenden Dingi, werden zur *Victoria af Carlstad* übergesetzt, und der ganze Trubel hat ein Ende.

In der Hängematte liegend, schaue ich der Abfahrt des stolzen Segelschiffes zu. Bald verschwindet es hinter der Ostspitze aus der Esperanzabucht, die mir jetzt auf einmal merkwürdig still und verlassen vorkommt.

Meine Chance, von hier wieder nach Puntarenas zu segeln, ist dahin. Keine Sekunde habe ich während des Yachtbesuches in meiner Bucht an Heimfahrt gedacht. Zum ersten Mal fühle ich mich einsam auf der Kokosinsel und empfinde eine Anwandlung von Melancholie. Ich bin wieder allein mit mir, allein mit urwüchsiger Natur, mit Wind, Wolken und Wellen. Erst allmählich weicht die

Schwermut von mir, die »Modorra«, wie die Latinos diese Tristesse der Tropen nennen.

Der Biwakplatz mit dem Zelt
von Hans-Gerd Brandes
im Yglesias-Tal

Ich wende mich wieder meiner alltäglichen Arbeit im Claim zu. Von gestern liegen noch Klappspaten, Hammer, Seil und Rolle dort. Heute schaufle ich mühsam zwei mittlere Felsbrocken frei. Obwohl die Sonne nicht scheint, strengt die Arbeit an. Mit Hilfe einer losen Rolle versuche ich, die Steine aus dem Loch zu hieven, aber es will mir einfach nicht gelingen. Die Technik scheint gegen mich zu sein. Entweder rutscht das Seil vom Felsen, löst sich der Knoten oder fällt der Stein kurz vor der Bergung wieder in die Grube. Schließlich schaffe ich es doch noch. Jetzt gähnt dort ein Riesenloch. Ich kann stolz auf meine heutige Arbeitsleistung sein.

Die Nacht schlief ich recht gut, obwohl mich einige Stechfliegen umschwirrten. Ein Winkelriß in der Aufhängung des Moskitonetzes ließ die Plagegeister eindringen. Gleich nach dem Frühstück nähe ich das Loch zu, und zwar mit einer doppelten Naht, da die volle Spannung des Zeltdaches oben auf diesem Punkt lastet. Gerade als ob sich die Stechfliegen gegen das Verschließen ihres Schlupflochs wehren wollten, attackieren sie mich trotz Autan weiterhin heftig.

Hinterher gehe ich im Meer fischen. Seit drei Wochen wartet mein Angelzeug auf den Einsatz. Heute habe ich Lust auf einen knusprigen Steckerlfisch. Ein langer, biegsamer Stock, den ich als Angelrute nehme, ist bald gefunden, Patentrolle und Ösen sind befestigt und Angelhaken und Schwimmer an die Perlonschnur geknotet. Da die großen Purpurschnecken meine Hände im Nu lila färben und außerdem stark nach einem Unkrautvertilgungsmittel riechen, nehme ich als Köder eine andere Schneckenart.

Schon beim Einsteigen ins Meer tauchen erste Probleme auf. Der Wind weht das Vorfach mit Köder und Schwimmer so um die Angel, daß sich die Schnur in den Ösen verfängt. Zwei große Klippen, die jetzt bei Hochwasserstand noch aus dem Wasser ragen, sehen wie der ideale Standplatz aus. Von dort könnte ich den Köder ins tiefere Wasser auswerfen. Die erste Klippe ist zu steil, auf der zweiten Klippe überspülen mich die hohen Wellen. Also bleibt mir nichts anderes übrig, als bis zum Bauch ins Wasser zu steigen. Es läßt sich gut an. Als ich endlich den Köder auswerfe und den auf mich zutreibenden Schwimmer beobachte, überrascht mich wieder eine dieser unberechenbaren Wogen. Bei den ersten zwei Stößen halte ich tapfer die Angel fest, purzle ruckwärts und mache anschließend die Schnur wieder wurffertig. Bei der dritten wuchtigen Brandungswelle verliere ich die Angel. Die Schnur verheddert sich hoffungslos, die Ösen knicken um, und die Spule ist fast leergewickelt, ehe ich die Rute wieder zu fassen bekomme. Aus ist's mit der Illusion von einer beschaulichen Angelei! Man müßte dafür ein Boot haben, auf einem Landungssteg stehen oder wenigstens an der Steilküste einen geeigneten Standplatz finden. So aber machen die Brecher in der Esperanzabucht meinen Traum vom gebratenen Steckerlfisch zunichte. Und zum Mittagessen gibt es wie gewohnt kalte Nudeln, süßen Haferbrei und Kokosnuß.

Die Sonne heizt wieder mächtig ein, und ich mache mich nachmittags auf den Weg zu meiner Schatzgrube. Sie ist inzwischen fünfzig Zentimeter breit, zwei Meter lang und einen Meter tief. Am linken oberen Rand des steinlosen Vierecks kommt jetzt ein Monstrum von Felsen zum Vorschein, der die Form eines ›L‹ hat. Das Trumm ist zu schwer, als daß es jemand zu heben vermag. So könnte der Felsblock ausgesehen haben, der nach dem Vergraben der Priesterbeute das Schatzloch verschloß. Sollte es tatsächlich dieser Stein sein, müßte sich darunter ein Kistendeckel befinden – und Metall orten lassen!

Folglich brauche ich nicht auf der ganzen Fläche des Vierecks zwei Meter tief zu graben, sondern nur noch an der Längsseite des Steins. Jetzt, wo ich ein greifbares Ziel vor mir wähne, geht die Arbeit flott voran, stören die Stechfliegen nicht so sehr, und ich mache viel weniger Verschnaufpausen als vorher. Schließlich erreiche ich eine Tiefe von anderthalb Metern. Leider eignet sich der Klappspaten nicht so recht zum Schaufeln.

Als ich gerade eine Handvoll Erde aus dem Loch befördere, fällt mir ein grauer Streifen über dem Meer auf. In Minutenschnelle löst sich die Horizontlinie auf. Eine düstere Regenfront nähert sich der Insel. Über mir strahlt noch der blaue Himmel, aber die tiefstehende Sonne ist schon von Nebelschwaden verhüllt, die Sicht reicht nur noch bis zur Meule-Insel.

Ich will gerade zum Zeltlager aufbrechen, da geht schon ein schwerer Wolkenbruch nieder. Es hat höchstens zehn Minuten gedauert, bis der Sturm aus heiterem Himmel losbrach. Da ich vor den heftigen Böen und peitschenden Regengüssen weder am Fuß des Kliffs noch unter den Palmen geschützt bin, setze ich mich einfach an den offenen Schotterstrand. Der Regen ist lauwarm und angenehm zu ertragen. Doch es schüttet so arg, daß ich kaum mehr einen Katzensprung weit sehen kann und nur noch schwach die Brandung vernehme.

So plötzlich wie der Regen gekommen ist, hört er auch wieder auf. Minuten später scheint die Sonne, alle Wolken sind verschwunden, und nur der überall aufsteigende Dampf erinnern an den Wolkenbruch. An ein Weiterarbeiten ist nicht mehr zu denken, weil die Erde viel zu schwer und matschig ist.

Auf dem Rückweg treffe ich am Schotterstrand auf ein Ferkel, das auf dem Geröll nicht schnell genug fliehen kann. Ich jage ihm kurz hinterher, bis es zu seinem Glück im Urwald verschwindet.

Heute nacht haben Ratten meine Nudelvorräte unter dem Zeltvordach angeknabbert. Zwar hörte ich ihr Hin- und Herhuschen und ein nagendes Geräusch, hatte jedoch keine Lust, deswegen aufzustehen. Beim Öffnen des Zeltes prescht ein Hirsch aufgeschreckt direkt vor mir davon. Es ist ein recht starkes Tier, und ich staune, mit welcher Geschwindigkeit es bergauf stürmt. Wahrscheinlich verhält es sich mit der Kamera genau wie mit einer Jagdflinte. Immer wenn sich eine günstige Gelegenheit bietet, ist das Ding ungeladen oder nicht griffbereit.

Heute arbeite ich weiter auf meinem Claim. Im Loch vor dem riesigen L-Stein liegen noch zwei größere Brocken im Weg, die ich mit dem Seilzug hochhieve. Endlich liegt die Unterkante des Trumms frei. Hier sollte die obere Schatzkiste zum Vorschein kommen! Eine Handbreit grabe ich noch unter dem schrägliegenden Monstrum, bis ich befürchten muß, den Rutsch des Zentnerbrockens auszulösen.

Auch hier ist der Boden gewachsen, das heißt, man sieht Schichten des Erdprofils, die einwandfrei natürlichen Ursprungs sind. Diese Erde hat kein Mensch berührt, geschweige denn aufgegraben und neu zugeschüttet. Obwohl mir schon seit Tagen der gewachsene Boden aufgefallen ist, will ich mein Werk zu Ende bringen. Das habe ich nun geschafft – ohne die geringste Spur eines Schatzes zu entdecken.

Ich ahne schon, alle Mühe ist umsonst gewesen. Eine allerletzte Chance bleibt. Vielleicht ortet der Detektor unter oder hinter dem Stein doch noch Edelmetall. Peinlich genau stelle ich das Suchgerät ein. Kein Piepser, nicht einmal ein Summen ertönt.

Hier liegt nichts!

Ratlos schaue ich mich um. Der Platz liegt doch so ideal für ein Schatzversteck! Egal, meine letzte Hoffnung hat sich zerschlagen, die Nuß war taub.

Ich kann nun nachempfinden, wie enttäuscht August Gissler nach jeder seiner ergebnislosen Suchaktionen gewesen sein muß. Zugleich tröstet mich der Gedanke, daß zahllose Expeditionen vor mir genauso leer ausgegangen sind.

Enttäuschung, Wut und Ärger beflügeln meine Kräfte, als ich die vermaledeite Stelle wieder zuschaufle. Zurück bleibt nichts als ein großer Steinhaufen und festgetrampelte Erde.

Wieder im Lager, verfalle ich in eine Stimmung, in der ich beschließe, keinen Finger mehr zu krümmen. Erste Gedanken an den Rückmarsch gehen mir durch den Kopf.

Dabei fällt mir ein, daß ich für die beiden Polizisten und den Zöllner in der Waferbucht Zigaretten, Orangensaftpulver und eine Flasche weißen Rum als Gastgeschenk mitgebracht habe.

Seit Tagen riecht es schon nach dem süßlichen Rum. Offenbar ist der Flaschenverschluß in der Hitze undicht geworden. Der Pegel im Flaschenhals sank um zwei Zentimeter – so viel ist einfach verdunstet. Da ich natürlich keine angebrochene Flasche verschenken möchte, lockt mich der Gedanke, das Zeug selbst zu trinken.

Nach dem Mittagessen stelle ich die Buddel und den Orangensaft ins Flußwasser, bis beides richtig gekühlt ist. Bei herrlichstem Wetter lege ich mich in die Hängematte, mische mir einen süffigen Cocktail und schlürfe ihn genüßlich aus einer leeren Kokosnußschale. Der Longdrink geht unmerklich ins Blut, so daß mich angesichts der wiegenden Palmen und dem tiefblauen Meer bald ein trügerisches Hochgefühl überkommt.

Als ich, schon angesäuselt, wieder einmal zum Nachschenken nach der Flasche greife, kippt prompt die Hängematte um und schleudert mich zu Boden. Nicht, daß mich zwei Drinks gleich umhauen. Erstaunt registriere ich, daß mir so etwas zum ersten Mal passiert ist, obwohl ich schon seit über zehn Tagen meine Ruhepausen in der Hängematte verbringe. Gewarnt vor den Folgen des ungewohnten Alkoholgenusses, verdünne ich den nächsten Drink mit mehr Orangensaft. Die Stimmung zum Weiterträumen ist dahin, plötzlich auftretende Kopfschmerzen beenden das Intermezzo. Selbst ein erfrischendes Bad im Kieselbassin lindert nicht den rasenden Schmerz, der mit jedem Pulsschlag in meinem Schädel hämmert. Ich verzichte auf den weiteren Genuß meines sonst sehr geschätzten Rums. Wahrscheinlich bin ich schon so an das asketische Leben gewöhnt, daß mich bereits geringe Mengen Alkohol fast vergiften. Tabletten aus meiner Reiseapotheke, die ich jetzt zum zweiten Mal in Anspruch nehme, beseitigen am Spätnachmittag meine Kopfschmerzen.

Nachdem ich von der Schatzsuche nichts mehr erhoffe, steht heute Tauchen auf dem Programm. Mit Taucherbrille, Messer und Handschuhen ausgerüstet, gehe ich auf Unterwasserjagd. In einer Tiefe von fünf bis sechs Metern luge ich unter jedem Felsen nach Langusten, von denen es viele in den Gewässern um die Kokosinsel geben soll. Eine hat sich ein zu kleines Versteck ausgesucht – ich bekomme beide Fühler zu fassen und kann das Prachtexemplar aus seiner Nische zerren.

Beim Auftauchen stellt sich die Languste tot. Kurz vor der Wasseroberfläche. befreit sie sich mit einem einzigen, überraschend kräftigen Schwanzschlag, saust pfeilgerade nach unten und verkriecht sich. Diesmal hat sie eine bessere Stelle gewählt, denn obwohl ich sie wieder aufspüre, komme ich nicht mehr nahe genug heran. Entweder ist das die einzige Languste weit und breit, oder die anderen halten sich gut versteckt viel tiefer auf. Jedenfalls entdekke ich auch nach mehrmaligem Tauchen keine mehr.

Damit ich nicht mit leeren Händen zurückkehre, klaube ich auf dem Rückweg noch einen Diadem-Seeigel mit langen schwarzen Stacheln auf, die durch die festen Handschuhe pieken. Es ist schon ein zirkusreifer Balanceakt, mit abgeschnittenen Gummistiefeln durch die

Brandung zu schwimmen und dabei den Seeigel wie ein rohes Ei zwischen den Händen zu jonglieren. Am Strand werfe ich ihn auf den Felsen und schneide die Schale auf. Außer viel Sand sind nur kleine, orangegelbe Lamellen darin, die ich roh esse. Das Fleisch schmeckt wie ein versalzenes Schwammerl. Es ist zwar doppelt so viel wie das einer mittleren Auster, aber der Aufwand des Anlandens lohnt nicht. Man verbraucht dabei mehr Kalorien als die Mahlzeit einbringt. Außerdem ist die Verletzungsgefahr zu groß. Einige abgebrochene Stachelspitzen stecken in der Haut, und die gespickten Handschuhe kann ich auch nicht mehr anziehen. Da lobe ich mir doch das Schnecken- und Muschelsammeln, bei dem ich in einer Viertelstunde achtzehn Stück auflesen kann.

Anschließend will ich Unterwasseraufnahmen machen. Sie gelingen bei meinen wenig lichtempfindlichen Filmen eigentlich nur bei strahlender Sonne. Obwohl es bewölkt ist, lade ich die Kamera und gehe erneut ins Wasser.

Weil die Kamera durch den starken Wellengang in der Hülle herumrutscht, halte ich sie mit beiden Händen fest. Nur so bleibt das Objektiv vor dem Sichtfenster. Wie ein Luftballon sperrt sich der Plastikbeutel, unter Wasser gedrückt zu werden. So mache ich die meisten Aufnahmen von der Wasseroberfläche aus. Die Weißspitzenhaie lassen sich leider nicht blicken, dafür bekomme ich einige andere farbenprächtige Fische vor die Linse.

Flucht vor der Patrouille

Blinzelnd liege ich in der Sonne. Mit einem Mal bemerke ich am Horizont ein Fischerboot, das von Süden her auftaucht. Das ist ungewöhnlich, denn aus dieser Richtung müßte es von den Galápagos-Inseln kommen. Ein Fischer verfährt sich nicht so weit. Im Fernglas erkenne ich, daß es größer als die *Coco pepe 21* ist. Zwei Stunden kreuzt der Kutter etwa fünf Seemeilen vor der Esperanzabucht, bis er unvermittelt in die Bucht einläuft. Am Bug stehen große Nummern, das Brückenhaus hat drei Fenster, an Heck und Toppmast wehen Flaggen mit dem Nationalemblem von Costa Rica. Nein, das ist kein Fischkutter, sondern ein Patrouillenboot der Küstenwache!

Das bedeutet höchsten Alarm für mich! Hastig verstekke ich den Detektor in dem Schweineunterschlupf unter der Palmwurzel. Durchs Fernglas sehe ich, daß mich die Uniformierten an der Reling ihrerseits mit Feldstechern anvisieren. Wenn sie jetzt ein Dingi aussetzen, sind sie in fünf Minuten bei mir.

In Windeseile packe ich Hose und Kamera in den Koffer und renne zum Zelt. Durch den mit der Machete freigeschlagenen Pfad gewinne ich enorm Zeit, verrate aber gleichzeitig den Weg zu meinem Lager. Als erstes reiße ich die hell reflektierende Plastikfolie vom Zeltdach, decke meinen Abfallhaufen zu, nehme die Wäsche von der Leine und kappe das Seil. Für weitere Vorsichtsmaßnahmen fehlt mir die Zeit, und so raffe ich meine Papiere, Geld, Kompaß, Hose, Wanderschuhe und den Blechnapf voll Nudeln zusammen und jage den Berg hinauf.

Fünfzig Meter über Meereshöhe mache ich keuchend Pause und ziehe Hose und Schuhe an. Von unten an der Küste dringt kein menschlicher Laut zu mir hinauf, auch das Motorengeräusch der Barkasse ist verstummt. Vermutlich untersuchen sie jetzt den Platz um die Hängematte, denke ich. Mein Herz pocht vor Aufregung, doch bin ich mir meines Vorteils bewußt. Dieses Tal kenne ich besser als jeder andere. Der Abstand zwischen mir und dem Zelt genügt, um von dort aus nicht von einer Gewehrkugel getroffen zu werden, und einholen kann mich jetzt wohl auch keiner mehr.

Zur Nervenberuhigung esse ich erst einmal die Nudeln auf. Unterdessen überdenke ich die Möglichkeit, mich quer über die Insel zur Nordküste durchzuschlagen. Dazu brauche ich aber wenigstens ein festes Hemd, die Feldflasche, Autan und vor allem Lebensmittel.

Die Gefahr, festgenommen zu werden, ist natürlich in der Nähe des Zeltplatzes am größten. Wenn die Wächter geschickt sind, observieren sie in Ruhe so lange mein Lager, bis ich ihnen dort in die Falle gehe. Noch ist es aber nicht gesagt, daß die Männer der Spur vom Strand zum Zeltplatz gefolgt sind und dort schon auf mich warten. Ich muß es also wagen, rasch zurückzukehren.

Nachdem ich mein Zeug in einem dichten Gestrüpp versteckt habe, schleiche ich mich, jeden Baum als Sichtschutz nutzend, hinunter ins Tal. Nirgendwo registriere ich ein verdächtiges Geräusch oder eine auffällige Bewegung, bemerke aber auch keine Hirsche oder Schweine, die mir durch ihr Verhalten anzeigen könnten, ob die Luft rein ist. Zaudern hilft nicht weiter. Die letzten Meter spurte ich zum Zelt, packe schnell Proviant und alles Lebensnotwendige in einen wasserfesten Sack und rase wieder los. Gerettet!

Sollten die Verfolger nun das Zelt samt Inhalt beschlagnahmen, so bin ich trotzdem unabhängig.

Zwanzig Minuten später höre ich oben im Wald aus sicherer Entfernung die Bootsmotoren starten. Langsam entfernt sich das Geräusch. Natürlich kann das eine Falle sein. Trotzdem klettere ich, so leise wie möglich, zu meinem Strand hinunter.

Die Bucht ist verlassen. Ob die Guardia-Leute wirklich an Land gegangen sind, läßt sich nicht feststellen. Vielleicht haben sie sich damit begnügt, mit dem Fernglas das Gelände abzusuchen. Wahrscheinlich, denke ich, wissen sie jetzt, daß sich ein Fremder ohne Erlaubnis hier in der Bucht aufhält.

Während ich mein Gepäck vom Berg hole, überlege ich die möglichen Absichten meiner Verfolger. Was würde ich an ihrer Stelle tun? Einen Suchtrupp auf mich anzusetzen würde viel Zeit und entsprechende Ausrüstung erfordern und in Anbetracht dessen, daß ich gewarnt bin und genügend Vorsprung habe, wenig Erfolg versprechen. Aber wozu sollten sie so viel Mühe aufwenden? Irgendwann muß ich wieder mit einem Schiff zurück zum Festland fahren, also könnten sie sich damit begnügen, alle ablegenden Boote zu kontrollieren. Folglich bin ich im Moment sicher.

Rückmarsch durch die Bergwildnis

Stundenlang prasselt anhaltender Regen auf das Zeltdach und hindert mich am Einschlafen. Später geht ein Gewitter über der Insel nieder, wie ich es nur aus Abenteuerfilmen kenne.

Das grelle Licht der Blitze wird etwas von dem dichten Blätterdach des Urwalds gedämpft. Sie schlagen auf dem nahegelegenen Cerro Yglesias ein und erleuchten taghell das Innere des Zelts. Bei jedem Aufzucken scheint gespenstische fünfzehn Sekunden lang die Welt stillzustehen. Der Regen rauscht gleichmäßig weiter, dann bricht der Donner mit einem gewaltigen Schlag los und kracht wie eine Kanonensalve weiter, bis er abrupt verstummt. Laut Survivalhandbuch sollte ich bei Gewitter das Zelt verlassen, bleibe aber im warmen und trockenen Nest. Da der Berggipfel sechshundert Meter höher als mein Zelt liegt, befürchte ich hier unten keinen Blitzschlag. Über eine Stunde dauert das furchterregende Naturereignis. Meine einzige Sorge ist, daß es endlos weitergießt und ich den bevorstehenden Marsch über die Insel in Schlamm und Morast unternehmen muß.

Der Regen legt sich in den frühen Morgenstunden. Als ich gegen 6.30 Uhr aufstehe, ist der Himmel noch bedeckt, von den Bäumen tropft es nach.

Für mich ist es nun höchste Zeit, den Rückmarsch vorzubereiten, zumal ich damit rechnen muß, daß die Guardia wiederkommt. Meine beiden schweren Koffer kann ich dabei unmöglich mitschleppen. Wenn ich demnächst oben in der Chathambucht bin, hoffe ich, Bob anzutreffen, um mit seinem Dingi anschließend noch einmal zur Esperanzabucht zurückzufahren und das Gepäck abzuholen.

So verstaue ich im großen Koffer all das, was ich für nachfolgende Segler oder Schatzsucher hierlassen will (zum Beispiel Seil, Rollen, Machete, Kleidung, Nahrungsmittel) und deponiere ihn in einem Gebüsch am Kieselbassin. In den kleinen Koffer packe ich die wertvolleren Ausrüstungsgegenstände wie Detektor, Kamera und die besseren Kleidungsstücke und stelle ihn weithin sichtbar an den Schotterstrand. Die Stelle habe ich gut ausgesucht, weil man genau dort mit einem Dingi fast bis ans Ufer fahren kann.

Für die lange, beschwerliche Wanderung quer über die Insel packe ich nur das Notwendigste in den Rucksack, wie Nahrungsmittel, das drei Kilogramm schwere Zelt, die belichteten Filme und das Tagebuch. Abends genieße ich in der Hängematte zum letzten Mal eine Kokosnuß, lausche dem Wind und den Wellen und frage mich, wann ich je wieder in dieses friedliche Tal zurückkehren werde.

Gut ausgeschlafen stehe ich am nächsten Morgen um 6 Uhr auf, frühstücke, fülle die Feldflasche am Fluß und vergrabe meinen gesamten Müll im Wald. Auf der Landkarte bestimme ich als Kurs die Marschzahl 40, also etwa Nordost. Natürlich weiß ich nicht, ob ich diese Richtung die ganze Strecke über einhalten kann, schließlich ziehe ich durch tropischen Regenwald und muß natürliche Hindernisse umgehen.

Auf den Karten der Kokosinsel ist in diesem Gebiet ein weißer Fleck, der manchmal als »Wildnis«, »Dschungel« oder »unerforschtes Gebiet« gekennzeichnet ist.

Um neun Uhr ziehe ich los. Der Himmel ist stark bewölkt, aber Gott sei Dank regnet es nicht. Hoffentlich bleibt das Wetter so.

Der erste Teil der Strecke ist mir vertraut. Etwas östlich meines alten Berglagers klettere ich langsam und vorsichtig auf allen Vieren den Hang hinauf. Ich darf mir auf keinen Fall jetzt noch den Fuß verstauchen oder gar verunglücken, Hilfe könnte mir in dieser Wildnis niemand mehr bringen. Der Boden ist leicht durchweicht und schwer, aber noch nicht zu morastig.

Zwei Stunden später erreiche ich den Gipfel des Nordhangs an der Stelle, an der ich vor 23 Tagen auf das undurchdringliche Buschwerk stieß. Mit der Rucksacklast kämpfe ich mich diesmal nicht hindurch, sondern nehme einen größeren Umweg in Kauf. Die Vegetation unterscheidet sich hier oben von der Pflanzenwelt unten im Tal. Die Bäume sind gigantisch und von Moos umhüllt, Lianen baumeln herab, in den Ästen sitzen Bromelien mit weinroten Innenblättern. Hie und da leuchten Orchideen, flattern bunte Brassolina-Schmetterlinge von Blüte zu Blüte. Auf dem Gipfel mache ich die erste Pause und stärke mich mit einem Krafttrunk.

Dann geht es weiter. Mein neuer Kurs liegt bei Marschzahl 30, also etwas weiter nördlich als vorher. Ein lichter Wald mit wenig Unterholz gestattet, auf dieser Hochebene zügig voranzuschreiten. Die Bäume ragen wie Säulen auf und breiten erst im Wipfelbereich weite, dichte Blätterkronen aus. Manchmal stehen Palmen einzeln oder in kleineren Gruppen im Wald, ich entdecke aber keine Kokosnuß, weder am Boden noch in den Kronen.

Alle paar Minuten peile ich auf meinem Taschenkompaß das nächste Ziel einen Steinwurf weiter voraus an. Je mehr Messungen notwendig sind, desto ungenauer wird natürlich das Endergebnis, da sich die Meßfehler addieren. Selten kann ich mehr als hundert Meter weit schauen. Auch hier oben führen die träge plätschernden Bäche klares, erfrischendes Wasser. Ich laufe auf weichem, federnden Urwaldboden.

Auf der Hochebene überquere ich mehrmals einen Fluß, der sich nach Osten in vielen Biegungen windet. Sein Wasser hat noch kein tiefes Bett gegraben, die Ufer sind schlammig.

Inzwischen ist das Wetter herrlich geworden. Überall zwitschern Vögel, sogar Kuckucksrufe ertönen. Mir fällt die Ruhe auf. Keine Brandung und kein donnernder Wasserfall ist zu hören. Hier oben fühle ich mich viel einsamer als unten im Tal. Wo ich jetzt wandere, war sicher seit Jahrzehnten kein Mensch mehr gewesen.

Es ist ein außergewöhnliches Erlebnis, so allein durch unberührten Urwald zu streifen. Ein Gefühl von Harmonie und Frieden durchdringt mich, und ich bin froh, unbewaffnet zu sein. Ab und zu stoße ich auf Schweine, huschen Hirsche und Ziegen davon. Von ihnen geht keine Gefahr aus. Meist kann ich das Wild gar nicht sehen, sondern nur den Geräuschen entnehmen, daß es vor mir durch das Unterholz flieht. Zum Glück brauche ich auch keine Angst vor Schlangen zu haben, wenn es auf dem Boden raschelt, sind es bloß Eidechsen oder Käfer.

In anderthalb Stunden überquere ich vier Bäche, die alle an der Ostküste ins Meer münden. Auf der Hochebene finde ich mehrere Stellen mit jener roten und gelben

Erde, die in der Limaschatzliste im Museum von Caracas erwähnt ist, und auch genügend ebene Flecken, die ideal zum Vergraben von Schätzen wären. Doch was kümmert mich jetzt noch das Piratengold!

Gegen Mittag habe ich schon drei bis vier Kilometer zurückgelegt und mache wieder Rast, diesmal am vierten Bach. Nach einem erquickenden Bad verschlinge ich heißhungrig das vollkörnige, dunkle Himalajabrot, einen Teil meiner Notration. Ein Augsburger Bergsteiger schwärmte davon – es schmeckt tatsächlich ausgezeichnet und ist sättigend. Danach fühle mich wieder fit und marschiere, vor den vielen Stechfliegen fliehend, weiter.

Inzwischen bin ich sehr froh, daß ich den Mut aufbrachte, das kaum erforschte Innere der Insel zu durchwandern. Die sanft abfallende Hochebene hat seit Lionel Wafers Beschreibung von 1685 nichts von ihrer ursprünglichen Schönheit verloren.

Allmählich wird der Boden härter und steiniger. Westlich von mir klafft eine tiefe, breite Schlucht, an deren oberem Ende ein Wasserfall herabstürzt. Zwar kann ich ihn durch den dichten Wald nicht sehen, höre aber deutlich sein Rauschen.

Bedauerlicherweise sind auf meiner Landkarte die Namen der Wasserläufe nicht vermerkt, und just an der Stelle, an der ich mich momentan zu befinden glaube, kann man vor lauter Höhenlinien den Verlauf der Bäche und Flüsse nicht erkennen. Vermutlich ist es der Rio Genio, der von hier aus in nordwestlicher Richtung zur Waferbucht fließt. Etwas später taucht ein Stück weiter östlich eine zweite Schlucht auf. Ich laufe nun auf einem immer schmaler werdenden Grat eines abfallenden Bergrückens. Wenn nur weiter vorne kein Felsabsturz den Weg beendet und mich zur Umkehr zwingt!

Am Ende des Grats wird der Urwald lichter, bis ich eine Meeresbucht erblicke. Sie liegt etwa zwei Kilometer vor mir, genau im Norden. Da sich ein höherer Hügel dazwischen erhebt, kann ich die Küstenlinie nicht genau erkennen. Ist das nun die Waferbucht, in der die Wachmannschaft stationiert ist, oder ist es die Chathambucht, in der gewöhnlich die Fischerboote ankern?

Das Studium meiner Karte bringt mich nicht weiter. Es kann durchaus sein, daß ich im Urwald statt der festgelegten Marschzahl 30 zu weit nach Norden abgewichen bin. Die unbekannte Bucht ließe sich durch einen kleinen Bogen nach Westen erreichen, so daß ich nicht über den vor mir liegenden Bergkegel klettern müßte. Da ich aber nicht riskieren will, im Westen in der Waferbucht auf die Wache zu stoßen, steige ich erst einmal ins Tal hinunter. Es ist erst 15 Uhr, mithin noch genug Zeit. Ich muß nur zusehen, daß ich vor Sonnenuntergang das Zelt aufstelle. Einsetzender Regen macht den Boden rutschig und die Hänge schwer passierbar. Zum Glück sind sie nicht so steil wie im Yglesiastal. Trotzdem brauche ich anderthalb Stunden, um den 250 Meter hohen Bergkegel zu erklimmen. Auf den letzten fünfzig Metern wächst ein Dickicht aus Riesenfarnen und hohen Sträuchern, so daß ich nicht einmal drei Meter weit sehen kann. Wie ein Verrenkungskünstler winde ich mich durchs Gestrüpp und steige die andere Seite des Bergkegels wieder hinab. Nach dem Dickicht umschließt mich nun dichter Regenwald, in dem ich weder die Landschaft überblicken noch das Meer sehen kann.

Unten im Tal stoße ich auf einen Wasserlauf, der nach Nordosten fließt. Wenn der Fluß, auf den ich vor zwei Stunden stieß, der Rio Genio war, so wird dieser hier in der Chathambucht ins Meer münden. Ist es der Rio Lièvre? Das Wasser grub sich tief in die Felsen, steile Uferhänge zwingen mich immer wieder zu Umwegen.

Von 17 Uhr an erwarte ich hinter jeder Flußschleife das Auftauchen des Meeres. Aber ich sehe und höre es nicht, der Regen übertönt alle Geräusche. Nach einer halben Stunde ständigen Kraxelns an den Prallhängen ziehe ich es vor, direkt in der Flußströmung zu laufen. Durch den auf die Wasseroberfläche klatschenden Regen sehe ich nicht mehr, wo ich hintrete, und taste mich Schritt für Schritt vorsichtig vorwärts. Als von rechts ein zweiter Bach den Pegel meines Flusses ansteigen läßt, muß ich sogar streckenweise den Rucksack abnehmen und schwimmend über dem Kopf tragen. Gleich wird es dunkel, der Regen hört endlich auf. Obwohl ich mich beeile, komme ich langsamer als gedacht voran. Mein einziger Trost ist, daß der Fluß ja irgendwann am Meer endet.

Nachdem ich neun Kilometer in dieser Wildnis zurückgelegt habe, entdecke ich kurz vor Sonnenuntergang in einer Flußbiegung einen Badenden. Sofort verberge ich mich hinter einem Felsvorsprung und warte ab. Bevor ich mich zeigen kann, muß ich mich vergewissern, in der richtigen Bucht zu sein. Der Mann vor mir gehört entweder zur Wachmannschaft oder ist einer der Fischer. Von meinem Versteck aus beobachte ich ihn so lange, bis er sein Handtuch aufhebt und verschwindet. Vorsichtig nähere ich mich der Badestelle. Hier höre ich endlich das Meer, trotz der Stromschnellen, die das Brandungsrauschen übertönen. Schließlich kommt die letzte Flußbiegung, dahinter schimmert die See. Im Schutze der Dunkelheit schleiche ich mich aus dem Wald zum Strand.

Es ist die Chathambucht! Und der zwischen Urwaldhängen eingeschnittene Fluß, den ich zuletzt passierte, war der Rio Lièvre.

Erleichtert atme ich auf.

Ausklang in der Chathambucht

Vor mir dümpelt in einer leichten Brise Bobs große Yacht, die vertraute *Misty*. Daneben ankert ein kleines Segelboot, und ein Stück weiter schaukeln fünf Kutter. Alle haben irgendein Bordlicht gesetzt, Stimmen dringen an mein Ohr. Nach der Stille meines Tales und der gedämpften Geräuschkulisse im Urwald kommt mir das geschäftige menschliche Treiben so laut wie am Münchner Stachus vor. Auf einem Stein am Strand hockend, schaue ich gebannt auf die Boote in der Bucht. Eines von ihnen wird mich nach Puntarenas zurückbringen.

Im Schimmer des Mondlichts errichte ich dann mein Zelt auf einer Strandfläche voll hohem Elefantengras. Nach dem ganztägigen Marsch über die Insel bin ich übermüdet, finde aber trotzdem kaum Schlaf. Die Brandung klatscht leise ans nahe Ufer.

Als es um 5.30 Uhr hell wird, werfen die Fischer ihre Motoren an und wecken mich auf. Die Sonne schläft jedoch noch hinter dem Horizont, so lege ich mich wieder hin und döse. Ein Vogel, der schön wie ein Kunstpfeifer singt, weckt mich von neuem. Jetzt ist die Sonne rotglühend aus dem Meer gestiegen. Ich gehe zum Frühstükken an den Strand und spanne meine Hängematte zwischen zwei Bäumen auf.

Inzwischen sind ein paar Fischer von einem noch vor Anker liegenden Kutter zum Strand gerudert und spielen keine fünfzig Meter von mir entfernt Fußball.

Nach einer Weile spreche ich den Torwart an. Neugierig versammeln sich alle um mich. Ich stelle mich vor und zeige mein im Gras verborgenes Zelt. So etwas haben sie noch nicht gesehen. Das Bogengestänge aus Fiberglas, das dem Igluzelt die Spannung gibt, ist für sie eine technische Neuheit. Obwohl beide Eingänge geöffnet sind, beträgt die Temperatur im Zelt gut 50 Grad Celsius, weil das schützende Blätterdach des Urwaldes fehlt.

Die Fischer erzählen, daß sie in etwa acht Tagen wieder nach Puntarenas fahren. Auf meine Bitte hin wollen sie ihren Capitano fragen, ob er mich mitnimmt. Bevor sie wieder an Bord gehen, rauchen sie noch schnell einen Joint im nahen Wald.

Als ich es mir nach einem Bad im Fluß gerade in der Hängematte bequem gemacht habe, kommt Bob, mein alter Bekannter, mit dem Dingi angebraust. Seine Frau hat im Fernglas einen Fremden am Strand gesehen, und da kein neues Boot in die Bucht eingelaufen ist, konnte nur ich es sein. Der Kanadier begrüßt mich sehr herzlich und ist bereit, mich noch heute gegen 50 Dollar Spritbeteiligung in die Esperanzabucht zurückzufahren, um meinen ›Equipmentkoffer‹ abzuholen.

Gleich am Mittag kommt Bob mit seiner Frau und Edward, dem Amerikaner, dem die kleinere Segelyacht gehört. Edward liegt seit einer Woche vor der Kokosinsel. Ich kenne ihn von Puntarenas her, wo er wegen seiner Muchacha nicht bereit war, mich für 1200 Dollar hierherzubringen. So trifft man sich wieder!

Alle drei im Dingi haben Schnorchel, Tauchermasken und Harpunen dabei. Wir fahren um die Ostküste am Kap Atrevido vorbei und halten vor einem palmengesäumten Kieselstrand, wo einzelne Felsen unter Wasser einen

Torbogen bilden. Dort harpunieren Bob und Edward in kurzer Zeit elf Langusten, die sie ins Dingi werfen. Meine Erfahrung beim Fang des Schalentieres steht mir noch bildlich vor Augen, deshalb sonne ich mich lieber.

Auf der Weiterfahrt wird der Wellengang zusehends stärker. Als wir um die letzte Ecke in die Esperanzabucht einlaufen, liegen dort zwei Kutter vor Anker! Zu meiner Überraschung sehe ich am Strand hochgezogene Ruderboote – genau an der Stelle, an der ich gestern meinen Koffer gut sichtbar deponiert hatte. Komisch, während meines 26 Tage langen Aufenthalts an der Südküste war kein einziges Boot in der Bucht gelandet. Bob und die anderen bleiben mit dem Dingi im sicheren Abstand vor der Küste, ich schwimme allein ans Ufer. Mir schwant Unheil.

An Land ist weit und breit niemand zu sehen. Dafür entdecke ich in einem der Boote meinen Koffer an der Sitzbank festgezurrt. Ohne zu zögern mache ich ihn los. In diesem Moment kommen sieben Männer, die ich für Fischer halte, aus dem Wald. Einer von ihnen trägt ein Gewehr. Finster beobachten sie mein Treiben und treten näher. In meinem Ärger nehme ich die Bedrohung nicht wahr, reklamiere statt dessen lautstark meine Gummischuhe, die neben dem Koffer standen und jetzt fehlen. Daraufhin zieht einer der Männer sie aus und gibt sie mir murrend wieder. Mit meiner Schuhgröße 46 hätten sie ihm ohnehin nicht gepaßt. Ein anderer holt hinter der nächsten Palme meine Kameraausrüstung in der Unterwasserhülle hervor. Sichtlich ungern trennt er sich davon. Für mich ist die Kamera das Wesentlichste im Gepäck. Rasch öffne ich den Koffer, sehe erleichtert darin meinen Detektor, packe Kamera und Schuhe hinein und schließe den Deckel. Jetzt nichts wie weg, denke ich, hole die Luftmatratze aus dem Beiboot, blase sie auf und binde sie um den Koffer, um mit diesem ›Floß‹ zum Dingi zu schwimmen.

Unterdessen haben sich die Männer eines anderen besonnen. Sie wollen ihren Schatzfund nicht ohne weiteres hergeben. Anfangs fragen sie zögernd, wer ich sei und wie ich zur Insel gekommen wäre. Sie haben im Koffer das T-Shirt der *Victoria af Carlstad* gesehen und vermuten, daß man mich an Land zurückgelassen hat. Aber das wäre dem schwedischen Kapitän nicht gestattet gewesen. Jetzt umringen alle das ›Floß‹. Drei weitere Männer haben sich dazugesellt und reden lautstark auf mich ein, ich müsse mich unbedingt bei der Wache melden. Scheinbar einsichtig versichere ich ihnen, dort in wenigen Tagen vorzusprechen.

Im übrigen, sagen sie, werde gleich der Capitano, der zur Zeit noch am großen Wasserfall sei, hier eintreffen und entscheiden, was mit mir und dem Koffer geschehen soll. Nun habe ich es verdammt eilig, bahne mir mit dem Gepäck einen Weg durch die zurückweichende Schar und steige ins Wasser. Die zehn Männer starren mir entgeistert nach, wie ich mit dem Koffer im Schlepptau losschwimme.

Bob zieht mich ins Dingi, wendet schleunigst und braust zurück. Von ferne haben sie die Auseinandersetzung verfolgt und klären mich auf. Der mit dem Gewehr bewaffnete Mann und zwei andere Burschen sind Polizisten der Inselwache!

Bob hat mit ihnen vor einigen Tagen Bekanntschaft gemacht, als sie ihn aufforderten, die Insel zu verlassen.

Denn er liegt schon seit mehr als vier Monaten und damit vier Wochen länger als erlaubt in der Chathambucht, wo er Langusten harpuniert und an Land Schweine und Hirsche schießt. Die Hirsche, so höre ich, sind Nachkommen von drei Tieren, die der costaricanische Präsident Ricardo Jimenez im Jahre 1935 von der Mannschaft des britischen Schatzsucherschiffs *Veracity* hatte aussetzen lassen.

Bob erläutert mir, daß sich zur Zeit eine doppelte Wachmannschaft auf der Insel befindet. Vor drei Tagen sei das costaricanische Küstenwachschiff vom Festland eingetroffen, habe den neuen Trupp an Land gesetzt und sofort wieder umkehren müssen, ohne auf die drei abzulösenden Männer der Guardia warten zu können. Einer der Fischer hier habe nämlich wegen akuter Hepatitis sofort ins Krankenhaus von Puntarenas gebracht werden müssen. Ich glaube aber eher, daß der alte Wachtrupp noch hier bleiben sollte, um mich einzufangen. Das will ich aber Bob lieber nicht anvertrauen, da er sonst befürchten könnte, sich wegen Beihilfe strafbar zu machen. Weiterhin erfahre ich, daß das Küstenwachschiff jetzt mit Maschinenschaden in Puntarenas liegt und auf Ersatzteile wartet. Offenbar hat die Marine noch immer die gleichen Probleme mit dem Schiffstransfer wie zu August Gisslers Zeiten. Ehe das Patrouillenboot zurückkommt, werde ich längst wieder in Puntarenas sein – hoffe ich.

Für den Abend hat Bob zum Dinner auf seiner *Misty* geladen. Zur Feier des Tages ziehe ich mein sauberes T-Shirt von der *Victoria af Carlstad* an. Im großen Salon kredenzt der Gastgeber Edward und mir kühles Bier, sanfte Hintergrundmusik erfüllt den mahagonigetäfelten Raum, seine Frau bereitet in der Kombüse das Essen vor. Als Vorspeise tischt sie eine delikate Hirschsuppe auf, von einem selbstgeschossenen Jungtier, wie mir Bob augenzwinkernd verrät. Man sieht mir meinen Heißhunger an, denn kaum ist der Teller leer, erhalte ich als einziger einen Nachschlag.

Das Gespräch dreht sich anfangs um Segelboote, das Geld für deren Unterhalt und wie man es aufbringt. Bob verdiente als ›Phantom‹-Pilot bei der Air Force sein Geld. Da er vom 41. Lebensjahr an keinen Düsenjet mehr fliegen durfte, kaufte er sich von der Abfindung diese 20-Meter-Segelyacht. Sie ist technisch so komplett ausgestattet, daß er sie allein führen könnte. Seine monatliche Pension beträgt erkleckliche 2000 Dollar. Das reicht, Hafentaxen, Reparaturkosten und Proviant zu bezahlen, auf allen sieben Meeren zu segeln und sich gelegentlich auch angenehme Landausflüge leisten zu können.

Edward ist nicht ganz so gut dran. Nach der Scheidung verkaufte er sein Haus und erwarb von der Hälfte des Erlöses seine 10-Meter-Yacht. Für ein Jahr deckte er sich mit Proviant ein, der fast den Innenraum seines Bootes ausfüllt. Viel Geld hat er nicht, kommt damit aber in preiswerten Ländern einigermaßen zurecht.

Beim Hauptgang mit Langusten, Bratkartoffeln und grünem Salat bin ich mit dem Erzählen an der Reihe. Ich mache es kurz, berichte, daß mich von Jugend an Abenteuergeschichten über Piraten und ihre Schätze fasziniert hätten und ich mir nun endlich meinen langgehegten Traum erfüllt habe, auf dieser einsamen Pazifikinsel vergrabenen Seeräuberschätzen nachzuspüren. Die drei bewundern meinen Mut, alleine im Yglesiastal gezeltet und mich dann noch mit dem Rucksack quer über die Insel durchgeschlagen zu haben. Auf ihre neugierigen Fragen hin, ob ich einen Schatz entdeckt habe, schildere ich ihnen die Geschichte meiner vergeblichen Suche. Nach dem Essen setzen wir unsere Unterhaltung an Deck fort und trinken Cuba libre. Es war ein stimmungsvoller Abend. Bob bringt mich noch zum Strand, und leicht schwankend suche ich mir in stockdunkler Nacht den Weg zu meinem Zelt.

Trotz des ungewohnt üppigen und vorzüglichen Dinners schmeckt mir am Morgen mein Frühstück in der Hängematte. Heute genehmige ich mir einen Ruhetag, vervollständige meine Tagebuchaufzeichnungen und spüle die Wäsche im Fluß aus. Im Koffer hat sich einen Fingerhut hoch Seewasser gesammelt. Als ich ihn ausleere, stelle ich fest, daß mir einige Kleidungsstücke gestibitzt worden sind. Den Verlust kann ich leicht verschmerzen, Hauptsache, ich komme ungeschoren von der Insel.

Während ich an der Flußmündung meine Wäsche auswringe, höre ich fern hinter mir Stimmen. Drei spanisch sprechende Männer kämpfen sich durch das Dikkicht des Bergrückens hinunter, der die Waferbucht von der Chathambucht trennt. Der erste von ihnen schlägt mit der Machete den Weg frei, der zweite trägt einen Revolver am Gürtel und der dritte um den Hals eine Kamera mit großem Zoomobjektiv. Das Trio wirft einen kurzen Blick auf mein im Ufergras stehendes Zelt und nähert sich meinem Waschplatz.

Der Kamera- und der Machetenträger durchstöbern die Büsche nach Steinen, auf denen sich seit Jahrhunderten Seefahrer aller Nationen verewigt haben. Man hat in den beiden Landebuchten weit über hundert von Seeleuten eingemeißelte Inschriften gefunden. Als die beiden einen Felsblock mit einer Inschrift aus dem Jahre 1848 entdekken, fotografieren sie ihn von allen Seiten.

Der Bursche mit der Pistole setzt sich indessen zu mir und stellt eine Menge neugieriger Fragen zu meiner Person. Bereitwillig gebe ich ihm Auskunft und erwähne auch, daß ich auf ein Fischerboot warte, mit dem ich nach Puntarenas zurückfahren wolle. Der ›Pistolero‹ ist überrascht, daß ich nicht mit einer der hier ankernden Yachten gekommen bin, und fragt, wann ich mich bei der Wache in der Waferbucht anzumelden gedenke. Das werde ich bald tun, beteuere ich, hoffe aber insgeheim, vorher schon auf dem Weg zum Festland zu sein. Mit meinen Antworten zufrieden, gesellt er sich daraufhin zu seinen Gefährten.

Abends kommt Bob, füllt einen Kanister mit frischem Trinkwasser auf und läßt mir zwei Fische da, die er heute Nachmittag in der benachbarten Weston-Bucht harpunierte. Auch er hat die drei Männer gesehen und weiß, daß es der zweite Trupp der Wachmannschaft war. Eine Stunde vor Sonnenuntergang beeile ich mich, trockenes Holz für ein Feuer zu sammeln. Salz, Öl und den Kochtopf habe ich im Yglesiastal gelassen, jetzt muß ich den Fisch so zubereiten, wie er mir ohnehin am besten schmeckt, nämlich als Steckerlfisch.

Am nächsten Morgen finde ich mich sehr früh an der Flußmündung ein, wo sich schon einige Fischer waschen oder Frischwasser in große Plastikgefäße füllen. Einer erzählt mir, daß sein Boot heute nach Puntarenas fährt. Für mich die Gelegenheit! Am liebsten wäre ich gleich zu seinem Kutter hinausgeschwommen, um den Kapitän zu fragen, ob er mich mitnimmt.

Bald darauf rudern vier verwegen aussehende Burschen mit mir los. An Bord rufen sie nach dem jungen Capitano, und das Palaver beginnt. Ich erzähle ihm, daß ich mit David auf der *Coco pepe 21* zur Insel kam, einen Monat auf der Insel zeltete und jetzt wieder zurück will. Als ich seine Frage, ob mich David bei der Guardia angemeldet habe, verneine, wird der Skipper skeptisch. Er hat sein Kapitänspatent erst vor kurzem erhalten und kennt natürlich die gesetzlichen Vorschriften. Er muß mich in die Schiffsrolle eintragen, bei der Guardia abmelden und am Festland wieder behördlich anmelden. Unter diesen Bedingungen ist er bereit, mich mitzunehmen. Ohne zu zögern willige ich ein, denn die Abfahrt geht wahrscheinlich nur offiziell. Was soll jetzt noch schiefgehen? Mein Inselabenteuer kann mir keiner mehr nehmen. Im schlimmsten Fall arretiert man mich.

Der jüngste der Fischer rudert mit mir und mit einem leeren 50-Liter-Tank zum Ufer. Während er den Behälter mit Frischwasser füllt, baue ich das noch vom Morgentau benetzte Zelt ab und packe meine Siebensachen. Vor dem Schild »Herzlich willkommen im Nationalpark Isla del Coco« (Parque Nacional Isla del Coco) fotografiere ich drei junge Fischer und lasse mich ebenfalls knipsen. Dann schleppe ich alles zum Ruderboot, das schon wegen des eingeladenen Wassertanks bedenklich tief liegt. Eigentlich faßt das kleine Fahrzeug jetzt nicht mehr mich und mein Gepäck, aber der Junge besteht darauf, daß ich noch dazusteige. Beim Ausladen passiert es dann: Das Ruderboot kentert, und alle Mann an Deck lachen. Zum Glück bin ich schon mit Rucksack, Koffer und Kamera an Bord. Unterdessen amüsieren sich die Fischer schadenfroh über den schmächtigen Burschen, der den fünfzig Kilo schweren Wassertank nicht hoch genug hatte stemmen können. Schließlich springt einer ins Wasser und hilft.

Abschied in der Waferbucht

Dann fahren wir los und durchqueren die Estrecho Challe, die Meeresenge zwischen Kap Colnett und der Nuez-Insel. Zwei Kilometer weiter westlich laufen wir in die Waferbucht ein und steuern direkt auf die Wachstation der Guardia zu. Von weitem sieht es wie ein offenes Teehaus aus, dahinter steht ein schlichter viereckiger Betonbau. Früher befand sich hier einmal August Gisslers Gouverneurshaus. Zwei Segelyachten dümpeln in der Waferbucht.

Ganz so ruhig, wie ich mich gebe, bin ich nun doch nicht. Vielleicht, denke ich, hat die Wache demjenigen, der mich hier abliefert, eine Belohnung versprochen. An Land begleiten mich vier Fischer zur Wachstation, zwei marschieren vor mir, zwei hinter mir. Betont lässig fotografiere ich den Pavillon, die Gedenktafel von 1978 zur Einweihung des Nationalparks und die Umgebung der Amtsgebäude. Auf diese Weise löse ich mich aus der Eskorte und bilde das Schlußlicht.

Zu meiner Überraschung sitzen die drei Männer von gestern im Teehäuschen und begrüßen mich freundlich wie einen alten Bekannten. Der ›Pistolero‹ winkt mich in eine Amtsstube, zieht sich in dem kargen Raum die Dienstjacke an und setzt sich an den Schreibtisch, über dem das Bild des Präsidenten von Costa Rica angebracht ist. Daneben hängen eine ältere englische Landkarte der Kokosinsel und ein Funkgerät. Der Zollbeamte prüft sorgfältig meinen Paß, schiebt mir das Wachbuch zu und fordert mich auf, meine Eintragung vorzunehmen. Mir fällt ein Stein vom Herzen. Die Polizisten tun gerade so, als hätte ich mich die ganzen Wochen über mit einer offiziellen Erlaubnis auf der Insel aufgehalten. Nach der Registrierung spendiert mir der Zöllner ein Glas frische Ziegenmilch und zeigt mir die Gebäude.

Neben der Zollstube befinden sich im Parterre Küche, Dusche, WC und im aufgestockten Holzbau die Schlafräume. Rings um die Anlage, wo Gissler einst seine Plantage bewirtschaft hatte, gedeihen junge Obstbäume, Avocadosträucher und Ananasgewächse. Außerdem gibt es einen kleinen Gemüsegarten, den die jeweilige Wachmannschaft während ihres dreimonatigen Turnus pflegt. In einem Stall halten die Inselhüter fünf Ferkel, die sie selbst eingefangen haben.

Ein Polizist offeriert mir als Souvenir den Beinknochen eines Menschen. Im ersten Augenblick denke ich, er stamme von einem Piratenskelett, doch es ist ein Überbleibsel eines amerikanischen Luftwaffensoldaten, der zusammen mit neun Kameraden am 15. Oktober 1943 auf dem Cerro Yglesias abstürzte. Ihr Flugzeug, ein »B-24-Liberator«-Bomber, gehörte zu einer US-Schwadron, die im Zweiten Weltkrieg auf der Galápagosinsel Baltra stationiert war. Auf der Suche nach einem vermißten Flugzeug war dieser Bomber mit dem Spitznamen »Little Fury« gegen den Berg geprall und explodiert. Dabei kamen alle Besatzungsmitglieder ums Leben. Ein US-Suchtrupp fand damals weit verstreute Wrackteile und acht verkohlte Leichen. Erst an Weihnachten 1978 entdeckten Inselpolizisten zufällig die übrigen zwei Skelette – und von einem stammte dieser Beinknochen. Mir gruselt.

Als Andenken wähle ich lieber eine große Muschelschale. Ein großzügiges Trinkgeld, das ich ihnen als Gegengabe anbiete, weisen die Beamten stolz zurück. Davon beeindruckt, verrate ich ihnen, wo mein zweiter Koffer mit Zigaretten, der angebrochenen Rumflasche, Medikamenten, dem Flaschenzug und der Machete liegt. Mögen sie es als Abschiedsgeschenk ansehen! Der Einfachheit halber zeichne ich auf der letzten Seite des Wachbuchs eine grobe Skizze von der Esperanzabucht mit dem »Südseestrand« und der Grasinsel, wo der Koffer versteckt ist. Es sollte mich nicht wundern, wenn aufgrund dieser Karte nach Jahr und Tag eine neue Schatzgeschichte kursiert.

Am 11. März 1986 verließ ich die Kokosinsel.

Zurück in München, hegte ich noch lange den Traum, noch einmal auf dieses verwunschene Eiland zurückzukehren, um dann vielleicht auch das Geheimnis der großen Grotte zu lüften.

Aber widrige Umstände ließen meine Rückkehr nicht mehr zu.

Ende

BILDTEIL
Fotos von Hans-Gerd Brandes

Im Hafen von Puntarenas
Der Fischkutter *Coco pepe 21*, mit dem Hans-Gerd Brandes zur Kokosinsel fuhr

Ankunft an der Nordküste
Die vorgelagerte Nuez-Insel
in der Chathambucht

Die Landestelle an der Bucht der Hoffnung (Bahia Esperanza), an der Hans-Gerd Brandes mit seinem Gepäck ans Ufer schwamm

Der Geröllstrand mit den Kokospalmen
an der Bucht der Hoffnung

Die Bucht der Hoffnung
mit der kleinen Meule-Insel

Das versteckte Yglesias-Tal,
in dem Hans-Gerd Brandes campierte

Blick auf das Yglesias-Tal
mit der Bachmündung
und der kleinen Meule-Insel

Der große Wasserfall im Yglesias-Tal

Das Becken des großen Wasserfalls
im Yglesias-Tal

Besuch im Yglesias-Tal:
Chartergäste der Yacht *Victoria af Carlstad*

Zurück an der Nordküste:
Das Willkommensschild bei der
Wachstation in der Waferbucht

Pavillon der Wachstation
in der Waferbucht

Die costaricanische Nationalflagge
an der Wachstation in der Waferbucht

Die Gedenktafel vom 22. Juli 1978
in der Waferbucht
zur Einweihung des Nationalparks Isla del Coco

Bildnachweise

1. Die Fotos von der Kokosinsel im Bildteil wurden 1986 von Hans-Gerd Brandes aufgenommen; seine Bildrechte besitzt vertragsgemäß Georg Bremer. Dazu gehört auch das Insel-Farbfoto auf dem Cover.

2. Die alten Schwarzweissfotos zu August Gissler und seiner Kokosinsel-Kolonie stammen aus dem Archiv von Georg Bremer. Teilweise wurden sie vom Argon Verlag für Georg Bremers Buch *Kolonie der Schatzsucher* von dem Fotoarchiv von Janusz Piekalkiewicz erworben. Abgesehen davon sind die Bildurheberrechte 70 Jahre nach dem Tod des Bildurhebers erloschen, sie sind gemeinfrei (public domain) und mit dem Signum {PD-old} versehen.

3. Die Schwarzweissfotos zum Themenbereich Robert Louis Stevenson inkl. Samoa wurden vor 1894 aufgenommen und sind aufgrund erloschener Bildurheberrechte gemeinfrei.

   Genauere Angaben zu den als *public domain* gekennzeichneten und freigegebenen Bildern zum Themenbereich Robert Louis Stevenson finden sich teilweise bei Wikipedia commons.

   Zwei Schwarzweissfotos von Stevenson auf Samoa wurden vom SZ-Magazin der Süddeutschen Zeitung für Georg Bremers Artikel *Reif für die Insel* erworben.

4. Die Herkunft der gemeinfreien alten Bilder ist, soweit bekannt, unter der jeweiligen Abbildung vermerkt. Sie

sind allgemein mit dem Signum {PD-old} versehen. Auf Englisch lautet der Vermerk: *This image is in the public domain because its copyright has expired.*

5. Die in diesem Buch abgebildeten historischen Landkarten und verschiedene historische Bilder sind über hundert Jahre alt und damit gemeinfrei.

6. Die Landkarte der Kokosinsel wurde von Georg Bremer eigenhändig gezeichnet und unterliegt seinem Copyright.

7. Die grafische Darstellung *Der Weg der Limaschatzkarten* wurde von Georg Bremer eigenhändig erstellt und unterliegt seinem Copyright.

Bibliographie

I. Bücher

Balfour, Graham: »The Life of Robert Louis Stevenson«, Methuen, London, 1901

Bathurst, Bella: »Leuchtfeuer – Die außergewöhnliche Geschichte von der Erbauuung sagenumwobener Leuchttürme durch die Vorfahren von Robert Louis Stevenson«, Schneekluth Verlag, München, 1999

Bathurst, Bella: »The Wreckers – A Story of Killing Seas, False Lights an Plundered Ships«, Harper Prennial, 2006

Beebe William: »The Arcturus Expedition«, 1926, 10. Kapitel von Ruth Rose (deutsch: »Das Arcturus-Abenteuer«, Brockhaus, Leipzig, 1928)

Blond, Georges: »Musketiere der Meere«, Bechtle Verlag, 1971

Botting, Douglas (Hrsg.): »Die Piraten«, Time-Life, Amsterdam, 1979

Bremer, Georg: »Kolonie der Schatzsucher. Auf den Spuren von Robert Louis Stevenson«, Argon Verlag, Berlin, 1996 (im Buchhandel für August 1996 angekündigt, aber wegen Verlagsverkaufs nicht publiziert)

Burney, James: »The History of the Bucaneers of America«, London, 1816

Callcott, Lady Maria: »Journal of a Residence in Chile in the Year 1822«, 1824 erschienen

Capus, Alex: »Reisen im Licht der Sterne. Eine Vermutung«, Knaus Verlag, 2005 (Tatsachenroman mit der Theorie, Robert Louis Stevenson habe auf einer kleinen Nachbarinsel Samoas eine erfolgreiche Schatzsuche betrieben)

Chetwood, John: »Our search for the Missing Millions of Cocos Island«, South Sea Bubble Co., San Francisco, 1904

Cochrane, Thomas: »The autobiography of a seaman«, Chatham, London, 1860

Cochrane, Thomas: »Narrative of Services in the Liberation of Chili Peru and Brazil«, Adamant Media Corporation, 2002 (autobiographische Aufzeichnungen von Admiral Thomas Cochrane)

Colvin, Sir Sidney: »Memories and Notes of Persons and Places, 1852–1914«, Arnold, London, 1921

Colvin, Sir Sidney: »Robert Louis Stevenson. His Work and Personality«, Hodder & Stoughton, London, 1924

Colvin, Sir Sidney: »Vailima Letters Being Correspondence from Robert Louis Stevenson to Sidney Colvin«, Kessinger Pub Co., London, 2005

Colvin, Sir Sidney: »The Letters of Robert Louis Stevenson«, Vol. II, MI: Thomas Gale, 1905

Cooper, Gordon: »Das Gold der Jahrtausende«, Deutsche Buchgemeinschaft, Wien, 1960

Coulter, John: »Adventures on the the Western Coast of South America and the interior of California«, Longman, Brown, Green and Longmans, London, 1847
(in den Kapiteln 9,10 und 11 Bericht über die Kokosinsel und merkwürdige Bewohner)

Dampier, William: »Freibeuter«, Edition Erdmann, 1970

Defoe, Daniel (unter dem Pseudonym Captain Charles Johnson): »Umfassende Geschichte der Räubereien und Mordtaten der berüchtigtesten Piraten«, London 1724 und 1728 in zwei Bänden. (Originaltitel: »General History of the Robberies and Murders of the Most Notorious Pyrates«)

Disch-Lauxmann, Peter: »Das Cocos-Syndrom«, Eigenverlag, 1982

Disch-Lauxmann, Peter/Christian Pfannenschmidt: »Die authentische Geschichte von Stevensons Schatzinsel«; Rasch und Röhrig Verlag, Hamburg, 1985

Driscoll, C. B.: »Dubloons: The Story of Buried Treasure«, Chapman & Hall, London, 1931

Eunson, Keith: »The Wreck of the General Grant«, A.H. & A. W. Reed LTD, Wellington / Neuseeland, 1974

Exquemelin, Alexandre Olivier: »Das Piratenbuch von 1678«, Edition Erdmann, 1968

Fernández de Oviedo, Gonzalo (1478-1557): »La historia natural y general de las Indias, Islas e Tierra firme del Mar Oceano«, 20 Bände, 1535-1552, Madrid

Fitzgerald, Jack: »Treasure Island Revisited«, Creative Book Publishing, St. John's, Newfoundland, 2005

Fitzgerald, Jack: »Beyond Belief: Incredible Stories of Old St. John's«, Creative Book Publishing, St. John's, Newfoundland, 2002

Forbes, Alexander: »California: A History of Upper and Lower California«, London, 1839

Forbes, James Alexander: »In the claim of Andres Castillero to the mine of New Almaden«, Commercial Book and Job Steam Printing Establishment, San Francisco, 1858

Forbes, James Alexander: »James Alexander Forbes papers«; 1845-1853 und 1853-1872, Portofolio

Forbes, James Alexander: »Letter book of James Alexander Forbes, 1853-1879«, California State Library, Sacramento, kopiert 1942

Furneaux, Rupert: »The Great Treasure Hunts«, Hamlyn Publishing, London, 1968

Gebhard, Rollo: »Ein Mann und sein Boot«, Moewig, 1980 (2. Kapitel)

Gilde, Werner: »Für 1000 Dollar um die Welt. Das Leben des John C. Voss - von ihm selbst erzählt«, Husum Druck- und Verlagsanstalt, Husum, 1984

Gissler, August: »My twenty years on Cocos Island«, unveröffentlichtes Manuskript

Gissler, August: »Sailor's yarns«, Copyright-Vermerk Nr. 29154 für ein Buchprojekt, Catalogue of Copyright Entries, Library of Congress, 1916

Goldsmith, John: »Die Rückkehr zur Schatzinsel«, vgs verlagsgesellschaft, Köln, 1987

Gosse, Sir Edmund: »Mr. R. L. Stevenson as a Poet«

Gosse, Philip: »The Pirates Who's Who«, London, 1924

Gosse, Philip: »The History of Piracy«, New York, 1934

Graudenz, Karlheinz & Schindler, Hanns-Michael: »Die deutschen Kolonien«, Heyne Verlag, München, 1985

Hancock, Ralph / Julian A. Weston: »The Lost Treasure of Cocos Island«, Thomas Nelson & Sons, New York, 1960

Haydock, Tim: »Verschollene Schätze der Welt. Wahrheit und Fiktion«, Pietsch Verlag, Stuttgart, 1998

Huntington, H.: »A View of South America and Mexico«; New York, 1826 (in Bibliotheca Nacional de Costa Rica, San José)

Keating, Cecil A.: »The Keating and Forbes families and reminiscenses 1780-1920«, USA, 1920

Kirchhoff, Theodor: »Californische Kulturbilder«, Theodor Fischer, Cassel, 1886

Knight, Alanna: »The Robert Louis Stevenson Treasury«, Palgrave Macmillan, London, 1986

Knight, Edward Frederick: »The cruise of the ›Alert‹«, 1890, Reprint in The Mariners Library, London, 1952

Knobloch, Ina: »Das Geheimnis der Schatzinsel: Robert Louis Stevenson und die Kokosinsel – einem Mythos auf der Spur«, Mare Buchverlag, 2009

Knobloch, Ina: »Costa Rica«, Hildebrand's Urlaubsführer, Frankfurt, 1991

Lafond de Lurcy, Gabriel: »Quinze ans de voyages autour du monde«, Societé des Publications Cosmopolites, Paris, 1840

Lafond de Lurcy, Gabriel: »Viaggio nell'America spagnuola«, Prato, 1843

Lièvre, D.: »Une Ile Déserte du Pacifique« in Revue de Geographie, Paris Institut. Geographique, 1892-93, vols 16 und 17

Müller, Bodo: »Gold und Galeonen. Segelabenteuer zu den Schatzinseln der Piraten«, Edition Maritim, 1996

Nesmith, Robert I.: »Dig for Pirate Treasure«, Devin-Adair, New York, 1958

Neukirchen, Heinz: »Piraten«, Weltbild Verlag, 1989

Niederhoff, Burkhard: »Erzähler und Perspektive bei Robert Louis Stevenson«, Königshausen & Neumann, 1998

Osbourne, Lloyd: »An intimate Portrait of Robert Louis Stevenson«, Scribner's, New York, 1924

Ostler Reinhold: »Fährte des Goldes. Verborgenen Schätzen auf der Spur«, Pietsch Verlag, Stuttgart, 2001
(Darin schildert Reinhold Ostler seine Expedition zur Kokosinsel im Frühjahr 1982 sowie seine Bekanntschaft mit Hans-Gerd Brandes)

Ostler, Reinhold: »Das neue Handbuch für Schatzsucher«, Pietsch Verlag, Stuttgart, 1999

Paine, Ralph D.: »The book of buried treasure«, London, 1911

Pickford, Nigel: »Versunkene Schätze. Schiffe und ihre Schicksale«, Delius Klasing, Bielefeld, 1995

Pickford, Nigel: »Schatzschiffe des 20. Jahrhunderts. Untergang und Bergung«, Delius Klasing, Bielefeld, 2000

Piekalkiewicz, Janusz: »Da liegt Gold. Verborgene Schätze in aller Welt«, Südwest Verlag, 1971, und Pietsch Verlag, Stuttgart, 1997

Piekalkiewicz, Janusz: »Schatzsucher haben noch Chancen«, Pietsch Verlag, Stuttgart, 1999

Pleticha, Heinrich: »Freibeuter, Piraten und Korsaren«, Edition Erdmann, Stuttgart, 1997

Plumpton, James: »Treasure cruise. The voyage of the Vigilant to Cocos Island«, H.F. & G. Witherby, London, 1935

Salentiny, Fernd: »DuMont's Lexikon der Seefahrer und Entdecker«, DuMont Buchverlag, Köln, 1995

Schreiber, Hermann: »Piraten und Korsaren der Weltgeschichte«, Drei Ulmen Verlag, 1990

Serrano, Nicholas: »Piratenschätzen auf der Spur. Indizien, Fakten und Legenden«, Pietsch Verlag, Stuttgart, 2000

Seuren, Günter: »Schätze dieser Erde«, 1. Band, Bastei-Lübbe, 1989

Seuren, Günter, und Heufelder, Silvio: »Schatzsucher. Auf der Jagd nach dem verlorenen Gold der Jahrhunderte«, Gustav Lübbe Verlag, Bergisch Gladbach, 1993, und Bechtermünz Verlag, Augsburg, 2000

Snow, Edward Rowe: »The Tales of Pirates and Their Gold«, Dodd-Mead, New York, 1953

Stevenson, Fanny van de Grift: »Kurs auf die Südsee. Das Tagebuch der Mrs. Robert Louis Stevenson«, National Geographic Taschenbuch, Hamburg, 2007

Stevenson, Fanny van de Grift : »Kurs auf die Südsee«, Frederking & Thaler, München, 2005

Stevenson, Fanny Vandegrift und Robert Louis: »Our Samoan Adventure«, Weidenfeld and Nicholson, London, 1956

Stevenson, Margaret Isabella Balfour: »From Saranac to the Marquesas and Beyond«, Methuen, London, 1903

Stevenson, Robert Louis: »The Pentland Rising«, Verlag Andrew Elliot, Edinburgh, 1866

Stevenson, Robert Louis: »Emigrant aus Leidenschaft. Ein literarischer Reisebericht«, Manesse Verlag, München, 2005

Stevenson, Robert Louis: »Treasure Island«, Cassell, London, 1883

Stevenson, Robert Louis: »Die Schatzinsel«, Fehsenfeld Verlag, Freiburg i. Br., 1897 (erste deutsche Ausgabe)

Stevenson, Robert Louis: »Die Schatzinsel«, Haffmans Verlag,1997

Stevenson, Robert Louis: »Books, which have influenced Me«, Tusitala Edition, 1887

Stevenson, Robert Louis: »In der Südsee«, Unionsverlag, Zürich, 2000

Stevenson, Robert Louis: Essay »My first book« im Vorwort von »Treasure Island«, 1894

Stevenson, Robert Louis: Essay : »A Footnote zu History, Eight Years of Trouble in Samoa«, London, 1890, Scribner's, New York, 1992.
Deutsch: »*Fußnoten zur Geschichte – Acht Jahre Unruhen auf Samoa*«, Achilla Presse, 2001

Stevenson, Robert Louis: »*Der seltsame Fall des Dr. Jekyll und Mr. Hyde*«, Insel Verlag, 1987

Stevenson, Robert Louis: »*Records of a Family of Engeneers*«, bearbeitet von R. L. Stevensons Großneffen D. Alan Stevenson, Chatto & Windus, 1912

Stevenson, William Bennet (Sekretär von Admiral Thomas Cochrane): »Historical and descriptive narrative of twenty years residence in South America«, London, 1825, 1829 und 1840

Terry, P. Thomas: »World Treasure Atlas«, Specialty Pub, 1987

Vale, Brian: »Cochrane in the Pacific. Fortune and Freedom in Spanish America«, Palgrave Macmillan Ltd., New York, 2008

Vergnes, Robert: »La dernière île au trésor«, Editions Balland, Paris, 1978

Vergnes, Robert: »Mystère aux Iles Cocos«, Ed. Les Presses Noires, 1967

Verril, A. Hyatt: »Lost Treasure: True Tales of Hidden Hoards«, D. Appleton, New York, 1930

Voss, John C.: »The venturesome voyage of Captain John C. Voss«, Japan, 1913 / London, 1926

Voss, Johannes: »Im Kanu um die Welt«, Eberhard Brockhaus Verlag, Wiesbaden, 1946

Wafer, Lionel: »A new Voyage and Description of the Isthmus of America«, London, 1699

Weston, J. Christopher: »La Isla del Coco«, San José, 1992

Wilkins, Harold T.: »Panorama of Treasure Hunting«, E. P. Dutton & Co., New York, 1940

Wilkins, Harold T.: »Treasure Hunting«, Ivor Nicholson & Watson, London, 1932

Williams, Neville: »The golden age of piracy«, London, 1961

Wilson, Derek: »The World Atlas of Treasure«, Pan Books, London, 1981

Woodly, W. J.: »History of the buried treasure on Cocos Island«, Taylor & Nevin, San Francisco, 1880

II. Berichte in Zeitschriften

Brandes, Hans-Gerd: »Schatzsuchers Nöte« in »High Society«, Heft September 1987

Bremer, Georg: »Reif für die Insel. Wie Robert Louis Stevenson die *Schatzinsel* erfand – und sie neun Jahre später tatsächlich entdeckte«, SZ Magazin/Süddeutsche Zeitung, 3. April 1992

Bremer, Georg: »Der Mann, der Robinson Crusoe war«, (Lebensgeschichte von Alexander Selkirk), SZ Magazin / Süddeutsche Zeitung, 22. Juni 1990

»Trio darf nicht auf der Insel Cocos buddeln«, Cuxhavener Nachrichten, 4. November 2003

Devine, Patrick Kevin: »The Cocos Island Treasure«, Newfoundland Quarterly, 1936

George, Uwe: »Das Kokos-Syndrom«, in »GEO« Nr. 3, März 1984

Hutchings, C. H.: »The Cocos Island Treasure«, New Foundland Quarterly 8, 1908

Kirchhoff, Theodor: »Der 65 Millionen Dollar-Schatz auf der Kokosinsel«, in »Die Gartenlaube«, 1872

Müller, Bodo, in »Stern«, 24. Oktober 1996: »Schatz, wir kommen«

Ladischensky, Dimitri und Schellewald, Christian: »Gisslers Wahn« in Mare Nr. 36, Februar/März 2003, Schwerpunkt-Thema: Schatzsuche

»New York Times«, 20. November 1904: »Cocos Island, The One-Man Empire of the Pacific Ocean« (Interview mit August Gissler)

Niederhoff, Burkhard: »Ein lungenkranker Abenteurer«, zum 100. Todestag von Robert Louis Stevenson, SZ am Wochenende, 3./4.Dezember 1994

O'Hanlon, Betty: »The Lost Loot of Lima«, The Atlantic Advocate 54, 1964

Ostler, Reinhold: »Cocos Expedition 81«, Info-Heft, 1981

Ostler, Reinhold: »Cocos-Insel (I) – Mekka der Schatzsucher«, in Nugget – Zeitschrift über Gold und Schatzsuche, Heft Nr. 3 / 1982

Ostler, Reinhold: »Cocos-Insel (II) – Dem geheimnisvollen Schatz auf der Spur«, in Nugget – Zeitschrift über Gold und Schatzsuche, Heft Nr. 4 / 1982

Rose, Ruth: »La Isla del Coco. Leyenda del Tresoro«, in »Revista del Colegio Superior de Señoritas«

»The Cocos Island Hydraulic and Treasure Company«, Prospekt der Schatzsucherexpedition von Fred M. Hackett, Vancouver, 1910

»La prensa libre«, Costa Rica, am 1. November 1982, Artikel über die Kokosinsel

»Stern« vom 13. Januar 1997: »Die Insel, die man nur morgens sieht«

»Süddeutsche Zeitung« vom 4. Dezember 1994: »Der lungenkranke Abenteurer« (zum 100. Todestag von Robert Louis Stevenson)

»The Story of the Treasure in Cocos Island«, Artikelserie vom 12. bis 26. September 1903 in *The Speaker*

»The Tico Times«, Costa Rica, Serie über die Geschichte der Kokosinsel und ihre Schätze vom 9. Januar 1981 bis zum 8.Februar 1981

»Victoria Daily Colonist«, 17. August 1897

Danksagungen

Mein ganz besonderer Dank gilt Marco Niemz aus Basel, der wesentliche Hintergrundinformationen zu diesem Buch beigesteuert hat.

Mit Marco verbindet mich nicht nur eine seit zwölf Jahren bewährte Freundschaft, sondern auch die gemeinsame detektivische Lust am Aufspüren von historischen Quellen zu den weitverzweigten Schatzgeschichten der Kokosinsel. Bei seinen hartnäckigen und langwierigen Recherchen in Archiven, im Internet und durch Korrespondenzen mit anderen Kokosinsel-Experten entdeckte Marco oft Dokumente, die bisher in der Fachliteratur nicht auftauchten und teilweise ganz neue Aspekte bieten. Er konnte sogar Auszüge aus August Gisslers maschinengeschriebenem Manuskript beschaffen.

Manch wichtige Ergebnisse seiner Nachforschungen durfte ich mit seiner Zustimmung in dieses Buch einbringen. Dazu gehören auch Auswertungen von Marcos langjähriger Korrespondenz mit Peter Disch-Lauxmann, einem der besten Kenner der Kokosinsel.

Der deutsche Journalist Peter Disch-Lauxmann war um 1970 nach Costa Rica ausgewandert, hatte dort geheiratet und zog später nach Miami / Florida um, wo er im August 2007 an Herzversagen starb. Sein umfangreiches Archiv mit Unterlagen zur Kokosinsel betreut nun seine Witwe, die aus Costa Rica stammende Gastronomin Eliette Disch-Lauxmann.

In seiner neuen Heimat Costa Rica hatte Peter Disch-Lauxmann, von den Schatzmythen um die Kokosinsel fasziniert, 1971 die erste seiner fünf Expeditionen dorthin unternommen. Seitdem war er, wie so viele Schatzsucher und Schatzforscher vor ihm, vom Kokos-Syndrom befallen. Unermüdlich recherchierend, sammelte er in seinem costaricanischen Domizil und später in Miami in 25 Jahren eine Unmenge von Informationen und Relikten und schuf ein riesiges Kokosinsel-Archiv. Er veröffentlichte über die Kokosinsel viele Berichte und auch – zusammen mit seinem Hamburger Co-Autor Christian Pfannenschmidt – 1986 ein Buch: *Die authentische Geschichte von Stevensons Schatzinsel.*

Zudem war Peter Disch-Lauxmann in verschiedenen Dokumentarfilmen über die Kokosinsel ein gefragter Kommentator, wobei er manch originelle Theorie über die Verstecke der Piratenschätze zum besten gab. Er pflegte stets mit anderen Kennern der Kokosinsel-Stories regen Kontakt, von Christopher Weston bis zu Reinhold Ostler – und natürlich auch mit Marco Niemz. Auf diese Weise floß auch ein Teil des Informations- und Gedankenaustauschs zwischen Peter Disch-Lauxmann und Marco in mein Buch ein.

In all den vielen Jahren hat Marco eine umfangreiche Dokumentation über das Geschichtenlabyrinth der Kokosinselschätze erstellt, eine einzigartige Kollektion, die er beizeiten auf Speichermedien kompilieren und Interessenten anbieten will. Man darf also auf seine Informationsschatzkiste gespannt sein, zumal Marco angekündigt hat: »Wenn ich meine neuen Erkenntnisse zur Kokosinsel-Story veröffentliche, werden Schockwellen durch die Kokosinsel-Forscher- und Schatzsuchergemeinschaft gehen.«

Ferner bedanke ich mich bei dem Münchner Filmregisseur und Journalisten Thomas Wartmann, der mir bereits 1982 erste Recherche-Ergebnisse zur Kokosinsel lieferte, als er in Costa Rica für ein deutsches Magazin eine Reportage über den deutschstämmigen, in Puntarenas ansässigen Kokosinsel-Skipper Christian Knöhr schrieb.

Nicht zuletzt bedanke ich mich bei meinem Co-Autor Hans-Gerd Brandes, seiner Frau Rita und ihrem Sohn Gian-Carlo für ihre Unterstützung und ihre Inspirationen.

Georg Bremer, im Januar 2009

Lightning Source UK Ltd.
Milton Keynes UK
UKHW02f2036081117
312397UK00017B/1148/P